현대중국
연구총서
02

중국 현대
소비문화와
시장문화

본 도서는 한국연구재단(KRF-2007-411-J05202)의
지원으로 이루어졌다.

현대중국
연구총서

02

중국 현대
소비문화와
시장문화

김용준 외 지음

KSI 한국학술정보㈜

현대중국연구 총서를 내면서……

성균관대학교 현대중국연구소는 2009년도에 20회 생일을 맞이했다! 1989년 11월에 현대중국연구소를 창립하였던 초대소장 양재혁 교수님(현, 동양철학과 명예교수)은 작년 2009년 10월에 열린 현대중국연구소 20주년 기념 학술대회에 직접 축사까지 해 주셨다. 성균관대학교 내에 현대중국연구소를 설립하였던 동기는 중국의 '현대'를 연구하는 기관이 한국에 필요하였기 때문이라 하셨다. 이때 '현대'라 함은 마오쩌둥의 중국공산당이 1949년에 중국을 통일한 이후라고 정의하신 바 있다.

1949년 중국 공산당이 중국을 통일한 이후 2010년 현재에 이르기까지 중국은 상전벽해의 변화를 겪었다. 물론 성균관대학교 중국연구소도 그러하였다. 초기 중국 현대의 문사철(文史哲) 중심의 연구소 모습은 1997년 11월에 연구소장으로 부임한 경영대학 교수인 김용준은 현대중국연구소의 연구방향을 문사철에서, 경제ㆍ경영학적 탐구로 전환시켰다. '현대'의 개념도 좀 더 협의의 1978년 개혁ㆍ개방 이후로 새롭게 규정하였다. 그 후로 약 10년 동안 중국 특유의 시장경제 사회주의를 표방하는 중국의 시장문화를 경영학적 관점에서 연구를 진행해 왔다.

그러나 중국의 시장문화인 중국 소비문화와 기업문화를 심층적으로 연구할수록, 이에 대한 역사적 전통인 중국 전통 상업문화에 대한 이해와 탐구의 갈증은 더욱 강해져 갔다. 마침내 이 학문적 갈증을 해소해줄 기회가 찾아 왔다! 이는 2007년 11월에 한국연구재단의 중점연구소로 선정됨으로써, 3년씩 3단계에 걸쳐서 9년 동안 '중국 전통 상업문화와 중국 현대 시장문화'를 연구할 수 있도록 터전이 생긴 것이다. 간절히 원하면 이루어지나 보다! 특히 중국 전통 상업문화의 국내 최고 연구자이신 성균관대학교 사학과 박기수 교수님과의 만남은 현대중국연구소가 비로소 다른 한쪽 날개를 장착하는 감격스러운 순간이기도 하였다. 이 선정을 계기로 해서, 2008년 이후 8명의 대학교수와 6명의 전임 박사급 연구원이 뭉쳤다. 인문학 중심의 제1연구팀과 경제·경영 중심의 제2연구팀은 2008년 10월 중국 황산에서, 자물쇠를 특별히 구입하여 두 연구팀의 학제간 연구 결약식을 맺었다. 그 자물쇠의 열쇠는 황산의 깊은 계곡의 안개 위로 던져졌다.

　　그 후 현대중국연구소는 세번의 국제학술대회, 약30여 편의 논문과 1권의 연구저서를 발표·출판하였다. 매월 월례세미나와 연구팀별 특별 연구회는 각각 중국 전통 상업문화와 중국 현대 시장문화를 학습·토론·연구하였다. 특별히 박기수 교수 책임하에 역사학 중심의 제1연구팀과 김용준 교수 책임하의 경영학 중심의 제2연구팀. 이 두 팀의 교류와 소통은 "전통과 현대"라는 단절의 역사를 넘는 구름다리를 건너는 것과 같은 즐거움을 가져다주었다. 다행히 두 연구팀의 14명의 박사급 연구자들의 공통된 비전과 인내심은 조금씩 소통과 겸손을 통하여 학제적 연구의 새로운 모습을 만들어 내는 중이다. 이러한 통섭의 산출물이 '현대중국연구 총서'이다. 2010년에 연구개시 3년차를 맞이하여 현대중국연구 총서 제1권인 『중국 전통상인과 현대적 전개』와 제2권인 『중국 현대의 소비문화와 시장문화』를 순차적으로 출판하게 되니 가슴이 벅차오르고 머리가 시원해진다.

현대중국연구 총서 제1권에서는 10편의 논문이 중국전통상인의 현대적 전개에 관하여 역사학적·언어학적 관점에서 조명되고 새로운 연구의 가능성과 방향성이 제시되었다. 제2권에서는 10편의 논문이 중국 현대 소비문화와 시장문화에 대한 경영학적·경제학적·법학적 탐구와 실증연구를 통하여 새로운 사회과학 통찰을 제시하고 있다. 성균관대학교 현대중국연구소가 한국연구재단의 중점연구소로서 학제간 연구를 해 왔던 결과물인 이 총서가 중국현대의 '미래의 기억'으로서 중국 전통이 연구되고, 중국전통의 '과거의 상상'으로서 중국현대가 연구되는 초석이 되리라 소망해 본다.

아직은 거친 원석(原石)이지만 앞으로 중국전통과 중국현대를 연결하는 다이아몬드와 같은 연구총서를 출간하기 위하여 다시 한 번 옷매무새를 다듬으며 독자들에게 예의를 올린다. 제1연구팀 책임연구자이시자 현대중국연구소 부소장이신 박기수 교수님께 다시 한 번 존경의 배를 올린다. 이 총서를 기획하고 만들어낸 현대중국연구소의 김주원 박사, 김지훈 박사, 강용중 박사, 홍성화 박사, 최준환 박사, 최정석 박사께 감사를 표한다. 또한 이 총서를 출판해주신 한국학술정보㈜께도 감사드린다. 마지막으로 이러한 연구기회와 연구총서를 낼 수 있도록 지원해 주시는 한국연구재단께 큰 절을 올린다.

2010. 7.

성균관대학교 현대중국연구소장

김 용 준

차례

총론:

중국 소비시장에서 주목해야 할 점은 시간이 지남에 따라 신세대 층이 점차 소비의 주류로 부상하고 있다는 점이다. 이들 신세대 층은 기성세대와는 매우 다른 성장환경 속에서 자라왔다. 70년대 후반 이후에 출생한 이들은 문화대혁명과 같은 비극적인 역사를 겪지 않고, 개혁·개방의 정책 속에 성장해왔기 때문에 소비성향이나 생활방식 등이 기존 세대와는 매우 다르다. 76년부터 시행된 정부의 산아제한 정책으로 인해 가정에서 귀하게만 자란 '소황제(小皇帝, 샤오황띠)'는 기성세대의 근면 검소함과 대비되는 특성으로 볼 수 있다.

중국의 신세대 즉, 소황제들은 1980년대 초부디 대이난 세대들로 빠링호우라고도 하는데 서구문화를 선호하고, 유행을 쫓으며, 다양한 생활양식을 추구한다. 또한 스포츠와 게임오락, 주식투자에 관심이 많고, 고품질 소비를 추구하며, 구매력은 매우 강하다. 뿐만 아니라 매년 태어나는 유아들의 수는 우리나라 인구의 약 절반에 해당하는 2,000만 명 정도가 태어나고 있다. 이러한 추세로 간다면 이들이 소비에서 더욱 큰 부분을 차지할 것으로 생각된다.

중국에 진출해 있는 세계적인 기업이나 다국적기업들이 이들을 기업의 고객으로 만들기 위해 사활을 걸고 있는 것이 현실이다. 따라서 지금 중국 신세대의 행동양식을 분석, 예측하여 장기적으로 고객충성도를 확보하는 것이 매우 바람직할 것으로 여겨진다.

이러한 변화의 흐름 속에서 한국의 기업과 기업인이 중국 시장에 진출하고 중국 내수시장을 성공적으로 공략하기 위해서는 최근 들어 급격하게 바뀐 중국의 현대 소비문화와 시장문화를 선행적으로 이해하는 것이 필수적이다. 이제 세계 일류기업의 각축장이 된 중국 시장에서 한국 기업의 경쟁력 확보는 해당 기업의 경쟁력뿐만 아니라 국가의 경쟁력과도 직결하는 문제이다. 동북아 경제중심 국가를 지향하는 우리의 입장에서 중국 시장에서의 경쟁력확보는 필수적이라 할 수 있다.

이 책은 중국의 현대 소비문화와 시장문화를 이해할 수 있는 토대를 제공한다. 아울러 한국기업이 중국에 진출하거나 중국 내수시장에서 중국 본토 기업은 물론 세계의 다국적 기업들과 경쟁할 때 비교적 우위를 차지할 수 있는 전략적 시사점 및 가이드라인을 제공한다. 그동안 대부분의 기존 연구들을 보면 중국의 바뀐 소비문화와 시장문화를 이해하는 것이 필요하다고 역설하고 있다. 그렇지만 실제로 중국의 소비문화와 시장문화에 관한 연구가 미흡하다. 따라서 이 책은 중국 소비문화와 시장문화의 특성을 감안한 변수가 소비자 행동의 제품평가와 기업의 경영성과를 나타내는 데 중요한 영향을 밝혀내고, 관련 요인들을 확인하는 등 중국 소비문화와 시장문화라는 미개척 분야를 다루고 있다는 점에 있어서 그 의의가 있다고 본다. 하지만 아직도 지속적으로 더욱 심층 깊게 연구해야 할 과제가 많이 있다. 이것은 향후 앞으로의 연구에서 보다 좋은 연구들이 이루어질 것으로 본다.

이 책은 성균대학교 현대중국연구소가 한국연구재단의 중점연구소로 2007년도 선정된 이후, 3년간 연구하고 있는 주제인 "중국의 전통 상업문화와 현대 시장문화"의 중간결과물을 편집하였다. 특히 성균관대학교 현대중국연구소 총서로서 중국의 현대 시장문화와 소비문화 부문을 중점적으로 조명하였다. 제1부에서는 중국의 지역특성과 소비문화로서 3편의 논문을 편집하였다. 특히 중국인문학자인 동덕여자대학의 홍준형 교수의 '백화점의 탄생과 근대 상하이의 소비문화'는 우리의 연구 대주제인 중국의 전통상업문화와 현대시장문화를 통합·소통하려는 노력으로 매우 귀중한 논문이다.

제2부에서는 중국의 산업연구와 현대기업에 관련된 4편의 논문을 편집하였다. 영남대학 교수이신 백권호 선생께서는 항상 저의 연구진을 지도편달해주고 계시다. 또한 우리연구 중 현대기업문화의 연구의 틀을 제시해 주신 논문인 '중국 기업문화 특성과 베스트 프랙티스'를 기꺼이 투고해주셔서 감사의 말씀과 마음을 전하고 싶다.

제3부는 중국시장문화의 특성인 정부와 경제정책의 특성을 중국 상사제도와 중국 금융시장을 분석해보았다. 한국 금융감독원의 김태경 박사님께서 '중국 상사중재제도의 주요특징'의 논문을 통하여 중국정부와 사법감독을 통하여 Global Standard인 상시중재제도에 영향을 미치고 있는지를 규명하는 중국 특색적 사회주의적 시장경제의 현실을 알려주셨다.

마지막으로 이 책의 연구가 이루어질 수 있도록 지원해주신 한국연구재단의 무궁한 발전을 기원하며, 연구를 수행한 연구교수들에게 감사드린다.

2010년 8월
성균관대학교 현대중국연구소 소장
김용준 교수

제1부

중국의 지역특성과 소비문화

1

중국의 지역성과 소비자 구매패턴

김용준 · 김주원 · 문철주

Ⅰ. 서론

　중국은 개혁개방 이후에 지속적이며 높은 경제성장을 통해 거대한 성장잠재력을 과시하며 세계시장 가운데 가장 큰 소비시장으로 발돋움하였다. 이미 중국은 세계에서 가장 큰 신흥시장의 하나가 되어 다국적 기업들의 거래 및 투자를 유치하였으며(Cui, 1999), 중국의 경제성장으로 인한 도시가계의 지속적인 소득증가는 더 이상 중국을 단순히 세계의 공장이 아닌 거대한 소비시장으로 만들었다.

　중국이라는 거대한 소비시장은 13억 인구, 56개의 다민족과 넓은 지역, 오랜 역사와 문화, 사회주의의 실시 등 여러 요인으로 인해 지역별 · 계층별 · 분야별로 다양한 구매패턴을 띠고 있다. 이것은 중국이 거대하고 광범위한 나라로서 더 이상 한 나라가 아니며(오마에겐이치, 2002; Enright et al. 2005), 지역 간에 서로 다른 문화적 차이가 존재(Child & Stewart, 1997; 백권호·안종석, 2004; 홍준형·김용준, 2006)하기 때문에 나타나는 현상이라 할 수 있다. 현실적인 문제는 중국의 지역 간에 서로 다르게 나타나는 구매패턴이 단순히 순수한 경제적 논리에 의해서만 설명되는 것이 아니며, 그것은 오히려 구매패턴의 차이에 중대한 영향을 주는 대범함이나 세심함, 브랜드와 가격에 대한 경중 혹은 국산품/외제품에 대한 선호도 등의 변수들이 근본적으로 문화적인 차이와 깊은 관련이 있다. 그리고 그 배경에는 지역 소비자들의 가치관과 문화심리를 구성하는 독특한 문화적 기억이 감추어져 있다. 따라서 중국의 지역적 도시문화와 소비문화 사이에는 서로 불가분의 관계가 있으며, 도시에 대한 문화적 기억이 소비문화의 성향에 영향을 주며, 동시에 소비문화는 또 그 자체로서 현대 도시문화의 중요한 일부분을 이루는 것이다(홍영준·김용준, 2006). 이에 본 연구는 중국의 주요도시를 중심으로 중국 소비자들의 구매패턴이 지역마다 어떻게 나타나고, 지역 간에 서로 어떤 차이가 있으며 변화되었는지를 규명하고자 하며 또한 구매패턴에 따른 브랜드 태도 및 제품평가에 관한 실증연구가 많이 이루어지지 않았으므로 이에 대한 실증적인 연구를 하고자 한다.

한편 국제마케팅, 국제경영연구의 선행연구에서 중국 소비자들의 브랜드에 대한 태도는 원산지 효과, 자민족중심주의, 국가이미지 등과 관련되어 있다. 이와 관련된 기존 연구들을 보면 애국심, 자민족 중심성향 그리고 경제적 민족주의가 높을수록 외국제품에 대해 부정적인 평가를 하며, 자국제품에 대해서 긍정적인 평가를 한다는 연구가 일반적인 견해이다(Kosterman & Feshbach, 1989; Druckman, 1994; Balabanis et al., 2001; Klein, 1998). 또한 중국의 지역이미지효과를 지역 차원에서 규명함에 있어서 중국 소비자들은 특정지역에서 생산한 제품을 평가하는 경우에 어떤 특정지역에 대한 이미지가 높을수록 그 지역에서 생산한 제품을 더 좋게 평가한다. 이는 지역이미지도 국가이미지와 같이 제품평가에 영향을 미치는 요인임을 알 수 있다(김용준 외, 2007). 특히 본 연구에서는 중국의 주요도시 소비자들을 대상으로 지역적인 차원에서 존재하는 서로 다른 중국 지역별 소비자의 특성 및 소비자의 구매패턴이 서로 다르게 나타나는지 그리고 중국 주요지역 소비자의 구매패턴 특성에 따라서 브랜드 평가 및 선호도가 어떻게 나타는지를 알아보고자 하였다. 이는 특히 거대한 소비시장이 된 중국 내수시장에서 중국 본토 기업은 물론 세계의 다국적 기업들 간에 치열한 경쟁상황 속에서 중국 소비자들의 호의적인 브랜드 평가가 소비자 구매행동에 영향을 미칠 수 있기 때문이다. 또한 길수록 심화되는 치열한 경쟁상황에서 직접적인 브랜드 마케팅 프로그램만으로 브랜드 자산 가치를 창출하기가 쉽지 않기 때문이다. 따라서 본 연구에서는 브랜드 레버리지 전략을 통해 브랜드 파워를 높이기 위한 연구를 시도하는 것이 필요하다고 본다.

Aarker(2000) 등에 의하면 브랜드 레버리지 효과란 모 브랜드와 개별제품 브랜드 중에서 어느 것을 지렛대로 활용하는 것이 시장에서 좋은 반응을 불러일으키고 매출을 증대시키는 데 효과적인가를 선택하는 것이라 할 수 있다. 브랜드 자산 레버리지 효과를 극대화하려면 먼저 자사의 비즈니스와 마케팅 능력, 경쟁구도, 소비자 인식 및 선택이라는 자사, 소비자, 경쟁사를 둘러싸고 있는 요소들을 고려하고 분석해야 한다. 그리고 시장을 주도할 브랜드의 위상과 역할을 설정하고 대내외적으로 명확한 브랜드 리더십을 제시함으로써 나오는 브랜드 자산 가치 및 브랜드 파워가 있어야 한다. 그러나 본 연구에서는 중국의 지역성이 브랜드 레버리지 효과에 중요한 영향을 끼치는 요인으로 작용하고 있음을 실증적으로 연구하고자 하였다. 이와 관련하여 Keller(2003)는 브랜드의 2차원적 원천을 바탕으로 한 브랜드 레버리지 과정으로서 자사의 브랜드 이외에 사람, 장소, 사물, 다른 브랜드 등과 같은 다른 개체들을 활용하여 브랜드 자산 가치를 창출해야 한다고 하였다. 이것은 기업에서 브랜드 효과를 보고자 할 때에 단순히 자사의 브랜드만을 독립적으로 관리하는 차원에서 브랜드와 관련된 다른 개체를 관리하는 차원으로 개념을 확장해야 함을 시사한다. 또한 Keller(2003)는 브랜드 자산이란 브랜드와 관련한 지각적 인식을 나타내며, 구체적으로는 개인적 의미부여 과정에서 브랜드와 관련하여 소비자의 기억 속에 저장된 모든 기술적 평가정보를 의미한다고 하면서 인지, 속성, 편익, 이미지, 생각, 느낌, 태도, 경험 등으로 다소 폭넓은 지식의 다차원성을 강조하는 개념으로 보았다. 따라서 본 연구는 브랜드 자산 가치의 2차원적 원천인 사람, 장소 등과 관련하여 중국 주요지역의 소비자 구매특성에 따른 브랜드 평가에 대한 지역적 차이에 초점을 맞춰 실증적으로 분석하고자 한다.

본 실증연구의 목적은 첫째, 실질적으로 중국 주요도시 소비자의 실질구매력이 크기 때문에 중국을 대표하는 베이징, 상하이 그리고 광저우 소비자들을 대상으로 각 지역의 소비문화 및 구매패턴이 어떻게 나타나는지 알아보고 지역적인 구매패턴의 차이 및 특성을 파악한다. 둘째, 중국 주요지역의 구매패턴에 따른 브랜드 및 제품평가의 차이가 어떻게 나타나는지를 규명한다. 셋째, 이를 통하여 한국 기업이 중국 내수시장에 진출할 때 세계적인 글로벌 기업들과의 경쟁에서 우위를 차지할 수 있는 효율적인 시장세분화 전략과 브랜드 마케팅 차별화 전략의 시사점을 제공한다.

II. 이론적 배경

1. 중국 소비자의 구매패턴 및 소비자특성의 지역차이

중국 소비자를 이해하는 데 있어서 지역적 접근의 필요성은 이미 보편화되었다. 특히 중국과 같은 나라는 오랜 역사와 광활한 영토 그리고 서로 다른 배경을 가진 다양한 56개의 민족으로 구성되어 있고, 각 지역 간에 독특한 문화적 요인이 존재하기 때문에 지역적으로 접근하여 구매패턴의 지역차이를 파악하는 것이 필요하다.

실제적으로 중국 소비자의 구매패턴은 지역 간에 상이한 차이가 나타나고 있다. 즉 베이징 소비자들은 상품구매 시에 상하이, 광저우 소비자에 비해 가격보다는 브랜드를 중시하며 국산품을 선호하고 유행에는 별로 민감하지 않지만 애프터서비스에 대한 요구가 높다. 반면에 상하이 소비자들은 브랜드, 품위를 중요시하지만 동시에 제품의 질과 가격을 꼼꼼하게 따지고 수입품을 선호하며 유행이나 신조류에 대단히 민감하다. 이에 비해 광저우 소비자들은 개인생활의 질을 최우선적으로 중시하면서 유명브랜드에 크게 좌우되지 않고 제품의 질과 가격을 가장 중요시하는 실리적인 소비성향을 보였다(零點調査, 2004).

일반적으로 구매패턴은 문화적인 배경에 의해 형성되고 촉진되는 문화적 현상이다. 대부분의 소비자들은 문화적 범주와 원리를 통해 자신의 관념을 구성하고 가치관과 라이프스타일을 창출하며 이를 소비한다(그랜트 매크라켄, 1997, pp.13-14). 그런데 중국의 개혁·개방 이후 중국 소비자의 가치관의 변화는 경제성장에 따라 신속하게 변화하고 있으며 지역 간의 차이도 크게 나타나고 있다(김용준·김화, 2000).

Sun & Wu(2004)는 중국의 경제 성장에 따라 중국 도시 소비자와 농촌 소비자들 간에 제품가격, 브랜드, 촉진 그리고 유통에 대한 태도가 통계적으로 차이가 있음을 제시하였다. 이는 본질적으로 도시와 농촌 소비자 간에 기본적인 욕구가 다르기 때문에 라이프스타일이 다른 것으로 볼 수 있다. 라이프스타일은 사람의 생활 혹은 돈과 시간을 소비하는 유형으로서 소비행동에 영향을 주는 중요한 인적 특성이다. 보통 라이프스타일은 개인이 문화, 사회집단, 가족 등의 영향을 받아 습득한 것이지만 구체적으로 개인의 가치체계나 개성의 파생물이다(Engel, Blackwell & Kollat, 1978). 또한 라이프스타일이란 개인이 수행하고 있는 역할과 행동의 형태(Sproles, 1979)로서 소비자들의 구매패턴도 라이프스타일로 볼 수 있다.

중국인의 라이프스타일과 관련한 기존 연구를 살펴보면, 금희연(1997)은 중국 가정의 소득유형에 따라 중국의 가정을 빈곤형·온포형·소강형·부유형 그리고 부호형의 소비유형으로 분류하였다. 그리고 Ran Wei(1997)는 베이징·상하이·광저우 지역의 표본을 대상으로 조사한 연구에서 라이프스타일의 유형을 유행에 따르지 않고 사회활동의 참여에 소극적인 전통형, 사회활동을 싫어하고 현재에 만족하는 현황유지형, 유행 및 추세를 따르고 사회에서 가장 활동적인 현대형, 현재의 상황에 불만이 많고 다른 곳에는 관심이 없는 변혁형 그리고 금전을 중요시하지 않으며 전통과 규칙을 무시하는 젊은 층을 지칭하는 X - 세대유형으로 분류하기도 하였다. 또한 Cui & Liu(2001)는 중국 소비자의 행동에 커다란 영향을 끼치는 요인이 소득수준이며, 중국 도시인들은 인구통계적, 심리적, 라이프스타일 등에서 뚜렷한 차이를 보이는 4개의 세분시장을 형성하고 있다고 제시하였다. 첫 번째로 'Working Poor' 집단은 연소득 10,000위엔 이하의 소비자이며, 도시인구의 55%를 차지하고, 브랜드에는 별로 관심이 없으며 소득은 음식과 집세로 대부분을 사용한다. 두 번째로 'Salary Class' 집단은 도시인구의 25% 정도인 40대이고 대부분 자식 1명을 두고 있는 사람들로서 이 집단은 'Little Rich' 집단에 비해 사회직으로 인정된 지위를 가지고 있고 또한 보수적이면서 이상주의자로 독서 · 운동 · 여행 등에 시간을 많이 투자하고, 고품질과 외국 브랜드에 관심을 보인다. 세 번째로 'Little Rich(小康)' 집단은 신생중산층으로서 도시인구의 15% 정도이고, 대부분 공무원 또는 개인 사업가들로서 이 집단은 'Salary Class'나 'Yuppies'에 비해 삶에 대한 만족도가 낮은 편이나 삶의 향상에 대한 기대가 높은 부류이며, 평균소득보다 높은 소득을 가지고 있음에도 불구하고 삶에 대해 만족하지 않으며 브랜드네임 제품이나 외국제품들을 구매할 의사가 낮은 부류로 불안정하고 불확실성을 많이 느끼는 사회변화의 중심에 서 있다. 네 번째로 'Yuppies' 집단은 최상류층으로 도시인구의 5% 정도이며, 대부분 30대 중반의 대졸소비자, 전문직 또는 자영업(29%)에 종사하고 있고 삶에 대한 만족을 느끼며, 브랜드 제품구매에 많은 관심을 가지고 있으나, 외국제품 구매의도가 낮은 경향이 있는 소비자 집단 등이다.

한편 김주호와 가영현(2005)은 중국 화장품소비자의 라이프스타일을 유행추구, 사교추구, 전통보수추구, 성취추구 그리고 소극적 침체형으로 분류하면서 현대 중국인의 가치관이 매우 다양해지고 개인주의적, 경제차별주의적인 경향이 점점 심각해지고 있으며, 이러한 가치관의 영향으로 소비자들의 세대 간 의식구조의 차이가 생기게 되고 구매패턴, 라이프스타일의 특성이 다양해지고 있다고 하였다. 그리고 김용준 외(2007)는 중국 베이징, 상하이 그리고 광저우 3대 도시별 라이프스타일요인과 인구통계학적 특성에 있어서 지역 간의 차이가 존재하는지를 실증 분석한 결과 베이징은 '귀족정치, 왕도정치문화'로 베이징인은 수도시민으로서의 자긍심을 바탕으로 형식을 중시하는 성향을 보이고, 상하이는 '조계(租界) 상업문화'로 상하이인은 실리적·개방적·심미적인 성향을 보이며, 광저우는 '개항·변방문화'로 광저우인은 자긍심과 중심의식보다는 변방의식이 내재되어 있으며 실용적인 성향을 보이는 것을 확인하였다. 이러한 결과들은 중국 소비자들이 개혁개방 이후의 경제성장에 따라 라이프스타일이 다양하게 나타나고 있으며 또한 이를 반영한 구매패턴 및 소비자특성이 다양하게 변화한다고 볼 수 있다. 이에 다음은 중국 주요지역별 소비자의 특성을 살펴본다.

첫 번째로, 베이징 소비자는 상하이와 광저우 소비자에 비해 북방인의 호방한 기질과 연관되어 본인들이 좋아하면 돈은 얼마든지 쓴다는 소비심리를 가지고 있다. 따라서 소비와 관련된 정보를 수집하는 데도 크게 관심이 없고 재테크나 투자의식도 낮다(零點調査, 2004). 따라서 제품구매 시 가격이나 질 자체보다는 소비자의 문화적 욕구와 지위적 만족도를 충족시킬 수 있는 정치적 상징, 문화적 기호, 감성적인 기분 등의 요인을 중요하게 생각한다(홍준형·김용준, 2005). 이처럼 소비가격에 상대적으로 둔감하고 사회적 지위와 체면을 중시하는 베이징 소비자들의 소비심리에는 과시적인 소비성향이 높게 깔려 있다고 할 수 있다. 이와 같은 베이징 소비자의 소비심리를 볼 때에 베이징 소비자들은 오히려 과시적인 소비성향이 높고 외국 브랜드를 더 선호할 개연성이 높다고 할 수 있겠다.

두 번째로, 상하이 시민들의 소비성향은 대단히 계산적이고 치밀하다. 零點調査(2004)에 의하면 상하이 소비자들은 유명브랜드를 선호하지만 베이징 소비자들처럼 실속이 없는 명성에만 매달리지 않고 제품의 질이나 가격을 고려해서 가장 최상의 선택을 하려고 노력한다. 즉 사회적 품위나 지위도 중요하지만 금전적인 문제도 중요시여겨 자신의 권익이나 개인적 이익을 극대화하려는 소비문화를 가지고 있다. 그러다 보니 상하이 소비자들은 소비에 있어서 계획적으로 꼼꼼히 따지고 효율적인 극대화를 추구하려는 치밀함이 있다고 할수 있다. 이와 같은 문화는 오랜 상업문화 환경 속에서 발생된 것이라 할 수 있다. 상하이는 역사적으로 조계로서, 즉 '중국 속의 또 다른 중국' 또는 '중국 속의 외국'으로 국내외에서 온갖 종류의 사람들이 몰려 들어와서 상하이 소비자들은 외부에서 들어온 새롭고 낯선 사고방식과 관습, 제도에 대해 좀 더 신중하고 조심스럽게 대처하는 법을 배워야 했다. 그렇기 때문에 상하이 소비자들은 베이징이나 광저우에 비해 상대적으로 계획성을 가지고 가격과 품질을 신중하게 살펴서 신뢰성 있는 브랜드를 선호하는 성향이 높다고 할 수 있다. 또한 이성적인 경제인으로 표현되는 상하이 소비자들의 특성은 조계 문화의 공간 속에서 형성된 것으로 항상 새로운 트렌드를 추구하려는 경향이 있다. 이것은 상하이 소비자들이 계획적으로 유용한 정보를 수집해서 치밀하게 살펴보고 브랜드를 평가할 개연성이 높은 것이다.

세 번째로, 광저우 소비자들은 베이징과 상하이 소비자에 비해 가장 실리적인 소비성향이 높다. 광저우 소비자들은 철저하게 실리를 추구하는 성향이 강하고 일상 속에서 집단보다는 오히려 개인의 생활을 즐기고 편안함과 풍요로움을 추구하려는 경향이 높다. 대체적으로 광저우 소비자들은 생활의 편익과 음식, 오락 등과 관련된 문화에 높은 관심이 있다. 이런 소비문화를 지닌 광저우 소비자들은 외형과 명분보다는 개인의 삶과 생활의 질 그 자체를 삶의 최우선적으로 생각하는 실리적 소비성향이 강하다. 광저우 소비자들은 유행을 추구하거나 지나친 자기 과장에 잘 빠지려 하지 않는다(零點調查, 2004). 이것은 광저우 소비자들이 품질과 가격 위주의 실리적 소비행위를 추구하면서 유명브랜드의 선호와 같은 과시적 소비에 대해서 큰 관심을 가지고 있지 않다는 것이다.

2. 중국 소비자 구매패턴에 따른 브랜드평가의 지역차이

최근 들어 중국은 개혁개방의 확대와 중국 소비자들의 소득증대에 따라 세계적인 명품브랜드에 대한 인지도가 증가하고 품격에 맞게 자신을 연출하려는 경향이 확산되었다. 중국 소비자들의 브랜드에 대한 인식은 1990년대 후반부터 제품의 기능적인 욕구에서 상징적인 욕구로 변화하기 시작하였다. 예컨대 2004년 9월 19~23일 베이징 라오둥런민원화궁에서 다국적 시계제조 그룹인 리치몬드(Richemont) 산하 Piaget, Dunhill, Monteblance, Cartier, Baume & Mercier, Jaeger-Le Coultre, A. Lange & Sohne, IWC, Vacheron Constantin, Penerai 등 10개의 유명브랜드 계열사들이 전시회를 가졌다. 이 시계전시회에서 100만 달러에 달하는 피아제(Piaget)가 많이 팔렸으며, 이 가운데 60%가 보석으로 장식한 시계였다. 시계 구입자들은 선물 용으로 구입하기보다는 자신이 휴대하기 위해 구입한 것으로 알려졌다(北京靑年報, 2004. 9. 23). 이러한 현상은 중국 소비자들이 제품의 기능적인 욕구보다는 오히려 제품의 상징적인 가치를 추구하면서 자신을 타인과 비교함으로써 자신의 개성과 사회적인 신분을 나타내고자 하는 경향이 점차 증가했기 때문이다.

한편 앞에서 살펴보았듯이 중국 소비자의 구매패턴 및 소비자 특성은 지역적으로 차이가 있는 것으로 제시되고 있다. 零點調査(2004)에 따르면 중국 소비자의 구매패턴과 브랜드에 대한 선호도는 지역 간에 상이한 차이가 나타나고 있다. 즉 베이징 소비자들은 상품구매 시에 상하이, 광저우 소비자에 비해 가격보다는 브랜드를 중시하며 국산품을 선호하고, 상하이 소비자들은 브랜드, 품위를 중시하지만 동시에 제품의 질과 가격을 꼼꼼하게 따지면서 수입품을 선호한다. 이에 비해 광저우 소비자들은 개인생활의 질을 가장 중시하면서 유명브랜드에 크게 좌우되지 않고 제품의 질과 가격을 가장 중요시하는 실리적인 소비성향을 나타냈다. 그러나 이와 같은 조사결과는 화장품, 내구재 소비품, 건강식품을 구매대상으로 조사한 경우의 브랜드에 대한 선호도이다. 이에 본 연구에서는 조사대상 제품을 다르게 할 경우에 각 지역 소비자들의 브랜드평가에 대한 구매패턴이 어떻게 나타나는지 연구를 확장할 필요가 있다고 본다. 더욱이 중국의 개혁개방 이후에 가치관의 변화에 따라 구매패턴도 변화했다고 본다.

한편 중국 소비자의 구매패턴을 조명하기 위하여 실용적인 구매패턴으로 보보스(Bobos)의 구매패턴을 생각해 볼 수 있다. 보보스 구매패턴은 경제적 여유가 있으면서도 값비싼 물건을 구매하거나 서비스를 받음으로써 부를 겉으로 드러내기보다는 자신이 원하는 취향, 소재와 기능을 만족시켜 주면 전통적 장인정신으로 만들어진 명품이든 가격이 싼 제품이든 구별하지 않고 구매하는 실리적인 소비성향을 가진 특성을 보인다. 즉 보보스 구매패턴은 실용주의를 기반으로 한 품질 위주의 소비성향을 보이고 또한 실용적인 복고적인 취향과 실용적인 공간에 대한 투자를 아끼지 않는 특징을 가지고 있다. 이에 비해 과시적인 구매패턴의 특징을 나타내는 포쉬(POSH) 구매패턴은 보통 사람들이 동경하는 새로운 귀족사회를 만들었으며 자신의 부와 유명인사라는 사회적 지위를 나타내기 위해 고가의 명품브랜드의 제품을 구매하고 의복을 착용하여 자신을 드러낸다. 과거의 귀족 계층보다는 더 친근한 것 같지만 보통 사람들과는 거리가 있으며, 전통적인 브랜드 제품이나 서비스를 구매하거나 소유하는 것과 같은 과시적인 구매행동을 통해 다른 사람들과 구별되고자 한다(이해연 · 김문영 · 박광희, 2004). 보통 과시소비성향이란 남에게 인정받기 위해 좋은 물건을 구매하고 명품브랜드 이름을 붙여야 세련되어 보이며 싸구려 물건을 사용하면 남이 무시한다고 생각한다. 그래서 인기 있는 유명브랜드 상품을 구입한다(Piron, 2000). 즉 과시소비란 재화와 용역의 사용을 통하여 얻는 목적보다는 금전력을 사용하기 위한 목적으로 재화와 용역을 소비하는 것으로 남에게 보이기 위한 지출이다. 즉 소비자는 경제적, 생리적 실용성보다 사회적인 요소에 치중하는 것이다. 자기의 부를 보여 주기 위해 과시성향을 가진 소비자는 높은 사회적 지위를 얻을 수 있는 것으로 생각한다(Bagwell & Bernheim, 1996).

또한 소비자의 구매패턴에 있어서 실리적 추구성향과 또 하나의 연관을 이루는 것은 합리주의적 사고와 이와 연관된 합리적 생활태도의 추구이다. 합리적인 생활태도 역시 치밀함이나 실리주의와 마찬가지로 상업사회와 시장경제 속에서 파생된 경제적 생활원리이다. 구체적으로 인간의 생활과 행위에 있어 이성에 부합하는 각종의 생활태도, 예컨대 효율, 고품질, 미관, 편리, 실용, 세련 등을 갖도록 요구하는 것으로 바로 부단한 변혁과 개선을 통해 최고와 완벽을 추구하는 생활태도를 의미한다.

최근 중국 내수시장에서 새롭게 부상하는 소비트랜드는 계획적인 이성소비의 증가현상이다(KOTRA, 2006). 이는 중국 시장에서 인터넷 인구의 성장에 따라 인터넷을 통한 광고가 크게 증가하고 있으며 또한 중국 소비자들이 온라인 광고를 통해 다양한 정보를 활용하여 계획적인 소비를 할 수 있는 환경이 마련되었기 때문이다. 또한 중국의 여대생들은 니트웨어를 구매할 때에 과거의 구매경험, 주위사람들의 조언, 타인의 옷차림 관찰 등 소비자에 의한 정보원과 신문이나 잡지의 패션기사 등 대중매체 정보를 활용하는 것으로 나타났다(이옥희·강영의, 2007). 이런 분석은 중국 소비자들에게도 제품을 평가하거나 구매할 시 정보를 이용하는 계획적인 소비성향이 있음을 알 수 있다.

소비자행동과 관련하여 계획적 행동모델은 상품선택과 같은 충분한 숙고가 필요한 이성적 의사결정에 적합하며(East, 1993), 새로운 기술적 상품의 선택행동분석에 적합하다(Taylor & Todd, 1995). Ajzen(1991)에 의하면 계획적 행동모델에서는 지각된 행동통제가 중요한 역할을 하고, 일반적으로 어떤 행동에 대하여 호의적인 태도와 주관적 규범을 가질수록 또한 지각된 행동통제력이 클수록 개인들이 어떤 행동을 수행하려는 의도가 커진다. 결국 이와 같은 주장들은 소비자들은 이성적인 측면에서 다분히 의도적이며 계획적인 구매패턴이 나타날 수 있다는 것이다.

특히 중국은 개혁개방 이후에 도시와 농촌 간 소득 격차, 동서부 간 소득 격차 그리고 도시 간의 소득 격차가 더욱 커짐에 따라 중국 소비자들의 소비실태와 구매패턴의 변화가 발생하였다. 중국 도시 소비자를 중심으로 한 소비구조 변화의 추세를 보면 저소득층일수록 생활소비는 주로 의식주 해결에 국한되고, 고소득층일수록 기본 생존을 위한 의식주에 관한 소비는 감소되고 교육, 문화, 오락, 교통통신 등의 영역으로 확대된다. 즉 소득수준이 높아질수록 소비영역이 생존형에서 발전형과 향유형으로 점차 변화하여 왔다(이중희, 2007).

Ran Wei(1997)가 중국의 3대 도시인 베이징, 상하이, 광저우 지역의 거주자 라이프스타일을 분석한 결과에 따르면 북방지역을 대표하는 베이징의 경우에 고소득층 소비자는 귀족의식이 강하며 품위와 체면을 중시한다. 가격에 대한 중요도가 중국 전 지역에서 가장 낮은 수준이며 '내가 좋아한다면 얼마를 쓰던 상관없다'는 식의 소비의식이 강하다(LG주간 경제, 2005). 또한 전국에서 가장 높은 수준의 상하이 소비자는 외국계 프리미엄 브랜드를 가장 좋아하지만 북방소비자에 비해 경제적이고 합리적인 소비자를 추구하는 경향이 강하며 중국인들 중 가장 보보스(Bobos)에 가까운 라이프스타일을 보여 준다. 광저우 소비자는 지리적으로 홍콩에 가까워, 전형적인 실속추구형 소비경향을 보인다. 제품 구매 시 실용성을 가장 중요하게 고려하며, 베이징이나 상하이 소비자에 비해 상대적으로 명품이나 프리미엄 제품에 대한 선호경향이 낮다. 이와 같은 연구들은 중국 소비자에 대한 마케팅전략이 지역 간에 차별화되고 세분화되어야 함을 시사한다.

Ⅲ. 연구문제 제기 및 가설의 설정

이미 중국은 다국적 기업들이 매력적으로 느끼는 거대 신흥시장이 되었다. 특히 중국과 같은 거대 신흥시장은 지역적 광범위성에 따른 지역별 문화적 차이, 경제발전의 차이 등에 따라 이질적인 시장특성을 보인다(Cui & Liu, 2000; Ran Wei, 1997; Swanson, 1998). 이에 본 연구는 중국 지역별로 서로 다른 문화적 특성, 경제적 특성 그리고 라이프스타일을 나타내는 중국 소비자들의 구매패턴도 지역별로 다르고 또한 지역별로 다르게 나타난 구매패턴에 따른 브랜드 제품평가도 지역별로 다르게 나타나고 있음을 실증적으로 알아보고자 한다. 즉 본 연구는 먼저 중국 소비자의 구매패턴이 지역별로 어떤 경향을 보이고 있는지, 그리고 지역별로 나타난 구매패턴에 따른 브랜드 제품평가를 파악하고자 한다. 이는 중국의 지역 간에 문화적 차이, 라이프스타일의 차이가 뚜렷하게 존재하고 있기 때문이다. 그런데 기존 연구에서는 대부분 중국 지역 간의 문화적 차이, 라이프스타일, 구매패턴 등의 차이에 대해서는 많이 언급하였으나, 구매패턴에 따른 브랜드평가에 대한 연구가 부족한 실정이다.

전통적으로 중국 소비자는 외국 브랜드가 세련미, 후광효과, 현대성 그리고 품질이 좋다고 평가한다(Li & Gallup, 1995). 그리고 중국 소비자들은 국내브랜드보다 외국 브랜드를 더 선호하는 경향이 있다(Wang & Chen, 2000). 특히 중국 시장이 개혁개방 이후에 외국 브랜드 및 외국상품이 급격히 증가되기 시작함에 따라 외국 브랜드에 대한 중국 소비자들의 선호도가 크게 증가하였다. 보통 중국 소비자들이 외국 브랜드를 선호하는 것은 외국 브랜드들을 가지고 있는 상징적 가치 때문이다(Zhou & Hui, 2003). 심지어 강한 자국 중심주의 성향을 가진 소비자도 원산국의 이미지에 대한 긍정적인 생각을 가지면 외국제품이 더 우수하다고 평가한다(Yagci, 2001). 또한 Batra et al.(2000)에 의하면 높은 자민족중심주의 성향을 가진 소비자라 하더라도 외국상품을 선호하는 경향이 있다고 하였다. 특히 개발도상국의 소비자는 외국제품을 지위의 상징으로 생각하여 수입제품에 대한 과시소비성향을 가지고 있으며, 저개발국가의 소비자는 매력적인 선진국의 소비행위와 라이프스타일을 모방하여 영화, TV 등에서 나타난 선진국브랜드를 선호하고 구매하려는 성향이 있다고 한다. 그리고 Knight(1999)는 개발도상국의 소비자가 외국 브랜드를 결정할 때 자민족중심주의 성향, 상품품질판단, 과시소비성향과 같은 변수가 서로 상호 작용하여 외국 브랜드에 대한 선호도를 좌우한다고 하였다.

그러나 본 연구에서는 이제는 중국 소비자를 획일적으로 하나의 동질적인 소비자 집단으로 판단하는 것은 무리가 있다고 본다. 기존의 연구들(오마에겐이치, 2002; Enright et al., 2005; Child & Stewart, 1997; 백권호·안종석, 2004; 홍준형·김용준, 2005)이 밝혔듯이 중국은 더 이상 하나의 나라가 아니며 지역 간에 문화적 차이가 있기 때문에 서로 다른 중국의 지역성(김용준 외 2007)을 감안하여 중국 소비자들의 구매패턴과 구매패턴에 따른 브랜드평가를 실증적으로 규명하는 것이 필요하다고 본다.

한편 Cui & Lui(2001)에 의하면 중국 시장에서 외국 브랜드를 선호하지 않는 경향이 발생하였다고 한다. 이는 중국 소비자들이 최근 중국 현지 제품의 품질이 높아짐에 따라 외국 브랜드를 무조건 선호하는 것보다도 현지 브랜드를 좋게 평가하는 경향이 발생한 것이다.

멕킨지 중국 소비자센터가 2005년, 2006년 중국 28개 도시, 6개 현, 5,500여 명의 소비자를 대상으로 조사한 결과에 따르면, 최근에 중국 소비자들은 외국 브랜드보다 중국 본토 브랜드를 더 신뢰하는 경향이 날로 높아지고 있다. 이러한 경향은 최근 중국 기업들이 제품품질과 서비스를 꾸준히 제고시켜 소비자의 신뢰를 얻은 결과이며, 반면 다국적 브랜드의 경우 시시각각으로 변하는 중국 소비자시장을 파악하는 데 중국 기업보다 한 발짝 늦은 것이라 한다. 주목할 만한 조사결과는 가정용품·제약·의료·미용제품은 중국 브랜드를, 자동차·전자류는 외국 브랜드를 선호한다. 즉 가구·의약품·가전·미용헤어·의류·신발류 등에 대해 70% 이상의 응답자가 중국 브랜드를 더 선호한다고 응답한 것으로 나타났고, 반면 제품성능과 디자인 등이 중요시되는 자동차, 소비전자류(MP3) 제품에 대해 외국 브랜드를 더 선호하거나 국내외 브랜드가 막상막하의 비율을 보였다고 한다. 이 조사결과에 따르면 의류, 신발, 액세서리, 피부 관리제품 등에서는 외국 브랜드가 품질이나 성능이 우수해서 선호하는 것으로 나타났으며, 중국 브랜드를 선호하는 이유는 주로 저렴한 가격과 A/S 편의성 때문이었다고 한다. 이는 품질이 여전히 구매행위의 주요 요인임을 알 수 있다. 그리고 가격에 민감한 도시 소비자들은 본토 브랜드 또는 중국화된 외국 브랜드를 선호한다고 한다.

그리고 자동차 분야의 경우에는 외국 브랜드를 선호하는 경향이 있는데, 이는 외국 브랜드의 외관과 마케팅뿐만 아니라 브랜드이미지, 심층적인 기술혁신에서 본토 브랜드와 차이가 있다고 보기 때문이라고 한다. 이와 같은 조사는 제품의 종류에 따라 중국 소비자들의 브랜드 제품평가가 차이가 있는 것을 알 수 있다.

선행연구에서 Swanson(1998)은 중국 내수시장 마케팅에서 지역 간 불균형에 대한 이해의 중요성을 제기하였다. 이는 광대한 중국을 하나의 시장으로 볼 수 없으며, 중국의 개혁개방 이후에 지역 간 경제적 발전의 불균형에 따른 서로 다른 소비성향, 라이프스타일로 인해 중국을 하나의 동질적인 특성을 지닌 소비자시장으로 볼 수 없다는 시각이다. 그리고 Cui & Liu(2000)는 중국 내 7대 경제권별로 시장구조와 소비자의 라이프스타일이 뚜렷한 차이를 보이며, 특히 중국 소비자들의 구매력, 태도, 라이프스타일, 구매패턴 등이 지역별로 유의적인 차이를 나타낸다고 하였다. 또한 경제발전의 수준이 비슷한 도시지역 내에서도 소득불균형의 심화에 따라 중국 소비자 집단의 이질성이 심화되어 가고 있다고 하였다.

그리고 백권호와 안종석(2004)도 중국 주요지역 간에 문화적 이질성이 나타난다고 하였으며, 김용준 외(2007)는 중국의 주요도시지역별로 라이프스타일의 특성이 뚜렷한 차이를 나타내고 있음을 보여준 바 있다. 또한 Zhou & Hui(2003)에 의하면 중국 주요도시 소비자들은 외국제품에 대해 실용주의적 가치보다는 제품의 상징적 가치, 즉 현대화된 생활, 체면 혹은 지위, 진보적 라이프스타일 등에 의해 구매행위가 이루어진다고 하였다.

이런 연구들은 대부분 중국 소비자들이 모두 동질적인 구매패턴을 보이는 것이 아니고 지역적인 소비문화에 따라 구매패턴도 다르게 나타나며 또한 구매패턴에 따라 브랜드를 평가하는 것이 이질적으로 나타난다고 보는 시각이다. 이에 본 연구는 중국 주요지역 간의 소비자들이 어떤 구매패턴의 차이를 보이는지를 알아보고, 중국 주요지역의 구매패턴에 따른 브랜드 제품평가가 어떻게 나타나는지를 실증적으로 규명하고자 한다.

앞에서 인급한 바와 같이 零點調査(2004)의 조사에 따르면 베이징 소비자는 가격보다는 브랜드를 중시하며 국산품을, 상하이 소비자는 브랜드, 품위를 중시하며 동시에 제품의 질과 가격을 고려한 수입품을, 광저우 소비자는 유명 브랜드를 중시하지 않고 제품의 질과 가격을 가장 중시한다고 하였다. 그러나 이 조사결과는 화장품, 내구재소비품, 건강식품을 구매대상으로 할 경우의 브랜드에 대한 고려 정도이다. 따라서 조사대상제품을 달리할 경우에 각 지역 소비자들의 브랜드평가에 대한 구매패턴이 어떻게 나타나는지에 대해 연구를 확장할 필요가 있겠다.

따라서 본 연구에서는 베이징 소비자들이 귀족적인 소비문화의 영향을 받아 과시적 소비성향으로 외국 브랜드를 더 선호하고, 상하이 소비자들은 기본적으로 품질과 가격을 고려한 이성적인 소비를 추구하면서 동시에 트렌드를 지향하거나 명품을 추구하는 의식이 강하므로 가격과 품질 면에서 신뢰하는 합작 브랜드를 비교적 더 선호할 개연성이 높다고 본다. 이에 비해서 광저우 소비자들은 브랜드나 명품 등과 같은 외형적인 측면에 관심을 두지 않고 실리적인 측면을 중시하는 경향이 높으므로 실리적으로 국산 브랜드를 더 선호할 개연성이 있다고 본다.

그러므로 본 연구에서는 지금까지의 참고자료와 문헌을 바탕으로 거대한 중국 시장의 지역 간에 다르게 나타나는 구매패턴의 차이를 확인하고, 중국 소비자들의 구매패턴에 따른 브랜드평가가 어떻게 나타나는지 실증적으로 분석하는 것이 필요하다고 보아 다음과 같은 연구가설을 설정하였다.

가설 1: 중국 소비자들의 구매패턴이 지역적으로 다르게 나타날 것이다.

가설 1-1: 베이징 소비자들은 다른 지역 소비자들보다 과시적 구매패턴이 높게 나타날 것이다.

가설 1-2: 상하이 소비자들은 다른 지역 소비자들보다 계획적 구매패턴이 높게 나타날 것이다.

가설 1-3: 광저우 소비자들은 다른 지역 소비자들보다 실용적 구매패턴이 높게 나타날 것이다.

가설 2: 중국 소비자의 구매패턴에 따른 브랜드평가 선호도가 다르게 나타날 것이다.

가설 2-1: 과시적 구매패턴이 높은 지역의 소비자일수록 외국 브
랜드 제품을 더 선호할 것이다.

가설 2-2: 계획적 구매패턴이 높은 지역의 소비자일수록 신뢰성
있는 합작 브랜드 제품을 더 선호할 것이다.

가설 2-3: 실용적 구매패턴이 높은 지역의 소비자일수록 국산 브
랜드 제품을 더 선호할 것이다.

Ⅳ. 연구방법

1. 제품선정 및 표본수집

본 실증조사의 연구대상 제품은 자동차이다. 자동차를 연구대상
제품으로 선정한 것은 최근 중국 소비자들에게 가장 관심이 큰 제품
이고, 실제로 소비가 급증하고 있는 품목이라는 점이다. 사동차는
'세계를 바꾼 기기'라고 불릴 정도로 현대산업을 대표하며 그 생산
방식과 관리모델은 현대 제조업에 지대한 영향을 끼치고 있다. 중국
은 1994년 '자동차공업산업정책'을 제정해 2010년까지 자동차산업
을 국민경제의 기간산업으로 육성시킬 계획을 마련했다. 지난 10년
간 중국 자동차산업은 급속하고도 안정적으로 발전해 자동차 생산량
이 연평균 15% 증가했고, 기본적으로 국내시장의 90%에 해당하는
수요를 만족시켜 왔다. 자동차 상품구조는 점차 합리적으로 발전해
가고 있으며 승용차가 주도적으로 일반 가정에 보급되기 시작했다.

자동차 보유량은 계속 증가하는 추세로 2003년 말 현재까지 민용 자동차 보유량은 2,400만 대이며 그중 개인자동차는 1,200만 대에 달한다.

중국은 이미 미국, 일본에 이어 세계 3위의 자동차 소비시장으로 부상했다. 1983년 외국인 투자가 중국 자동차 분야에 처음 진출한 이후 2002년 말 현재까지 중국 자동차 분야의 외국인투자기업은 1,256개이며 외자유치 계약금액과 실제 투자금액은 각각 46.68억 달러와 44.74억 달러에 달했다. 2005년 중국의 자동차 생산량과 판매량은 각각 571만 대, 576만 대로 2004년 대비 각각 12.6%, 13.6% 증가했다. 또한 2006년 중국 자동차 생산량과 판매량은 각각 729만 대, 721만 대에 달해, 생산량에서는 독일을 제치고 미국, 일본에 이어 세계 3위, 내수판매량에서는 일본을 제치고 세계 2위가 되었다.

중국 자동차산업의 양적 성장 추세는 매우 놀랍다. 중국의 자동차 생산량은 1992년 100만 대를 돌파한 이후 2000년 200만 대 대를 넘어섰고, 2002~2004년에 연간 자동차 생산량이 매년 100만 대 이상씩 증가할 정도로 2000년대 들어 중국 자동차산업의 성장세가 두드러졌다. 그러나 중국 국가발전개혁위원회는 현 추세대로라면 11·5계획이 끝나는 2010년 중국의 자동차 생산량이 950만 대에 도달할 것으로 전망한다.

한편 최근 중국 자동차산업의 주요 이슈는 토종 자동차기업의 빠른 성장 가운데 안전문제와 짝퉁문제가 여전히 지적된다. 예컨대 중국 토종 브랜드자동차의 안전문제는 그동안 저렴한 가격으로 활발한 해외진출 전략을 폈던 중국 자동차의 아킬레스건으로 작용하고 있다. 그리고 외국자동차를 모방한 짝퉁문제로 인한 법적 조치로 중국 자동차의 모델이 수출을 하는 데 어려움을 겪는 경우가 발생하기도 했다. 이와 같은 문제는 중국 자동차사가 디자인에서 이미 상당한 실력을 갖춘 것으로 평가된다. 하지만 품질이나 브랜드 이미지에서는 아직 격차가 있는 것으로 평가된다. 또한 중국 자동차사는 자국의 자동차사 간에 합작계약을 체결해 규모의 경제를 실현하고 경쟁력을 키움으로써 중국 토종 자동차산업 발전을 위한 새로운 장을 열기도 하였다. 뿐만 아니라 중국 자동차사는 외국 자동차사와 합자회사 설립계약을 체결함으로써 중국 자동차사가 생산한 차를 외국 브랜드로 시장에 출시하여 외국 시장을 공략하기도 했다.

또한 글로벌화의 심화로 인해 브랜드국, 제조국, 조립국, R&D국가 상이한 복합제품(하이브리드제품, Hybrid product) 등이 확산되고 일반화되어 가고 있다. 특히 기업들이 노동력이 저렴한 해외로 공장을 이전함으로써 제조원산지가 달라지는 초기 현상과는 달리 근래에는 기술력과 디자인이 우월한 원산지에서 제조가 발생하는 상황까지 다양해졌다. 중국 자동차산업은 '자동차 자체개발 → 자동차 수입증가 → (완성차 및 조립반제품)CKD부품수입을 통한 자동차 양산 → 자동차 자체개발'의 단계를 거치며 발전하였고, 다국적 기업의 대중국 진출 전략은 '직간접 수출 → 기술공여 → 생산 및 판매제휴 → (완성차 및 조립반제품)CKD형 합작기업 설립'의 추이를 나타냈다. 본 연구에서는 합작 브랜드를 외국 브랜드가 중국과 합작계약을 체결하여 중국에서 생산하여 중국에서 판매하는 제품의 브랜드를 합작 브랜드로 조작적 정의한다. 예컨대 현대자동차가 중국에서 생산한 베이징현대(北京現代)차, 혼다자동차가 중국에서 생산한 광저우 혼다(广州本田) 등의 제품들을 합작 브랜드 제품이라고 한다.

이와 같은 상황들은 중국 소비자들이 자동차를 평가할 때에 순수한 국내브랜드인지, 외국 브랜드인지 또는 합작 브랜드인지에 따라 그 선호하는 것이 다를 수 있다는 것이다. 따라서 본 연구에서는 중국 주요지역 소비자의 구매패턴에 따른 자동차브랜드 평가가 어떻게 나타나는지 실증적으로 분석하는 것이 필요한 작업으로 본다. 이를 위해 본 연구에서는 중국 로컬자동차브랜드로 중화자동차를, 외국 브랜드로 현대자동차(소나타수입)를 그리고 합작 브랜드로 베이징현대자동차(베이징소나타)를 연구대상 제품으로 선정하였다.

본 실증연구를 위한 자료조사는 먼저, 본 연구에서 제시한 연구가설을 해결하기 위하여 한국에서 경영학 박사를 받은 중국 본토인이 중국 설문지로 번역을 한 다음 한국에서 언어연수를 받고 있는 중국 유학생 60명과 중국 천진에 소재한 남개대학교의 109명 학생을 대상으로 사전조사를 실시하고 검증한 후 최종 설문지를 완성하였다. 그리고 중국 내의 시장조사 전문기관을 통하여 베이징, 상하이, 광저우에 거주하는 18세 이상~60세 미만인 성인 남녀 1,500명을 대상으로 실시하였다. 표본은 지역별, 연령별, 성별의 각 수준에 비례를 유지하여 할당표본추출방식으로 시행하였다. 이때 지역별로 베이징, 상하이, 광저우 거주자가 각각 500명씩 할당표본추출 되었으며 조사대상자들의 인구통계적 특성을 보면 성별로는 남자 50%, 여자 50%의 분포를, 연령별로는 18~29세 25%, 30~39세 25%, 40~49세 25%, 50~59세 25%의 분포를 나타냈다. 또한 응답자들의 가계 월평균 수입은 1,000위엔 미만 4.2%, 1,000~2,999위엔 27.4%, 3,000~4,999위엔 33.5%, 5,000~9,999위엔 28.0%, 10,000~19,999위엔 5.2% 그리고 20,000위엔 이상이 1.9%인 것으로 나타났다. 그리고 학력은 초등학교 졸업 1.7%, 중학교 졸업 12.1%, 고등학교 졸업 45.0%, 전문대 졸업 28.0%, 대학 졸업 12.3%, 그리고 대학원 졸업 이 0.9%의 분포인 것으로 조사되었다.

2. 변수의 조작적 정의 및 측정

본 연구에서 중국 소비자의 구매패턴과 브랜드평가의 지역차이를 파악하기 위하여 사용된 구성개념 및 측정항목은 기존 연구에서 중국 소비자들의 라이프스타일의 유형분류 및 소비성향을 나타내는 내용과 측정항목들을 주로 활용하였다.

첫 번째로 본 연구에서 실용적 소비는 유명브랜드에 크게 구애받지 않고 제품의 질과 가격을 가장 중요하게 생각하는 소비성향(零點調查, 2004)을 가진 것을 의미한다. 그렇기 때문에 어떤 제품을 구매할 때 보통 세일이 있을 경우에 구매하는 알뜰구매(김용준 외, 2007)의 소비 형태를 보이고 또한 이미 잘 알려진 상표를 믿고 구입하며 과거에 실용적으로 구입한 상품을 재구매하는 소비자로 조작적 정의한다. 보통 소비자들은 실용적 구매를 할 경우에 제품을 사용함으로써 얻게 되는 경제성, 품질 등의 실질적인 혜택과 제품의 사용효과를 기대한다(Cheng & Schweitzer, 1996). 이에 본 연구에서는 이와 같은 연구들을 활용하여 '물건구매는 보통 바겐세일이 있을 경우 이용한다', '많이 알려진 상표에 더 신뢰감이 간다', '한 번 구입한 경험이 있는 상표를 계속 구입한다' 등의 항목으로 7점 척도를 이용하여 측정하였다.

두 번째로 최근 중국 시장에서 이성적인 소비현상이 증가하고

(KOTRA, 2006) 또한 중국 소비자들이 구매할 때에 과거의 구매경험, 주위사람들의 조언, 타인의 옷차림 관찰 등 소비자에 의한 정보원과 신문이나 잡지의 패션기사 등 대중매체 정보를 활용하는 것으로 나타났다(이옥희·강영의, 2007). 보통 소비자 정보의 활용은 합리적 소비생활의 전제 조건이다. 따라서 본 연구에서는 중국 소비자들이 브랜드 제품을 평가하거나 구매할 때 쇼핑하기 전에 구매계획을 세우고 정보를 이용하는 소비자를 계획적 소비로 정의한다(허경옥, 2001). 이에 본 연구에서는 이와 같은 내용을 이용하여 '쇼핑을 가기 전에 사전에 계획을 세우는 편이다', '나는 종종 타인에게 유용한 정보를 얻고자 한다', '새로운 정보를 얻으면 다른 사람에게 물어본다', '새로운 정보를 얻으면 다른 사람에게 물어본다' 등의 항목으로 7점 척도를 이용하여 측정하였다.

세 번째로 과시적인 소비는 타인에게 보이기 위해 소비하는 개념으로서 제품의 경제적, 기능적 효능보다는 사회적, 상징적 의미를 중시하여 다른 사람에게 소유자 자신의 인상을 심어 주려는 동기에 의해 제품을 구매하고(LaBabera, 1988), 귀족의식이 강하여 품위와 체면을 중시(Ran Wei, 1997)한다. 이에 본 연구에서는 남에게 인정받기 위해 좋은 물건을 구매하고 명품브랜드 이름을 붙여야 세련되어 보이며 싸구려 물건을 사용하면 남이 무시한다고 생각하여 인기 있는 유명브랜드 상품을 구입하는 것(Piron, 2000)을 과시적 소비로 정의한다. 이런 내용을 토대로 본 연구에서는 조은아와 김미숙(2004)이 사용하였던 과시성향의 요인들을 중국 소비자의 정서에 맞게 수정 보완하여 '같은 값이면 국산보다 외제가 더 좋다', '상품에는 외국이름을 붙여야 더 세련되어 보인다', '가격은 다소 높더라도 유명브랜드 제품을 구입한다' 등과 같은 항목으로 7점 척도를 이용하여 측정하였다.

마지막으로 브랜드 제품평가에 대한 측정은 중국 소비자들이 브랜드 제품에 대하여 어떤 인식을 갖고 있는지를 파악하고자 한충민(1998)이 사용하였던 브랜드 태도평가에 대한 측정항목을 이용하여 중국 소비자들이 전반적으로 지각하는 브랜드 제품의 품질이 좋은지 나쁜지에 대한 신뢰성, 제품이 흥미로운지 흥미롭지 못한지에 대한 흥미성 그리고 제품을 좋아하는지 싫어하는지에 대한 호의성 등의 항목으로 7점 척도를 이용하여 측정하였다.

V. 연구 결과

1. 측정변수에 대한 신뢰성과 타당성 검증

연구에 사용된 구성된 개념들의 신뢰성을 측정하기 위해 알파계수(Cronbach's alpha)를 이용하여 분석하였다. 각 측성변수들의 신뢰도를 보면 아래 <표 1>과 같다. 분석 결과, 모든 변수의 신뢰도가 0.75 이상으로 나타나 신뢰성이 확인되었으며 또한 타당성 검증에서는 요인들의 고유치가 1 이상으로 나타나 타당성이 확인되었다.

〈표 1〉 측정 변수의 신뢰성과 타당성 검증

변수	회 전 된 성 분 행 열				알파계수
		요인1	요인2	요인3	
실용적 소비	물건구매는 보통 바겐세일이 있을 경우 이용한다.	0.80	0.10	0.10	0.87
	많이 알려진 상표에 더 신뢰감이 간다.	0.75	0.12	0.11	
	한 번 구입한 경험이 있는 상표를 계속 구입한다.	0.68	0.35	-0.07	

변수	회 전 된 성 분 행 열				알파 계수
		요인1	요인2	요인3	
계획적 소비	쇼핑을 가기 전에 사전에 계획을 세우는 편이다.	0.21	0.74	-0.14	0.78
	나는 종종 타인에게 유용한 정보를 얻고자 한다.	0.16	0.74	0.04	
	새로운 정보를 얻으면 다른 사람에게 물어본다.	0.29	0.57	0.17	
과시적 소비	같은 값이면 국산보다 외제가 더 좋다.	0.21	-0.19	0.82	0.75
	상품에는 외국이름을 붙여야 더 세련되게 보인다.	0.04	0.32	0.73	
	가격은 다소 높더라도 유명브랜드 제품을 구입한다.	-0.01	0.34	0.48	
eigenvalue		3.65	1.32	1.22	

2. 가설 검증

1) 가설 1 검증

본 연구에서는 베이징, 상하이, 광저우 3개 도시의 구매패턴 차이가 존재하는지 살펴보기 위하여 위에서 도출된 소비형태의 요인들에 있어서 베이징, 상하이, 광저우 3개 도시의 구매패턴 차이를 ANOVA를 이용하여 분석하였다. ANOVA 분석 결과는 <표 2>와 같다.

<표 2> 베이징, 상하이, 광저우 3개 도시의 구매패턴 차이 검증

	제Ⅲ 유형 제곱합	자유도	평균제곱	F	유의확률
구매패턴	583.44	1	583.44	462.34	0.00***
구매패턴 * 지역	197.94	2	98.97	78.43	0.00***
오차(요인1)	1,889.11	1,497	1.26		

***p<0.01 **p<0.5 *p<0.1

<표 2>에서 나타난 것과 같이 3개 도시의 구매패턴에서는 99% 신뢰수준에서 유의하게 나타났다($F = 78.44$, $p < 0.01$). 세부적으로 <표 3>과 <그림 1>에서 본 것과 같이 베이징 소비자들은 다른 지역 소비자들보다 과시적 구매패턴($M = 5.76$)이 강하고, 상하이 소비자들

은 다른 지역 소비자들보다 계획적 소비패턴(M＝4.66)이 강하며, 광저우 소비자들은 실용적 소비패턴(M＝4.83)을 보이는 것으로 나타났다($F_{과시소비형}$＝44.90, p<0.01, $F_{계획소비형}$＝50.46, p<0.01, $F_{실용소비형}$＝31.20, p<0.01).

이러한 결과들을 바탕으로 베이징, 상하이, 광저우 소비자들의 과시적 소비, 계획적 소비 그리고 실용적 소비 등과 같은 구매패턴의 차이가 있는 것으로 볼 수 있고, 통계적으로 유의함을 알 수 있다. 따라서 가설 1을 비롯한 가설 1-1, 가설 1-2 그리고 1-3이 모두 지지되었다.

〈표 3〉 베이징, 상하이, 광저우 3개 도시의 구매패턴 차이 검증

	베이징	상하이	광저우	F
과시소비형	5.76	5.22	5.17	44.90***
계획소비형	3.66	4.66	4.05	50.46***
실용소비형	4.19	4.49	4.83	31.20***

***p<0.01 **p<0.5 *p<0.1

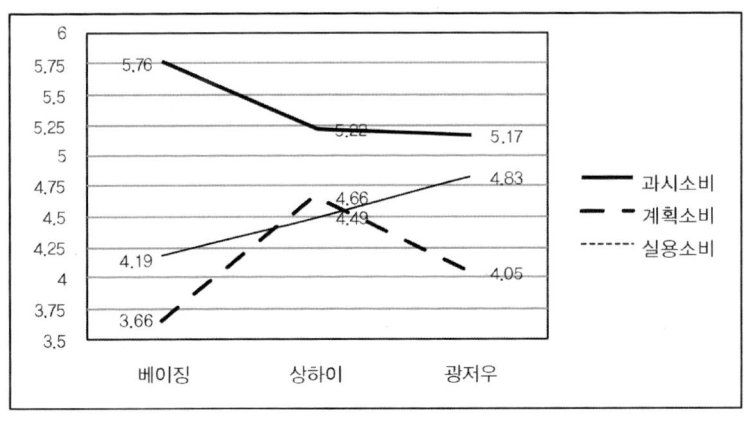

〈그림 1〉 베이징, 상하이, 광저우 3개 도시의 구매패턴 차이 검증

2) 가설 2 검증

본 연구의 가설 2는 중국 소비자들의 구매패턴과 브랜드 제품평가 간의 상호 작용 효과를 검증하였다. 검증 결과 <표 4>에서 나타난 것과 같이 구매패턴에 따른 중국 소비자들의 브랜드 제품평가 간의 상호 작용이 존재하며 통계적으로 유의하게 나타났다($F = 11.82$, $p < 0.01$). 이는 중국 소비자들이 브랜드 제품을 평가하는 데 있어서 구매패턴의 차이에 따라 브랜드 제품을 다르게 평가하는 것을 알 수 있다. 이상의 논의에 의하여 가설 2가 지지되었다고 볼 수 있다. 세부적으로 구매패턴 차이에 따라 브랜드 제품 평가 차이검증을 위해서 사후검증을 실시하였다. 이에 대한 분석결과를 <표 5>와 <그림 2>에서 나타냈다.

〈표 4〉 구매패턴에 따른 브랜드제품평가에 대한 검증

소스	제Ⅲ 유형 제곱합	자유도	평균제곱	F	유의확률
브랜드유형	9.51	2.	4.76	3.87	0.02 **
구매패턴	29.06	2.	14.53	11.82	0.00 ***
브랜드유형 * 구매패턴	94.32	4.	23.58	19.19	0.00 ***
오차	5,519.25	4,491	1.23		
합계	105,268.75	4,500			

a R 제곱 = .024(수정된 R 제곱 = .022)

***p<0.01 **p<0.5 *p<0.1

<표 5> 구매패턴에 따른 브랜드 제품평가 지역차이(사후검증)

브랜드 유형	(I) 지역성	(J) 지역성	평균차(I - J)	표준오차	유의확률
외국 브랜드 제품	과시적 소비지역(베이징)	계획적 소비지역	0.40	0.07	0.00***
		실용적 소비지역	0.41	0.07	0.00***
	계획적 소비지역(상하이)	과시적 소비지역	-0.40	0.07	0.00***
		실용적 소비지역	0.01	0.07	1.00
	실용적 소비지역(광저우)	과시적 소비지역	-0.41	0.07	0.00***
		계획적 소비지역	-0.01	0.07	1.00
합작 브랜드 제품	과시적 소비지역(베이징)	계획적 소비지역	-0.03	0.07	0.89
		실용적 소비지역	0.35	0.07	0.00***
	계획적 소비지역(상하이)	과시적 소비지역	0.03	0.07	0.89
		실용적 소비지역	0.38	0.07	0.00***
	실용적 소비지역(광저우)	과시적 소비지역	-0.35	0.07	0.00***
		계획적 소비지역	-0.38	0.07	0.00***
국산 브랜드 제품	과시적 소비지역(베이징)	계획적 소비지역	-0.39	0.09	0.00***
		실용적 소비지역	-1.13	0.09	0.00***
	계획적 소비지역(상하이)	과시적 소비지역	0.39	0.09	0.00***
		실용적 소비지역	-0.74	0.09	0.00***
	실용적 소비지역(광저우)	과시적 소비지역	1.13	0.09	0.00***
		계획적 소비지역	0.74	0.09	0.00***

***p<0.01 **p<0.5 *p<0.1

<표 5>와 <그림 2>에 나타난 것과 같이 외국 브랜드 제품에 대해서는 과시적 소비지역 소비자들은 다른 구매패턴을 나타내는 지역 소비자들 간의 차이가 있는 것으로 나타났고, 통계적으로 유의하게 나타났다(과시적 소비지역 - 계획적 소비지역 = 0.40 p<0.01, 과시적 소비지역 - 실용적 소비지역 = 0.41 p<0.01). 그러나 계획적 소비지역 소비자들과 실용적 소비지역 소비자들 간에는 차이가 없는 것으로 나타났다(계획적 소비지역 - 실용적 소비지역 = 0.01 p>0.1). 그리고 합작 브랜드 제품평가에서는 과시적 소비지역 소비자들과 계획적 소

비지역 소비자들 간의 차이가 있지만 통계적으로 유의하게 나타나지 않았다(과시적 소비지역－계획적 소비지역＝－0.03 p>0.1). 그러나 계획적 소비지역과 실용적 소비지역의 소비자들 간의 차이가 있는 것으로 나타났고, 통계적으로 유의하게 나타났다(계획적 소비지역－실용적 소비지역＝0.38, p<0.01). 과시적 소비지역과 실용적 소비지역 소비자들 간의 유명 브랜드 제품평가에서도 차이가 있는 것으로 나타났고, 통계적으로 유의하게 나타났다(과시적 소비지역－실용적 소비지역＝0.35, p<0.01). 또한 국산브랜드 제품평가에서는 과시적 소비지역, 계획적 소비지역, 실용적 소비지역 3개 지역 소비자들 간에 차이가 있는 것으로 나타났고, 통계적으로 유의하게 나타났다(과시적 소비지역－계획적 소비지역＝－0.39 p<0.01, 과시적 소비지역－실용적 소비지역＝－1.13 p<0.01, 계획적 소비지역－실용적 소비지역＝－0.74 p<0.01). 이상의 논의를 바탕으로 볼 때 가설 2를 비롯한 가설 2-1, 가설 2-2, 가설 2-3이 모두 지지되었다고 볼 수 있다.

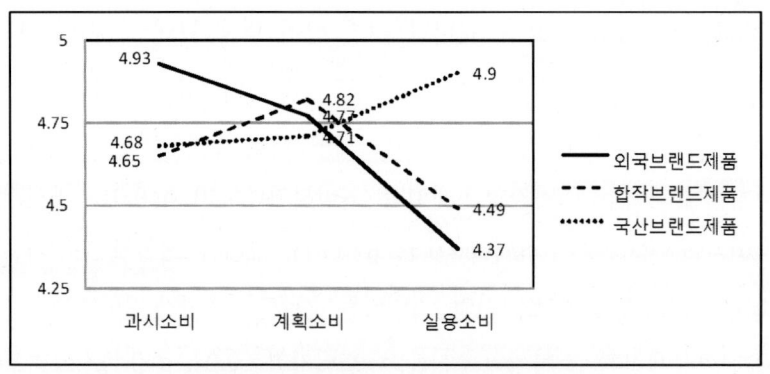

<그림 2> 구매패턴에 따른 브랜드제품평가

Ⅵ. 결론 및 논의

1. 연구 결과의 요약 및 논의

본 연구에서는 중국 주요지역 간에 중국 소비자들의 구매패턴이 다르게 나타나는지 또한 중국 주요지역별 소비자의 구매패턴에 따라 브랜드 제품평가가 지역적으로 다르게 나타나는지를 파악하고자 실증 분석하였다.

첫 번째로, 중국 주요지역 간에 중국 소비자들의 구매패턴의 유형이 다름을 밝혔다. 즉 본 연구에서는 중국을 대표하는 베이징, 상하이, 광저우 3개 도시별 소비자들의 구매패턴 유형을 비교한 결과, 베이징 소비자들은 과시적 소비성이 다른 지역보다 높고, 상하이 소비자들은 계획적 소비성향이 다른 지역보다 높으며, 광저우 소비자들은 실용적 소비성향이 다른 지역보다 높은 것으로 나타났다. 이는 중국이 개혁개방 이후 고도의 경제성장에 따른 각 지역 간에 소득증가의 격차(Cui & Liu, 2001; Wei, Ran, 1997; 이중희, 2007)와 각 지역별 문화차이(Child & Stewart, 1997; Cui & Liu, 2000; 백권호 · 안종석, 2004; 홍준형 · 김용준, 2005)로 인한 중국 소비자들의 소비가치관이 변화하여(김용준 · 김화, 2000) 구매패턴의 이질성이 나타난 것으로 볼 수 있다. 이러한 현상은 소비자들의 구매패턴이 그 지역의 문화적 배경에 의해 형성되고 촉진되기 때문이며, 소비자들이 문화적 범주 및 원리를 통해서 자신의 소비가치관과 라이프스타일을 창출하며 이를 소비하는 것(그랜트 매크라켄, 1997)으로 볼 수 있다.

그리고 본 실증연구에서는 중국 시장에서 지역별로 문화적 차이가 존재하는 가운데 구매패턴의 차이가 있는 것으로 나타났으며 이는 중국의 주요 경제권 간에 시장구조와 소비자의 라이프스타일에 뚜렷한 차이를 보이고 있음을 확인시켜 준 Cui & Liu(2000)의 연구와 유사한 결과이다. 또한 이와 같이 중국 주요지역 간에 서로 다른 소비성향이 나타나는 것은 단순히 순수한 경제적 논리보다는 오히려 소비성향의 차이에 중대한 영향을 미치는 지역 소비자들의 가치관과 문화심리를 구성하는 독특한 문화적 기억이 소비문화성향에 영향을 미친 것이다(홍준형·김용준, 2006).

중국 도시문화에 대한 역사적 기억과 관련하여 베이징은 원대(元代)부터 중국의 수도로서 '귀족정치, 왕도정치 문화'로 알려졌고 또한 베이징인은 수도시민으로서의 자긍심을 바탕으로 과시적인 소비성향을 보이는 것으로 파악된다. 그리고 상하이는 일찍부터 상업이 발달한 '조계(租界)상업문화'로 상하이인은 합리적인 소비성향을 보인 것이라고 볼 수 있다. 이에 비해 광저우는 '개항·변방문화'로 광저우인은 자긍심과 중심의식보다는 변방의식이 내재되어 있으며 실용적 소비성향이 있는 것으로 확인된다(김용준 외, 2007).

두 번째로, 중국 소비자들의 구매패턴 유형에 따른 브랜드 제품평가의 지역차이를 검증한 결과 첫째, 베이징 소비자들은 과시적 소비성향이 높은 것으로 나타났으며 외국 브랜드 제품을 더 선호하는 것으로 드러났다. 이런 결과를 기존의 零點調査(2004) 결과와 비교해 보면 베이징 소비자들이 상품을 구매할 때 가격보다는 유명 브랜드를 중시하고 과시적 소비성향을 띠는 결과를 나타냈다는 점에서 유사한 결과로 볼 수 있다. 그러나 국산품보다 외국 브랜드 제품을 선호하는 것은 다른 점이라고 할 수 있다. 이는 기존의 零點調査(2004)의 조사대상 제품이 화장품, 내구재소비품, 건강식품을 구매대상으로 할 경우의 브랜드 및 제품에 대한 선호도이고, 본 실증 연구에서는 자동차 브랜드 제품을 대상으로 실증 분석한 결과의 차이로 볼 수 있다. 즉 이런 조사결과는 조사대상의 제품을 다르게 선정할 경우에 각 지역 소비자들의 구매패턴에 따른 브랜드 제품평가가 다르게 나타날 수 있음을 시사한다.

앞에서 언급한 바와 같이 베이징 소비자들의 과시적 구매패턴이 외국 브랜드를 더 선호한다고 하였는데 Bagwell & Bernheim(1996)에 의하면 과시적 소비성향을 가진 소비자는 실용성보다는 자기의 부를 나타내고 싶고 구매를 통해 높은 사회적 지위를 얻는 것으로 생각한다. 또한 과시소비성향이 높을수록 외국 브랜드를 더 선호하며, 심지어 소비자들이 자민족중심주의 경향을 가지고 있더라도 외국 유명제품을 구매하고 소유할 수 있는 능력을 과시하고 싶은 욕구로 인해 결국 외국 브랜드에 대한 구매를 히게 되는 것이다(Knight, 1999). 특히 Zhou & Hui(2003)에 의하면 중국 주요도시 소비자들은 외국제품에 대해 실용적 가치보다는 제품의 상징적 가치에 의해 구매행위가 이루어진다고 하였는데 바로 베이징 소비자들이 이에 해당될 개연성이 더 높다고 할 수 있다. 이는 또한 전통적으로 볼 때 베이징시민들의 귀족적 소비성향과 우아함을 즐기는 문화적 기호는 베이징 사람들의 우월감이 내면화되어 생활 속에 표출된 방식이라 할 수 있으며(홍준형 · 김용준, 2006), 이러한 성향이 베이징 소비자들의 과시적 구매패턴으로 나타날 수 있는 것이다. 둘째, 상하이 소비자들은 베이징이나 광저우 소비자에 비해 계획적 소비성향이 높은 것으로 나타났고 가격과 품질 면에서 신뢰감 있는 합작 브랜드 제품을 선호하는 것으로 나타났다. 이와 같은 결과는 앞에서 언급했듯이 역사적으로 상하이는 상업이 일찍부터 발달한 '조계(租界)상업문화'로 '중국 속의 또 다른 중국' 또는 '중국 속의 외국'으로 국내외에서 다양한 종류의 사람들이 몰려 들어와서 상하이 소비자들은 외부에서 들어온 새롭고 낯선 사고방식과 관습, 제도에 대해 좀 더 신중하고 조심스럽게 대처하는 법을 다른 지역에 비해 보다 빨리 배워야 했으며 또한 항상 새로운 트렌드를 추구하려는 경향이 있다는 것이다. 이런 지역성은 상하이 소비자들이 베이징이나 광저우에 비해 상대적으로 이성적인 측면에서 합리적으로 가격과 품질을 신중하게 살펴서 신뢰성 있는 브랜드를 선호하는 성향이 높고, 여러 대중매체 정보를 이용하여 계획적으로 유용한 정보를 수집하여 치밀하게 살펴보고 브랜드 제품을 평가할 개연성이 높은 것이라고 볼 수 있다. 이는 또한 최근 중국 내수시장에서 이성적 구매패턴이 증가(KOTRA, 2006)하고 있는데 특히 상하이에서 이런 현상이 다른 지역에 비해 높다고 볼 수 있겠다. 보통 소비자들은 어떤 상품을 선택할 경우에 충분히 숙고를 한 후에 소비행동의 의사결정을 하게 된다(East, 1993). 따라서 계획적 소비성향을 보이는 소비자들에게는 제품구매 전에 제품에 대한 편익, 긍정적으로 브랜드 이미지를 인식할 수 있는 다양하고 유용한 정보를 제공하는 것이 필요하겠다. 셋째, 광저우지역 소비자들은 실용적 구매패턴이 높으며 국내브랜드를 선호하는 것으로 나타났다. 이는 광저우 소비자들이 철저하게 실리를 추구하는 경향이 강하고 외형과 명분보다는 개인의 삶과 생활의 질 그 자체를 중시하며 유행을 추구하거나 지나친 자기 과정에 잘 빠지지 않는 실리적 소비성향이 강한 문화(零點調査, 2004)를 가지고 있기에 외국 브랜드나 합작 브랜드에 상대적으로 큰 관심이 없는 것으로 사료된다.

2. 연구의 시사점과 한계점 및 향후 연구방향

이와 같은 결과를 바탕으로 본 연구는 마케팅 이론적 및 실무적인 차원에서 다음과 같은 시사점 및 의미가 있다고 본다. 첫째, 중국 주요지역별 소비자의 구매패턴을 세분화할 필요가 있다. 이와 관련하여 Cui(1999)는 중국의 소비시장을 인구통계학적, 심리학적, 지리학적인 변수를 포함한 하이브리드(hybrid) 접근방식을 이용하여 세분화하여 접근하는 것이 바람직하다고 한다. 따라서 중국 소비자들의 구매패턴을 알기 위해서는 이론적인 측면에서 인구통계학적, 지리적, 심리학적 등 다양한 관점에서 그들만의 독특한 문화차이를 파악하여 구매패턴을 유형화하는 것이 더욱 요구된다. 둘째, 마케팅 실무적 측면에서 중국에 진출한 다국적 기업들에 시장세분화 전략은 더 이상 선택의 문제가 아니라 중국 소비자 욕구의 다양화와 치열한 경쟁상황에서 한정된 자원을 효율적으로 운영하기 위한 필수적인 과정으로 볼 수 있으며 갈수록 다양화되는 중국 소비자의 구매패턴을 지속적으로 파악해서 활용해야 함을 시사한다. 셋째, 중국 주요지역별 소비자들의 구매패턴에 따른 브랜드 제품의 구매의도를 알 수 있고 브랜드마케팅의 차별화 전략을 수립하는 데 유용한 가이드라인으로 삼을 수 있다. 즉 베이징 소비자들은 정신적 향유와 지위 및 상징적 만족을 추구하려는 관점에서 과시적인 욕구가 내재되어 있기 때문에 브랜드성격의 상징적 가치를 부여하는 것이 좋을 것이다. 가령 제품의 브랜드에 초점을 맞춘 외제 상표(Nia & Zaikowsky, 2000), 제품의 이미지나 스타일, 감각의 중요성, 브랜드에 사회적 체면 및 지위에 대한 상징이 내포되면서 명품의 의미에 특정한 유명브랜드를 사용하여 위신을 얻게 되는 제품(Grossman & Shapiro, 1988)이라는 브랜드 성격을 소구할 필요가 있다. 반면 상하이 소비자들은 주로 최신의 유행을 추구하려는 과정에서 유용한 정보를 수집해서 가격과 품질 면을 고려하여 신뢰성 있는 브랜드를 계획적으로 구매하려는 소비심리가 내재되어 있기 때문에 브랜드의 신뢰도를 높이기 위한 반복적인 정보 및 광고의 노출이 필요하겠다. 특히 광고는 현재의 문화적 가치와 미래의 문화적 가치 창출에 영향을 미치기 때문에 상하이 소비자들에게 신뢰성 있는 브랜드 가치를 인식시키는 마케팅 노력이 필요할 것이다. 이에 비해 광저우 소비자들은 품질과 가격 위주의 실리적 소비행위를 추구하므로 품질을 향상시키고 실용적인 가격을 제시해야 할 것이다. 보통 실용적 가치는 제품을 사용함으로써 얻게 되는 경제성, 품질 등의 실질적인 혜택과 제품의 사용효과를 강조하는 가치를 내포한다(Cheng & Schweitzer, 1996).

전반적으로 본 연구는 중국 내수시장을 효율적으로 공략하기 위해서는 중국 주요지역의 소비자 특성을 이해하는 것이 우선시되어야 한다는 입장에서 출발하였다. 특히 중국의 주요도시는 미래마케팅 전략을 위한 시험무대이며, 유행을 선도하는 중심지역으로 변화에 가장 민감한 곳이기 때문에 현대 중국 소비자들의 변화를 파악하기 위해서 도시 소비자들을 이해하는 것이 매우 중요하다고 인식하여 중국 주요도시의 일반소비자들을 대상으로 실증분석을 실시한 것이다. 이에 본 연구에 대한 의미를 간략하면 첫째, 본 실증 연구는 중국 경제의 고도성장에 따른 중국 소비자들의 소득증가 및 지역적 차이와 문화적 차이로 인해 중국 소비자들의 소비가치관이 변화하면서 중국 소비자들의 구매패턴이 변화하고 있다는 것을 파악하였고 또한 중국 소비자들의 구매패턴 유형에 따른 현대 중국 소비자들의 소비성향 및 소비자 특성을 이해하는 데 공헌할 수 있는 의미를 확보하였다고 본다. 둘째, 현실적으로 기업의 경영자원 가운데 무형자원으로서의 브랜드에 대한 자산 가치가 매우 중요한데 중국 소비자의 구매패턴에 따른 브랜드 제품평가가 어떻게 나타나는지를 실증적으로 알아본 것은 향후 한국 기업이 중국 내수시장에 진출할 경우에 시장 및 소비자 세분화 전략을 수립할 수 있는 방향성을 알 수 있으며, 또한 중국 시장에서 다국적 기업들과 경쟁할 때 경쟁우위를 창출할 수 있는 브랜드마케팅의 차별화 전략의 시사점을 파악함으로써 기업의 부가가치를 창출하는 데에 기여했다고 본다. 즉 본 연구는 중국 소비자들의 구매패턴 및 중국 소비자들의 브랜드 제품평가의 지역차이를 파악힘으로씨 중국 내수시장을 목표로 한 중국 지역마케팅 전략을 수립할 수 있는 기초 자료를 제공하였다는 점에서 연구의 의미를 둔다.

마지막으로 제언하고 싶은 점은 거대한 중국을 더 이상 하나의 나라로 볼 수 없다(오마에겐이치, 2002; Enright et al., 2005; Child & Stewart, 1997; 백권호 · 안종석, 2004; 김용준 외, 2007)는 것이다. 특히 중국은 개혁개방 이후에 도시와 농촌 간에, 동부지역과 서부지역 간에, 도시 간에, 심지어 도시 내에서의 소득격차 그리고 이미 존재하는 지역 간의 문화적 차이에 따라 중국 주요지역 간의 소비자 욕구의 다변화 및 구매패턴의 다변화가 갈수록 심화될 것으로 본다.

따라서 향후에는 다국적 기업들과 외국투자가들은 중국 시장에 진출할 경우에 지역적으로 나타나는 구매패턴의 차이를 알아 효율적인 시장세분화 전략과 브랜드 및 제품 차별화 전략을 수립하여 마케팅 기회를 창출하는 것이 좋겠다. 그리고 지속적으로 중국 주요지역별 중국 소비자에 대한 연구를 확장하는 것이 필요하겠다. 이는 향후 중국의 현대 시장문화와 소비문화를 심층적으로 이해하는 데 의미 있는 작업으로 보기 때문이다.

한편 본 연구는 다음과 같은 한계점을 지니고 있으므로 향후 이러한 한계점을 보완하는 추가적인 미래연구가 필요하겠다.

첫째, 중국 지역별 소비자에 관한 연구는 아직 초기단계이기 때문에 이론적 배경으로 별도의 독립적인 이론들을 충분히 포함하지 못한 상황에서 연구가 진행되었다. 따라서 향후 중국의 지역성연구 및 소비자연구를 위한 이론적인 배경을 더 많이 확보하여야 한다고 본다.

둘째, 연구방법의 표본추출에 있어서 3대 지역의 일반소비자 대상으로 자동차 제품만을 가지고 연구하였기 때문에 표본의 대표성이 결여되었다고 볼 수 있다. 따라서 보다 합리적인 연구와 일반화를 위해서 일반소비자를 대상으로 한 다양한 변수와 다양한 제품을 이용한 실증적 연구가 더욱 이루어져야 할 것이다. 특히 마케팅 실무적으로 구매패턴이 지역적으로 어떻게 나타나고 또한 각 지역의 구매패턴에 따른 브랜드 제품평가와 연관시켜 다양한 제품을 대상으로 실증적으로 분석하는 것이 요구된다.

셋째, 본 연구는 소비자들의 구매패턴의 유형을 정의하는 데 있어서 라이프스타일에 관한 연구를 주로 적용한 경향이 있다. 그러나 향후 중국 소비자들의 구매패턴에 관한 이론적 연구의 확장과 함께 중국 소비자들의 구매패턴에 영향을 미치는 요인과 그 성과에 관한 실증적 연구가 지속적으로 필요하다고 본다.

참고문헌

김용준 · 김화(2000), "중국 소비자의 가치관과 라이프스타일에 관한 문헌연구", 『국제경영학연구』, 제11권 1호.

김용준 · 박주희 · 권지은 · 이준환(2007), "중국 소비자 라이프스타일에 관한 연구 – 북경, 상해, 광주소비자 비교를 중심으로", 『마케팅연구』, 제22권 2호, 21-47.

김용준 · 김주원 · 문철주(2007), "중국 지역별 소비자의 국가이미지와 지역이미지가 제품평가에 미치는 영향에 관한 실증연구", 『한국국제경영학회』, 제18권 2호, 41-69.

김주호 · 가영현(2005), "소비자의 개인적 특성이 브랜드 구매의사결정에 미치는 영향 연구: 중국 20-30대 화장품 소비자 라이프스타일 연구를 중심으로", 『마케팅과학연구』, 제15집 제3호, 1-30.

백권호 · 안종석(2004), "중국의 지역 간 문화차이에 관한 실증연구", 『중국학연구』, 제27집, 326-350.

이해연 · 김문영 · 박광희(2004), "신귀족성향 소비문화계층에 관한 고찰: 보보스(Bobos)와 포쉬(POSH)를 중심으로", 『대한가정학회지』, 제42권 8호, 187-202.

조은아 · 김미숙(2004), "청소년의 과시소비성향에 따른 수입명품 및 유명브랜드 의류제품에 대한 태도 및 구매행동", *Journal of the Korea Society of Clothing and Textiles*, Vol.28, No.1, 76-87.

이옥희 · 강영의(2007), "글로벌마케팅을 위한 미국과 한국, 중국 소비자들의 니트웨어 구매패턴 연구", 『복식문화연구』, 제15권 제3호, 394-404.

이중희(2007), "중국 도시 고소득층의 소비실태와 소비구조의 변화",

『아시아연구』, 제10권 제2호, 189-218.

오마에겐이치(2002), 『차이나임펙트』, 청림출판사: 서울.

한충민(1998), "외국 브랜드에 대한 미국소비자의 태도와 구매 의도에 관한 실증적 연구: 자동차 브랜드 중심으로", 『마케팅연구』, 제13권 제1호, 27-42.

허경옥(2001), "연령에 따른 소비자 집단별 소비자의식 및 정보탐색·활용과 소비행동 분석", 『소비자학연구』, 제12권 제4호, 39-64.

홍준형·김용준(2006), "중국 도시민의 문화적 기억과 소비문화의 지역성: -北京, 上海, 广州를 중심으로……", 『중국학연구』, 제36집, 437-463.

그랜트 매크라켄, 이상률 역(1997), 『문화와 소비』, 서울, 문예출판사.

KOTRA(2006), 중국 내수시장공략, 신4P전략으로.

零點調査, 「消費文化差異下的營鎖策略」, 『世界商業評論』, 2004. 11.

金鐮准, 李東進, 朴世桓(2006), "原産國效應与原産地效應的實証研究 - 中韓比較", 南開管理評論, 第二期, 44-51.

Aarker, David A. & Joachimsthaler, Erich(2000), *Brand Leadership: Building Assets in the Information Society*, Simon & Schuster.

Ajzen, I.(1991), "The theory of planed behavior", *Organizational Behavior and Human Decision Process*, 50, 179-211.

Bagwell, L. S. and Bernheim, B. D.(1996), "Veblen Effect in a Theory of Conspicuous Consumption", The American Economic Review, Vol.86(3), 349-374.

Batra, R. Venkatram, R. Alden, D. L. Steenkamp, J. E. M. and Ramachander, S.(2000), "Effect of Brand Local Non-Local Origin on Consumer Attitudes in Developing Countries", *Journal of Consumer Psychology*, Vol.9(2), 83-85.

Bngel, J. E. Blacwell, R. D. and Kollat, D. T.(1982), Consumer Behavior, N.Y, The Dryden Press.

Child Bryna and Sally Stewart(1997), "Regional Differences in China and Their Implications for Sino-Foreign Joint Ventures", *Journal of General Management* 23, 65-86.

Cheng, Hong, and J. C. Schweitzer(1996), "Cultural Values Reflected in Chinese and U.S. Television Commercials", *Journal of Advertising Research*, 36(3), 27-45.

Cui Geng(1999), "Segmenting China's Consumer Market: A Hybrid Approach", *Journal of International Consumer Marketing*, 11(1), 55-76.

Cui Geng and Liu Qiming(2001), "Emerging Market Segments in a Transitional Economy: A Study of Urban Consumers in China", *Journal of International Marketing*, 9(1), 84-106.

East, R.(1993), "Investment decisions and the theory of planed behavior", *Journal of Economic Psychology*, 14, 337-75.

Enright, Michael J., Edith E. Scott and Ka-mun Chang(2005), Regional Powerhouse: The Greater Pearl River Delta and the Rise of China, *John Wiley & Sons(Asia) Pte Ltd.* 1-14.

Grossman, G. & Shapiro, C.(1988), "Counterfiet-Product Trade", *The American Economics Review*, 78, 59-75.

Keller K. L.(2003), "Brand Synthesis: The Multidimensionality of Brand Knowledge", *Journal of Consumer Research*, 595-600.

Knight(1999), "Consumer Preference for Foreign and Domestic Products", *Journal of Consumer Marketing*, Vol.16(2), 151-162.

Labarbera, P. A.(1988), "The Nouveau Riches Conspicuous Consumption and The Issue of Self-Fulfillment", *Research in Consumer Behavior*, 21, 179-210.

Li, D & Gallup, A.(1995), "In Search of the Chinese Consumer", *The China Business Review*, September-October, 19-22.

Nia, A. & Zaikowsky, J.(2000), "Do Counterfeits Devalue the Ownership of Luxury Brands", *Journal of Product and Brand Management*, 9(7), 485-497.

Piron, F.(2000), "Consumers' Perception of the Country-of-Origin Effect on Purchasing Intentions of Conspicuous Products", *Journal of Consumer Marketing*, Vol.17(4), 308-321.

Sproles, G. B.(1979), Fashion-Consumer Behavior toward Dress. Minneapolis, Burgess Publishing Co.

Swanson. L. A.(1998), "Market segmentation in the People's Republic of China", *Journal of Segmentation in Marketing.* 2(2), 99-116.

Taylor, S. & Todd, P.(1995), "Understanding information technology usage: A test of competing models", *Information Systems Research,* 6(2), 144-176.

Tao Sun, Guohua Wu(2004), "Consumption Patterns of Chinese Urban and Rural Consumers", *Journal of Consumer Marketing,* 21(4), 245-253.

Wang, C. L. & Chen, Z. X.(2000), "The Influence of Hedonic Values on Consumer Behaviors: An Empirical Investigation in China", *Journal of Global Marketing,* Vol.14(1/2), 169-186.

Wei, Ran(1997), "Emerging Lifestyles in China and Consequences for Perception of Advertising, Buying Behavior and Consumption Preferences", *International Journal of Advertising,* 16(4), 261-75.

Yagci, M. L.(2001), "Evaluating the Effects of Country-of-Origin and Consumer Ethnocentrism: A Case of a Transplant Product", *Journal of International Consumer Marketing,* Vol.13, 63-85.

Zhou, L. & M. K. Hui(2003), "Symbolic Value of Foreign Products in the People's Republic of China", *Journal of International Marketing,* Vol.11(2), 36-58.

백화점의 탄생과 근대 상하이의 소비문화

- 1920, 1930년대 상하이의 화교 자본

백화점을 중심으로

홍준형

Ⅰ. 근대적 백화점의 탄생

1917년 10월 20일, 광뚱 출신의 호주 화교 거상인 마잉비아오(馬應彪)가 난징루(南京路)와 저지앙루(浙江路) 사이 옛 르셩로우(日昇樓) 자리에 상하이 최초의 중국계 백화점인 시엔스 백화점의 문을 열었다. 시엔스 백화점은 당시 상하이에서 가장 높은 5층 규모의 건물에 백화점과 호텔 그리고 시엔스 러위엔이라는 복합 오락 시설을 겸비하여 개장 초기부터 많은 이들의 관심과 호응을 받았다. 이듬해

(1918년)에는 역시 같은 광둥 출신의 호주 화상인 꾸어러(郭樂), 꾸어취앤(郭泉) 형제가 출자한 용안 백화점(永安, Wing)이 시엔스 백화점의 맞은편에 그리고 1926년과 1936년에는 화교 기업가인 리우시지(劉錫基)와 차이창(蔡昌)이 각각 투자한 신신 백화점(新新, Sun Sun)과 따신 백화점(大新, DaSun)이 난징루 옛 공공조계 재판소(公共租界會審公堂) 자리와 난징루와 시장루(西藏路) 사이에 잇달아 문을 열었다.[1]

사실 상하이에 근대적 의미의 백화점이 처음으로 등장한 것은 19세기 후반이었다. 1843년 개항 이후 조계를 중심으로 많은 외국인들이 이주해 오면서 주로 이들을 전문 고객으로 하는 洋商들이 생겨났고, 그중 비교적 규모가 큰 洋商들을 중심으로 투자와 합병을 통해 초기의 백화점들이 나타나기 시작했다. 일반적으로 난징루에서 식품점을 운영하였던 영국 상인 에드워드 홀(Edward Hall)이 1892년에 문을 연 홀&홀츠 백화점(福利公司, Hall & Haltz)을 이러한 형태의 최초의 백화점으로 보고 있다. 이후 1895년에서 1907년에 이르기까지 위크(彙司公司, Weeks) 백화점과 레인 크로우포드 백화점, 화이트웨이 레이드로우 백화점(惠羅公司, Whiteway Laidlaw) 등의 외국계 백화점들이 잇달아 들어섰다.[2]

그러나 당시 상하이 시민들의 소비생활에서 상대적으로 이들 외국계 백화점의 영향은 그리 크지 않았다. 이들 백화점의 경우 대부분 조계 거주 외국인을 대상으로 한 것이었기 때문에 일부 부유층을 제

---

1) 시엔스, 용안, 신신, 따신 이른바 근대 상하이 4대 백화점의 구체적인 창립 과정에 대해서는 『上海近代百貨商業史』(上海社會科學院經濟硏究所編著, 上海科學院出版社, 1988), 101~107쪽 참조.

2) 薛理勇, 『舊上海租界史話』, 上海社會科學院出版社, 2002, 222~224쪽 참조.

외하곤 중국인들에게 백화점을 출입할 기회는 거의 없었다. 또한 이 때까지만 하더라도 상하이의 경제가 기본적으로 외국인들을 중심으로 한 식민지적 수탈구조를 벗어나지 못하고 있었기 때문에 내국인들이 이를 감당할 만한 객관적인 소비 수준을 갖추지 못한 상태였다.

1910년대 후반에 이르러 상하이의 상공업이 공전의 번영을 구가하기 시작하면서 이러한 상황에도 변화가 일어나기 시작했다. 제1차 세계대전 기간 중 구미 열강들이 참전을 위해 중국 시장을 떠난 공백을 틈타 자국 기업들의 성장이 두드러졌고, 임금 노동자들의 증가와 금융산업이 성장하면서 도시 중산층이 날로 늘어났다.3) 이를 통해 그동안 외국인과 일부 부유층에만 한정되었던 소비시장의 문이 일반 도시민에게까지 대폭 확대되었다. 게다가 당시 난징정부를 이끌던 쑨원(孫文)이 혁명 기간 동안 자신을 지지해 준 화교 자본가들에 대한 감사의 마음으로 화교 자본의 상하이 진출에 대한 일련의 우대 정책을 실시함으로써 이들이 상하이 백화점 업계에 진출할 수 있는 대내외적 조건이 마련되었다.4) 20세기 초 상하이에서 백화점의 탄생은 바로 이러한 배경으로부터 나타난 것으로, 이는 난징루를 중심으로 한 상하이의 소비지형의 재편은 물론 상하이의 소비문화 전반에 큰 영향을 미쳤다.5)

---

3) 1920, 1930년대 중국 자국(민족)기업의 성장과 배경, 상공업의 발전과 상공업 계층의 성장에 대해서는 다음을 참조(朱華 等, 『上海一百年』上海人民出版社, 1999, 95-103쪽, 白吉爾, 王菊, 趙念國 譯, 『上海史: 走向現代之路』, 上海社會科學院出版社, 2005, 130-142쪽).

4) 『舊上海租界史話』, 224-225쪽.

5) 1910년대 초반까지만 하더라도 난징루가 상하이에서 가장 번화한 지역은 아니었다. 중국인들의 소비생활의 측면에서 보자면 오히려 신문사, 출판사, 음식점, 술집, 유곽, 잡화점 등이 즐비하였던 인근의 푸저우루(福州路, 四馬路)가 더욱 중요한 위치를 차지하고 있었으며 상하이인들의 소비문화를 대표하였다. 그런데 1910년대 후반 이후 시엔스와 용안을 필두로 난징루에 백화점들이 연이어 들어서기 시작하면서 상황은 달라졌다. 상하이의 상업 중심이 난징루로 옮겨 오기 시작했고, 뒤를 이어 영화관이나 극장과 같은 각종 오락 시설과 사진관, 식품점, 시계

근대 상하이의 소비문화를 연구하며 특별히 이 시기 백화점의 탄생에 주목하는 이유는, 그것이 철도나 박람회 등과 마찬가지로 근대 도시의 상징물로서 새로운 공간 경험과 체험을 통해 사람들에게 소비에 대한 근대적 인식과 소비 행태를 형성하는 데 중요한 역할을 하였다고 판단하기 때문이다. 최근 국내외 일상 관련 연구들은 근대적 소비문화의 형성과 관련해 박람회로부터 백화점으로 이어지는 근대적 도시 공간의 역할에 주목하고 있다. 세계 최초의 백화점이라고 할 수 있는 봉 마르셰(Bon Marche) 백화점에 대한 가시마 시게루(鹿島茂)의 연구나 근대시기 일본의 권공장(勸工場)으로부터 백화점의 탄생을 연구한 하쓰다 토오루(初田亨)의 연구에서 보는 바와 같이 근대 도시와 문명의 상징물로서 백화점은 건축, 마케팅, 광고, 디자인과 같은 다양한 수단을 통해 줄곧 개인들의 욕망을 생산하는 욕망의 환기장치이자 소비자들의 교육기관으로서 도시의 개인들을 대중소비 사회 속의 근대적 소비자로 변모시키는 데 중요한 역할을 담당하였다.[6]

본 연구는 백화점과 근대 소비사회의 이러한 연관성에 주목하면서 근대 상하이의 4대 화교 자본 백화점 - 시엔스, 용안, 따신, 신신 백화점 - 을 대상으로 백화점의 탄생이 어떠한 방식을 통해 상하이의

점, 의류점 같은 전문점들이 우후죽순처럼 들어서기 시작했다. 무엇보다 중요한 것은 백화점이라는 새로운 공간의 탄생을 통해 난징루가 새로운 근대적 소비 공간으로 탈바꿈되었다는 것이다. 이 과정에서 난징루는 현대 상하이를 대표하는 도시 소비 공간이 되었고, 중국인들은 바로 이 난징루에 들어선 백화점이라는 공간을 통해 그 이전과는 완연히 구분되는 새로운 소비의식과 소비방식을 배우게 되었다(『人文上海 - 市民的空間』, 90-98쪽 참조).

6) 요시미 순야, 이태문 역, 『박람회: 근대의 시선』, 논형, 2004년, 167-188쪽 참조. 하쓰다 토오루, 이태문 역, 『백화점: 도시문화의 근대』, 논형, 2003년. 진노 유키, 문경연 역, 『취미의 탄생: 백화점이 만든 테이스트』, 소명출판, 2008년. 가시마 시게루, 장석봉 역, 『백화점의 탄생: 봉 마르셰 백화점, 욕망을 진열하다』, 뿌리와 이파리, 2006년.

근대적 소비문화의 형성에 영향을 미쳤는지에 관해 살펴보고자 한다.[7] 구체적으로는 건축과 공간 배치, 판매 전략, 오락과 욕망의 세 가지 측면을 통해 상하이 근대 백화점의 탄생과 차별화의 전략을 분석하고 그것이 당시 대중들에게 어떠한 근대적 경험을 가져다주었는지에 관해 논의할 것이다. 그래서 궁극적으로 백화점이라는 도시공간의 형성이 근대인들의 소비인식에 미친 구체적인 측면들에 대한 이해와 함께 그것의 작동 방식과 의도, 기제 등을 규명함으로써 백화점을 중심으로 한 1920, 1930년대 상하이 소비문화의 지형도를 그려 보고자 한다.

Ⅱ. 건축과 공간 배치의 차별화

백화점이 등장하기 전까지 상하이의 소매업은 크게 국내에서 생산된 일상용품과 잡화, 식료품을 판매하는 京貨店이나 廣貨店과 같은 소규모의 잡화점,[8] 일부 서양 상품과 국내 상품을 함께 판매하였던

---

7) 1930년대 중반 이전까지 상하이 백화점 중 중국계 백화점으로 분류할 수 있는 곳은 모두 6곳(先施, 永安, 新新, 大新, 麗華, 中國國貨)이다. 이 중 中國國貨公司(1933년 창립)만이 상하이의 국내 기업가들이 공동으로 출자하여 만든 순수 국내자본의 백화점이고 나머지는 모두 화교 기업가들이 출자하여 만든 백화점이다. 재미있는 점은 이들 화교 자본 백화점 창업자들의 原籍과 상하이 투자 과정이 거의 비슷하다는 것이다. 그들 모두 광뚱 쭝산현(廣東中山縣)이 고향으로 대부분 서로 혼인 등으로 맺어진 인척 관계이고, 호주에서 화교기업으로 성공한 후 홍콩에서의 백화점 사업 진출을 거쳐 상하이에 이른 사업의 역정도 거의 유사하다(菊池敏夫, 「戰時上海百貨公司與商業文化」, 『史林』, 2006年 第2期, 98쪽). 이 중 1933년 '국산품 애용운동(國貨運動)'이라는 특수한 배경으로부터 생겨난 中國國貨와 호텔이나 위락시설과 같은 부대시설 없이 쇼핑몰만 갖추고 있어 비교적 규모가 작아 영향력이 제한적이었던 麗華를 제외한 4곳의 백화점을 본 연구의 대상으로 삼았다.

8) 원래 '京貨店'이라는 명칭은 베이징에서 생산된 상품을 파는 곳을 이르는 말이지만, 실제 이 시기 상하이의 京貨店에는 베이징에서 생산된 상품보다는 쑤저우와 항저우 일대에서 생산된 상품들이 주를 이루고 있었다. 하지만 여기서 파는 상품들이 주로 일상품보다는 다소 고급스러운 상품이었기 때문에 '황실', '고급', '중앙' 등의 이미지를 갖는 '京'이라는 말을 빌려 京貨

洋廣雜貨鋪,[9] 그리고 洋行의 중개상으로 중국인들이 경영하였던 西洋莊, 東洋莊과 같은 중간 규모의 洋貨店들로 나누어져 있었다.[10] 근대적 백화점이 이들 잡화점과 구별되는 가장 중요한 특징 중의 하나는 우선 도시 전체의 이목을 끌어당길 만큼 화려하고 규모가 컸다는 것이다. 백화점이 웅장한 건물외관을 짓고 화려한 내부 인테리어를 구축하는 것은 단

〈그림 1〉 사엔스 백화점(1920년대)
『老上海南京路』, 上海人民美術出版社

순히 상품을 판매하는 물리적 공간을 제공하기 위해서만이 아니다. 그것은 보다 적극적으로 공간의 이미지화를 통해 사람을 끌어들이고 소비의 욕망을 환기시키는 장치로서 활용하기 위해서이다. 백화점이란 개별 상품 자체를 넘어 하나의 이미지가 소비되는 곳이며, 상품은 그 이미지 속에서 전혀 다른 의미와 방식으로 배치된다. 상하이

店이라고 했다고 한다. 廣貨店은 아편전쟁 이후 중국 무역의 중심이 광저우로부터 점차 상하이로 이동함에 따라 일부 광뚱 상인들이 상하이로 와 점포를 열고 광뚱에서 생산된 상품이나 광뚱을 통해 수입된 서양 상품을 판매한 곳을 이른다(上海社會科學院經濟研究所編著, 『上海近代百貨商業史』, 上海科學院出版社, 1988, 8–17쪽 참조).

9) 洋廣雜貨鋪는 기존의 경화점이나 광화점을 토대로 서양 상품을 함께 판매한 곳으로, 처음에는 중국 상품이 주를 이루고 서양 상품이 부수적으로 판매되었으나 1850년대 이후 서양 상품의 수입과 수요가 나날이 증가하면서 서양 상품 판매의 비중이 증가하거나 아예 거의 대부분 서양 상품만을 판매하는 곳들까지 생겨나게 되었다(『上海近代百貨商業史』, 18–22쪽 참조).

10) 西洋莊은 전문적으로 서양 상품을 판매하는 중국인 도매상을 말하고 東洋莊은 전문적으로 일본 상품을 판매하고 공급하는 중국인 도매상을 말한다(上海市地方志辦公室, 『上海名建築志』, 上海社會科學院出版社, 2005, 151쪽).

의 백화점 업자들이 점포를 신축하면서 무엇보다 건물 외관에 신경을 쓰고 또 높이를 두고 경쟁을 벌였던 이유도 바로 거기에 있었다.

사실 초창기 외국계 백화점의 경우 처음에는 건축 규모나 외장에 그렇게 많은 신경을 쓰지는 않았다. 대개 2, 3층 규모의 목재 건물이었는데, 1901년 홀&홀츠 백화점이 화재로 소실된 구관을 대신해 4층 규모의 신관을 완성하고, 이어 1907년에 당시 난징루에서 가장 높은 5층 규모의 화이트웨이 레이드로우 백화점이 문을 열면서 백화점 건물의 대형화 경쟁이 본격화되었다.[11] 이후 난징루에 화교 자본의 백화점들이 잇달아 들어서면서 그 경쟁은 더욱 치열해졌다.

1917년에 문을 연 시엔스 백화점은 우선 웅장함과 화려함으로 사람들의 이목을 집중시켰다.[12] 시엔스 백화점의 설립자인 마잉비아오는 영국계 존슨&모리스 건축사무소(Johnson &Morriss 德和洋行)에 설계를 맡겨 당시 난징루에서 가장 돋보이는 건물을 짓도록 했다. 7층 건물로 세워진 시엔스 백화점은 사실 애초에는 5층 규모로 계획되었던 건물이었다. 그러나 건축 도중 바로 맞은편에 들어설 용안 백화점이 자신보다 더 높은 6층 규모로 건설되고 있다는 소식을 듣고서 2층을 더 증축하였다. 그러자 이번에는 용안도 질세라 6층 건물 위 꼭대기에 2층 높이의 '치윈거(綺雲閣)'라는 첨탑을 올려 높이 경쟁을 벌였고, 이에 맞서 시엔스는 다시 건물 옥상에 '모어싱타(摩星塔)'라는 첨탑을 올렸다. 높이 경쟁은 결국 시엔스의 승리로 돌아

---

11) (『上海近代百貨商業史』 100-101쪽, 連玲玲, 「從零售革命到消費革命: 以近代上海百貨公司爲中心」, 『歷史研究』 2008年 第5期, 79쪽 참조)

12) 『先施公司二十五周年紀念册』에 따르면 1917년 10월 20일 시엔스 백화점이 개장하자 당시 큰 센세이션을 불러일으켰다고 했다. "서양인, 중국인 할 것 없이 개장식을 구경하기 위해 온 사람만 만여 명을 넘어 큰 성황을 이루었"고, 전대미문의 백화점의 규모에 "비단 중국인들뿐만 아니라 서양인들도 놀라고 감탄하였다."(『上海名建築志』 153-154쪽)

갔지만, 사실 실용적인 면에서는 별 가치도 없는 시계탑을 쌓으면서까지 그렇게 경쟁한 것을 보면 당시 설립자들이 백화점을 신축하며 '높이'라는 상징성의 확보를 위해 얼마나 많은 노력을 기울였는지 알 수 있다.[13)

시엔스와 용안은 건물의 외장에도 많은 신경을 썼다. 두 백화점 모두 르네상스 양식과 바로크 양식을 절충한 서양풍의 외장을 채용하여 건물 정면에 아치형 복도를 설치하고 각 층의 외면에는 돌출형 베란다와 철제 난간 그리고 화려한 문양의 창문들을 배치하였다.[14) 특별히 고전주의적인 서양풍의 외장을 채용한 것은 당시 조계 건축의 대체적인 흐름을 따른 것이기도 했지만 무엇보다도 서양 고전 건축양식이 보여 주는 웅장함과 중후함이 고급 소비자를 잠재 고객으로 생각했던 두 백화점의 이미지를 표현하는 데 효과적이라고 판단했기 때문일 것이다. 나아가 상품의 글로벌화를 표방하였던 두 백화점의 입장에서 이국풍의 외장을 통한 외부 공간과의 차별화가 소비자들에게 마치 이국에 온 것 같은 환상을 불러일으켜 소비를 촉진하게 하는 효과도 있었을 것이다.

또한 건물 외부에 자기 백화점의 상품을 거리로 전시하는 쇼윈도를 설치함으로써 행인들의 시선을 사로잡고 그들의 소비 욕망을 수시로 자극할 수 있도록 하였다.[15) 뿐만 아니라 야간에는 과학기술을 이용한 네온사인을 통해 백화점의 로고를 돌출시키고 백화점의 전경

---

13) 楊嘉祐,『上海老房子的故事』, 上海人民出版社, 2006, 157쪽, 창립 초기부터 시엔스와 용안 백화점 사이의 여러 가지 경쟁 관계에 대해서는 胡根喜,『老上海拉洋片』(學林出版社, 2003), 82-87쪽 참조

14) 시엔스와 용안 백화점의 건축 양식과 외장에 대해선 다음의 글 참조『上海名建築志』153-163쪽,『老建築的趣聞: 上海近代公共建築史話』, 79-86쪽.

15)「從零售革命到消費革命: 以近代上海百貨公司爲中心」, 80-82쪽 참조

을 환히 밝혀서 불야성의 모던 공간으로의 백화점의 이미지를 강하게 표출하였다. 이러한 노력 덕택에 실제로 1910년대 말 두 백화점은 난징루에서 가장 높고 화려한 건축물로 난징루의 랜드마크가 되어 상하이를 방문하는 여행객이라면 누구라도 한 번씩 꼭 들러야 하는 명소로 자리 잡게 되었다.

내부 설비의 고급스러움이나 매장 배치의 치밀한 설계도 이에 못지않았다. 시엔스는 백화점의 위아래 층을 보다 편리하게 오르내리게 하기 위해 당시 상하이에서 최초로 엘리베이터를 설치하였고, 백화점 전관에 현대식 난방시설을 갖추어 고객들의 편의를 도모하였다.16) 용안은 쇼핑몰이 위치한 백화점 아래층에는 모자이크 장식의 바닥을 그리고 호텔과 오락 시설이 자리한 위층에는 광택제 바닥을 깔아 고급스럽고 화려한 실내 이미지를 연출하였다.17) 이와 함께 매장마다 내부를 환히 들여다볼 수 있는 유리로 된 상품 진열대를 설치하여 소비자들이 디스플레이된 상품을 걸으면서 마음껏 보고 즐길 수 있도록 하였고 또 매장 배치를 손님들의 기호와 요구에 따라 단계적이고 층차적으로 분류 배치함으로써 손님들에게 쇼핑을 하면서 이전에 느낄 수 없었던 시선과 소비의 쾌감을 함께 느낄 수 있도록 하였다.

신신 백화점의 경우 자본 규모가 그리 넉넉하지 못했기 때문에 건물의 웅장함이나 화려함은 시엔스나 용안에 미치지 못했다. 그러나 5층에 위치한 라디오 방송국은 당시 고객들에게 큰 센세이션을 불러 일으켰다. 이 라디오 방송국은 중국인이 만든 상하이 최초의 민영

16) 『老建築的趣聞: 上海近代公共建築史話』, 80쪽.
17) 『黃浦區志』 인터넷판: http://www.shtong.gov.cn/node2/node4/node2249/huangpu/node34444/node34449/node62371/userobject1ai19274.html

방송국으로 유리로 둘러싸인 벽 내부에서 방송을 진행하였다 하여 일명 '유리방송국'이라고도 불리었다. 주로 신신 백화점이 판매하는 각종 상품을 소개하였고 틈틈이 京戲, 越劇, 昆曲, 滑稽戲과 같은 공연을 현장에서 진행하며 실시간으로 방송하였는데, 신기한 것을 좋아하는 상하이 고객들이 일부러 이 신사물을 보기

〈그림 2〉 따신 백화점이 상하이 최초로 설치한 에스컬레이터(1936), 『老上海南京路』

위해 구름같이 몰려들었다고 한다.18)

이렇게 신사물을 이용하여 고객들을 유인하고자 하였던 것은 비단 신신 백화점만이 아니었다. 백화점이란 공간 자체가 기본적으로 하나의 신사물이기도 하지만 백화점의 경영자들은 날로 발달하는 건축이나 과학기술의 최신 성과물을 활용하여 매출 증대와 함께 백화점의 지명도와 이미지 제고라는 두 마리의 토끼를 잡고자 하였다.19) 예를 들어 용안 백화점의 경우 1932년 구관 바로 옆에 22층 규모의 신관을 신축하며 신관과 구관 사이를 잇는 두 개의 공중 육교를 만들었다. 건축공법의 측면에서 이는 상하이에서 만들어진 최초의 공중 육교로서, 이로부터 용안 백화점의 고객들은 구관에서 쇼핑을 한

---

18) 『老建築的趣聞: 上海近代公共建築史話』 91쪽, 『舊上海租界史話』, 227쪽.

19) 『舊上海租界史話』, 227쪽 참조.

후 다시 내려올 필요 없이 곧장 두 건물을 잇는 육교를 통해 신관으로 건너가서 오락과 휴식을 즐기거나 식사를 할 수 있게 되었다.[20]

1930년대에 지어진 따신 백화점의 경우도 규모나 화려함은 시엔스나 용안에 결코 뒤지지 않았다. 따신 백화점은 후발 주자였기 때문에 개장 때부터 건축과 시설, 인테리어 등에 남다른 투자를 하였다. 유명한 건축사인 양팅바오(楊挺寶)를 초빙하여 당시로서는 가장 규모가 큰 36만여 평방미터의 면적에 10층 높이의 건물을 신축하였고, 시엔스나 용안과의 차별화를 위해 건물의 외장도 고전양식이 아닌 근대 건축 양식을 채용하여 모던하고 세련된 느낌을 주도록 했다.[21] 각 층마다 수시로 공기조절이 가능한 냉난방 시설도 갖추었을 뿐만 아니라, 특히 상하이 최초로 건물 내부에 각 층 매장들을 연결하는 에스컬레이터를 설치하여 고객들의 폭발적인 관심과 반응을 이끌었다.[22] 실제로 굳이 쇼핑할 목적이 아니면서도 에스컬레이터라는 신사물을 경험하기 위해 따신 백화점을 찾는 사람들이 적지 않았고, 그로 인해 벌어지는 다양한 에피소드들이 신문 지상을 오르내리며 널리 회자되기도 하였다.

III. 근대적 판매 전략과 라이프스타일의 교육

판매 전략의 측면에서 당시 상하이 백화점들의 가장 두드러진 특징은 한결같이 글로벌 백화점('環球百貨')을 경영 모토로 내세웠다

---

20) 江雁, 『上海永安公司: 中國最早的建築綜合體』, 『新浪地産』.
21) 『舊上海租界史話』, 167쪽.
22) 『上海名建築志』, 167쪽.

는 것이다. 여기서 '글로벌 백화점'이란 서양 상품, 그중에서도 주로 고급 외제품을 판매하는 백화점을 의미하는데, 시엔스와 용안 모두 개장 초기부터 경쟁적으로 '글로벌 백화점'을 표방하고 주로 부유층 고객을 대상으로 적극적인 마케팅과 판촉활동을 실시하였다.[23] 실제로 그들은 다양한 루트를 통해 당시 구미 각국에서 유행하던 최신의 고급 상품들을 거의 실시간으로 중국의 고객들에게 실어 날랐다. 기존의 洋行을 통한 일반적인 구매 방식뿐만 아니라 필요한 경우 외국 생산업체와 직거래를 하거나 아예 직원을 구미 각국과 일본 등에 직접 파견하여 상품을 구매해 오는 수고도 마다하지 않았다.[24]

용안 백화점의 경우 개장 초기부터 판매된 대부분의 상품은 서양의 수입품들이었고, 매년 국산품의 비중이 늘어 가긴 했지만 1931년에 이르기까지도 수입품에 대한 국산품의 비중은 1/3이 채 되지 못했다. 이 중 고급 상품의 비율은 무려 83%에 이르렀는데, 영국의 면포, 나일론, 스웨터와 프랑스의 화장품, 견직물, 내의, 유화물감, 독일의 완구, 금속 제품, 미국의 면양말, 전기용품, 스테인리스 용품, 스위스의 시계, 고급 손수건, 체코의 유리제품, 스웨덴의 자기, 일본의 수건 등 당시 세계 각국의 특색 있고 유명한 상품들이 모두 판매되었다.[25] 1930년대 상하이에서의 견문을 기록한 한 외국인의 다음 글을 보면 당시 백화점들이 얼마나 '글로벌'화되어 있었는지 쉽게 실감할 수 있다.

23)『上海近代百貨商業史』126쪽.

24) 당시 상하이 백화점의 상품 입고 방식과 경로에 대해서는 다음을 참조할 것『上海近代百貨商業史』, 127-128쪽, 上海社會科學院經濟硏究所,『上海永安公司的産生, 發展和改造』, 上海人民出版社, 1981, 35-36쪽.

25)『上海永安公司的産生, 發展和改造』, 23-24쪽.

보통의 서구인들은 상하이가 다소 원시적이거나 아니면 절반밖에 개화되지 않았다고 생각하는 경향이 있다. 이 도시는 늘 손수레와 정크선 따위와 그런 수준의 발전이 서로 연결되어 있다. 하지만 새로 도착한 사람들이 놀라는 것은, 최신형 모델의 롤스로이스가 난징루를 지나 자기네들 나라 옥스퍼드가(Oxford Street)나 5번로(Fifth Avenue) 또는 라페 대로(Rue de la Paix)에 있는 백화점에 필적할 만한 상점의 문 앞에 서 있는 것을 볼 수 있다는 사실이다. 관광객들은 일단 상륙하고 나면 그들 고향의 모든 상품이 상하이의 백화점 안에서 광고되고 판매되고 있음을 발견할 것이다. 재거(Jaeger)의 풀오버와 B.V.D 내의가 함께 진열되어 있으며, '우비강(Houbigant)' 향수 아래에 '플로르샤임(Florsheim)' 신발이 또한 고객의 시선을 강하게 끌어당긴다. 상하이는 백화점의 국제적인 공급 시스템으로 말미암아 중국 혹은 외국계 상점 앞에 '전 세계 상품의 공급처(Universal Provider)'라는 자랑스러운 광고판을 붙일 수 있게끔 한다.[26]

물론 앞서 언급한 바처럼 일부 대형 洋行이나 레이드로우, 크로우포드와 같은 영국계 백화점 등을 중심으로 그 전에도 상하이에서 서양의 고급 상품들을 볼 수 없었던 것은 아니다. 문제는 이러한 상품들을 구매할 수 있는 대상에 중국인들이 거의 포함되지 못했다는 사실이다. 그러나 1910년대 후반 이후 중국의 민간 기업들이 성장하고 임금 노동자들이 증가하면서 비록 일부 계층에 국한되긴 했지만 중국인들의 경제적인 능력이나 소비 의식에 큰 변화가 일어나게 되었다. 기존의 洋行을 중심으로 활동하던 매판 계층들뿐만 아니라 제분업, 방직업, 의류업이나 해운업, 은행 등과 같은 자국 기업과 금융업의 성장을 바탕으로 한 상공업 계층의 성장과 이들의 富의 축적이 두드러졌다.[27]

---

26) David Au, "Shanghai Department Stores Have Unique History of Their Founding", China Weekly Review, 12(1934. 11. 17)(리어우판, 『상하이모던: 새로운 중국도시문화의 만개, 1930-1945』 51-52쪽에서 재인용, 고려대학교 출판부, 2007).

27) 『上海一百年』 95-103쪽 참조.

〈그림 3〉 용안 백화점 전경(1920년대), 『老上海南京路』

시엔스와 용안이 표방한 '글로벌 백화점'의 판매 전략은 이러한 새
로운 소비 계층을 겨냥한 것으로서, 그들은 이전 홍콩에서의 백화점
경영 경험과 화교라는 특수한 신분의 이점을 십분 활용하여 상하이 소
비 지형의 변화를 정확하게 예측하였다.[28] 결국 이러한 전략은 대성공
을 거두었고, 시엔스와 용안은 오래지 않아 영국계 백화점인 크로우포
드를 제치고 난징루를 대표하는 상하이 최고 백화점에 올라섰다.[29]

---

28) 시엔스의 설립자 마잉비아오와 용안의 설립자 꾸어러. 꾸어취엔 형제 모두 광뚱 출신의 화교
　　로 둘 다 호주에서 과일 무역으로 성공한 후 홍콩, 광저우 등에서 백화점을 경영한 후 이 경
　　험을 바탕으로 상하이에 백화점을 연 이력이 비슷하다. 마잉비아오는 1900년 홍콩으로 진출
　　하여 처음 홍콩에 시엔스 백화점을 열었고, 이후 1911년 광저우에 그리고 1917년 상하이에
　　시엔스 백화점을 열었다. 꾸어러도 1907년에 홍콩에서 처음으로 백화점 사업에 뛰어든 후 그
　　경험을 바탕으로 1918년 상하이에 용안 백화점을 열었다. 나중에 개장한 신신과 따신 백화점
　　의 설립자들 역시 광뚱 출신의 화교로 모두 일찍이 시엔스나 용안에서 함께 일하다 독립하여
　　나온 경우이다(『上海近代百貨商業史』 100-110쪽, 『上海史: 走向現代之路』 211-212
　　쪽, 吳曉波, 『跌蕩一百年: 中國企業 1870-1977(上)』, 中信出版社, 122-124쪽 참조).
29) 『上海近代百貨商業史』 141-142쪽 참조.

〈그림 4〉 백화점의 바겐세일 광고로 가득 찬 난징루
『老上海南京路』

중요한 변화는 이러한 과정을 통해 개별 상품의 차원을 넘어 아예 백화점 자체가 하나의 브랜드로 인식되어 가기 시작했다는 것이다. 사실 1920, 1930년대 상하이인들에게 있어 용안 백화점에서 쇼핑을 한다는 것은 단순한 상품 구매의 의미를 뛰어넘었다. 그것은 동시에 용안이라는 '쇼핑 천국'의 분위기를 향유하고 용안의 브랜드 가치를 구매하는 것이었으며, 나아가 이곳을 출입하고 소비할 수 있는 '신분'을 획득함으로써 타자와 구분되는 새로운 문화적 아이덴티티를 확보하는 길이기도 하였다. 실제로 당시 상하이에서 용안에서 구입한 상품은 그 자체로 최고의 가치를 인정받았으며, 선물용으로 용안 백화점의 로고가 들어간 상품은 최상의 선호 목록으로 여겨졌다.30)

---

30) 『上海永安公司的産生, 發展和改造』, 28쪽 참조

사실 소비문화의 측면에서 볼 때 백화점이 기존의 재래상점과 가장 구별되는 점은 상품의 내재적 측면인 사용가치에 비해 상품의 교환가치를 극대화하도록 조직화된 공간이라는 것이다. 여기서 상품은 단지 그 상품의 내적 유용성에 의해 존재하는 것이 아니라 모종의 사회적 기준과 관계에 의해 '배열'되고 '분류'된 것의 일부로 존재한다. 따라서 백화점에서 어떤 상품을 구입한다고 할 때 그것은 상품 자체만이 아니라 근본적으로는 그 '배열'이나 '분류'로부터 의미 지어진 '기호'나 '이미지'를 소비하는 것이라 할 수 있다. 이것은 앞서 언급한 바와 같은 건축과 외장, 공간배치의 차별화와 함께 다양한 판매 전략을 통해서도 구현되었다.

　이와 관련하여 특별히 주목할 것은 이 시기 백화점을 통해 본격화된 가격 정찰제의 전면적 시행이었다. 시엔스 백화점은 개장 초기부터 '글로벌 백화점'과 함께 정찰제 시행을 중요한 경영 모토로 내세웠다. 이는 상하이에서 최초로 전면적인 정찰제를 시도한 것으로서, 이후 용안을 비롯하여 신신과 따신 백화점 등이 모두 정찰제를 채택하였다.[31] 이들이 한결같이 정찰제를 도입하였던 이유는 상품의 가격이 전면에 등장하는 정찰제의 실시가 백화점의 궁극적인 전략인 상품의 교환가치를 극대화하는 데 유용하다는 것을 잘 알았기 때문이다.

　전통적인 시장에서 고객들이 상품을 구입할 때 중시한 것은 기본적으로 상품의 고유한 내구성이다. 그러나 정찰제 아래에서 상품 자신의 고유한 질, 곧 사용가치는 가격표에 의해 덮여 버리며, 상품의 매력은 더 이상 그것들의 개별성이 아닌 백화점이라는 한 공간에 모

---

31) 「戰時上海百貨公司與商業文化」, 『史林』, 2006年 第2期, 95쪽.

여 있는 상품들의 전체성에서 나오게 된다.[32) 기존 상점의 경우 고객들이 상품을 구입할 때 주로 상인과의 직접적인 대화나 협상과 같은 것에 의존하였지만, 백화점에서는 기본적으로 상품의 교환가치가 투영된 가격표가 이를 대신하게 됨으로써, 고객들은 상품의 사용가치 자체보다는 그러한 가격에 반영된 새로운 양상, 곧 분위기, 공간, 배치, 브랜드 같은 것에 보다 많은 비중을 두게 되었다. 따라서 같은 상품이라도 그것이 어떻게 배치되고 분류되는가에 따라 교환가치에는 많은 차이가 생겨날 수 있었으며, 자연스럽게 고객들 중에는 좀 더 많은 비용을 지불하더라도 이러한 무형의 가치를 극대화할 수 있는 백화점을 찾아 소비하고자 하는 계층이 생겨나게 되었다. 정찰제는 바로 이렇게 상품의 사용가치를 덮어 버림으로써 백화점이 만들어 놓은 메커니즘에 따라 고객들의 선호와 소비를 유도하는 데 있어 토대가 되는 판매 전략이었던 것이다.

이 밖에도 당시 백화점들은 상호간의 치열한 경쟁 속에서 재래 상점과는 차별되는 다양하고 선진적인 판매 전략들을 쏟아 내었다. 대표적인 것이 할인판매, 곧 바겐세일이었다. 이들 백화점은 대개 매년 서너 차례 정도 비수기나 창립기념일, 명절과 같은 특별한 날을 이용하여 바겐세일을 실시하였다. 당시 백화점들의 바겐세일은 상하이 시민들과 각종 매체의 폭발적인 관심의 대상이 되었는데, 세일이 있는 날이면 이를 기다렸다 몰려드는 사람들 때문에 백화점들이 몰려 있는 난징루 일대가 매번 인산인해를 이루며 북새통이 되는 진풍경이 반복되었다.[33) 일반적으로 백화점에서 바겐세일을 실시하는 이유

---

32) 이성욱, 『한국근대문학과 도시문화』, 문화과학사, 2004, 201-202쪽 참조.
33) 『上海近代百貨商業史』, 139쪽 참조.

는 계절이 바뀌는 비수기를 겨냥하여 재고를 처분하고, 동시에 높은 가격으로 인해 그동안 백화점의 출입이 어려웠던 고객들에게 저렴한 가격으로 백화점을 찾게 하는 것인데, 벌써 이때부터 백화점들은 평소 백화점을 이용하기 어려운 중산층 이하 소비자들에게 이러한 전략을 통해 백화점이란 새로운 소비 공간을 실제로 경험할 수 있는 기회를 갖도록 하였던 것이다.

재고 처분을 통한 수익성 제고와 새로운 고객 창출을 위한 노력은 일부 백화점을 중심으로 한 염가매장의 설치에서도 나타났다.[34] 4대 백화점 중 가장 늦게 개장한 따신 백화점은 기존의 백화점들이 주로 부유층이나 중산층 이상의 고객을 대상으로 영업하였던 데 대해 이를 극복하고 더욱 많은 새로운 고객층들을 백화점으로 끌어들이기 위해 처음으로 지하에 별도의 염가매장을 개설하였다.[35]

또한 백화점들은 수시로 각종 패션쇼와 전람회, 시연회와 같은 행사들을 개최하여 소비자들에게 일상생활에 관한 다양한 정보를 제공하며 그들이 이를 통해 새롭고 현대적인 라이프스타일을 배워 나갈 수 있도록 유도하였다. 1918년 용안이 상하이 최초로 패션쇼를 개최한 이래[36] 치파오 패션쇼를 비롯한 각종 패션쇼는 백화점마다 상시

---

34) 백화점 염가매장의 출현은 일종의 '욕망의 민주화' 과정이었다. 제한적이나마 염가매장을 통해 높기만 했던 백화점 문이 중산층 이하의 서민들에게도 개방되면서 그동안 부유층의 전유물이었던 유행이 추구나 기호적 소비에 대한 욕구가 점차 일반대중에게로 확산되는 계기가 되었다(「從零售革命到消費革命: 以近代上海百貨公司爲中心」, 84쪽 참조).

35) 따신 백화점이 1930년대 백화점들의 경쟁 구도 속에서 염가매장을 설치한 배경에 대해서는 『上海永安公司的産生, 發展和改造』, 145-146쪽 참조.

36) 1918년 용안 백화점은 개장 직후 지명도를 높이기 위해 당시의 고급품이었던 항저우, 쑤저우 실크를 다량으로 매입하여 2층에 전시하고 계단에 가설무대를 만들어 패션쇼를 열었다. 모두 회사 여직원 중 젊고 용모가 뛰어난 10명을 선발하여 한 사람당 5벌의 실크 치파오를 입고 패션쇼에 나가게 했는데, 이와 함께 악대가 음악을 반주하였다. 하루 4차례, 매번 20번씩 패션쇼가 진행되었는데, 이로 인해 실크 매출량이 10배가량 늘었다고 한다.

행사가 되었고, 주로 생산 기업의 협찬을 받아 기획된 화장품, 비누 등의 제품 시연회들과 아동용품 전람회, 가정용품 전람회와 같은 다양한 전람회 등도 판매 촉진의 직접적인 목적과 함께 장기적으로 소비자들에게 새로운 가정 문화와 라이프스타일의 모범을 보여 줌으로써 소비 방식, 특히 여성들을 중심으로 가정에서의 소비 관념의 변화에 큰 영향을 주었다.[37]

뿐만 아니라 직원들에 대한 고객중심의 서비스 태도를 강조하면서 전반적으로 매장에서의 고객에 대한 서비스의 질을 향상시켰고, 특히 관념적이나 제도적으로 여성들의 사회진출에 많은 제약이 있었던 당시에, 매장에 처음으로 여성 종업원을 배치하는 과감한 시도를 단행함으로써 큰 사회적 반향을 불러일으켰다.[38] 소비자들의 편익을 위한 다양한 제도들도 속속 도입되었다. VIP고객을 대상으로 한 일종의 신용판매제도라고 할 수 있는 '저즈折子'가 발행되었고, 전화나 매장에서 구입한 상품에 대해 직접 자택까지 배달해 주는 택배서비스나 상품권 발행과 같은 근대적인 판매 제도들도 모두 이 시기 백화점으로부터 시작되었다.[39] '저즈'나 택배서비스, 상품권의 경우 특히 백화점의 이용 횟수가 잦거나 선물의 수요가 많은 부유층 소비자들의 환영을 받았는데, 이러한 다양한 판매 전략과 제도의 도입 속에서 백화점으로 대표되는 근대적인 소비문화들이 부유층과 중산층을 중심으로 점차 깊숙이 상하이 소비자들의 관념과 생활 속으로 파고 들어가기 시작하였다.

---

37) 『上海永安公司的產生, 發展和改造』, 143-144쪽 참조.
38) 連玲玲, 「獨立追求或崇尙摩登? - 近代上海女店職員的出現及其形象塑造」, 『近代中國婦女史硏究』, 第14期, 2006年 12月, 1-50쪽.
39) 『上海近代百貨商業史』, 135-138쪽 참조.

Ⅳ. 위락 공간으로의 백화점과 욕망의 소비

이 시기 상하이의 백화점들의 또 하나의 중요한 특징은 비단 쇼핑뿐만 아니라 오락과 레저, 비즈니스를 겸비할 수 있는 복합 위락 시설을 갖추었다는 것이다. 이는 가장 먼저 문을 연 시엔스 백화점의 공간 설계에서 잘

〈그림 5〉 시엔스러위엔(先施樂園),
『老上海南京路』

드러나는 것으로, 시엔스는 개장과 함께 쇼핑몰 외에도 비즈니스 고객을 대상으로 고급가구와 전화, 선풍기, 화장실과 같은 내부시설을 갖춘 뚱야 호텔(東亞飯店)을 5층에 열었다.[40] 또한 6층과 7층에 일송의 복합 위락상인 시엔스 러위엔(先施樂園)을 개장하였는데, 이곳에는 水族亭, 萬花亭, 당구장과 같은 오락 시설은 물론 동서양의 극단과 기예단들의 공연과 현대 영화를 감상할 수 있는 극장들이 들어섰다. 뿐만 아니라 옥상의 빈 공간을 활용하여 화초나 분재를 감상하며 쇼핑에 지친 손님들이 휴식을 취할 수 있도록 배려한 서양식의 옥상정원(屋頂花園)을 설치하기도 하였다.[41]

시엔스 백화점의 이러한 공간 배치는 이후 거의 모든 상하이 백화점들의 모델이 되었다. 용안은 보다 큰 규모의 부대시설로 호텔 따

---

40) 『上海名建築志』, 157쪽.
41) 『舊上海租界史話』, 225쪽, 『上海老房子的故事』 159쪽 참조.

동뤄서(大東旅社)를 개장하였고, 시엔스와 마찬가지로 건물 상부에 티엔윈로우(天韻樓)라는 대규모 복합 위락장을 만들어 고객들을 유인하였다.[42] 1930년대에 문을 연 신신 백화점도 이에 질세라 신신호텔(新新飯店)과 신신화위엔(新新花園)이라는 위락시설을 만들었고,[43] 따신 백화점에도 따신 유락장(大新遊樂場)이라는 대형 복합 위락장이 들어섰다.[44]

다양한 오락 시설들이 들어서면서 백화점은 단순한 쇼핑 공간의 의미를 넘어 점차 거대하고 복합적인 비즈니스와 사교, 휴식 그리고 오락의 공간으로 인식되어 갔다. 고객들은 백화점에서 자신이 원하는 고급의 상품을 구입하였을 뿐만 아니라 호텔이나 레스토랑과 같은 부대시설을 통해 손님을 접대하고 사교하는 공간으로 활용하였다. 또한 가족들과 함께 주말에 백화점을 나들이하거나 꼭대기에 마련된 서양식 옥상정원에 올라 휴식을 즐기고, 백화점에 딸린 위락장을 찾아 유명 극단의 공연이나 서커스를 관람하거나 영화를 즐기는 것도 점차 하나의 유행이 되었다.

앞서 언급한 바와 같이 난징루에 중국계 백화점들이 들어서기 시작한 1910년대 후반은 상하이의 상공업이 공전의 번영기로 접어 들어가는 시점이었다. 이에 발맞추어 당시 상하이의 대중문화도 비약적인 성장을 거듭하고 있었다. 자본의 집적과 시장화에 따른 대형 복합 위락시설이 등장하기 시작했고, 경제 수준의 향상과 함께 문화 시장이 확대되면서 오락을 향유하는 수요층에도 변화가 일어났다.

---

42) 『上海永安公司的產生, 發展和改造』, 56~60쪽.
43) 『上海老房子的故事』, 166쪽.
44) 『舊上海租界史話』, 229쪽.

〈그림 6〉 용안백화점의 옥상정원, 『老上海南京路』

1915년과 1917년에 문을 연 대형 복합 위락장 '신스지에新世界'와 '따스지에大世界'의 등장은 이러한 상하이 대중 소비문화 시대의 서막을 알리는 상징적인 사건이었다. 신스지에와 다스지에는 화려한 서구식 외관 건축에 볼링장, 당구장, 영화관, 극장, 노천정원, 찻집 그리고 각종 레스토랑을 갖추고서 다양한 볼거리와 놀거리들을 통해 이러한 중국 사회의 새로운 수요를 만족시켰다.[45]

1920, 1930년대 복합 위락 공간으로서의 백화점의 등장은 바로 이러한 상하이 대중 소비문화 발전을 배경으로 한다. 그러나 백화점의 의미는 단순히 다양한 오락 시설들을 한데 모아 놓은 것에 그치지 않는다. 상대적으로 볼 때 신스지에나 따스지에는 현대적인 오락 시설이긴 했지만 그 저변에는 여전히 전통적인 중국 향촌 사회의 집합적 오락 공간이었던 '묘회(廟會)'의 문화적 색채가 강했다.[46] 그러

45) 王文英 葉中强 編, 『城市語境與大衆文化: 上海都市文化空間分析』, 上海人民出版社, 2004, 8-9쪽 참조.

나 백화점은 보다 의식적인 차원에서 쇼핑과 휴식, 오락, 비즈니스가 유기적으로 결합되는 '소비의 천국' 혹은 인공적인 '지상낙원'을 만들어 내는 것을 궁극적인 목표로 내세웠다.[47] 그래서 보다 치밀한 설계를 통해 근대적 도시인으로서 인간들이 자신의 욕망을 최대한 충족시킬 수 있는 공간을 만드는 데 많은 노력을 기울였다.[48]

대표적인 것으로 옥상정원을 들 수 있다. 당시 대부분의 백화점들은 건물 최상층부에 옥상정원을 만들었는데, 이들이 앞다투어 옥상정원을 만든 이유는 크게 두 가지이다. 하나는 옥상의 자투리 공간을 활용하여 쇼핑에 지친 고객들이 휴식할 수 있는 공간을 마련해 주는 것이고, 다른 하나는 자기 백화점을 찾는 고객들에게 높은 곳에서 상하이 시내를 한눈에 내려다보며 유람할 수 있도록 하기 위해서였다. 사실 높은 곳에서 아래를 내려다보고자 하는 것은 인간의 원초적인 욕망이다.[49] 특히 고층 건물의 잘 가꾸어진 서양식 정원에서 忙中閑을 즐기며 나날이 발전하며 도시화의 길을 걷고 있는 상하이 시내를 한눈에 내려다보는 것은 이러한 인간의 원초적인 욕망을 충족시킴과 동시에 그 자체로 높이와 발전, 힘 등으로 상징되는 근대성을 몸으로 체득하고 느끼게 하는 경험의 과정이라고 할 수 있다. 당시 시엔스 백화점의 옥상정원이 4毛의 입장료에도 불구하고 상하이 유람에 빼놓을 수 없는 명소로 큰 인기를 끌었던 것도 바로 이러한 사실을 증명해 준다.[50]

---

46) 『城市語境與大衆文化: 上海都市文化空間分析』, 9쪽.
47) 김인호, 『백화점의 문화사: 근대의 탄생과 욕망의 시공간』, 살림, 2006, 77-94쪽 참조.
48) 邱處機, 『摩登歲月』, 上海畫報出版社, 1999, 250-260쪽 참조.
49) 『백화점의 문화사: 근대의 탄생과 욕망의 시공간』, 85쪽 참조.
50) 林劍 編, 『上海時尚160年海派生活』, 上海文化出版社, 53쪽.

실제로 당시 백화점 위락 공간의 대부분은 철저하게 이러한 근대적 개인의 욕망을 효과적으로 소비할 수 있는 방식으로 구성되어 있었다. 상하이 최초로 용안 백화점에서 문을 연 댄스홀이 그러하였고, 호텔, 양식 레스토랑, 롤러스케이트장과 당구장, 영화관, 극장 등이 모두 그러하였다. 시엔스 백화점이 처음으로 백화점과 위락시설의 결합을 시도하였을 때도 그리고 1930년대 이후 보다 다양해진 상하이 대중들의 욕망과 수요를 반영하기 위해 따신 백화점이 일종의 테마파크인 '티엔타이16경(天台十六景)'을 만들었을 때도 마찬가지였다.51) 백화점은 이러한 공간들을 통해 그 이전과는 완연히 구분되는 새로운 인간, 곧 근대적인 의미에서의 유희하는 인간, 소비하는 인간을 만들어 내었다. 어떻게 보면 이 시기 백화점의 명물로 자리 잡았던 엘리베이터와 에스컬레이터는 바로 이러한 개인의 욕망을 백화점의 쉴 새 없이 오르내리는 벨트에 싣고 전달하는 통로였다고 할 수 있다. 결국 20세기 초 백화점의 탄생과 함께 나타났던 위락장이라는 복합 오락 공간은 이렇게 멈출 수 없이 점점 더 커져만 가는 도시인들의 욕망을 흡수해 가는 근대성의 기제였던 것이다.

V. 맺음말

우리는 지금까지 건축과 공간 배치, 판매 전략, 오락과 욕망의 측면을 통해 1920, 1930년대 상하이의 백화점과 소비문화에 관해 살

---

51) 따신 백화점은 4층 이하는 쇼핑몰, 5층은 大新酒家, 6층부터 10층까지는 위락장으로 사용하였다. 위락장의 16개 테마공원 각각의 명칭은 다음과 같다. 馬戱台, 羅跨亭, 藏春塢, 銀河橋, 禦風樓, 來靑館, 螺絲管, 剪淞亭, 靑雲路, 袖潮樓, 魚鱷軒, 萬花棚, 淩雲閣, 垂虹涇, 五福亭, 溪山小築.

펴보았다. 이 시기 백화점의 탄생이 상하이의 소비문화에 미친 영향을 요약해 보면 크게 다음과 같다.

첫째는 공간의 자본화를 통해 자본주의적인 욕망의 확대 생산 구조를 만들었다는 것이다. 이는 전통적인 점포들과 달리 공간 자체가 곧 상품이 되었던 백화점의 특성에서 기인한 것으로, 이 시기 백화점들은 화려하고 웅장한 외관에 새롭고 신기한 사물 그리고 정교하고 체계적인 매장 배치 등을 통해 소비자들에게 시선의 쾌감과 함께 소비의 욕망을 부단히 자극하였다.

둘째는 다양한 판매 전략과 복합 위락 시설로의 지향을 통해 근대적 라이프스타일을 선도하였다는 것이다. 백화점에서 출발한 정찰제의 실시는 교환가치로 대표되는 자본주의적 소비의식을 확립하는 데 크게 기여하였고, 패션쇼와 전람회, 시연회, 바겐세일과 같은 다양한 행사와 이벤트를 통해 도시인들에게 적합한 새로운 라이프스타일을 교육하였다. 또한 쇼핑과 비즈니스, 오락, 휴양의 기능을 결합한 복합 소비 공간을 지향함으로써 상하이가 본격적인 대중 소비문화 사회로 나아가는 데도 중요한 역할을 하였다.

셋째는 다양한 장치와 방식을 통해 '욕망의 민주화'를 이루어 나갔다는 것이다. 욕망의 민주화란 그동안 일부 계층에 국한되어 있었던 현대적 소비 생활에 대한 권한을 욕망에 대한 환기를 통해 보다 광범위한 계층의 사람들에게까지 확대해 나간 과정을 말한다.[52] 당시 백화점은 바겐세일이나 염가매장의 설치 등을 통해 사람들에게 이러한 잠재된 소비에 대한 열망을 일깨우고 궁극적으로 새로운 고객의 대열로 합류하는 데 크게 공헌하였다.

---

52) 「從零售革命到消費革命: 以近代上海百貨公司爲中心」, 84쪽.

여기서 우리가 알 수 있는 것은 백화점의 탄생이 단순히 하나의 새로운 소비 공간의 등장에 머무는 것이 아니라 자본주의적 생활태도로 요약할 수 있는 도시민들의 소비의식과 라이프스타일의 형성에 큰 영향을 미쳤다는 사실이다. 난징루로 대표되는 1920, 1930년대 상하이 소비문화의 상징으로 백화점을 지목하는 것은 이러한 이유로, 백화점은 그러한 새로운 소비의식과 라이프스타일을 선도하는 교육기관으로 큰 역할을 하였다. 문제는 백화점이 만들어 낸 새로운 소비주의의 이데올로기가 구체적으로 상하이 사람들의 일상과 감각 속에서 어떠한 방식으로 인지되고 표상되었는가 하는 것인데, 이에 대해서는 앞으로의 연구를 통해 보다 심도 있는 분석을 진행해 보고자 한다.

참고문헌

上海社會科學院經濟硏究所, 『上海近代百貨商業史』, 上海科學院出版
　　社, 1988.

上海社會科學院經濟硏究所, 『上海永安公司的産生, 發展和改造』, 上
　　海人民出版社, 1981.

薛理勇, 『舊上海租界史話』, 上海科學院出版社, 2002.

王文英 葉中強編, 『城市語境與大衆文化: 上海都市文化空間分析』, 上
　　海人民出版社, 2004.

黃國新 沈福煦編, 『老建築的趣聞: 上海公共建築史話』, 同濟大學出版
　　社, 2005.

上海市地方志辦公室編, 『上海名建築志』, 上海科學院出版社, 2005.

楊嘉祐, 『上海老房子的故事』, 上海人民出版社, 2006.

白吉爾, 『上海史: 走向現代之路』, 上海社會科學院出版社, 2005.

朱華 等, 『上海一百年』, 上海人民出版社, 1999,

李天綱, 『人文上海 - 市民的空間』, 上海敎育出版社, 2004.

沈寂 編, 『老上海南京路』, 上海美術出版社, 2003.

連玲玲, 「從零售革命到消費革命: 以近代上海百貨公司爲中心」, 『曆
　　史硏究』, 2008年 第5期.

菊池敏夫, 「戰時上海百貨公司與商業文化」, 『史林』, 2006年 第2期.

中央電視台(CCTV)影像片, 『海上舊夢 - 地球上最世界主義化的馬路』,
　　中國國際電視總公司.

이성욱, 『한국 근대문학과 도시문화』, 문화과학사, 2004.

리어우판, 장동천 외 역, 『상하이 모던: 새로운 중국 도시문화의 만개,
　　1930-1945』, 고려대학교출판부, 2007.

요시미 순야, 이태문 역,『박람회: 근대의 시선』, 논형, 2004.

하쓰다 토오루, 이태문 역,『백화점: 도시문화의 근대』, 논형, 2003.

진노 유키, 문경연 역,『취미의 탄생: 백화점이 만든 테이스트』, 소명출판, 2008.

가시마 시게루, 장석봉 역,『백화점의 탄생: 봉 마르셰 백화점, 욕망을 진열하다』, 뿌리와 이파리, 2006.

김인호,『백화점의 문화사: 근대의 탄생과 욕망의 시공간』, 살림, 2006.

3

중국 시장에서 제조지역정보가 제품평가에

미치는 효과

Ⅰ. 서론   Ⅳ. 연구 결과
Ⅱ. 이론적 배경 및 가설 설정   Ⅴ. 결론 및 연구의 한계점
Ⅲ. 연구방법

Ⅰ. 서론

중국 경제의 고도성장과 함께 중국 시장이 글로벌 시장으로 변화되면서 많은 학자들과 실무자들은 중국 시장에 대하여 큰 관심을 갖고 중국 소비자에 대한 연구를 수행하였다. 일부 경제·경영 연구자들의 연구에 의하면 '중국은 하나의 시장이 아니다'라고 주장하고 있다. 사실 22개 성, 5개의 자치구, 4개의 직할시로 구성된 광대한 중국을 하나의 시장 혹은 경제권역으로 보는 시각은 거의 없다. 특히 개혁·개방 이후 지역 간 불균형의 심화와 이에 따른 이질적인

90   중국 현대 소비문화와 시장문화

소비성향 및 라이프스타일 등으로 인해 중국 시장 혹은 소비자를 하나의 동질적인 특성을 지니는 것을 파악하는 견해는 거의 없다(Swanson, 1998). 중국 시장에서 이러한 이질적인 특성이 존재함으로써 중국 소비자들은 지역별로 특정지역에서 생산한 제품평가 결과가 다르다. 김용준·이동진·박세환(2006)은 북경시의 20세 이상 대학생 소비자들을 대상으로 한 연구에서 중국 내수시장에서 기존의 원산국효과와 함께 원산지역효과가 나타나는지를 살펴보았다. 이들은 중국 시장은 지역적으로 다른 특성이 존재함으로써 제조지역정보가 제품평가에 영향을 미친다는 것을 밝혔고, 제조지역정보가 제품평가에 영향을 미치는 것을 중국 시장에서의 지역효과(Regional Effect in China)라고 정의하였다.

이러한 중국 시장의 지역효과가 존재하는 원인을 크게 두 가지로 보고 있다. 하나는 중국의 개혁개방에 따른 지역 간에 경제성장의 불균형이 심화되면서 지역 간 소비자들의 가치관변화의 차이가 존재하고 지역 간의 소비패턴이 다름에 따라 제조지역효과가 존재한다고 주장하고 있다(김용준·김화, 2000; 김용준·권지은·박주희·이준환, 2007; Zhou & Hui, 2003; Cui & Liu, 2000). 다른 하나는 자연적인 지리환경과 역사적인 사회배경에 형성된 지역 간의 차이에 따른 제조지역이미지가 제품평가에 영향을 미침에 따라 지역효과가 존재한다고 주장하고 있다(김용준·김주원·문철주, 2007; 안종석·이동진, 2007; 백권호·안종석, 2004; Gerald Yong Gao, elt, 2006). 그러나 이들의 연구에서는 제품의 특성이나 소비자 특성 그리고 여러 가지 상황적인 변수들에 따라 지역효과에 대해서 규명하지 못하였다. 따라서 본 연구에서는 중국 소비자들의 제조지역정보를 이용하여 제품을 평가하는 데 있어서 제조지역정보가 중국 소비자들의 의사결정에 미치는 영향을 제품의 특성이나 소비자 특성에 따라 그리고 여러 가지 상황변수들에 따라 어떻게 다르게 나타나고 있는 것을 밝히려고 한다.

중국 내수시장의 특성에 관한에 최근의 연구들은 주로 중국 내수시장 및 소비자들의 이질성을 확인하는 데 초점이 맞추어져 있다. Swanson(1998)이 중국 내수시장 마케팅에서 지역 간 불균형성에 대한 이해의 중요성을 제기한 데 이어, Cui & Liu(2000)는 중국소지자들이 구매력, 태도, 라이프스타일, 소비패턴 등에 있어 지역별로 유의적인 차이를 보이고 있음을 실증적으로 제시한 바 있고, 경제발전 수준이 비슷한 도시 지역 내에서도 소득 불균형의 심화에 따라 중국 소비자 집단의 이질성이 심화되어 가고 있음을 보여 준 바 있다. 또한 국내에서 김용준 · 권지은 · 박주희 · 이준환(2007)은 중국 소비자의 라이프스타일에 관한 실증 연구에서 다양한 인구통계적인 변수에 따라 중국 소비자들이 상이한 라이프스타일의 특성을 보이고 있으며, 이는 중국의 주요 3개 도시지역(베이징, 상하이, 광저우)별로 뚜렷한 차이를 나타내고 있음을 밝혔다. 그러나 중국 내수시장 및 소비자들의 이질성의 형성의 원인을 밝히는 연구는 아직은 소수에 불구하고, 특히 이러한 중국 내수시장 및 소비자들의 이질성으로 나타나는 지역효과에 관한 연구는 전무상황이다. 따라서 본 연구는 중국 내수시장의 특성과 관련한 이와 같은 연구동향에 기초하여 중국 소비자들의 특정지역에서 생산한 제품을 평가하는 데 있어 제조지역정보가 제품평가에 영향을 지역효과는 일반적인 법칙이 아닌 소비자들의 브랜드에 대한 태도, 즉 브랜드 강도에 따라 그 효과가 다르게 나타날 수 있다는 것을 실험 연구를 통해서 밝히고자 한다. 더불어 이러한 브랜드 강도에 따른 지역효과는 소비자들의 제품에 대한 관여도에 따라 다르게 나타날 수 있음을 밝힘으로써 중국 소비자들의 제품평가에 영향을 미치는 요인들을 파악하고, 특히 제조지역정보는 중국 소비자들이 제품을 평가하는 데 있어서 중요한 단서로 영향을 미칠 수 있음을 밝히려 한다.

Ⅱ. 이론적 배경 및 가설 설정

1. 중국 소비자들의 지역효과

중국은 지역적으로 매우 광대할 뿐만 아니라 56개의 다민족으로 구성되어 있기 때문에 이런 거대한 중국 소비자들을 일반화하기란 그리 쉽지 않다. 특히 개혁·개방 이후 중국 소비자의 가치관의 변화는 경제성장에 따라 신속하게 변화하고 있으며 지역 간의 차이도 크게 나타나고 있다. 이러한 지역 간의 불균형의 심화와 이에 따른 이질적인 소비성향 및 라이프스타일 등으로 인해 중국 시장 혹은 중국 소비자를 하나의 동질적인 특성을 지니는 것으로 파악하는 것은 오류이다(Swanson, 1998; 김용준·김화, 2000). 더욱 중요한 것은 중국의 새로운 계급과 신분그룹의 출현을 통한 소비 집단의 형성 자체가 소비사회가 발달함으로써 다양한 소비 집단을 형성하였다. Ran Wei(1997)은 IMI(1997)조사, 중국통계국(1998) 등 실증 연구 자료를 분석하여 중국 소비자 집단을 5개의 집단으로 나누었다. 이 연구에서는 경제적 환경, 인구통계학적 환경에 따라 가치관의 변화를 중심으로 하여 온포족(溫飽族), 소강족(小康族), 지식인족(知識人族), 신세대족(新世代族), YUPI족의 5가지의 소비 집단이 존재하고 있음을 발견하였다. 또한 각 집단이 각각 차별적 소비 형태와 특성을 보이는 것으로 나타났다. Cui와 Liu(2001)의 연구에서는 1997년 Gallup Research China에 의해 대도시를 중심으로 41개 도시의 중국 성인 소비자들을 인터뷰한 조사 자료를 바탕으로 중국 소비자들을 분류하였다. 그 결과 소비자의 행동에 가장 많은 영향을 끼치는 요인은 소득수준으로 나타났다.

중국의 도시인들은 인구통계적 특성, 싸이코그래픽(Psychographics), 라이프스타일 등에서 뚜렷한 차이를 보이는 4개 세분시장을 형성하고 있는 것을 알 수 있다. 김용준·박주희·권지은·이준환(2007) 등은 중국 베이징, 상하이 그리고 광저우 3대 도시별 라이프스타일요인과 인구통계학적 특성에 있어서 지역 간의 차이가 존재하는지를 실증 분석하였다. 베이징은 '귀족정치, 왕도정치 문화'로 베이징인은 수도 시민으로서의 자긍심을 바탕으로 형식을 중시하는 성향을 보이고, 상하이는 '조계(租界) 상업문화'로 상하이인은 실리적, 개방적, 심미적인 성향을 보이며, 광저우는 '개항·변방문화'로 광저우인은 자긍심과 중심의식보다는 변방의식이 내재되어 있으며 실용적인 성향을 보이는 것으로 나타났다. 이러한 결과들은 중국의 개혁·개방 이후 중국 소비자의 가치관의 변화는 경제성장에 따라 신속하게 변화하고 있는 것을 알 수 있다. 또한 거대한 중국은 경제, 사회, 정치 등 변화요소 외에도 자연적인 지리환경과 역사적인 사회배경에 따라 지역 간의 차이를 보이기 때문에 이는 지역소비문화 등에 많이 영향을 미치고 소비자들은 지역에 따라 다양한 소비가치관 등을 지니고 있음을 주장하였다.

Child & Stewart(1997)는 중국의 지역 간 문화 차이를 역사적, 문화적인 연역방법론을 통한 차이를 주장하고 있다. 楊東平(2004)은 "중국의 이천 년을 알려면 西安을 보고, 중국의 오백 년을 알려면 베이징을 보라. 그리고 중국의 백 년을 알려면 상하이를 보고, 중국의 최근 10년을 알려면 광저우를 보라"고 하였다. 베이징, 상하이와 광저우 세 도시는 황허(黃河), 장강(長江), 주강(珠江) 유역을 중심으로 하는 화북문화(華北文化), 강남문화(江南文化), 영남문화(嶺南文化)의 핵심도시로 전통과 현대가 교차하는 지점에서 각 지역의 독특한 문화를 새롭게 재창조하고 이를 다시 주변지역으로 파급시켜 온 지역문화 중심지이다. 백권호와 안종석(2004)은 중국 지역문화의 대위변수로서 Hofsted가 제안한 5차원의 문화개념을 차용하여 중국의 동북/화북, 산동, 상하이(화동), 화남 등 4개 지역 간 문화차가 있는 것을 밝혔다. 이 연구에 따르면 중국인들은 권력 간격, 불확실성에의 회피성 그리고 장기지향성 등 3개 비교문화 차원에서 지역별로 유의적인 차이를 보이는 것으로 나타났다. 구체적으로 권력 간격에 있어서 상하이에 비해 베이징 및 선양 등 북부지역이 보다 크게 나타나 상대적으로 권위주의적인 문화를 가지고 있는 것으로 나타났다. 불확실성에의 회피성에서는 화베이 및 동북지역에 비해 화동지역이 그리고 장기지향성에서는 산동, 화동에 비해 화남지역이 보다 강한 것으로 나타났다.

홍준형과 김용준(2006)은 중국의 각 지역은 오래전부터 서로 다른 역사와 문화 전통을 가져 왔고 또 근래 이후의 역사도 각각 서로 다른 발전과정을 겪어 왔다. 그리고 이러한 서로 다른 경험들은 소비자들에게 하나의 문화적 기억이 되어 근본적으로 기호나 취향과 깊은 관련이 있는 소비 행위에 있어도 적지 않은 영향을 끼친 것을 밝혔다. 이들의 연구에서는 베이징은 왕도(王都)문화로 대표되는 강한 대륙적 중심의식과 이에 수반한 수도 시민으로서의 자긍심이 베이징 사람들의 문화적 정체성을 구성하고 있으며 베이징 사람들의 명품, 브랜드에 대한 선호와 정신 지향적 소비기호의 형성은 이러한 황도 문화적 정체성과 깊이 관련이 있는 것을 밝혔다. 또한 상하이는 근대 조계(租界)의 경험으로부터 비롯된 상업 의식의 내면화를 통해 총명하고 이성적인 경제인으로서의 문화적 정체성을 형성해 왔으며, 그들의 치밀한 소비의식과 최신 트렌드의 추구는 근대화의 과정 속에서의 삶의 경험이나 신조류 전파지로서의 매개자 역할이 일종의 '문화적 기억'(文化的 記憶)으로 자리하여 현대의 일상적인 소비행위 속에서 구현된 것을 밝혔다. 그리고 광저우의 경우는 고대로부터 해상무역을 주도해 왔던 오랜 통상항으로서 역사와 인근 홍콩과의 지리적 인접성 그리고 화교들을 통한 외국과의 빈번한 왕래가 광저우 사람들에게 대륙문화와는 다른 해양문화의 특성을 가진 실용적인 문화적 가치관을 형성하게 했으며, 특히 중국 대륙의 중심의식의 결여로부터 비롯된 명문이나 전통에 대한 상대적인 자유로움은 이들에게 외형이나 브랜드에 좌우되지 않는 대단히 실리적이고 서민적인 소비성향이 있는 것을 밝혔다. 이러한 자연적인 지리환경과 역사적인 사회배경에 형성된 지역 간 차이는 지리적 요소는 물론 문화, 경제, 정치 등 복합적인 상호 작용을 포함하여 지역에 살고 있는 사람들의 마음속의 생각, 상, 형, 상징 등의 시각적인 요인들로 작용하여 지역이미지를 형성하고 이러한 지역이미지는 제품평가에까지 영향을 미친다(김용준·김주원·문철주, 2007). 인간이 이와 같은 특정 속성에 대한 신념 혹은 이미지를 형성하는 데 있어 자신에게 익숙한 제한된 요인만을 이용하게 되는 것은 인지적 능력의 한계로 인하여 복잡하고 다양한 정보신호들 속에서 제한된 관심과 주의를 통해 주어진 정보들 중 소수 대표적 신호들만을 이용하여 대상을 인식하기 때문이다. 이상의 논의에 따라 중국 소비자들의 지역효과에 대한 가설을 제시한다.

가설 1: 중국 소비자들은 같은 제품이라도 특정지역에서 생산한 제품을 평가하는 데 차이를 보일 것이다.

2. 중국 소비자들의 브랜드효과

1970년대 말 중국의 개혁개방으로 많은 다국적 기업이 거대한 중국 소비시장에 매혹되어 중국으로 몰려왔다. 특히 중국의 WTO 가입은 외국기업의 중국 진출을 가속화시켰다. 중국 소비자들은 전통적으로 외국 브랜드가 세련미, 후광효과, 현대성과 높은 품질을 지니고 있다고 본다(Li & Gallup, 1995). 특히 중국의 개혁개방 이후 외국상품과 외국 브랜드가 중국 시장에 급격히 증가되면서 외국 브랜드에 대한 선호도도 나날이 증가하고 있다. 이런 외국 브랜드에는 서양의 브랜드를 비롯하여 일본의 브랜드도 많은 비중을 차지하고 있다. Zhou & Hui(2003)는 중국 소비자가 외국 브랜드를 선호하는 것은 외국 브랜드를 가지고 있는 상징가치(Symbolic benefit)와 관련이 있다고 주장하였다. 그런데 Cui & Liu(2001)의 연구에서는 최근 중국 사회에서 외국 브랜드를 선호하지 않는 경향이 일어났다고 보고하였다. 서양화의 추세는 유행상품에 대한 추종을 일게 하지만, 이것은 상품의 브랜드원산지와는 상관없다는 견해도 있다. 게다가 최근 몇 년 동안 중국 현지 제품의 품질이 높아짐에 따라 현지브랜드도 외국 브랜드의 치열한 경쟁대상으로 격상되었다. 이처럼 중국 소비자들의 브랜드에 대한 인식 변화는 기업경쟁의 강화로 빠르게 변화하고 있고, 브랜드에 대한 기업과 학계의 관심도 급증하고 있다. 그러나 중국 브랜드에 관한 연구는 아직 시작단계에 불과하다.

기존 중국 브랜드에 관한 연구들을 보면 주로 브랜드 명에 관한 연구들이 대다수이다(Jean et al., 2002; Zhang, 1996; Nader, 1999; 박종한, 2002). 이들의 연구에서는 중국 소비자들은 발음하기 쉽고, 의미를 부여하고, 기억에 유리한 브랜드 명을 선호한다는 것을 밝혔고, 중국 소비자들은 브랜드 명을 평가하는 데 있어서 문맥과 어학적인 요인이 중요하다는 것을 밝혔다. 그러나 최근 들어 중국 경제 고도성장에 따른 중국 소비자들의 소비패턴 변화에 따라 그리고 다국적 기업들의 중국 시장 진출에 따른 마케팅 활동에 따라 중국 소비자들의 브랜드에 대한 태도 변화가 나타나고 있다. 이에 중국 소비자들의 브랜드에 대한 태도 연구들이 나타나고 있다. Gao al et.(2006)은 중국 소비자들을 대상으로 408개의 브랜드를 조사한 결과 중국 소비자들은 외국 브랜드들을 더 선호하는 것을 밝혔다. 중국과 같은 저개발국가의 소비자들은 선진국의 제품이 자국제품보다 품질이 우수하다고 생각한다(Li & Gallup, 1995; Zhou & Hui, 2003). 심지어 강한 자국중심주의 성향을 가진 소비자도 원산국의 이미지에 대한 긍정적인 생각을 가지면 외국제품이 우수하다고 평가한다는 연구도 보고되고 있다(Yagci, 2001). 그러나 최근 몇 년 동안 중국 현지 제품의 품질이 높아짐에 따라 중국 소비자들이 현지브랜드를 더 선호한다(Cui & Liu, 2001). 이는 중국 소비자들은 같은 제품이라도 브랜드 강도가 높은 제품을 더 선호하는 것을 알 수 있다.

가설 2: 중국 소비자들은 같은 제품이라도 브랜드 강도가 높은 제품을 더 호의적으로 평가를 할 것이다.

3. 중국 소비자들의 브랜드 강도에 따른 제조지역효과

앞에서 설명하였지만 중국 소비자들은 국내 브랜드보다 외국 브랜드를 더 선호하는 경향이 있는 것을 밝혔다(Li & Gallup, 1995; Cui & Liu, 2001; Wang & Chen, 2000). 이는 중국과 같은 저개발 국가들의 경제의 과도기형상, 수입격차와 지위의 유동성이 높아지면서 인간관계와 더불어 사회적 지위도 중요시하기 때문이라고 볼 수 있다. 저개발국가의 경우 수입품은 국산품보다 희귀하고, 준거집단의 영향으로 수입품을 이용하는 것이 더 바람직하다고 생각할 수 있다(Batra et al., 2000; Hamin & Greg, 2006). 왜냐하면 중국은 개혁개방 이후 경제성장에 따른 중국 소비자들의 소득이 증대됨에 따라 브랜드에 대한 인지도가 증가하고 품격에 맞게 자신을 연출하려는 경향이 확산되면서 소득 수준에 따른 브랜드에 대한 태도 변화 차이가 있다고 볼 수 있기 때문이다. 이에 전선규와 이정수(2005)는 중국 시장에서 상표의 문화적 포지셔닝전략 효과에 대한 연구에서 세계 문화적 포지셔닝전략은 중국 현지 문화적 포지셔닝전략보다 소비자의 긍정적 상표태도 형성에 더 효과적인 것을 밝혔다. 그리고 고은주와 송유아(2004)는 중국에 진출해 있는 한국 의류 브랜드의 진출 현황 및 전략들을 개괄적으로 살펴본 결과 중국에서의 브랜드 전략은 지역특성에 따라 차별화하여야 한다고 주장하였다.

한편 마케팅 측면에서 브랜드 레버리지효과는 지역, 사람, 사물, 다른 브랜드 등과 같은 2차원적 원천의 다른 개체들을 활용하면서 새로운 브랜드 자산 가치를 창출하거나, 기존의 브랜드 자산 가치에 영향을 미치게 된다(Keller, 2003). 특히 최근 연구들은 중국에서 지역특성을 활용하면서 브랜드 가치 창출에 성공할 수도 있다(안종석·이동진, 2007; 김용준·김주원·문철주, 2007). 왜냐하면 소비자들에게 높은 인지도와 함께, 강력하고, 바람직하고, 독특한 이미지를 가진 브랜드는 소비자들이 신상품들을 평가하는 데 요구되는 인지적인 노력을 줄여 줌으로써 구매결정을 용이하게 해 준다(Keller, 1993). 예를 들어 현대자동차는 중국에서 베이징현대(北京現代)로, 한국 농심에서 상하이탕면(上海湯面) 그리고 일본 광저우번테인(广州本田)으로 등등 제조지역과 브랜드를 활용하면서 브랜드 레버리지 효과를 나타내고 있다. 그러나 강력한 브랜드는 이미 높은 인지도를 누리고 있고, 소비자들의 호의적인 평가를 받고 있으므로 소비자들이 해당 상품을 소비해 보기 전에도 소비 후의 만족도를 예측할 수 있는 충분한 정보를 제공해 줄 수 있다. 즉 '접근성－진단성 이론'에 의하면 소비자들은 약한 브랜드보다 강한 브랜드를 더욱 진단적인 정보로 지각하게 되는 것이다. 이와 같은 강력한 브랜드가 상대적으로 약한 브랜드에 비하여 더 진단적이고 효과적인 외재적인 단서로서 작용한

다면, 강한 브랜드의 경우 제조지역정보가 추가되더라도 소비자들의
반응에 큰 영향을 미치지 않을 것으로 예측할 수 있다. 반면 약한
브랜드의 경우는 소비자가 제품품질을 지각하는 과정에서 브랜드의
진단성이 상대적으로 미약하므로 새로이 추가된 정보인 제조지역정
보의 선정 역할이 더욱 높아지게 될 것이다(Johansson & Nebenzahl,
1985; Han & Terpstra, 1988).

**가설 3: 중국 소비자들은 브랜드 강도가 높은 제품에 대한 제품 평
가는 브랜드 강도가 낮은 제품보다 제조지역에 따른 제품
평가 차이가 적을 것이다.**

4. 중국 소비자들의 제품의 관여도에 따른 브랜드 효과

1978년 개혁개방에 따라 중국은 글로벌 시장으로 변화하였다. 글
로벌화로 인한 브랜드국, 제조국, 조립국, R&D국가가 상이한 복합
원산지 제품(hybrid product)이 중국 시장에서 확산되고 있다. 특히
기업들이 노동력이 저렴한 지역, 입지조건이 좋은 지역, 진입정책이
좋은 지역으로 공장을 이전함으로써 제품의 제조지역에 대한 소비자
들의 인식은 과거와 달리 변화되고 있다. 그래서 소비자의 변화하는
지각이 제품평가에 미치는 영향을 규명할 필요성이 대두된다. 안종
석 · 이동진(2007)은 중국 시장에서 국가이미지 효과의 지역별 차이
에 관한 연구에서 중국 소비자들의 주요 국가에 국가이미지 형성에
서 영향을 미치는 국가이미지 요인의 상대적 중요성과 이들 국가이
미지 제 요인이 외국제품에 대한 제품품질 지각에 미치는 영향이 중

국 지역에 따라 다르게 나타난 것을 확인하였다. 김용준·김주원·문철주(2007)는 중국 주요지역별 소비자의 국가이미지와 지역이미지가 제품평가에 미치는 영향에 관한 실증연구에서 중국 지역 소비자들은 특정 지역이미지가 제품평가에 유의한 영향을 미치는 것을 밝혔다.

이처럼 제조지역특성이 차이에 따라 제품평가에 영향을 미칠 뿐만 아니라 소비자들의 특성이나 제품의 속성에 따라 제품평가에 영향을 미친다. 김주호·가영현(2005)들의 중국 20~30대 화장품 소비자 라이프스타일 중심의 연구에서는 중국 소비자들의 개인적 특성에 따라 브랜드 구매의사가 결정이 다르다는 것을 밝혔다. 그러나 유소이·박소진·동쉬에페이(2007) 등은 하이테크 제품에 대한 소비자 구매의도의 영향요인에 관한 한·중소비자들을 비교 분석한 결과 중국 소비자들은 하이테크제품의 사용이 개인적인 필요성에 의해 구매하기보다는 자기가 속한 사회계층의 일원임을 보여 주기 위한 것이거나 주위의 사람들과 동질적이라는 것을 표현하기 위한 수단으로 활용되는 것을 발견하였다. 특히 최근 중국이 급격한 경제발전으로 인하여 많은 변화를 겪고 있으며 빈부의 격차가 큼에 따라 중국 소비자들은 준거집단의 영향력이 제품구매에 영향을 미치는 것을 밝혔다. 이처럼 중국 소비자들의 특성이 제품의 속성에 따른 제품평가 영향은 중국 소비자들의 제품에 대한 관여도에 따라 다르다. 왜냐하면 제품에 대한 관여도에 따라 브랜드의 상대적인 중요성이 다르다. Maheswaran et al.(1992)은 관여도가 높은 복잡한 의사결정의 경우에는 제품의 품질, 가격 편의성 등에 의해 결정되는 가치자산이 브랜드 자산 가치보다 중요하지만, 관여도가 낮은 단순한 의사결정의 경우에는 브랜드 자산 가치가 가장 중요하다는 것을 밝혔다. Cobb-Walgren et al.(1995)은 브랜드명, 가격 그리고 3개의 내재적 속성은 모두 5개 속성의 중요도가 제품 관여도에 따라 어떻게 달라지는가를 조사하였다. 저관여 제품인 세제의 경우에 상표명의 중요도가 27%로 다른 속성들의 중요도에 비해 훨씬 높게 나타난 반면 고관여 제품인 호텔의 경우에는 브랜드명의 중요도는 16.2%로 세제의 경우보다 훨씬 낮은 수준으로 나타났다. 이러한 결과는 고관여 제품의 경우에 브랜드명은 구매의사결정을 위해 고려하는 여러 가지 속성들 중의 하나에 불과한 반면, 저관여 제품의 경우에는 브랜드명은 제품에 대한 빠른 평가를 가능하게 해 주는 후광효과가 작용한다(박찬욱, 2003). 기존 연구들은 브랜드, 제조지역, 기업명과 같은 여러 단서들 중 어느 것이 상대적으로 효과가 큰가를 기술적으로 분석하고 있다.

그러나 인지적 메커니즘을 이용한 연구에서는 저관여 상황에서 외재적 단서와 속성정보와의 일치(congruence) 여부에 관계없이 단지 외재적 단서로만 제품평가를 내리게 되는 휴리스틱(heuristic) 정보처리가 이루어진다. 그러나 고관여 상황에서의 소비자의 제품평가는 외재적 단서와 속성정보가 불일치(incongruent)할 때는 단지 속성정보에 의해 이루어지는 반면에 일치(congruent)할 때는 속성정보와 외재적 단서가 모두 이용된다. 고관여 상황에서의 이러한 결과가 나타나게 되는 메커니즘은 외재적 단서와 속성정보가 동시에 주어질 경우 소비자들은 일반적으로 외재적 단서만 먼저 평가하고, 이렇게 평가된 외재적 단서가 속성정보와 일치하지 않을 경우에는 속성정보에 대해서만 체계적인 정보처리를 하게 되는데 이때 외재적 단서의 효과는 감소하게 된다. 반면에 외재적 단서와 속성정보가 일치할 경우에는 독립적으로 제품평가에 각각 영향을 미치게 되면서, 부가적인 효과가 있다(Maheswaran, Mackie & Chaiken, 1992). 이와 같은 사전연구를 고찰해 볼 때, 관여가 브랜드의 상대적 중요성에 미치는 영향은 관여도가 높아질수록 내재적 속성의 상대적 중요성은 증가하고 브랜드의 상대적 중요성은 감소한다는 것을 알 수 있다.

가설 4-1: 중국 소비자들은 제품 관여도가 높을 경우, 브랜드 강도가 높은 제품에 대해서 제조지역에 따른 제품 평가 차이가 더 클 것이다.

가설 4-2: 중국 소비자들은 제품 관여도가 낮을 경우, 브랜드 강도가 높은 제품에 대해서 제조지역에 따른 제품 평가 차이가 더 적을 것이다.

Ⅲ. 연구방법

1. 실험대상과 실험설계

본 연구에서는 중국 소비자들의 브랜드에 대한 태도와 제품에 대한 관여도에 따른 지역효과를 검증하기 위해서 중국 남개대학교(南開大學) 경영학과 대학생들을 실험대상으로 하였다. 본 연구의 실험변수는 제조지역(상하이/광저우), 브랜드 강도(우위/열위), 제품에 대한 관여수준(고관여 제품/저관여 제품)의 2×2×2 집단 간 비교 디자인(between subjects design)을 적용하였다. 총 280명의 피험자를 8

가지 실험설계법으로 무작위 할당하여 진행하였는데, 무성의한 응답을 보인 설문지 16부를 분석에서 제외하고 총 264명의 자료를 가지고 분석하였다(<표 1> 참고).

〈표 1〉 실험설계

제품관여도		관여도가 높은 제품		관여도가 낮은 제품		합계
브랜드 강도		우위	열위	우위	열위	
제조지역	상하이	33	33	33	33	132
	광저우	33	33	33	33	132
합계		66	66	66	66	264

2. 실험물

본 실험에 앞서 모든 설문지 및 실험물의 번역과 제작은 현지 중국 마케팅전문가에 의해서 완성되었다. 그리고 제품, 브랜드 그리고 지역선정을 위해 현재 한국에서 언어연수를 받고 있는 중국 유학생 50명을 선정하여 사전조사를 실시하였다. 먼저 제품 선정에서는 관여수준에 따라 제품을 휴대폰, 자동차, 컴퓨터, 라면, 치약, 인터넷, 음료, 운동화, 청바지, 향수, 맥주, 과자 냅킨 등 13개 제품에 대해 Zacichkowsky(1985)의 PII(personal Involvement Inventory) 척도 중에서 중국 소비자들의 상황에 맞는 항목(중요, 관심, 필요, 기능으로 구매, 감각으로 구매)을 7점 척도를 사용하여 1차 사전조사를 실시하였다. 조사결과 모두 13개 제품 중에서 학생들 간의 제품에 대한 관여도가 많은 편차가 나타날 수 있는 휴대폰과 라면을 선정하였다(M휴대폰=4.51, M라면=3.74, n=43, t=3.493, p<0.01).

2차 조사에서는 브랜드를 선정하였다. 브랜드 선정은 1차 사전조사에서 선택한 휴대폰과 라면 중에서 먼저 중국 IMI(2004-2005)자료에 근거하여 시장점유율 차이가 있는 브랜드들을 선정하였다. 휴대폰에서는 노키야, 삼성, Podou(潑導), TCL 등을 선정하였고, 라면에서는 캉스프(康師傅), 신라면, 통이(統一), 화풍(華丰) 등을 선정한 후 중국 소비자들의 브랜드 강도를 나타내는 우위브랜드와 열위브랜드를 각각 2개 선정하였다. 브랜드의 우위와 열위는 브랜드에 대해서 브랜드에 대한 사전인지도(잘 알고 있다, 들어 본 적이 있다)와 브랜드에 대한 사전태도(매우 호감이 가는지, 부정적/긍정적으로 느껴지는지, 나쁘게/좋게 느껴지는지)를 5개 항목으로 7점 척도를 사용하여 측정하였다(Keller 1993). 휴대폰에서는 우위브랜드인 삼성과 열위브랜드인 TCL를 선정하였고($M_{삼성} = 5.15$, $M_{TCL} = 3.42$, $n = 43$, $t = 2.64$ $p<0.01$), 라면에서는 우위브랜드인 캉스프(康師傅)와 열위브랜드인 하풍(華丰)을 선정하였다($M_{캉스프} = 4.69$, $M_{화풍} = 3.62$, $n = 43$, $t = 3.47$, $p<0.01$).

3차 조사에서는 제조지역을 선정하였다. 제조지역 선정은 제조지역 간의 차이를 나타내는 지역이미지에 대한 측정항목(경제, 기술, 생활, 정치, 문화, 사화안정)을 7점 척도를 사용하여 측정하였다(김용준·이동진·박세환, 2006). 제조지역 선정은 중국의 두 지역인 상하이와 광저우를 선정하였다($M_{상하이} = 5.58$, $M_{광저우} = 4.71$, $n = 43$, $t = 4.35$, $p<0.01$).

3. 실험 변수 측정

제품평가에 대한 측정은 한충민(1998)이 사용했던 제품에 대한 평가('이 제품의 품질이 열등하다/매우 우수하다', '이 제품의 품질은 매우 신뢰할 수 없다/매우 신뢰할 수 있다', '절대 구입하지 않는다/꼭 구입할 것이다')의 세 가지 항목을 7점 척도로 측정하였다.

IV. 연구 결과

1. 측정의 신뢰도와 조작검증

본 실험연구에서는 지역정보가 제품평가에 영향을 미치는 효과를 검증하기 위해 집단 간의 차이 검증을 실시하였다. 이에 종속변수인 제품평가의 신뢰도를 검증하였다. 종속변수 측정 결과 전반적으로 높은 신뢰도를 보이고 있으며(<표 2>), 의도한 대로 실험처리 되었음을 확인하였다.

〈표 2〉 제품평가에 대한 신뢰도 검증 결과

지식수준	제품에 대한 평가	신뢰도(알파계수)
휴 대 폰	상하이 – 삼성	0.911
	상하이 – TCL	0.883
	광저우 – 삼성	0.879
	광저우 – TCL	0.846
라 면	상하이 – 캉스프(康师傅)	0.704
	상하이 – 화풍(华丰)	0.815
	광저우 – 캉스프(康师傅)	0.845
	광저우 – 화풍(华丰)	0.781

본 연구에서 독립변수의 조작적 검증은 사전조사를 통해서 이미 앞에서 논의한 것과 같이 조작하였다. 그리고 집단 간 차이 검증을 위해 동일한 조건의 피험자들을 실험하기 위해 남개대학교에 마케팅 수업을 수강하고 있는 대학생들을 피험자로 선정하였다. 그러나 본 연구는 제조지역에 대한 제품평가를 하기 때문에 학생들이 거주 지역(출생지역)의 인구통계적 변수에 대한 통제가 요구되었기 때문에 피험자들의 인구통계적 변수인 거주지에 대하여 사후검증을 실시하여 광동성에 거주하고 있는 학생 2명과 상하이에서 거주하고 있는 학생 1명을 제외하였다. 따라서 대부분 천진거주 학생들을 대상으로 각 집단에 무작위로 배치함으로 거주 지역 외생변수를 통제할 수 있었다. 그리고 통계적으로 거주지역변수가 집단 내의 차이에 영향을 미치는가 하는 것을 알아보기 위해 분산분석결과 거주지역이라는 변수가 집단 내에 영향을 미치지 않는 것으로 확인하였다($F = 1.04$ $p>0.1$). 따라서 거주지역이라는 변수가 집단 간의 분석에 영향을 미치지 않는 것으로서 거주지역변수는 통제되었다고 볼 수 있다.

2. 가설 검증

본 연구에서 중국 소비자들의 브랜드에 대한 태도와 제품에 대한 관여도에 따른 지역효과를 검증하기 위해서 제조지역, 브랜드 강도, 제품의 관여도 등의 변수들을 앞에서 언급한 것과 같이 조작하여 실험을 실시하였다. 실험결과를 SPSS12.0 프로그램을 사용하여 집단 간 분산분석을 실시한 결과 <표 3>과 <표 4>와 같이 나타났다.

<표 3> 제조지역×브랜드 강도×제품관여도 분산분석결과

효과(source)	자유도	평균제곱	F	유의확률
제조지역	1	25.31	23.43	0.00 ***
제품의 관여도	1	48.15	44.57	0.00 ***
브랜드 강도	1	40.77	37.74	0.00 ***
제조지역 * 제품의 관여도	1	10.74	9.94	0.00 ***
제조지역 * 브랜드 강도	1	0.72	0.66	0.42
브랜드 강도* 제품의 관여도	1	0.67	0.62	0.43
제조지역 * 브랜드 강도* 제품관여도	1	6.45	5.97	0.02 **
오차	256	1.08		

R 제곱 = .324(수정된 R 제곱 = .306)

*** p<0.01, ** p<0.05, * p<0.1

<표 3>에서 보는 것과 같이 지역(F = 23.43 p<0.01), 브랜드 강도 (F = 37.74 p<0.01), 관여도(F = 44.57 p<0.01) 모두 중국 소비자들의 제품평가에 영향을 미치는 것으로 나타났고, 제조지역, 브랜드 강도 그리고 제품관여도 간의 삼원 상호 작용 효과가 통계적으로 유의한 것으로 나타났다(F = 5.97 p<0.05). 즉 제품의 브랜드에 따른 제조지역효과는 제품의 관여도에 따라 차이가 존재함을 의미한다. 구체적인 가설 검증은 다음과 같다.

<표 4> 제조지역별 소비자들의 브랜드 제품 평가에 관한
실험집단별 평균 및 표준편차

구분	고관여 제품 (휴대폰)		저관여 제품 (라면)		제조지역별 제품평가
	우위브랜드 (삼성)	열위브랜드 (TCL)	우위브랜드 (캉스프)	열위브랜드 (화펑)	
상하이	5.00(1.08)	3.70(1.20)	5.04(0.98)	4.56(1.04)	4.57
광저우	3.56(1.17)	3.09(0.90)	5.02(1.05)	4.13(1.73)	3.95

가설 1 검증: 중국 소비자들은 특정지역에서 생산한 제품을 평가하는 데 있어서 제조지역에 따라 제품평가 차이가 있을 것이라는 <가설 1> 분산분석 결과 좋은 이미지 지역인 상하이에서 생산한 제품이 열위 이미지 지역 광저우에서 생산한 제품보다 중국 소비자들의 제품에 대한 평가가 더 호의적이고 평가에 있어 주 효과가 유의하게 나타났다(F(1, 256) = 23.43, p<0.01, <표 3> 참조). 상하이에서 생산한 제품(M = 4.57)이 광저우에서 생산한 제품(M = 3.95)보다 중국 소비자들은 더 호의적으로 평가하는 것으로 나타나 이 가설은 지지되었다(<표 4> 참조).

가설 2 검증: 중국 소비자들은 특정지역에서 생산한 제품을 평가하는 데 있어서 브랜드 강도가 높은 제품은 브랜드 강도가 낮은 제품보다 더 호의적인 제품평가를 할 것이라는 <가설 2> 분산분석 결과 브랜드 강도 높은 제품일수록 중국 소비자들은 더 호의적인 평가를 하는 브랜드 주 효과가 유의하게 나타났다(F(1, 256) = 37.74, p<0.01), <표 3> 참조). 중국 소비자들은 제품을 평가할 때 브랜드 강도가 높은 제품을 더 호의적으로 평가하는 것으로 나타나 이 가설이 지지되었다(<표 4> 참조).

가설 3 검증: 중국 소비자들은 특정지역에서 생산한 제품을 평가하는 데 있어 브랜드 강도가 높은 제품에 대한 소비자들의 제품 평가는 브랜드 강도가 낮은 제품보다 소비자들의 제조지역에 따른 제품평가 차이가 적을 것이라는 <가설 3>의 분산분석 결과 브랜드 강도와 제조지역효과 간의 상호 작용 효과가 통계적으로 유의하게 나타나지 않았다(F = (1, 256) = 0.66, p> 0.1). 이는 중국 소비자들은 특정지역에서 브랜드 강도에 따른 제조지역효과 간의 상호 작용 효과가 존재하지 않는 것으로 나타났다. 즉 중국 소비자들은 특정지역에서 생산한 제품을 평가하는 데 있어 브랜드 강도가 높은 제품에 대한 제조지역 정보가 제품평가에 영향을 미치지 않는 것으로 나타남으로써 가설 3이 지지되지 못하였다. 이는 제조지역효과와 브랜드 강도 간의 다른 변수의 작용으로 이들 간의 상호 작용 효과가 존재하지 않을 수도 있다. 이 결과는 기존의 연구들이 브랜드 강도와 지역효과의 상호 작용 효과를 보고하고 있는 것과는 상이한 결과이다. 그러나 <표 3>에서 나타난 것과 같이 제조지역, 관여도 그리고 브랜드 강도들 간의 삼원 상호 작용은 유의한 것으로 나타났다(F = 5.97 p<0.05). 이는 제조지역효과와 브랜드 강도 간의 상호 작용은 제품에 관여수준에 따라 다르게 나타날 수도 있다는 것을 알 수 있다.

가설 4-1 검증: 가설 4-1 검증에서 중국 소비자들은 고관여 제품을 평가하는 데 있어서 제품의 브랜드 강도가 높은 제품은 브랜드 강도가 낮은 제품보다 제조지역에 따른 제품 평가차이가 클 것이라는 <가설 4-1> 분석 결과 <표 5>와 같이 나타났다.

〈표 5〉 고관여 제품의 제조지역정보와 브랜드 강도 간의 분산분석결과

효과(source)	자유도	평균제곱	F	유의확률
제조지역	1	34.52	28.70	0.00 ***
브랜드 강도	1	25.93	21.56	0.00 ***
제조지역 * 브랜드 강도	1	5.73	4.76	0.03 **
오차	128	1.20		
유의수준 = .05를 사용하여 계산				
R 제곱 = .301(수정된 R 제곱 = .284)				

*** p<0.01, ** p<0.05, * p<0.1

<표 5>에서 보는 것과 같이 고관여 제품의 경우 제조지역효과와 브랜드 강도 간의 상호 작용은 유의한 것으로 나타났다($F = 4.76$ $p < 0.05$). 구체적인 분석결과는 <그림 1>과 같이 나타났다.

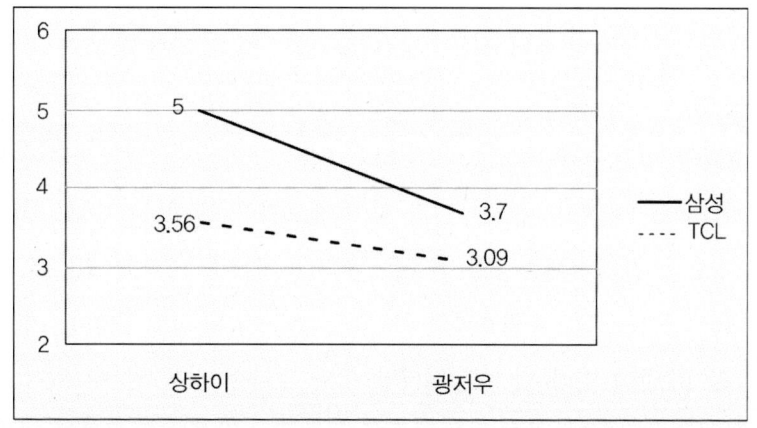

〈그림 1〉 고관여 제품의 제조지역정보와 브랜드 강도 간의 상호 작용 효과

<그림 1>에서 본 것같이 중국 소비자들이 고관여 제품인 휴대폰을 평가하고 구매할 때, 브랜드 강도가 높은 삼성제품이 상하이에서 생산되었느냐 아니면 광저우에서 생산되었느냐에 따른 중국 소비자들의 제품에 대한 평가 차이는 브랜드 강도가 낮은 TCL 제품이 상하이에서 생산되었느냐 아니면 광저우에서 생산되었느냐에 따른 제품 평가차이보다 크게 나타남으로써 브랜드 강도가 우위인 제품일수록 지역효과가 높아진다는 것을 알 수 있다. 즉 고관여 제품의 휴대폰인 경우, 브랜드 강도가 높을수록 제조지역효과가 크게 나타났다. 따라서 가설 4-1은 지지되었다.

가설 4-2 검증: 가설 4-2 검증에서는 중국 소비자들은 저관여 제품을 평가하는 데 있어서 제품의 브랜드 강도가 높은 제품에 대한

평가는 브랜드 강도가 낮은 제품보다 제조지역에 따른 제품평가 차이가 작을 것이라는 <가설 4-1>에 대해 분석한 결과 <표 6>과 같이 나타났다.

〈표 6〉 저관여 제품의 제조지역정보와 브랜드 강도 간의 분산분석결과

효과(source)	자유도	평균제곱	F	유의확률
제조지역	1	1.54	1.61	0.21
브랜드 강도	1	15.51	16.19	0.00**
브랜드 강도*제조지역	1	1.43	1.50	0.22
오차	128	0.96		

유의수준 = .05를 사용하여 계산
R 제곱 = .13(수정된 R 제곱 = .111)
*** p<0.01, ** p<0.05, * p<0.1

<표 6>에서 보는 것과 같이 저관여 제품의 경우 브랜드 강도와 제조지역 간의 상호 작용 효과는 유의하지 않은 것으로 나타났다($F = 1.50$ $p>0.1$). 구체적으로 제조지역과 브랜드 강도 간의 상호 작용 효과는 <그림 2>와 같이 나타났다.

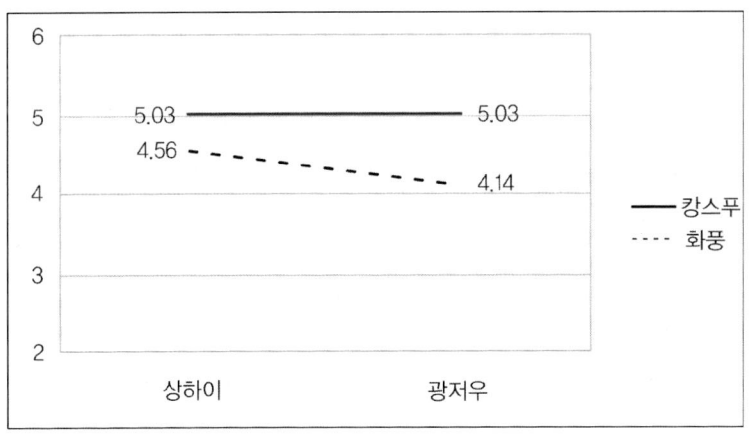

〈그림 2〉 저관여도 제품의 제조지역정보와 브랜드 강도 간의 상호 작용 효과

<그림 2>는 중국 소비자들이 저관여 제품인 라면을 평가할 때, 브랜드 강도가 우위인 캉스프(康師傅) 제품이 상하이에서 생산되었느냐 아니면 광저우에서 생산되었느냐에 대한 평가의 차이는 없고, 브랜드 강도가 열위인 화풍(華丰)과 같은 제품이 상하이에서 생산되었는지 아니면 광저우에서 생산되었는지에 대한 평가의 차이가 분명히 존재하는 것으로 나타났다. 따라서 중국 소비자들은 저관여성의 라면과 같은 제품을 평가할 때, 브랜드 강도가 우위인 제품은 제조지역정보가 제품평가에 영향을 미치지 않는다는 것을 알 수 있었다. 즉 저관여 제품의 경우 브랜드 강도가 우위인 제품은 제조지역정보가 제품평가에 직접적인 영향을 미치지 않고, 열위브랜드 제품을 평가할 때만 제조지역정보가 제품평가에 영향을 미치는 것으로 나타남으로써, 브랜드 강도가 높을수록 제조지역효과가 낮게 나타난다는 가설 4-2의 가설은 지지되지 못하였지만, 방향성은 존재하는 것으로 나타났다. 이는 중국 소비자들이 저관여 제품을 평가하는 데 있어서 브랜드 강도가 우위인 제품은 제조지역정보를 이용하지 않고 브랜드 강도에 의해서 제품평가를 하고 있다는 추측을 강하게 남긴다. 특히 가설 4-2에 대해서는 이후로 좀 더 많은 저관여 제품군과 다양한 중국 생산지역에 대한 실증연구가 필요하다.

　이상의 결론을 종합하면 다음과 같다. 첫째, 중국 소비자들은 특정 지역에서 생산한 제품을 평가할 때, 좋은 지역에서 생산한 제품은 열위지역에서 생산한 제품보다 더 호의적으로 평가하는 가설 1이 지지되었다$((F(1, 256) = 23.43, p<0.01)$. 이는 똑같은 제품이라도 상하이에서 생산한 제품$(M = 4.57)$이 광저우에서 생산한 제품$(M = 3.95)$보다 중국 소비자들은 더 호의적인 평가를 하는 것을 알 수 있다.

둘째, 중국 소비자들은 브랜드 강도가 높은 제품은 브랜드 강도가 낮은 제품보다 더 호의적인 평가를 할 것이라는 브랜드 주 효과가 유의하게 나타났다($F_{(1, 256)} = 37.74$, $p<0.01$). 이는 중국 소비자들은 제품을 평가할 때 브랜드 강도가 높은 제품을 더 호의적으로 평가하는 것을 알 수 있다.

셋째, 제조지역효과와 브랜드 강도 간의 관계를 설명함에 있어서 제조지역정보와 브랜드정보가 동시에 제시되었을 때, 브랜드 강도에 따른 제조지역효과 간의 상효작용 효과가 있다는 <가설 3>은 지지되지 않았다. 제조지역효과와 브랜드 강도 간의 다른 변수의 작용으로 이들 간의 상호 작용 효과가 존재하지 않을 수도 있다. 이 결과는 기존의 연구들이 브랜드 강도와 지역효과의 상호 작용 효과를 보고하고 있는 것과는 상의한 결과이다. 그러나 제조지역, 관여도 그리고 브랜드 강도들 간의 삼원 상호 작용은 유의한 것으로 나타났다($F = 5.97$ $p< 0.05$). 제조지역효과와 브랜드 강도 간의 상호 작용은 제품에 관여수준에 따라 다르게 나타날 수도 있다는 것을 알 수 있다.

넷째, 가설 4-1인 고관여 제품을 평가하는 데 있어서 제품의 브랜드 강도가 높은 제품은 브랜드 강도가 낮은 제품보다 제조지역에 따른 제품 평가차이가 클 것이라는 고관여 상황에서 제조지역효과와 브랜드 강도 간의 상호 작용 효과가 있는 것으로 나타났다($F = 4.76$, $p<0.05$). 이는 중국 소비자들이 제품을 평가할 때, 휴대폰과 같은 고관여 제품의 경우, 브랜드 강도가 우위인 삼성과 같은 제품은 제조지역에 따라 소비자들의 제품평가차이가 큰 것을 알 수 있다. 이에 비해 브랜드 강도가 열위인 TCL과 같은 제품은 제조지역에 따라 소비자들의 제품평가차이가 적게 나타났다. 이는 고관여 제품의 경우

에는 제품의 브랜드 강도가 높을수록 제조지역정보를 더 많이 활용하는 것을 알 수 있다.

그리고 가설 4-2인 저관여 상황에서 제조지역과 브랜드 강도 간의 상호 작용검증에서는 제조지역과 브랜드 강도 간의 상호 작용은 유의하지 않게 나타났다(F = 1.50, p>0.1). 이는 라면과 같은 저관여 제품의 경우, 중국 소비자들은 제품의 제조지역정보보다 브랜드 강도에 따라 제품을 평가한다는 것을 알 수 있다. 즉 중국 소비자들은 캉스프와 같은 브랜드 강도가 우위인 제품을 평가하고 구매할 때, 제조지역정보를 활용하지 않는다는 것을 알 수 있었다.

V. 결론 및 연구의 한계점

1. 연구 결과의 요약 및 시사점

본 연구의 주요 결과 및 의미는 다음과 같다. 첫째, 본 연구에서는 제조지역정보가 제품평가에 영향을 미치는 제조지역효과를 국가 차원이 아닌 지역 차원에서 지역효과를 밝힘으로 그 의미를 확보할 수 있다. 또한 본 연구가 지역효과를 지역 차원에서 연구한 것은 중국과 같은 다민족, 광대한 국가시장을 하나의 시장이 아니라는 주장을 실증적으로 분석함으로써 그 의미를 확보할 수 있다. 특히 최근 들어 기업들은 비용절감을 위하여 이중국적 제품(binational product) 혹은 다국적 제품(hybrid/multinational product)을 생산하게 됨에 따라 지역효과를 국가 차원과 지역 차원으로 분류하여 연구하는 것이 더 중요한 의미가 있다.

둘째, 중국 시장에서의 지역효과(Regional Effect in China)는 중국 소비자들의 브랜드 태도인 브랜드 강도에 따라 그 효과는 다르게 나타날 수 있다는 것을 밝혔다. 이는 기존 연구자인 김용준·이동진·박세환(2006) 등의 연구가 주로 고관여 제품인 컴퓨터만 이용하여 중국 시장에서의 지역효과를 밝혀내는 데 반해, 본 연구에서는 고관여 제품과 저관여 제품을 동시에 이용하여 지역효과를 밝혔고, 특히 지역효과는 브랜드 강도에 따라 상쇄될 수 있다는 것을 밝히려 하였지만 통계적으로 유의하게 나타나지 못하였다.

셋째, 본 연구에서는 제조지역정보와 브랜드정보가 동시에 존재하는 상황에서 중국 소비자들이 제품을 평가하는 인지적 메커니즘을 통해서 밝혔다. 또한 이전 연구들은 대부분 선진국 소비자들을 대상으로 연구한 데 반해, 본 연구에서는 중국 소비자들을 대상으로 중국 소비자들의 제품을 평가하는 인지적 메커니즘을 밝혔다. 그리고 Maheswaran et al.(1992)이 관여도가 높은 복잡한 의사결정의 경우에는 제품의 품질, 가격, 편의성 등에 의해 결정되는 가치자산이 브랜드 자산 가치보다 더 중요한 것을 밝힌 데 반해, 본 연구에서는 제조지역정보에 의해 결정되는 자산 가치는 브랜드 자산 가치보다 더 중요하다는 것을 밝혔다.

넷째, 중국처럼 국토가 광활하고 각 지역 간 차이가 두드러진 국가에서는 지역별특성이 존재하기 때문에 이를 고려한 마케팅활동이 이루어져야 한다는 관리적 시사점을 제시할 수 있다. 이와 같은 관점을 대부분의 기존 연구에서 중국 시장을 하나로 보고 접근하였으나 이제는 중국 지역별 특성을 감한 연구로 확장해야 한다는 것을 알 수 있다.

마지막으로 본 연구를 통해서 얻고자 하는 것은 지금까지 한국 기업들은 물론 다국적 기업들이 중국 내 생산기지를 선정함에 있어서 주로 중국 시장의 진입비용과 물류비용 등을 주요 고려사항으로 하여 제조공장입지를 선정해 왔으나 중국 시장 진출의 목적이 중국 내수시장 공략을 목표로 하는 한국 기업들과 다국적 기업들에 있어서 중국 지역별 소비자들의 특성이 무엇인지를 잘 파악하고 이해하고 중국 소비자들의 지역적인 특성 등을 고려해서 입지선정을 한다면 기업의 부가가치 및 성과를 높일 수 있을 것이라는 마케팅 관리적 시사점을 제시하고자 한다.

2. 연구의 한계 및 향후 연구방향

본 연구에서는 제조지역효과를 국가 차원이 아닌 지역 차원에서 규명함에 있어서 지역효과는 소비자들이 제품을 평가하고 구매하는 정보처리과정에서 제조지역정보가 제품평가에 직·간접적으로 영향을 미치는 것을 실험연구를 통해서 규명하였다. 제조지역효과는 일반적인 법칙이 아닌 소비자들의 브랜드 태도인 브랜드 강도에 따라 다르게 나타나는 것을 입증하였지만 유의하게 나타나지 못하였다. 왜냐하면 중국 소비자들에 브랜드 강도에 따른 제조지역효과는 중국 소비자들의 제품에 대한 관여도에 따라 다를 수 있기 때문이다. 제조지역효과를 국가 차원이 아닌 지역 차원에서 규명함에 있어서 아직은 초기단계이기 때문에 이론적 배경으로 별도의 독립적 이론들이 포함되지 못한 상황에서 국제마케팅 분야의 원산지효과의 문헌과 이론적 배경에 의존하여 연구가 진행되었다. 이는 지역효과 개념을 규명하는 데 있어서 중국 시장에서만 나타나는 현상으로 지역효과를 규명하는 것이 본 연구의 한계점이다. 따라서 향후 지역효과연구를 위한 마케팅 이론적인 배경을 더 많이 확보하여 중국 외 다른 나라, 즉 러시아, 유럽 등 지역으로 확대하여 연구할 필요가 판단된다. 그리고 본 연구에서는 제조지역정보와 브랜드정보가 동시에 존재하는 경우에 소비자들의 제품에 관여도 수준에서만 설명하였다. 따라서 향후 정보통합이론, 범주차별화 등과 같은 이론들을 사용하여 다중 외재적 단서에 대한 구체적 인지과정에 대한 연구가 요구된다. 연구 방법론에서 제품에 대한 관여도를 제품으로 통제하였지만 피실험자들에게 제품에 대한 관여도수준을 통제할 수 있는 관련 정보를 충분히 제공하지 못한 상태에서 연구가 진행되었다는 점이 한계점으로 지적될 수 있다. 따라서 보다 합리적인 연구를 위해 인구통계적인 변수와 기타 소비자특성 변수를 통제할 수 있는 집단 내 실험법(within subject design)을 활용한 연구들을 미래연구과제로 제안한다.

참고문헌

<국내문헌>

김용준 · 김화(2000), "중국 소비자의 가치관 라이프스타일에 관한연구", 『국제경영학연구』, 제11권 1호, 1-31.

김용준 · 김주원 · 문철주(2007), "중국 지역별 소비자의 국가이미지와 지역이미지가 제품평가에 미치는 영향에 관한 실증연구", 『국제경영학연구』, 제18권 제2호 41-69.

김용준 · 권지은 · 박주희 · 이준환(2007), "중국 소비자 라이프스타일에 관한 실증연구: −북경, 상해, 광주 소비자 비교를 중심으로……", 『마케팅연구』 6월, 21-47.

김주호 · 가영현(2005), "소비자의 개인적 특성이 브랜드 구매의사결정에 미치는 영향 연구− 중국 20-30대 화장품 소비자라이프스타일 연구를 중심으로−", 『마케팅과학연구』, 제15집 제3호, 1-30.

고은주 · 송윤아(2004), "국내의류브랜드의 중국 진출 현황 및 마케팅전략 제안", 『한국의상학회지』, Vol.28. 212-223.

박종한(2002), "중국어 브랜드 네이밍 연구− 중국에 진출한 외국기업의 사례를 중심으로……", 『중국언어연구』, 제15권, 413-435.

박찬욱 · 문병준(2000), "관여도와 제품지식의 상관관계에 관한 연구: 제품유형과 제품지식측정방법의 조정적 역할을 중심으로", 『소비자학연구』, 제11권 제1호, 75-98.

박찬욱, 문병준(2003), "구매의사결정에 있어서 내재적 속성과 상표의 상대적 중요성에 영향을 미치는 소비자요인에 관한 연구: 관여와 제품지식을 중심으로", 『소비자학연구』, 제14권, 3호, 67-83.

백권호 · 안종석(2004), "중국의 지역 간 문화차이에 관한 실증연구",

『중국학연구』 제27집, 325-351.

전선규·이정수(2005), "중국 시장에서 상표의 문화적 포지셔닝전략 효과", 『한국마케팅저널』, 제7권, 제3호, 29-51.

정형식(2006), "중국 시장에서 소비자의 한류지각이 한국 상품 구매 및 국가 이미지에 미치는 영향", 『소비자학연구』, 제17권, 제3호, 79-101.

안종석(2005), "다차원적 속성의 국가이미지가 제품평가 및 브랜드 태도에 미치는 영향: 중국소비자를 중심으로", 『국제경영학연구』, 16(2), 63-90.

안종석·이동진(2007), "중국 시장에서 국가이미지 효과의 지역별 차이에 관한 연구"『국제경영학연구』, 제18권 제4호, 99-130.

유소이·박소진, 동쉬에페이(2007), "하이테크 제품에 대한 소비자 구매의도의 영향요인 연구: 한국과 중국 비교분석", 『산업경제연구』 제20권 제2호, 839-859.

홍준형·김용준(2006), "중국 도시민의 문화적 기억과 소비문화의 지역성: -北京, 上海, 广州를 중심으로-", 『중국학연구』, 제36집, 437-463.

<외국문헌>

楊東平, 『城市季風-北京和上海的文化精神』, 上海: 東方出版社, 1994.

金鎌准, 李東進, 朴世桓(2006), "原産國效應与原産地效應的實証研究-中韓比較", 『南開管理評論』, 第二期, 44-51.

Batra, R., V. Ramaswamy, D. L. Alden J-B E. M. Steenkamp and S. Ramachander(2000), "Effects of brand local and nonlocal origin on consumer attitudes in developing countries", *Journal of Consumer Psychology,* 9(2), 83-95.

Cobb-Walgren, Cathy J., Cynthia A. Ruble and Naveen Douthu(1995), "Barnd Equity, Brand Preference and Purchase Intent", *Journal of Advertising*, 24(3), 25-40.

Cui Geng & Liu Qiming(2001), "Emerging Market Segments in Transitional Economy: A Study of Urban Consumers in China",

Journal of International Marketing, 9(1), 84-106.

Gerald Yong Gao, Yigang Pan, David K. Tes, and Chi Kin(Bennett) Yim(2006), "Market Share Performance of Foreign and Domestic Brands in China" *Journal of International Marketing* Vol.14, No.2, 32-51.

Han, C. M. & Terpstra, V.(1988), "Country of origin effects for uninational and binational products", *Journal of International Business Studies*, Summer, 235~255.

Han, C. M.(1989), "Country image: halo or summary construct?" *Journal of Marketing Research*, Vol.26, May, 222~229.

Hamin & Greg, E.(2006), "A Less-Developed Country Perspective of Consumer Ethnocentrism and 'Country-of-Origin' Effect: Indonesian Evidence", *Asia Pacific Journal of Marketing and Logistics*, Vol.18(2), 79-92.

Jean-Claude Usunier, Janet Shaner(2002), "Using Linguistics for Ceating Better International Brand Names", *Journal of Marketing Communications* 8, 211-228.

Johansson, Johny K., S. P. Douglas, and I. Nonaka(1985), "Assesssing the Impact of Country of Origin on Product Evaluations: A New Methodological Perspective", *Journal of Marketing Research*, 22, 388-396.

Johansson, Johny K., Ilkka A. Ronkainen and Michael R. Czinkota (1993), "Negative Country-of-Origin Effects: The Case of The New Russia", *Journal of International Business Studies*, 1, 157-176.

Keller, K. L.(1993), "Conceptualizing Measuring and Managing Customer-Based Brand Equity", *Journal of Marketing*, 57(January), 1-22.

Keller, K. L.(2003), "Brand Synthesis: The Multidimensionality of Brand Knowledge", *Journal of Consumer Research*, 595-600.

Klein, J. G., Ettenson, R. & Morris, M.(1998), "The Animosity Model of Foreign Product Purchase: An Empirical Test of in the People's Republic of China", *Journal of Marketing*, 52(1), 89~100.

Li, D. & Gallup, A(1995), "In Search of the Chinese Consumer", *The China Business Review*, September-October, 19-22.

Maheswarn, D., Diane M. Mackie & Shelly Chaiken(1992), "Brand Name as a Heuristic Cus: The Effects of Task Importance and Expectancy Confirmation on Consumer Judgments", *Journal of Consumer Psychology,* 1(4), 317-336.

Maheswaran, D.(1994), "Country of origin as a stereotype: Effects of consumer expertise and attribute strength on product evaluations", *Journal of Consumer Research*, 21(2), 354-365.

Nader T. Tvassoli(1999), "Temporal and Associative Memory in Chinese and English", *Journal of Consumer Research,* Vol.15, 18-35.

Ran Wei(1997), "Emerging Lifestyle in China and consequence for Perceptions", *International Journal of Advertising* 6(4), 261-275.

Schmitt, Bernd(1997), "Who is the Chinese Consumer? Segmentation in the Peoples Republic of China", *European Management Journal*, 15(2), 191-194.

Shi Zhang & Bend H. Schmitt(2002), "Creating Local Brand in Multi-lingual International Markets", *Journal of Marketing Research*, August, 313-325.

Swanson. L. A.(1989), "Market segmentation in the People's Republic of China", *Journal of Segmentation in Marketing.* 2(2). 99-116.

Wang, C. L. & Chen, Z. X.(2000), "The Influence of Hedonic Values on Consumer Behaviors: An Empirical Investigation in China", *Journal of Global Marketing*, Vol.14(1/2), 169-186.

Wei, Ran(1997), "Emerging Lifestyles in China and Consequences for Perception of Advertising, Buying Behavior and Consumption Preferences", *International Journal of Advertising*, 16(4), 261-275.

Yagci, M. L.(2001), "Evaluating the Effect of Country-of-Origin and

Consumer Ethnocentrism: A Case of A Transplant Product", *Journal of International Consumer Marketing,* Vol.13, No.3, 63-85.

Zaichkowsky, J. L.(1985). "Measuring the Involvement Construct", *Journal of Consumer Research,* 12, 3, 341~352.

Zhang Yong(1996), "Chinese consumer evaluation of foreign products: the influence of culture, product types and product presentation format" *European Journal of Marketing,* 13, 30(12), 50-68.

Zhou, Lianxi & M. K. Hui(2003), "Symbolic value of foreign products in the People's Republic of China", *Journal of International Marketing,* 11(2), 36-58.

제2부

중국의 현대기업과 산업

1

중국 기업문화 특성과 베스트 프랙티스

- 情 · 理 · 法 패러다임을 중심으로 -

백권호 · 안종석

Ⅰ. 들어가는 말

중국의 정책기조가 바뀌고 있다. 안정적 고성장을 전제로 분배의 형평성을 강조하고 자주적 혁신역량 강화를 전제로 한 산업구조의 고도화를 적극 추진하며, 에너지 절약과 친환경적 지속가능 발전을 추구하고 있다. 뿐만 아니라 개혁개방 이후 25년간 외자유치 정책 위주이던 대외개방 전략은 중국 경제와 기업의 국제화 전략(走出去)과 맞물리면서 세계 경제 속에서 중국 경제의 역할과 비중을 높이는 보다 능동적인 세계화 전략으로 전환되고 있다. 이와 같은 중국의 정책기조 변화는 중국의 전반적인 사업 환경의 변화를 가져오고 있으며 이에 대응한 외자기업들의 대중국 진출 전략도 종전과 같은 저비용 생산기지 구축은 퇴색하고 중국 시장 개척을 목표로 한 방향으로 집중되고 있다.

이러한 사업 환경 변화는 중국 진출 외자기업들이 경영 현지화를 더욱 강도 높게 추진하도록 유도하고 있다. 안종석 · 백권호(2005)와 백권호 · 장수현(2009)은 중국 진출 한국계 외자기업의 경영 현지화에 관한 연구에서 전략적 현지화보다는 관리적 현지화가 현지 진출 기업의 경영 성과에 더 유의적인 영향을 미치고 있는 것을 확인하고, 이를 바탕으로 정종호(2003) 연구에 근거하여 情 · 理 · 法적 접근을 통한 경영관리 현지화 방안을 탐색하였다. 현대 중국 사회에는 전통적인 사적 인간관계 영역, 개혁개방 이후 급속히 확산된 시장 메커니즘 중심의 경제적 교환관계 영역 그리고 정치체제로서 사회주의의 가치 및 정치규범 영역 등이 존재하는데, 이들 영역은 情 · 理 · 法 이라는 각각 서로 다른 교환 메커니즘이 작동하고 있다는 것이다. 그리고 기업경영관리에서도 각각 情 · 理 · 法이 작동하는 관리 영역이 존재함을 임장조사 결과분석을 통하여 밝혔다. 이어서 안종석 · 김윤태(2008)는 중국에 진출한 한국계 외자기업 소속 중국인 직원들을 대상으로 설문조사를 실시한 결과를 기초로 중국 내 기업경영 관리활동 영역 내에 情 · 理 · 法이 작동하는 각각의 영역들이 존재함을 실증분석을 통해 밝혔다.

백권호 · 장수현(2009)은 사회적 교환관계 영역에서 情 · 理 · 法 이 어떻게 작동하는가를 밝히고 이를 바탕으로 중국 내 기업조직에서 情 · 理 · 法이 작동하는 메커니즘을 밝히려는 시도를 하였다. 예컨대 일반적으로 '꽌시'는 사적 인간관계 영역에서 작동하는 교환 메커니즘으로 이해되고 있지만 이러한 시각은 '꽌시'가 중국적 신뢰 구축 메커니즘이라는 점을 간과한 데서 비롯된 오류라고 주장하면서, '꽌시'는 특성상 사회 환경의 변화나 상황 변화에 따라서 다양하게 진화하고 있음을 입증하는 시도를 하고 있다.

본 연구는 情·理·法이 사회적 교환 영역에서 기업조직 내부의 교환 영역으로 확장하여 기업조직에서 문화적으로 어떻게 재해석할 수 있으며 특히 외국인투자기업의 경우 경영관리 현지화 차원에서 구체적으로 어떠한 해답을 얻을 수 있는지를 규명하는 데 초점을 맞추고자 한다. Ⅱ장에서는 중국식 기업문화의 특성을 情·理·法을 중심으로 재정리하고 Ⅲ장에서는 외자기업의 경영 현지화를 위한 베스트 프랙티스를 제안하고자 한다.

Ⅱ. 중국식 기업문화의 특성

1. 중국 기업문화에 대한 情·理·法적 접근

문화심리학적 접근에서는 각 민족의 독특한 문화가 개인의 가치에 반영되며, 이러한 가치는 개인의 행동에 영향을 미침으로써 이 문화 민족 간 협동에 변수로 작용한다고 가정한다. 개인 가치로 특정 민족의 문화적 특성을 측정하는 연구는 이미 많이 이루어져 왔다(Earley et al., 2006; Triandis, 2003; Erez & Earley, 1993; Hofstede, 1984). 정리하면 다음과 같다. 첫째, 특정 민족 문화는 그 사회에 속한 개인의 가치관에 반영된다, 둘째, 개인의 가치관은 태도와 행동에 영향을 미친다, 셋째, 문화적 차이로 인한 갈등은 집단 내 개인 간 가치관 차이 또는 개인의 가치관과 조직 환경과의 차이에서 비롯된다. 이러한 연구들은 문화를 과학적 방법론을 이용하여 문화의 실제를 측정하고 이를 기초로 문화적 가치가 조직행위와 조직 내 개인행위에 미치는 영향력을 찾는 데 공헌을 했다. 중요한 문제는 무엇을 어떻게 측정하는가 하는 것이다. 가장 많이 활용된 대표적 개념 및 측정도구가 집단주의와 개인주의 척도이다. 이 척도가 가장 많이 사용되고 검증된 척도이긴 하지만 문화적으로 유사한 집단 예컨대 중국인과 한국인, 일본인을 비교하고, 그에 기초하여 행동을 예측할 경우에도 과연 충분한 설명력이 있을지는 의문이다.

본 연구에서는 새로운 측정도구를 개발하는 데 착안하였다. 정·리·법적 사회문화 패러다임이 그것이다. 情·理·法이 작동하는 사회적 활동 영역들이 조직 내부로 들어오면 어떠한 양상으로 나타나는가? 情·理·法을 통한 문화 심리적 접근은 새로운 연구시도로 최근에 국내학자들을 중심으로 집중적으로 이루어졌다(Yang, 1994; 정종호, 2003; 안종석·김윤태, 2008; 백권호·장수현, 2009). 특히 정종호는 북경시 랑팡에 소재한 한국계 외자기업 H사에서 2001년 여름 한 달간 임장조사를 실시한 결과를 기초로 기업조직 내부에서 중국의 전통적 법학사상 체계에서 비롯된 情·理·法이 작동하는 기업 활동 관련 영역이 존재함을 확인하고 이를 문화인류학적 접근으로 재구성하였다. Yang(1994)의 연구를 확정시킨 이 연구에 따르면 '정'은 조직 내에서 비공식적 조직 활동이나 사적인 인간관계로 나타나는 개인적 사적 행위의 영역을 대표하며, '리'의 영역은 업무의 효율성과 관련된 조직 본연의 주요 가치창출 활동업무 영역을 대표한다. 그리고 '법'은 조직의 사회보장제도와 사회적 책임 및 통합 등 중국의 정치체제와 관련된 민감한 대내외 환경활동 영역 그리고 친환경 경영, 윤리경영 등과 같은 지속경영 관련 영역이다. 한편 안종석·김윤태(2008)는 정종호(2003) 연구에 근거하여 중국 진출 한국계 외자기업에 근무하는 중국인 직공들을 대상으로 한 설문조사 결과를 기초로 기업조직 활동영역 내에서 실제로 情·理·法이 작동하는 영역이 존재함을 실증분석을 통하여 밝혔다.

'정'의 영역은 비공식 조직 활동을 중심으로 개인 간 소통을 원활히 하기 위한 '꽌시' 네트워크를 구축하는 활동영역이다. '꽌시' 네트워크를 통하여 신뢰관계를 구축하도록 함으로써 경영목표의 효과적 달성과 경영관리 활동의 효율성과 창의성도 극대화시킬 수 있는 결속과 몰입을 유도하는 것이 궁극적인 목표이다. '리'의 영역은 경영활동의 효율성을 극대화하기 위한 가치창출 활동 영역으로 철저하게 경제논리와 효율성의 논리(소위 按勞分配)가 지배되는 영역이다. 나만 '정'의 활동영역이 '리'의 활동영역의 지배원리를 적극 지지하고 지원할 수 있도록 시너지가 창출될 수 있는 상호 작용이 이루어져야 한다. 마지막으로 '법'의 영역은 기업조직의 규정이나 제도와 관련된 영역이며 또한 대사회 관계에 관련된 활동영역이다. 최근 '법치'가 강조되면서 내부적으로는 중국 정부가 요구하는 제 사회보장보험 관련 제도를 준수하고 노조설립을 비롯한 상생적 노사관계 구축의 사회적 압력이 커지고 있다. 대사회적으로는 환경오염 방지와 위생, 안전 등의 소비자 보호 관련 제 규정을 준수하고 희망공정 참여와 재난복구 참여 등의 사회봉사활동 참여 등과 같은 사회적 공헌과 책임에 대한 사회적 요구도 강화되고 있다. 이러한 법의 영역과 관련된 정책, 법규 준수 압력이 '和諧社會'가 시작된 2006년부터 더욱 강화되고 있다.

기업조직의 사회적 존립 당위성은 '리'를 대표하는 사회적 기관이라는 데 있다. 기업조직이란 본질적으로 경제적 자원의 점유와 사용 및 배분을 둘러싼 사회적 교환에서 시장의 지배원리인 효율성과 창의성의 원리에 입각하여 작동하도록 설계되고 또 지속적으로 진화되어 온 역사적 기관이자 산물이다. 따라서 기업조직 내에서 情·理·法 시스템이 작동하는 본질은 결국 '理'의 문제를 어떻게 해결하는가 하는 것이다. 제한된 합리성이라는 근본적인 제약을 갖는 '리'의 활동영역을 대표하는 기업조직에 대하여 서방은 이러한 제한된 합리성을 통제하는 방식으로 개인주의와 이성주의를 바탕으로 무차별적인 합법적 합리성에 기초하여 보편주의적 조직구조와 조직행위를 중심으로 개인들의 기회주의적 성향을 통제하는 방식의 관리 노하우를 발전시켜 나갔다. 즉 조직 구성원 개인 차원의 가치와 태도, 성격과 능력, 동기부여, 학습행위 등을 기초로 하고 집단행위, 의사소통, 조직화, 의사결정, 리더십 등을 매개로 하여 법제화, 공식화한 조직수준의 설계와 행위를 중심으로 조직효율을 극대화하도록 시너지를 창출할 수 있는 현대적 기업조직관리 체제를 구축하였다. 철저하게 '법'과 '리' 중심의 조직구조와 조직설계가 가능한 것은 개인적, 사적인 인간관계와 정리가 아닌 개인주의와 이성주의에 바탕을 두고 있기 때문이다.[1]

이와 비교하여 중국식 기업조직관리의 최종 목표는 '시중(時中)'

---

1) 동기부여 차원에서 情이 다루어지고 있기는 하지만 어디까지나 개인적 동기와 역량을 조직 차원으로 끌어올려 조직성과를 극대화하기 위한 조직 행위적 관점에서 접근하는 것이지 '合情合理' 차원의 접근이 아니다.

을 추구하는 것이다. '시중'이란 시시 때때로 변화하는 상황 모두에서 합리적인 것을 의미하는 것으로 시간이 지남에 따라서 합리성 여부도 따라서 변해야 함을 시사한다(정스챵, 2005). 여기서 환경 불확실성에 따른 '리'의 가변성과 이에 따른 응변으로서 중국식 관리의 특색인 '임기응변(權變)'이 나타난다. 문제는 무엇에 근거한 합리성인가 하는 것이며 권변의 정당성이 무엇인가 하는 것이다. 이 경우는 '합정'인가 '합법'인가의 문제이며, 중국적 합리성의 기초는 곧 '합정'이다. 중국에서는 흔히 情理(合情合理)가 독립적으로 쓰이기보다는 항상 같이 붙어 다닌다. 즉 합정에 근거한 합리라는 뜻이다. 이것은 기업조직의 관리가 앞서 본 바와 같이 사적인 인간관계를 중시하는 것으로 인간 개개인의 관계에 기초한 관리를 의미한다. 따라서 환경 불확실성에 대응하여 '리'를 중심으로 '權變'하는 과정에서 조직 내부에서도 신뢰의 문제가 발생하게 되는데 이에 대한 접근방법이 조직 차원의 공적인 신뢰 구축보다 사적이고 개인적인 인간관계에 의존하는 신뢰관계에 기초하는 것이 중국식 기업조직관리의 특징이다.

따라서 기업의 경영관리층은 '정'에서 출발해야 하는데 무엇보다도 조직 구성원들의 체면을 충분히 고려하는 리더십을 발휘해야 한다. 그리고 이러한 '정'에 의한 관리는 조직 구성원들과의 원활하고 허심탄회한 소통이 기반이 되어야 한다. 소통과 체면이 중국식 '정'에 의한 관리의 핵심어이다. 이렇게 '정'을 기반으로 리더십을 발휘할 때 이것이 관리자와 피관리자의 교량 기능을 하게 되어 서로 의사소통하는 데 도움이 되고 조화로운 분위기 조성을 증진시킨다. 결국 '정'의 기반이 '리'를 논의하는 하부구조가 됨을 의미한다.[2]

이러한 관점에서 중국식 경영관리 혹은 조직관리의 특징은 조직구조와 조직행위 중심의 관리가 아니라, 사람관리이고, 제도신뢰가 아닌 지인신뢰(熟人信任)에 기초하며, 조직의 이익이 아닌 개인의 이익을 우선하고, 조직효율보다는 개인효율을 중시하며, 조직의 지속성장보다 개인의 지속성장을 강조하고, 조직가치관보다 개인의 가치관을 중시하는 형태로 나타난다(순징화, 2006). 다시 말해서 중국식 기업조직은 조직 구성원 개개인의 행위를 통합 조정하는 조직구조와 조직행위에 기초한 리더십으로 운영되고 관리되는 것이 아니라 사적 신뢰관계를 중심으로 개인적 인맥에 의존하는 리더십에 의하여 관리되고 통제되는 특성을 가지고 있다.

2. 중국식 기업문화의 특성

이렇듯 情·理·法 패러다임의 관점에서 보면 중국식 기업문화는 사람관리 - 지인신뢰 - 개인이익 중시 - 개인효율 중시의 특성을 가진다. 이러한 기업문화는 환경과 고객을 중심으로 고려하는 외부지향형 문화라기보다는 내부적 관리와 관계를 중시하는 내부지향형 문화에 속한다. '꽌시'를 중심으로 하는 사회적 교환관계와 신뢰관계구축의 전통은 환경 불확실성에 대한 기업조직 차원의 대응도 조직 차원의 신뢰보다 개인 차원의 신뢰를 중심으로 이루어지는 체제가 형성되는 데 일조하였다. 뿐만 아니라 사회주의 계획경제 체제의 전통과 특성도 환경변화보다는 내부관계를 더 중시하게 함으로써 내부지향적 문화 형성을 촉진하는 계기를 제공하였다.

---

2) 백권호, 『전게서』, 549쪽.

결국 情·理·法 패러다임에 기초하여 중국의 사회주의 전통적 조직관리 문화를 보면 '리'의 충돌이나 갈등을 둘러싸고 情·理·法 사이의 균형 추구를 통하여 중용지도를 택하는 것을 가장 효율적 관리방식으로 간주한다(순징화, 2006). 실제 관리 행위에서는 균형과 타협으로 나타난다. 정이란 그것을 이용하여 '리'를 논하려는 것으로 비로소 정에 기초하여 '리'에 접근할(由情入理) 수 있게 되며, 법도 그것을 이용하여 '리'를 논하려는 것으로 비로소 합리합법의 정신에 부합하게 된다. 중국인은 통상 '合情合理', '合理合法'라고 붙여서 이야기하는데 이는 합정한 합리와 합리적인 법을 의미하는 것이다.[3] 결국 양단의 중간을 찾는 중용지도는 현실적으로나 구체적으로 양극단이 어딘지 혹은 무엇인지를 찾기 어렵다는 문제 때문에 관리자에 의한 개인역량에 의존하는 개인화된 관리 시스템이 제도화된 조직관리 시스템을 대체하게 된다. 이것이 情·理·法에 의거하여 균형점을 찾아가는 중국식 관리 시스템의 본질이다.

또한 중국식 기업문화는 '法理'보다 '情理'에 기초하는 유연한 원칙을 가지고 있다. 情·理·法은 인간관계에 기초하여 공식화된 규정과 제도인 '法'과 사적인 인간관계인 '情'의 2가지 잣대로 기업조직의 합리적인 운영과 경영, 즉 '理'를 도모하는 중국적 특색의 경영관리 방식이다. 따라서 중국 기업의 관리에는 두 가지 제도의 힘이 작동하는 것을 발견할 수 있는데 하나가 공개적인 규정에 의해 집행되고 실행되는 제도이고, 다른 하나가 뜻으로 전달될 수는 있지만 언어로는 전달되지 않는 게임의 법칙이다. 특히 후자, 즉 예법과 질서(禮制秩序)에 의한 관리를 중시하는데 '예법과 질서'의 전통문화

---

3) 합리적인 법(合理合法)이란, 합법보다 합리가 우선한다는 뜻도 내포하고 있다.

는 결국 체면(面子)과 직결되어 있다. 체면은 곧 신분질서의 다른 표현으로 신분을 대표하는 체면 그리고 체면을 존중하는 예법과 질서는 중국 전통문화의 근간이다. 이러한 문화적 전통이 기업조직관리에도 그대로 투영되고 있다. 조직관리의 유연성은 공식화, 제도화, 표준화된 제도에 의하기보다는 개인적이고 사적인 인간관계의 합정적 합리성에 근거한다는 점에서 불가피한 특성이다. 더구나 환경의 복잡성과 가변성을 전제로 조직 구성원 개개인의 특수상황까지 고려하는 합리성이란 개개인의 특수한 사정을 인정하지 않는 보편주의적 조직관리보다 훨씬 유연한 조직관리의 성격을 가질 수밖에 없는 역설이 존재한다.

기업의 공식화된 규정이나 제도는 일반적으로는 지위 고하를 막론하고 이를 위반하거나 혹은 위법을 범한 자에게 제도와 규정에 의거하여 자동적으로 응분의 징벌을 받는 것이 통상적인 규범이다. 하지만 중국의 경우는 조직 내에서 관리자가 '규정제도의 작동 단추'를 누르는 경우에만 작동한다. 예컨대 어떤 특수신분의 개인 역량이 조직의 역량보다 크고 강하면 관리자는 '법'의 원칙을 포기하고 '정'의 원칙에 따라서 일을 처리한다. 마찬가지로 조직 내에서 '합리적이기는 하나 합법적이지 않은 사건'이 발생할 경우에도 조직 내에서 '리'를 옹호하는 목소리가 '법'을 찬성하는 목소리보다 크면 제도와 규정의 적용을 포기한다.

이는 합리적이기만 하면 중국인은 쉽게 수용하는 문화적 경향이 있음을 의미한다. 합리적인 것이 비록 합법적이지 않더라도 이런 경우 오히려 법이 비합리적인 것이라고 간주한다.4) 중국인은 법이 과

---

4) 현재는 공식적으로 금지되었지만 개혁개방 이후 20년 이상 풍미했던 '위에 정책이 있으면 아

거의 경험에 기초하고 근거하기 때문에 계속 변화하는 현재의 '리'를 잘 반영하지 못하는 문제가 있다는 점에 주목해 왔다. '리'는 법 가운데 제련되어 나오는 것이기 때문에 중국적 관념으로는 법이 준거하는 '리'의 위치가 법보다 상위에 있다. '리'는 시간과 공간에 따라서 변화하는 것이어서 밝히기 어렵고 설명하기도 어렵다. 하지만 '리'는 사람, 상황, 때와 장소 그리고 물질적 요소 등의 변화를 고려하기 때문에 합리가 합법보다 더 중요하다고 생각한다. '리'는 살아 있는 유기체 같은 것이고 법은 경직된 것이기 때문에 마땅히 '리'가 '법'의 위에 있다고 생각한다. 법은 제도(規租)를 대표하는데 중국인은 합리적인 제도만을 선별적으로 수용하고 준수하는 경향이 있다. 따라서 중국인들은 자기가 유리할 때는 '법'을, 불리할 때는 '리'를 내세운다. 심지어는 합리적이기만 하면 도덕이나 정의도 필요 없다고 생각하기에 이른다. 이러한 생각은 합법의 범위 내에서 합리를 생각하는 사고를 방해한다. 이것이 중국식 유연 경영의 특색 중에 하나다.

情·理·法적 관점에서 본 중국식 기업문화는 조직적 관점보다는 개개인의 인간행위를 대상으로 하는 관리방식이 근간을 이루며, 이러한 특징 때문에 내부지향형 관리와 유연 경영의 특성을 가진다. 내부지향형과 유연성으로 대표되는 중국 기업조직문화는 관계지향형 문화에 해당된다(퀸과 킴벌리, 1984).[5] 관계지향형 기업문화는 소속

래는 대책이 있다(上有政策 下有對策)'는 표현이나 문혁시대 유행했던 '중앙의 정책적 지도하에 지역상황에 맞춘다(根據中央的領導下配合地情)'는 표현은 사회주의적 규범이나 정책(법)에 대응하는 지방과 단위 차원의 상황 적합적인 합리적 행동(리)을 의미하는 것일 수 있다. 하지만 오늘날 '法治'를 강조하는 중국의 사회적 분위기에 따르면 합법성 여부라는 관점에서 볼 때 이는 기회주의적 행위의 원칙에 다름 아니다.

5) 퀸과 킴벌리(1984)는 경쟁가치 모형에 입각하여 유연성 - 통제, 내부지향 - 외부지향 등 2가지

감, 상호신뢰, 참여를 중시한다. 그리고 이러한 기업조직문화에서는 리더의 인정과 배려가 구성원들의 창의성 계발 및 생산성 증대에 기여한다. 이러한 특징은 중국식 기업문화의 특성과 일치한다. 하지만 내부지향형 기업문문화의 속성이 가지는 한계는 앞서 언급했듯이 조직행위와 조직 중심적 경영관리보다 개인적 인맥에 기초한 리더십과 관리 통제에서 비롯된다(<그림 1> 참조). 이러한 기업문화는 환경변화에 대응이라는 측면에서 취약한 특성을 가지고 있다.

	내부지향	외부지향
유연성	관계지향(중국식 기업문화) group culture	변화지향 developmental culture
통제	위계지향 hierarchical culture	과업지향 rational culture

〈그림 1〉 중국식 기업문화 유형

관계지향형 중국식 기업문화는 대외지향적이고 진취적인 동기부여 메커니즘이 취약하다는 약점을 가지고 있다. 개인적 '꽌시'에 기초한 중국식 조직문화는 수동적이고 피동적이어서 실패를 두려워하지 않고 과감히 혁신에 도전하는 자발적 동기부여 메커니즘이 부족하다.6)

기준으로 4가지 유형의 조직문화를 제시하였다.

6) Gallo. Frank. T., Business Leadership in China, NJ, John Wiley & Sons, Pte. Ltd., 2008, pp.124-145.

Ⅲ. 외자기업의 경영 현지화 베스트 프랙티스

1. 기업문화의 현지화 방향

중국식 기업문화에 적응하면서 경영관리의 창의성과 효율성을 향상시키기 위해서는 무조건적인 중국식 기업문화 모방이나 적응은 바람직하지 않다. 마땅히 진출기업 기존의 기업문화와 중국 현지 기업문화의 융합을 시도할 필요가 있다.

관계지향형 기업문화와 마찬가지로 유연성을 가지면서 외부지향형인 기업문화는 변화지향형 문화이다. 변화지향형 문화는 변화추구와 위험감수, 실수에 대한 인정과 권능의 확대(empowerment)를 통하여 학습을 촉진할 수 있는 장점이 있다. 다만 위험감소를 위하여 구성원 간과 부문 간에 긴밀한 정보교환의 활성화가 추진될 필요는 있다. 이를 위해서 중국적 기업문화의 특징적 유형인 관계지향형 문화의 자체적인 문화적 기반 위에 환경요인을 보다 능동적으로 고려할 수 있도록 변화지향형 문화의 특성을 일부 도입하는 방향에서 기업문화의 혁신과 진화를 모색할 필요가 있다. 중국식 기업문화의 특징인 관계지향형 문화에서 변화지향형 문화적 요소를 도입하되 '리'를 바탕으로 한 결과에 기초하고, '정'을 기초로 하는 성실, 관심으로 신뢰 구축을 추진함으로써, 신뢰와 지식공유를 통하여 바람직한 경영성과로 이어질 수 있도록 하는 기업문화를 구축할 필요가 있다(<그림 2> 참조).

	내부지향	외부지향
유연성	변화지향(경영 현지화) developmental culture	변화지향(경영 현지화) developmental culture
통제	위계지향 hierarchical culture	과업지향 rational culture

〈그림 2〉 중국식 기업문화와 경영 현지화 방향

2. 베스트 프랙티스를 위한 시사점

1) 현지 기업문화의 수용

그렇다면 중국에 진출한 외자기업들의 경영관리 및 운영관리의 베스트 프랙티스는 어떠하여야 하는가? 앞서 언급한 대로 관계지향형 문화의 전통을 벗어나서 변화지향형 문화로 유도하는 길일 것이다. 이러한 노력은 전통적 관계지향형 문화를 전적으로 부정하거나 폐기하고 변화지향형 문화로 변화시키는 것이 아니라 전자의 기반 위에 후자의 장점을 받아들이는 형태로 진행되어야 한다. 즉 전자의 장점과 문화적 특수성을 인정하고 이를 바탕으로 후자의 장점을 이식하는 방식이 바람직하다. 관계지향형 문화에 기반을 두고 변화지향형 문화를 부분적으로 수용하기 위하여 우선 관계지향형 문화의 어떤 요소를 수용할 것인가? 본 연구 결과는 情·理·法에 의한 관리 메커니즘을 제안한다. 이러한 情·理·法적 시사점은 정종호(2003)와 안종석·김윤태(2008), 백권호(2008)의 주장에 기초한다. '정'이 지배하는 영역은 복리후생, 비공식 조직 활동 등으로 정의 지배원리에 따라 사적 인간관계를 구축하고 유지함으로써 신뢰를 구축할 수 있도록 유도하는 데 중점을 둘 필요가 있다. 특히 상대방을 배려하고 상대방의 체면을 고려하는 의사소통 방법과 소통문화를 구축할 필요가 있다. '리'의 영역은 인사고과에 기초한 임금, 승진, 상벌에 관한 관리영역이다. 이 영역은 '리'의 지배원리가 작동하는 만큼 철저한 효율성(소위 '按勞分配')의 논리가 적용될 필요가 있다. 마지막으로 법의 지배원리가 작동하는 영역은 사회보장, 노조활동을 포함한 노사관계 및 대정부 및 사회관계 분야이다. 이 영역은 2004년부터 특히 2006년 '和諧社會' 건설 이후 중국 정부가 매우 정치적으로 민감하게 관리 감독하는 분야이다. 따라서 법이 작동하는 대사회관계에서는 사회적 책임과 공헌 그리고 준법경영의 인식이 중요하다(<그림 3> 참조).

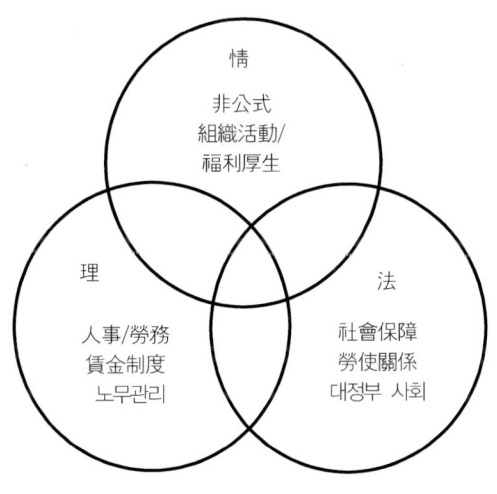

〈그림 3〉 정리법에 기초한 경영관리

안종석 · 김윤태(2008)는 관련 실증연구에서 앞의 <그림 3>에서 제시하고 있는 정리법에 의한 합정, 합리, 합법적 관리가 조직성과에 유의적인 영향을 미치고 있음을 실증적 통계분석을 통하여 확인하고 있다. 이러한 관리 방식은 중국적 조직문화의 전통을 계승하는 방안으로 중국 종업원들과의 비공식적이고 사적인 '꽌시'에 기초한 개인적 신뢰관계 구축에 일조할 것이다.

다만 <그림 3>에도 나타나 있듯이 '정'과 '리'와 '법'이 교차하는 영역에 대한 관리에 유의할 필요가 있다. 기업조직 내에서 개인적인 사적 영역과 기업 고유 업무와 관련된 영역 그리고 대사회관계 영역 등 3가지 영역에서 각각의 지배적인 작동원리가 존재하는 것은 물론 모든 영역에서 크든 작든 공히 정·리·법의 작동영역이 존재한다 (백권호, 2008; 안종석·김윤태, 2008). 각각의 작동원리들이 특정 영역에서 지배적이냐 아니냐를 기준으로 지배적이지 않은 작동원리가 작용하는 부분들을 바로 교차영역으로 표기한 것이다. 문제는 중국에 진출한 외자기업이 당면하는 이문화 간 교환이나 상호 작용에서 이러한 교차영역에 대한 지배적 작동원리를 잘못 파악하거나 적용함으로써 갈등을 불러일으킬 소지가 크다는 것이다. 백권호(2008)는 정종호(2003)의 연구를 비판적으로 보완하면서 이러한 교차영역에 대한 지배적인 작동원리를 잘못 적용함으로써 갈등이 나타나거나 문제가 발생한 경우들을 중국에 진출한 한국계 외자기업들의 사례를 중심으로 밝히고 있다. 기업은 궁극적으로 시장경제 활동에 주도적으로 참여하는 '理'를 중심으로 작동하는 경제적 기관이다. 따라서 기업조직 내에서 이러한 교차 영역의 관리와 관련한 혼란이나 갈등을 미연에 방지할 수 있는 원칙을 마련할 필요가 있다.

2) 공식화를 통한 공식적 신뢰 구축으로 문화적 통합 추구

문화적 차이는 개인의 가치에 반영되어 발생하기도 하지만, 개인

이 갖는 사회적 정체성 때문에도 발생한다. 개인이 자신을 평가하는 자아는 개인의 가치관 때문에도 발생하지만, 개인이 속해 있는 집단에 의해서도 많은 영향을 받는다. 개인이 속한 그룹으로 인하여 감정적, 인지적으로 영향을 받는 자아를 사회적 정체성이라고 한다 (Tajfel & Turner, 1986; Tajfel, 1981). 개인은 자신의 사회적 정체성을 보호 또는 유지하기 위해 자신이 속한 집단과 다른 집단에 속한 사람들을 의도적이고 일관성 있게 차별하거나 배타적으로 대하는 경향을 보인다. 사회적 정체성이 개인의 인식에 중요하게 나타나는 시점은 서로 명백히 다른 두 집단이 함께 대비되는 상황이다. 다국적 기업 내 다민족 협동은 바로 그런 상황에 해당된다고 할 수 있다. 다국적 기업에서 다양한 민족적 배경의 사람들이 협동하는 상황에서 발생하는 갈등은 바로 이런 이유로 사회적 정체성에서 비롯된다고 가정할 수 있다. 이러한 사회적 정체성은 주관적인 개인의 문화적 가치와 더불어 다민족 협동의 장애를 설명하는 데 중요하다(Tsui & O'Relly, 1989). 이들은 객관적으로 존재하는 집단적 특성, 즉 성, 나이, 민족, 국가 등이 사회적 구별과 사회적 정체성에 직접적으로 영향을 미쳐 동질성을 갖는 사람끼리는 보다 우호적인 관계를 지향하는 반면, 이질성을 갖는 사람끼리는 차별적 관계를 가질 것이라고 전망한다(Pelled et al., 2001; Chattopandhyay, 1999; Epitropaki & Martin, 1999; Farh et al., 1998; Tsui & Farh, 1997; Tsui et al., 1992). 문제는 이러한 차별적 이문화 간 갈등 관계를 극복하고 해외 시장에 진출한 다국적 기업의 현지법인 조직이 여하히 현지 사회조직 문화에 적응하면서 자기만의 독특한 경쟁력 있는 조직문화와 경영관리 시스템을 구축할 것인가 하는 것이다.

거시적인 담론은 세계화에서 그 해법을 찾고 있다. 신자유주의 사상에 기초한 시장경제의 확산을 의미하는 세계화는 보다 광의적으로는 시장경제의 확산과 함께 자라나는 세계 보편문화의 등장을 의미한다(Naisbitt, 1996; Fukuyama, 1992). 시장경제와 정보통신기술의 발달로 인한 빈번한 글로벌 교류가 확산되면서 국가와 민족이라는 기존의 집단의식을 넘어 보편적 개인의 발견과 신뢰에 기초한 보편주의 문화로 나아갈 것을 전망한다. 과학기술과 시장경제 메커니즘의 진화 자체가 사람들의 의식에 영향을 미치기도 하지만 시장경제 메커니즘이 작동하기 위해서는 사회적 합의와 개인적 가치의 동의도 뒷받침이 되어야 한다(Fukuyama, 1994; Granovetter, 1985).

보편주의 문화로서의 세계화를 기업조직 내에서 찾는다면, 이는 다민족 협동의 어려움을 극복하게 할 수 있는 보편코드의 등장을 의미한다. 다국적 기업의 조직관리 시스템적 측면에서 보면 다양한 문화를 담아낼 수 있는 시스템을 개발하는 것을 의미한다. 문화적 차이에서 오는 어려움이 사회적 정체성에서 발생한다는 가정하에, Tylor & Blader(2003)는 조직 차원에서의 해결책으로 절차적 정의를 제시한다. 기존의 사회정체성과 조직 내 정의에 대한 문헌들을 정리하면서 개인이 갖고 있는 민족이나 국가를 중심으로 한 사회정체성이 조직을 중심으로 한 사회 정체성으로 대체될 수 있고, 이러한 조직을 중심으로 한 정체성을 형성하는 데 절차상 정의가 중요한 역할을 한다고 제안하였다. 조직과 개인의 계약관계에서 쌍방을 존중하고 지속적으로 약속을 지켜 나감으로써 절차적인 공정함이 인지될 때, 이 사회적 계약에 참여하는 개인은 조직을 중심으로 한 정체성을 자연스럽게 만들어 가고, 이는 문화적 차이를 극복하는 새로운 사회적 정체성이 될 수 있음을 제시한다. 그러나 이러한 계약관계에서 개인이 불공정하고 존중받지 못한다면 조직을 중심으로 한 정체성은 개발되기 어렵고 자연스럽게 자신이 원래 갖고 있는 사회정체성을 중심으로 행동하게 되며, 이는 조직 내에서 집단 간 갈등으로 이어지는 것으로 가정하였다. 이 가설이 사실임이 증명된다면, 절차상 정의는 다민족 협동의 어려움을 극복하는 데 도움을 주는 메커니즘으로 고려될 수 있을 것이다.

조직구조의 3가지 구성요소인 복잡성과 공식화, 집권화를 중심으로 중국의 기업환경을 정리해 보면, 우선 조직의 복잡성 면에서 수직, 수평, 공간적 분화가 복잡성의 근원이지만 중국의 경우 공간적 분화가 지역적 광대성과 지역 간 언어(방언) 문화 차이 등으로 복잡성을 더하게 된다. 게다가 한국계 외자기업인 경우는 조직 내에서 주재원, 한족, 조선족 간의 민족지적인 공간이 추가되어 비공식 조직 및 소통상의 복잡성이 가중된다. 뿐만 아니라 중국 사회를 구성하는 정·리·법적인 교환 메커니즘에 기초하는 조직문화도 복잡성을 야기한다.

이러한 복잡성의 중국적 특수성을 고려할 때 공식화가 매우 중요한 의미를 갖는다.[7] 중국적 기업문화의 특성은 이러한 복잡성에 대하여 유연성으로 대응하는 의사결정 체제를 갖는다. 중국의 기업문화는 앞서도 언급하였듯이 관계지향형 문화의 특성을 가지고 있어, 특히 '꽌시'를 중심으로 하는 사적 인간관계와 정에 기초하는 관리문화의 특성을 가지고 있다. 다시 말해서 의사결정과정에서 정에 입

---

7) 공식화란 조직 내의 직무가 표준화되어 있는 정도를 의미한다. 직무기술서, 조직규칙, 명확한 절차 등이 조직 내에서 규칙, 절차 지시 및 의사전달이 명문화된 정도를 의미한다(송계충, 『조직행위론』, 서울: 경문사, 2003 참조).

각하여 충분히 사적인 특수상황과 상대방 개인의 체면을 고려하여 결정을 내리게 된다. 따라서 중국은 의사결정에 일반적으로 상당한 시간을 소요하는 것이 관례이다. 사전에 정해진 방향이 변하는 법은 없지만 다양한 특수사정을 고려하는 과정에서 많은 융통성을 발휘하거나 변형이 일어나게 된다.

따라서 공식화가 매우 취약한 기업문화일 개연성이 크다. 실제로 현장조사에서 나타난 중국 종업원들이 반응도 공식화를 매우 강조하고 있다.8) 공식화가 중국식 기업문화에서 강조되고 중시되기 때문이 아니라 역설적으로 공식화가 취약하기 때문일 것으로 판단된다.9) 실제로 중국 종업원들을 대상으로 한 설문결과에 따르면 공식화를 매우 중시하고 있는 것으로 나타나고 있다(안종석·김윤태, 2008; 이유선, 2005). 특히 이유선(2005)은 한중일 3국 간 종업원 국제비교를 하고 있는데 중국 종업원들의 공식화에 대한 요구가 가장 높은 것으로 나타났다.10) 안종석·김윤태(2008)도 탐색적 요인분석을 통하여 情·理·法 영역 외에 공식화 영역이 별도로 전재함으로 확인하고 있는데 공식화에 의한 관리가 조직성과에 정의 유의적인 영향을 미치는 것으로 확인하고 있다.

이는 조직 차원의 공식적 신뢰관계 구축의 중요한 하부구조를 제공해 준다. 따라서 앞에 제시한 중국식 조직문화의 수용을 통하여

---

8) 이유선 「동아시아 3국의 전통, 기업 문화 그리고 민주주의」, 『한중일 기업문화를 말하다』, 서울: 이학사, 2005, 120쪽 참조.

9) 실제로 난카이대(南開) 상학원 인적자원관리학과 교수들과의 인터뷰에서 중국 국내기업들에서도 외자기업과 마찬가지로 종업원들의 공식화에 대한 기대수준이 매우 높은 것으로 확인되었다(2009년 1월 21일 톈진 난카이대 상학원 崔塤 猿慶弘 등 인적자원관리학과 교수들과의 현지 방문 면담에서).

10) 이유선(2005), 120쪽 참조.

개인적 신뢰관계를 구축하고 공식화를 통하여 공식적 신뢰관계를 구축하는 방법을 제안한다. 이는 관계지향형 문화에 기초하여 변화지향형 문화요소를 도입하는 데 중요한 조직적 하부구조를 제공할 것이다. 현실적으로 중국 기업문화에서 공식화란 매우 제한적으로 작동하고 있다. 공식화는 제도화, 표준화(예컨대 사규, 법제. 사무의 표준화 등)로 나타나는데 이는 조직의 상층부로부터의 통제를 용이하게 하며 시간과 자원을 절약하고 조직의 표준화를 통해 일에 대한 혼란을 줄일 수 있다. 특히 절차의 공식화, 제도화를 통하여 조직의 정보공유 학습을 촉진시킬 수 있다. 그리고 情·理·法 관련 영역에서 각 영역의 특성에 맞추어 공식화를 체계적으로 도입하고 활용하는 것은 기대 이상의 효과를 보일 수 있다.[11]

공식화는 앞 절에서 언급한 情·理·法의 교차영역을 관리하는 데도 효과적이다. 예컨대 기업 본연의 업무수행과 관련된 영역, 즉 '理'가 작동하는 영역에서 공식화를 통한 제도화, 표준화를 적극 활용하는 것이다. 특히 진급 승진은 직급별 교육훈련 프로그램과 연계하여 제도화하여 공식화하고, 임금체계에 대해서는 표준화함으로써 관리의 투명성을 확보할 필요가 있다. 공식화, 제도화는 이러한 교차

---

11) "중국 직공들의 나쁜 습관 중에 쓰레기를 아무 데나 버리고 함부로 침을 뱉는 습관이 있다. 이를 고치기 위해 조회나 훈화시간, 부서별 회의를 통하여 수없이 강조하여도 개선되지 않았다. 중국 친구의 충고를 받아 부서장 회의를 통하여 이슈화하고 일정 기간의 논의를 거친 후 결론을 짓고, 공식공문 형태로 게시판에 공고하고 나니 거짓말같이 나쁜 버릇들이 사라졌다. '회사영도(부서장)회의에서 회사의 질서와 위생을 어지럽힌 행위자에 대하여 다음과 같이 처벌하기로 확정하고 이를 제도화하여 엄격히 실시하기로 하여 결정하여 이에 공포함'이라는 공고문을 회사 인장이 문서 상단 중앙에 찍힌 문서 형태로 게시한 것이다. 내용은 '一. 침 함부로 뱉는 사람 벌금 50위안. 二. 쓰레기 함부로 버리는 사람 벌금 40위안. 三. 기물 함부로 파손하는 사람 구매가격의 1.5배 배상'이었다."(곤산시 진출 니트 직물 생산업체 법인장과의 인터뷰에서 2001년 6월 24일) 이와 유사한 사례는 칭다오와 톈진에 진출한 한국계 외자기업에서도 확인할 수 있었다. 절차의 공식화와 형식의 공식화, 제도화가 효과적임을 보여 주는 사례이다.

영역을 관리하는 데 발생하는 혼란을 최소화시켜 줄 것이다. 다만 공식화는 규칙, 절차, 문서화를 강조함으로써 조직의 유연성을 제약하기도 한다. 공식화를 너무 강조하면 조직의 유연성을 저해할 수 있다. 따라서 앞서 언급한 기업문화 차원의 적응전략과 결합하여 신뢰 구축이 전제된 것을 전제로 추진 실시하는 것이 바람직할 것이다.

3) 변화지향형 문화 도입을 위한 조직혁신 추진

변화지향형 문화요소의 도입은 결국 조직 구성원들로 하여금 적극적으로 변화를 추구하게 하고 이 가운데 기꺼이 위험을 감수하도록 유도하는 데 그 핵심이 있다. 이를 위해서는 실수에 대한 관용과 인정 그리고 권한의 확대(empowerment)를 통하여 학습이 촉진되어야 한다. 갈로(2008)는 중국의 체면 문화를 정확히 이해하는 바탕 위에 조직 차원의 공식적 신뢰 구축에 기초하여 자발적 동기부여를 유도하는 방안을 제안하고 있다. 중국 기업문화의 가장 부정적인 요소로 상대방의 체면을 고려하여 중요하지만 부정적인 정보인 경우 적시에 정확하게 전달되지 않는 태도와 자신의 체면을 고려하여 실수나 잘못을 저지르지 않으려는 소극적 행동을 야기하는 체면 문화를 들 수 있다. 뿐만 아니라 조직적 공식적 신뢰가 아닌 개인적 신뢰에 기초한 인치 중심의 조직관리 문화유산은 구성원들로 하여금 위계질서에 순응하게 만드는 한편 위험을 감수하고 창의적 도전을 추구하기를 주저하는 문화를 형성하고 있다.

결국 중국에 진출한 외자기업의 경영 현지화를 위한 조직혁신은 앞 절에서 강조한 바 있는 공식화 관리의 도입을 매개로 하여 조직적 공식적 신뢰기반 구축에 힘쓰는 것을 전제로 자발적 동기부여를 통하여 창의성과 도전정신을 불러일으키는 데 초점을 맞추어야 할 것이다.

이를 위해서는 종업원들에게 자발적 동기부여를 제공하는 방법이 우선되어야 한다. '믿을 수 없는 사람은 절대로 채용하지 말라, 그러나 일단 채용하면 무조건 신뢰하라', '약속은 작게 결과는 크게' 등은 자발적 동기부여 방법과 관련이 있는 중국 사업현장 전문가들의 목소리들이다. 우선 자발적 동기부여가 된 종업원들이 그렇지 않은 종업원들보다 생산성과 창의성이 우수하고 장기 근속하는 경향이 강하다는 사실에 대하여 확고한 확신을 가져야 한다. 이러한 확신과 신뢰가 고용계약 체결에서부터 관리 시스템과 행위를 통하여 일관되게 전달되고 공식화됨으로써 진정한 신뢰를 보여 주어야 한다. 중국인들은 초기 의심이 많은 만큼 참을성을 가지고 진실성을 보여 주는 것이 중요하다. 따라서 자발적 동기부여자에게는 컨시스턴트하게 이러한 신뢰가 전달되어야 한다. 그리고 이러한 동기부여는 상대방의 체면을 보호하는 선세 위에 이루어져야 한다. 체면을 상히는 경우는 어떤 경우든지 자발적 동기부여가 불가능하다는 점을 명심할 필요가 있다. 이러한 측면에서는 정에 기초한 '꽌시' 구축 및 유지가 필요하다.

다음은 혁신과 도전을 위한 위험 감수를 유도하도록 조직 분위기를 형성하는 것이다. 이미 중국도 자주혁신의 시대에 들어서고 있다. 따라서 사회적 분위기도 충분히 형성되고 있다. 우선 혁신을 요구하는 기업의 방침을 명확하고 분명히 할 필요가 있다. 구체적으로 혁신과 위험 감수 역량을 조직 구성원들의 자기개발 계획에 포함시키도록 공식화하는 것이 효과적이다. 다음으로 이를 위하여 채용단계에서부터 행동기반 심층 인터뷰를 통하여 비슷한 지식역량이면 도전적이고 위험감수성향이 강한 인력을 채용하도록 채용방침을 확정할 필요가 있다. 셋째는 혁신에 대한 보상을 명확하고 확실히 할 필요가 있다. 단순히 혁신의 결과와 성과에 대한 보상뿐만이 아니라 도전을 시도한 종업원들에게 성과에 관계없이 보상을 제공할 수 있는 권한을 관리자에게 부여하는 프로그램을 운영하는 것도 효과적이다. 마지막으로 혁신을 위한 도전에 나선 구성원들에게 실패에 대한 처벌이 없다는 것을 강조하고 특히 신입 직원들이 도전에 나서서 혹시 저지를 수 있는 실수를 수치스러워하거나 위축되지 않도록 배려하는 조직 분위기를 형성하여야 한다.

마지막으로 중국식 의사결정 메커니즘을 수용하여 형식상 절차의 공식화를 중국식 조직문화에 따름으로써 변혁과 혁신을 추구하면서도 정보공유와 신뢰 구축을 가능하게 할 수 있다. 소위 '決策會(decision-making meeting)'과 '拍板'이라고 하는 의사결정 메커니즘의 도입이 그것이다. 중요한 의사결정 사안이 발생하여 조직구성원들의 이해와 동의가 필요한 경우 결책회의를 개최하여 논의에 부치되 제한 시간을 정해 놓는다. 만일 제한 시간까지 명쾌한 결론에 도달하지 못하고 의견이 분분할 경우 최종 결정(拍板)권을 의사결정권자가 갖는 것으로 분명히 한다면 절차적 메커니즘은 중국식에 따르되 필요한 정보공유가 이루어지고 절차상의 공식화가 확인되는 가운데 의사결정도 효과적으로 이루어질 수 있다. 결책회의는 중재자 혹은 사회자를 두어 이들이 의제에 대한 의견조율을 보다 신속하게 하도록 유도하는 방법도 가능하다.

Ⅳ. 나가는 말

1. 결론

이상의 분석결과를 기초로 情·理·法적 접근에 의한 현대 중국 기업의 문화구성 특징을 정리하여 보면 다음과 같다.

① 情·理·法에 근거하여 규명한 중국식 기업문화는 내부지향 적이고 유연 경영을 중시하는 관계 지향적 문화를 가지고 있다.

② 관계지향형 기업문화는 내부지향성향 때문에 환경 및 소비자, 고객에 대한 관심과 배려가 취약하다. 따라서 변화 지향적 기 업문화를 부분적으로 도입할 필요가 있다. 경영 현지화의 관점 에서 관계 지향적 문화를 근간으로 변화 지향적 문화요소를 도입하는 기업문화의 혁신을 신중히 추진할 필요가 있다.

③ 경영 현지화를 위한 베스트 프랙티스는 우선 중국식 경영문화 요소인 情·理·法에 의거한 경영관리를 수용하는 데서 시작 하여야 하고 이들이 작동하는 영역을 정확히 이해하고 이에 대하여 각각의 지배원리에 따른 명확한 관리가 필요하다. 경영 현지화는 결국 情·理·法이 시사하는 바, 중국식 신뢰 구축 을 위한 '꽌시' 메커니즘에 대한 적응이 전제가 되어야 한다. 이러한 신뢰 구축은 중국식 기업문화인 관계 지향적 문화를 수용하는 형태로 진행되어야 할 것이다.

④ 중국 기업구조의 복잡성은 문화적 복잡성까지 중복되어 복잡성 과 불확실성이 크다. 따라서 베스트 프랙티스의 두 번째 요소 로 중국 기업의 이러한 특징을 통제하기 위한 방안으로 공식화

를 강화할 필요가 있다. 특히 중국식 기업 관리의 특성은 조직 구조, 조직행위 중심이 아니라 사람관리 – 지인(자기사람, 熟人)신뢰 – 개인이익 중시 – 개인효율 중시의 특성이 나타나 중국적 유연성(소위 편법이나 불법)으로 이어질 가능성이 크다. 따라서 공식화를 통한 제도화 표준화를 일정한 범위에서 강화할 필요가 있다.

⑤ 마지막으로 情·理·法에 의한 경영관리의 현지화와 공식화를 통한 공식적 신뢰 구축, 메커니즘 구축을 기반으로 변화지향형 문화로의 부분적 진화를 위한 조직혁신이 이루어져야 한다. 조직혁신은 자발적 동기부여 메커니즘의 도입과 도전적이고 창의적인 자주혁신 추구의 조직 분위기 및 인센티브 시스템 구축 그리고 효과적 의사결정 시스템의 설계 등으로 집약할 수 있다.

2. 추후 연구방향

본 연구는 문헌연구 중심의 한계를 가진다. 물론 필자의 현장 조사와 인터뷰 경험이 반영되어 있으나 아직은 proposition 단계이다. 추가적인 연구를 통하여 연구 모델을 완성시키고 실증적으로 검증할 필요가 있다. 본 연구에서는 중국적 기업조직구조와 기업문화 특성을 일반화시켜 조직행위론적 관점에서 문제해결에 접근하는 시도를 하였다. 이와 관련하여 조직행위론적 접근에 대한 보다 심도 있는 연구와 情·理·法 패러다임의 조직행위론적 연계논리에 대한 보다 심도 있는 연구가 추가되어야 한다. 특히 향후 연구에서는 情·理·

法적 관리와 공식화에 의한 관리의 상호 조절작용에 대하여 실증분석을 시도하여 조직행위론적 연계논리를 구체적으로 개발할 계획이다.

그럼에도 불구하고 情·理·法이라는 중국식 사회적 교환관계 패러다임을 기업조직 차원으로 환원시켜 기업조직행위론적 접근과 접목시키려 노력을 시도한 것은 본 연구의 제한적이나마 기여라 할 수 있을 것이다. 그리고 '꽌시' 메커니즘이 가지는 의미를 중국식 사회적 교환관계의 하부구조로 파악한 것도 일반적으로 '꽌시'를 개인적 사적 영역의 인간관계 구축 메커니즘 정도로 이해하고 있는 통념을 불식시키는 데 본 연구가 기여한 것으로 생각할 수 있다.

참고문헌

국문서적

권용혁 외, 『한중일 기업문화를 말한다』, 서울: 이학사, 2005.

백권호 편, 『중국 내 한국계 외자 기업의 경영 현지화: 그로벌스탠더드 와 '꽌시'』, 서울: 지식마당, 2004.

范忠信·鄭定·詹學農 공저(이인철 역), 『중국법률문화탐구』, 서울: 일 조각, 1996.

송계충, 『조직행위론』, 서울: 경문사, 2003.

국문논문

권용혁 외, 『한중일 기업문화를 말한다』, 서울: 이학사, 2005.

박상철, 「한·중 경영방식의 본질적 차이와 유사성에 관한 연구」, 『국 제경영리뷰』, 제10권 제1호, pp.43-68, 2006.

백권호, 「재중 한국계 외자기업의 경영관리 현지화를 위한 접근방법 탐 구」, 『중국연구』, 제43권(2008. 6), pp.543-566, 2008.

백권호·장수현, 「중국 기업문화의 특성과 경영 현지화 - 정리법 패러다 임과 꽌시의 비판적 재고찰」, 『중국학연구』, 제47집(2009. 3), pp.249-280.

안종석·백권호, 「중국 진출 한국 기업의 경영현지화, 어떻게 할 것인가?」, 『국제경영리뷰』, 제10권 제2호(2006년 9월호), pp.213-243, 2006.

안종석·김윤태, 「情·理·法 패러다임을 활용한 중국 진출 한국 기업의 경영현지화 실증분석」, 『국제경영연구』, 재19권 제3호, pp.19-45, 2008.

윤경우, 「중국 기업에서의 '관시'와 관계중심주의」, 『한중일 기업문화를 말하다』, 서울: 이학사, 327-374쪽, 2005.

이유선, 「동아시아 3국의 전통, 기업 문화 그리고 민주주의」, 『한중일 기업문화를 말하다』, 서울: 이학사, 113-139쪽, 2005.

장수현, 「중국 내 한국 기업의 현지적응 과정과 문화적 갈등: 칭다오 소재 한 신발공장에 대한 인류학적 연구」, 『한국문화인류학』, 제36집 1호, pp.83-116, 2003.

정범구, 「조직내 신뢰와 조직간 신뢰」, 『한국 기업의 조직관리』, 서울: 경문사, 161-184, 2005.

정종호, 「재중 한국계 기업의 경영 현지화에 대한 문화적 영향: 개혁·개방기 중국의 "情·理·法 文化構成"을 중심으로」, 『비교문화연구』, 제9집 2호, pp.83-123, 2003.

영문서적

Gallo. Frank. T., Business Leadership in China, NJ, John Wiley & Sons, Pte. Ltd., 2008.

Hofstede. Geert, *Cultures and Organizations: Software of the Mind.* New York and London, McGraw-Hill Book Company, 1991.

Mauss Marcel, *The Gift: Forms and Functions of Exchange in Archaic Societies,* New York and London, W · W · Norton & Company, 1967.

Siu Helen, *Agents and Victims in South China: Accomplices in Rural Revolution,* New Haven, Yale University Press, 1989.

Skinner G. William(ed.), *The City in Late Imperial China,* Stanford, Stanford University Press, 1977.

Skinner G. William(ed.), "Cities and the Hierarchy of Local Systems." In A. Wolf. ed. *Studies in Chinese Society,* Stanford, Stanford University Press, pp.1-77, 1978.

Walder Andrew, *Communist Neo-Traditionalism: Work and Authority in Chinese Industry,* Berkeley, University of California Press, 1986.

Wank David, *Commodifying Communism: Business, Trust, and Politics in a Chinese City,* Cambridge, Cambridge University Press, 1999.

Wong Y. H. & Thomas K. P. Leung, *Guanxi: Relationship Marketing in a Chinese Context,* New York · London · Oxford, International Business Press, 2001.

Yan Yunxiang, *The Flow of Gifts: Reciprocity and Social Networks in a Chinese Village,* Stanford, Stanford University Press, 1996.

Yang Mayfair Mei-hui, *Gifts, Favors, and Banquets: The Art of Social Relationships in China,* Ithaca and London, Cornell University Press, 1994.

Yao S., "The Romance of Asian Capitalism: Geography, Desire and Chinese Business", in Berger M.T. & Borer D.A.(ed)., *The Rise of Asia,* London, Routledge, 1997.

영문논문

Gold Thomas, "After Comradeship: Personal Relations in China Since the Cultural Revolution", *The China Quarterly,* 104(December), 657-675, 1985.

Hofstede Geert, "The Cultural Relativity of Organizational Practices and Theories", *Journal of International Business Studies,* 14(2), 75-89, 1983.

Newman Karen & Stanley Nollen, "Culture and Congruence: The Fit Between Management Practices and National Culture", *Journal of International Business Studies,* 27(4), 753-779, 1996.

Siu Helen, "Presidential Address: The Structure of Chinese History", *Journal of Asian Studies,* 104(2), 271-292, 1985.

Siu Helen, "China's Urban Transients in the Transition From Socialism and the Collapse of the Communist 'Urban Public Goods Regime'", *Comparative Politics*(January), 127-146, 1995.

Standfrid Stephen and R. Scott Marshall, "The Transaction Cost Advantage of Guanxi-Based Business Practice." *Journal of World Business*, 35(1), 21-42, 2000.

중문서적

孫景華, 『中國人的管理邏輯』, 北京: 機械工業出版社, 2006.

羅家德, 葉勇助, 『中國人的信任遊戲』, 北京: 社會科學出版社, 2007.

曾仕强, 『中國式的管理行爲』, 北京: 中國社會科學出版社, 2005.

曾仕强, 劉君政, 『管理思維』, 北京: 東方出版社, 2005.

鄭也夫, 彭泗淸 編, 『中國社會中的信任』, 北京: 中國城市出版社, 2003.

중문논문

陳敏郞, 「交際, 交情與企業的經營」, 『思與言』, 33卷, 261-294쪽, 1995.

鄭伯壎, 「差序格局與華人組織行爲」, 『中國心理學研究』, 第3期, 142-219
　　　쪽, 2003.

2

기술창업기업 특성 및 꽌시 이용도가
창업성과에 미치는 효과

포효다 · 이상명 · 한정화

Ⅰ. 서론

중국에서의 기술기반 창업은 1980년대 초반 북경 중꽌촌(中關村)에서 시작되었으며, 지난 20년 동안 놀랄 만한 급성장을 이루어 왔다. 2006년도 말을 기준으로, 중국의 기술기반 창업기업 수는 이미 15만여 개에 도달하였으며, 이들이 중국 전체 기술혁신에서 차지하는 비중이 70%에 이르는 것으로 알려져 있다(중국 국가통계국, 2007). 이렇듯 기술기반 창업기업들은 중국 과학기술 성장의 견인차가 되었을 뿐만 아니라, 이들 회사의 창업가들도 중국 사회의 대표적인 신상류층으로 새롭게 부상하였다.

이러한 기술기반 창업의 활성화와 부상에 따라 중국 기술기반 창업기업은 최근학계의 주목을 받기 시작하고 있다. Li & Matlay(2006), Chen(2006), Ling(2007) 등은 중국 민영기업의 성장과정 및 단계별 특성을 연구하였으며, Chen, Li & Matlay(2006), Zhang & Yang(2006), Gibb & Li(2003) 등은 사회문화, 경제, 창업자, 정책환경 등의 면에서 중국에서의 기술창업에 대해 전반적인 조사를 실시하였다. 그러나 이렇게 중국의 기술기반 창업에 관한 연구의 양적팽창에도 불구하고, 현재 대다수의 연구들은 개념적 모형을 단편적인 사례를 중심으로 기술하고 있는 비실증연구에 머무르고 있다(Ling, 2007). 이는 비록 기술기반 창업이 중국 내에서 활성화되어 있지만, 지역적으로 편차가 심하여 객관화된 데이터를 수집하기가 쉽지 않고, 이로 인하여 일부 진행된 실증연구들도 특정 기업을 대상으로 한 사례 연구형식으로 진행할 수밖에 없다는 현실적인 한계에 기인한다.

본 연구에서는 중국 기술기반 창업기업의 성과에 미치는 요인들을 창업팀 특성과 꽌시 이용도라는 측면에서 분석하여 이를 실증적으로 검증해 보았다. Hambrick & Mason(1984)이 상층부 이론(Upper Echelons Theory)을 제시한 후로부터, 기업의 경영진 특성과 이의 성과에 미치는 연구가 활발히 진행되어 왔다(Lawrence, 1997; Wei, et al, 2005; Roberts, 1991). 특히 창업팀의 특성은 기업으로의 시스템이 형성되기 이전인 초창기기업의 성과에 많은 영향을 미칠 것이라고 판단되기 때문에, 이에 대한 실증 분석은 큰 의미를 가질 것이다. 동시에 중국식 네트워크인 꽌시(guanxi)는 비록 많은 연구가 진행된 데에 비하여 이의 개념화와 정량화를 통한 실증분석이 미비한 실정이다. 본 연구에서는 꽌시를 계량적으로 측정하여 성과에 미치는 영향을 실증적으로 분석하고 있다.

II. 선행연구 및 연구가설의 도출

1. 창업팀 특성

Hambrick & Mason(1984)이 상층부 이론(Upper Echelons Theory)을 처음으로 제시한 후 많은 연구들이 경영진의 특성과 성과와의 상관관계에 대한 분석을 진행하였다. 초기 연구들은 경영진의 인구통계학적(demographic) 특성을 주요 결정 변수로 보고 이의 성과에 미치는 영향을 분석하였고, 이후 경영진 연령, 교육수준, 규모, 직장배경 등의 요소들이 주요 설명 변수로 발전되어 성과와의 상관관계를 밝히는 연구가 진행되었다(Michel & Hambrick, 1992; Bruton & Rubanik, 2002; Roberts, 1991; Wei, et al., 2005; West & Schwenk, 1996; Carpenter, 2002).

하지만 이러한 기존의 연구들은, 경영진 특성에 대한 실증적인 분석에 있어서 구미 쪽 기업의 경영진을 대상으로 전개되어 이론을 일반화시켜 왔을 뿐, 중국 기술기반 창업기업의 경영진 특성과 성과에 관한 연구는 아직 미비한 실정이다. 중국 경영진은 리더십 스타일, 관리문화, 의사결정 등의 많은 면에서 서양의 경영진과는 큰 차이가 있다는 것이 밝혀져 있다(Tsui, et al., 2004; Chen & Francesco, 2000). 즉 문화적으로 서양사회보다 권력거리(power distance)가 큰 중국 사회의 특수성을 반영한 연구가 필요하며, 이는 상층부 이론을 발전시켜 나가는 데에 큰 의미가 있을 것으로 생각된다. 이러한 노력의 일환으로 Fu 외(2002)는 중국 기술창업기업의 경영진 특성과 관리 프로세스에 대한 연구를 진행하였으나, 이론적 부분에서의 접근에 국한되었을 뿐, 실증 분석까지 진행되지는 못하였다. 최근 들어서야 비로소 중국 기업들의 관리자에 대한 상층부 이론의 실증적 접근이 활발하게 진행되기 시작하고 있다(Zhang & Yang, 2006; Wei, et al, 2005). 급증하고 있는 중국의 기술기반 창업기업의 중요성과 문화적 특수성을 고려해 볼 때 경영진 특성과 성과에 미치는 영향에 대한 연구는 더 세밀화되게 진행될 필요가 있다. 이는 상층부 이론의 일반화에도 큰 기여를 할 것이다. 본 연구에서는 상층부 이론에서 주요 변수로 등장하고 있는 경영진 규모, 연령, 학력 및 경영 다양성 4가지 변수들에 대한 이론적 토대를 기반으로 이를 중국 기술기반 창업기업에 적용할 수 있는 가설을 설정하였다.

창업팀 규모는 기업 초기 성과와 밀접한 연관이 있는 것으로 설명되고 있다(Roberts, 1991; Bruton & Rubanik, 2002). 이는 비록 창업팀의 규모가 의사소통의 효율성과 신속성에 부정적인 영향을 미칠 수도 있지만(Kamm, et al., 1989), 창업팀 규모에서 오는 다양성이 이를 극복할 수 있다는 데에서 비롯한다. Roberts(1991)는 창업팀 규모와 중소기업의 초기 성과에 대한 연구에서 창업팀 규모가 클수록 성과에 긍정적인 영향을 미친다고 하였다. 이는 창업팀 규모가 클수록 기업 내에 경험과 인맥이 많은 경영자가 많을 것이고, 이로 인해 기업의 원가절감과 사회적 자본과 기반구축 등의 면에서 도움이 될 것이기 때문이다. 또한 창업팀 규모가 크면 창업기업의 인적

자원과 기술자원의 조달능력도 강하다고 분석되었다(Roberts, 1991). 이후 연구에서도, 규모가 큰 창업팀일수록, 창업 시 외부자원을 더 많이 조달함으로써 규모가 보다 작은 창업팀보다 성과가 더 좋게 나타나고 있다고 설명되었다(Cooper & Gimeno-Gascon, 1992). 이러한 상층부 이론의 기술기반 창업에의 적용과 관련해서는 Bruton & Rubanik(2002)의 연구가 있다. 이들은 러시아의 기술기반 창업기업에 관한 연구를 진행하여, 창업팀 규모가 기술창업기업의 초기 성과에 긍정적 영향을 미친다고 설명하고 있다. 그 이유로는 창업팀 규모가 클수록 창업기업이 환경 불확실성에 더욱 잘 대응하고, 창업 초기에 훨씬 많은 자원을 조달할 수 있기 때문이라고 제시하고 있다. 상기 내용을 정리하여 가설 1을 도출하였다.

H1: 창업팀 규모는 창업성과에 긍정적 영향을 미칠 것이다.

기존의 연구에서 경영진의 연령은 성과 변수로서 기업성과에 의미 있는 영향을 미친다는 것이 밝혀져 있다(Hambrick & Fukutomi, 1991). 즉 보다 젊은 경영진일수록 혁신성과 진취심 그리고 위험감수성이 높은 것으로 분석되는 반면, 나이가 많은 경영진은 회사의 경영 안정성을 중요시하며, 지난 경험을 바탕으로 회사의 성과에 도움이 된다고 알려져 있다(Hambrick & Mason, 1984). 경영진의 경험은 특히 대표적인 관(官)주도형 사회인 중국 경제에서 성과에 더욱 큰 영향을 미칠 것으로 추론할 수 있다. 전반적인 경제시스템의 변화가 급격하고 있고, 전통적으로 국가의 역할이 큰 중국에서는 기업의 대정부관계가 유난히 중요하다(Ling, 2007). 그러므로 이러한 환경하에서 원만한 대정부관계는 기업의 중요한 성공요인으로 꼽힐 수 있다(Gao, et al., 2007, Li, et al., 2006). 일반적으로 보다 평균 연령이 높은 경영진은 그동안의 경험을 바탕으로 폭넓은 인맥과 대정부 꽌시를 많이 가지고 있기 때문에 그들의 기업성과가 더 높은 것으로 나타났다(Wei, et al., 2005). 이러한 기존의 연구를 종합하여 본 연구에서는 이하의 가설을 도출하였다.

H2: 창업팀 평균 연령은 창업성과에 긍정적 영향을 미칠 것이다.

경영진의 교육수준이 기업의 혁신성이나 성과에 미치는 영향에 대해서도 많은 연구가 진행되고 있다(Dollinger, 1984; Guthrie, et al., 1991; Chen, et al., 2006). 기존의 연구들에서는 일반적으로 교육수준이 높을수록 보다 높은 인지능력을 가지고 있으며, 이에 따라 정보수집 및 정보처리 능력이 강하고, 모호성에 대한 인내 그리고 복잡한 환경에서의 의사결정 능력이 뛰어난 것으로 분석되었다 (Dollinger, 1984; Guthrie, et al., 1991). Lerner 외(1997)는 이스라엘의 여성 창업자에 대한 실증연구를 통해 창업자의 교육수준과 기업성과 간에 양의 상관관계가 있음을 발견하였다. 또한 중국의 기술기반 창업을 분석하여 Chen 외(2006)는 창업자의 학력이 높을수록 창업 성공률이 더 높은 것을 밝혀내었다. 그 외에 Zhang & Yang(2006)의 연구에서도 창업자의 교육수준과 창업성과 간의 긍정적인 상관관계를 규명하였다. 따라서 경영진의 교육수준과 기업성과에 관련하여 아래의 가설이 도출될 것이다.

H3: 창업팀 평균 학력은 창업성과에 긍정적 영향을 미칠 것이다.

경영진의 경력 다양성(이질성) 또한 기업 성과에 영향을 미치는 중요한 변수로 연구되어 왔다. 이는 경력 다양성(이질성)이 창업팀의 의사결정을 폭넓게 할 수 있도록 해 주는 주요한 요인이고, 이를 통하여 궁극적으로 기업성과에 영향을 미친다는 것이다(Hambrick & Mason, 1984). 다각화 기업을 대상으로 실증연구를 진행하여 Carpenter (2002)는 동일한 결론(즉 경영진의 직장경력이 다양할수록 기업성과가 더 좋다)을 도출하였다. 마찬가지로 Hambrick 외(1996)와 Priem 외(1999)의 연구자들도 경영진의 경력 이질성이 기업 효율성과 성과에 긍정적인 영향을 미친다는 연구 결과를 얻어 냈다. 상기 내용을 정리하여 다음의 가설을 도출하였다.

H4: 창업팀 경력 다양성은 창업성과에 긍정적 영향을 미칠 것이다.

2. 꽌시 이용도

1) 꽌시의 정의, 본질과 특징

1980년대부터 기업가정신에 관한 연구 초점은, 사회심리학 분야에서 창업자의 사회적 네트워크와 사회적 제도로 옮겨졌다. North(1983)의 연구와 Aldrich & Zimmer(1986)의 연구는 이 분야 연구의 선구적인 위치를 차지한다. North(1983)는 제도를 공식적 제도와 비공식적 제도로 구분하였다. 공식적 제도는 정치적 규칙, 경제적 규칙과 같은 강제적 규칙을 가리키며, 비공식적 제도는 행동준칙, 윤리규범,

풍속관습과 같은 비강제적 요소들을 가리킨다. 이를 통하여 그동안 경영학의 과학적 접근에서 그 중요성이 상대적으로 소홀하였던 비공식적 제도의 중요성이 새롭게 부각된 것이다. 나아가 North는 이러한 비공식적 제도를 활성화시키고 그 이용도를 극대화하는 방법으로 비공식적 네트워크(informal network)의 중요성을 제시하고 있다(North, 1983). 더불어 Aldrich & Zimmer(1986)의 네트워크 성공(network success)이라는 개념이 최초로 제시된 후, 지난 20여 년간 많은 후속연구를 통하여 네트워크 관점은 보편적인 이론으로 인정을 받고 있다. Bruderl & Preisendorfer(1998)는 다차원적인 사회적 네트워크의 연구를 통하여, 개인적 네트워크에서 도움을 받는 창업자들이 가장 큰 성공을 거두는 것을 보여 주었다. 또한 Larson & Starr(1993)은 네트워크가 특히 창업 초기단계에서 가장 실효성이 있는 자산으로 작용한다는 것을 보여 주고 있다. 이는 네트워크가 창업자에게 정보, 지식, 자본 또는 다양한 인적자원에의 원활한 접근을 제공하기 때문이라고 설명하고 있다.

이러한 비공식적 제도 또는 사회적 네트워크는 중국에서 '꽌시(guanxi)'라고 불리며, 이에 대한 많은 연구가 진행되어 왔다(Wong & Chan, 1999; Tan, et al., 2007; Zou & Gao, 2007; Fu, et al., 2002). Wong & Chan(1999)은 꽌시를 호의, 신뢰 및 호혜를 바탕으로 구축된 어떤 특수한 관계로 정의하였는데, 기업가는 꽌시를 통하여 거래자 간의 거리를 줄이고 외부거래를 내부화시켜 내부결정의 하나로 전환시킬 수 있다고 주장하였다. Xin & Pearce(1996)는 꽌시는 비공식적 네트워크의 하나로 전환될 수 있으며, 호혜를 기반으로 구축되고 비공식적 규칙에 따라 운영된다고 하였다. 사업에서 꽌시는 거래 쌍방의 이익을 보장할 수 있는 효율적 도구가 될 수 있기도 한다(Buttery & Wong, 1999). 하지만 꽌시에 대한 측정의 어려움과 이에 따른 통계적 분석의 한계 때문에 대다수의 꽌시에 관한 기존 연구들은 이론적인 연구로서 개념적인 부분으로 진행되었다. 이하에서 제시되는 바와 같이 본 연구에서는 꽌시를 측정하는 도구를 개발하여 보다 직접적으로 꽌시를 정량화시키고, 이러한 꽌시가 기업 성과에 미치는 영향을 검증하였다.

2) 꽌시의 역할

최근 기업의 사회적 네트워크와 이의 역할에 대한 연구가 활발히 진행되고 있다. 대부분의 연구에서 사회적 네트워크는 기업의 중요한 무형자산으로 작용하여 다양한 경쟁우위의 원천으로 작용한다고 설명된다. 이러한 역할의 예를 들면, 기업에 새로운 기회나 자원 제공 및 당면한 문제해결, 사회적 가치 교환과 거리 감소, 협력 파트너 평가 및 교류 촉진, 위기 시 생존을 위한 보장 제공 및 외부 지식 획득 등이 될 수 있다(Granovetter, 1982; Johannisson, 1990).

이러한 사회적 네트워크는 특히 제도가 미성숙한 신흥시장이나, 창업 초기의 기업에서 거버넌스 제도(governance institution)에 대한 대응으로 작용할 가능성이 높다. 즉 시장 메커니즘이 미비하거나, 기업이 창업 초기단계에 있을 경우에는 창업자가 효율적인 외부시장에서 도움을 받지 못하는 경우가 많기 때문에, 이러한 경우에 있어서 창업가의 개인적 네트워크가 중요한 역할을 담당한다는 것이다(Licht & Siegel, 2006). 가령 법적/제도적 보호를 받기 힘든 신흥시장에서 외부투자자는 투자이익을 보장하기 위하여 일반적으로 창업 초기 기업에는 투자하지 않으려 한다. 그러므로 창업자들은 원활한 자금 조달을 시장에서 찾기가 힘들어지고, 그 대체적인 방안으로 정부기관과의 협력을 통하여 자원을 조달하는 경향이 높다(Milhaupt, 1998; Bebchuk & Roe, 1999). 이러한 협력 파트너로 활동하고 있는 정부기관들은 창업자의 사회적 네트워크의 중요한 구성원이고, 기업에는 중요한 자원 조달처가 되는 것이다. 많은 신흥시장에서 창업자가 개인이나 기업의 명성을 제고함으로써 정보, 기술, 자금 그리고 인적자원을 확보하지만 초기단계에서 그러한 명성을 확보하지 못한 창업자의 경우에는 오로지 개인의 사회적 네트워크를 통하여 창업에 필요한 자원을 구하는 경우가 많다는 것이다. 이러한 자금과 기술 면에서의 역할과 더불어 창업 시 재능 있거나 믿을 만한 인재의 고용에도 창업자 개인 네트워크가 어느 정도 중요한 역할을 담당한다고 밝혀져 있다(Licht & Siegel, 2006).

또한 중국과 같이 시장 메커니즘과 여러 제도가 불안정한 경우에는 같은 제도라 할지라도 중앙과 지방 간의 차이가 많이 존재한다(Hendrischke, 2006; Peng, 2000). 따라서 많은 중국의 민영기업들은 정책의 공백 또는 틈새를 활용함으로써 생존과 성장을 해 오고 있다. 나아가 정책의 예측 불가성으로 인하여 많은 민영기업들이 단기적인 목표만을 설정하고 운영된다. 이러한 배경하에서는 꽌시의 역할이 매우 중요하고, 기존의 많은 연구에서 꽌시가 중국 창업문화의 핵심요소로 간주되고 있는 것이다(Yeung et al., 1996; Gibb & Li, 2003). 즉 꽌시가 중국의 미비한 법률과 제도를 대신하여 자원교환과 기업운영을 보장하고 있는 것이다(Dunfee & Warren, 2001). Kambil 외(2006)는 중국에서 벤처투자 시 필요한 7대 원칙을 요약하였는데, 그중에서 꽌시를 가장 중요한 요소로 뽑았다.

하지만 이러한 꽌시의 부정적 역할도 무시할 수 없을 것이다. Tan 외(2007)의 제도적 환경과 성과에 관한 연구 결과에 의하면, 기업과 정부 간의 지나친 정경유착은 기업 독립성의 상실을 초래한다고 하였다. 또한 기업입장과 정부입장의 불가피한 불일치가 발생할 경우, 과도한 정부간섭은 궁극적으로 기업이익에 악영향을 미칠 수밖에 없다고 주장하고 있다. 또한 Dunfee & Warren(2001)은 꽌시는 자원 분배의 비효율성과 사회공정성의 방해 등 부정적인 역할도 있다고 주장하였다. 이들이 제시한 꽌시의 부정적인 역할은 ① 사회 자산의 손실을 초래하고, ② 대다수 이익의 손해를 담보로 소수자의 이익을 만족시키며, ③ 의무 위반을 유도하고, ④ 제도를 위반하는 행위를 유도하며, ⑤ 권력 남용을 초래하고, 결국 ⑥ 부정부패를 야기한다는 등이다.

3) 기업 대정부 꽌시의 중요성

꽌시를 구성하고 있는 여러 요건들 중 특히 관심을 끄는 것은 대정부 꽌시이다. 상기한 바와 같이 많은 중국 민영기업들은 정부와의 관계 속에서 성장을 지속해 오고 있기에 대정부 꽌시는 많은 연구자들의 관심을 끌어왔다. Zou & Gao(2007)는 중국 기업의 대정부 꽌시를 기업의 가장 중요한 경쟁우위로 보았다. 이는 기업의 대정부 꽌시가 자원기반관점에서 제시하는 가치성, 희소성, 모방불가성과 대체불가성의 네 가지 특성을 모두 가지고 있기 때문이다. Li 외(2006)은 미비한 법률과 뒤처진 시장제도를 중국의 기업가가 정치에 참여하는 주요 원인으로 분석하였다. 특히 경제가 낙후되고, 정부규제가 많으며, 과세부담이 크고, 법률이 미흡한 지역 창업자의 정치참여는 기업규모 확대와 기업수명 연장에 현저한 영향을 미친다고 밝혔다. 즉 법률의 미비로 인하여 법률에 의존하는 대신, 직접적인 정치참여를 통하여 자원조달을 하는 것이 효율적인 방법이었던 것이다. 그러나 점차 제도 개선이 이루어짐에 따라 창업자의 정치참여 의도는 약해지고, 기업과 정부 간의 관계도 점차 멀어질 것으로 예상된다. Wu(2006)는 중국 기업의 정치적 행위를 분석하여 중국 기업의 정치적 자원, 정치적 전략 및 정치적 이익 간의 관계를 밝혔다. 이 연구에서 그는 중국 기업의 정치적 자원이 기업의 정치적 이익에 영향을 미치고, 이러한 정치적 이익이 궁극적으로 기업성과에 영향을 미친다는 것을 밝히고 있다.

4) 꽌시와 창업성과에 대한 가설 도출

꽌시에 대한 연구는 중국에서 개방화가 시작되고 중국이 새로운 경제대국으로 부상함으로써 많은 발전을 이루어 왔다. 그러나 꽌시에 관한 기존 연구는 그 개념적 연구의 성과에도 불구하고, 꽌시 자체의 측정에 있어서의 어려움으로 인하여 실증연구가 많이 부족한 상태이다. 이러한 배경하에 본 연구에서는 꽌시에 대한 이용도와 창업기업의 초기 성과 간의 관계를 실증연구로 밝히고자 한다.

꽌시는 중국인 생활의 모든 면에서 구현되고 있으며, 이는 기업창업에서도 큰 역할을 담당하고 있다. 기존 연구에서는 기업 경영과 관련된 꽌시를 내부적 꽌시와 외부적 꽌시로 나누고 있다(Ling, 2007). 기업 내부와 관련된 내부적 꽌시는 주로 인원 채용할 때 사용되며, 외부적 꽌시는 정부와의 꽌시 및 거래선과 같은 타 기업과의 꽌시를 의미한다. 그중 대정부 꽌시는 정책지원 시의 꽌시와 일반 행정처리 시의 꽌시로 구분될 수 있다. 즉 결론적으로 꽌시는 그 성격에 따라, 회사 내부에서의 채용 면 꽌시, 외부에서의 정책 면 꽌시, 행정 면 꽌시, 거래 면 꽌시 등의 네 가지로 구분될 수 있는 것이다(Ling, 2007). 채용 면 꽌시의 이용은 인력 채용 시 아는 사람을 직접 뽑거나 그들을 통하여 인원을 채용한 경우에 발생하고, 정책 면 꽌시는 정부의 아는 사람을 통하여 지원정책을 획득한 경우에 발생되며, 행정 면 꽌시는 각종 자격증 신청 시 또는 일반 행정처리 시 아는 사람을 통하여 좋은 대우 또는 편리함을 얻는 경우에 발생하고, 거래 면 꽌시의 이용은 아는 사람을 통하여 거래 시 우대나 편리함을 얻는 경우에 발생한다. 본 연구는 기업 내부 역량 및 대정부 관계를 창업기업의 성과에 영향을 미치는 주요 변수로 보고 있다. 따라서 꽌시를 채용 면 꽌시, 정책 면 꽌시 및 행정 면 꽌시로 나누고 연구를 진행하였다.

이러한 구분하의 세부 꽌시들은 각각 독립적으로 창업성과에 영향을 미칠 것이다. 우선 채용 면 꽌시는 상기한 정의가 제시해 주는 것처럼 창업기업의 인적 안정성을 확보하는 데 도움을 줄 수 있다. 즉 창업 초기에 높은 인적 안정성과 낮은 이직률이 기업생존과 성장의 중요한 조건이다(Fu. et al., 2002). 그러므로 채용 면에서 이용되는 꽌시는 창업기업의 초기 창업성과에 긍정적 영향을 주는 것으로 판단할 수 있다. 정책 면 꽌시 또한 창업 초기에 기업의 지원정책 획득에 도움을 줌으로 해서 궁극적으로는 창업성과에 긍정적 영향을 주는 요인이 된다. 기존 연구에서 이미 정책적 지원이 중국에서 창업기업의 중요한 생존요인으로 설명되고 있다(Zou & Gao, 2007; Wu,

2006). 이를 통하여 정책 면 꽌시 이용도는 창업 초기 기업성과에 긍정적 영향을 주는 것으로 예상된다. 마지막으로 행정 면 꽌시는 창업기업의 행정상의 편리성을 확보하게 해 주는 요인이다. 중국 기업에 있어서 정부의 여러 가지 행정수속의 까다로움은 기업 성과에 매우 중요한 영향을 미치고 있으며(Ling, 2007; Li, et al, 2006; Wu, 2006), 행정 면 꽌시 이용도는 중국 창업기업의 창업성과에 긍정적 영향을 주는 것으로 설명될 수 있다. 상기 내용을 종합하여 본 연구에서는 꽌시의 역할과 창업성과 간의 관계에 대해 아래 가설을 도출하였다.

H5: 채용 면 꽌시 이용도는 창업성과에 긍정적 영향을 미칠 것이다.
H6: 정책 면 꽌시 이용도는 창업성과에 긍정적 영향을 미칠 것이다.
H7: 행정 면 꽌시 이용도는 창업성과에 긍정적 영향을 미칠 것이다.

창업팀 특성에 대한 가설과 꽌시의 이용에 대한 상기 가설을 정리하여 본 연구에서 제시하는 연구모형은 다음 <그림 1>과 같이 도출되었다.

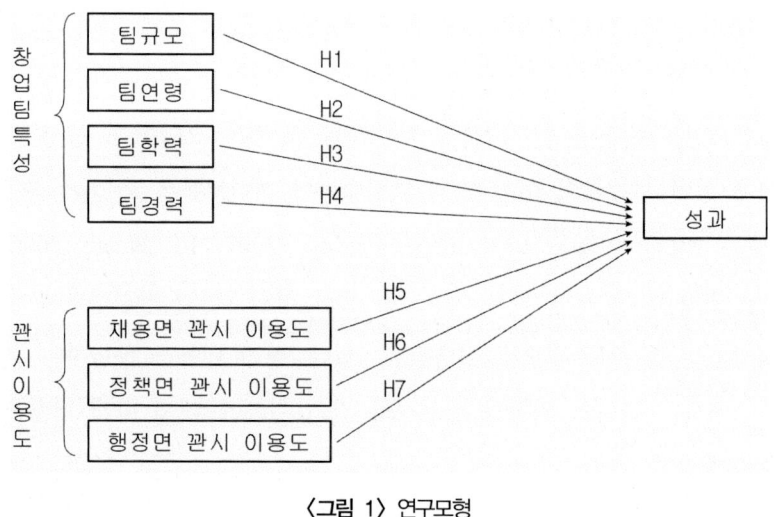

〈그림 1〉 연구모형

III. 연구방법

1. 변수의 조작적 정의와 측정

1) 창업팀 특성

창업팀 특성이 창업성과에 미치는 영향과 관련하여 본 연구에서는 창업팀 규모, 연령, 학력 및 경력 다양성을 가설로 제시하였다. 이를 측정하기 위하여 기존의 연구를 참조하여 다음과 같이 개념의 조작적 정의를 하였다.

창업팀 규모는 창업자를 포함한 창업에 참여한 핵심 멤버의 수(투자자 제외)로 정의하고 측정하였다(Roberts, 1991; Cooper & Gimeno-Gascon, 1992). 핵심 멤버는 회사 설립 시 참여하였고, 이후 회사의 주요 의사결정에 참여한 사람으로 정의하였다. 창업팀 연령은 창업팀 구성원의 창업 당시 연령을 모두 합산하여 팀원수로 나눈 평균연령을 사용하였다(Hambrick & Fukutomi, 1991; Hambrick & Mason, 1984). 창업팀 학력을 정량화하기 위하여 본 연구에서 창업팀 성원들이 교육받은 기간(연수)의 평균으로 정의하였다. 즉 창업팀 구성원의 창업 당시 교육을 받은 기간(연수)을 합산하여 팀 규모를 나누어 사용하였다(Dollinger, 1984; Guthrie, et al., 1991; Chen et al., 2006). 창업팀 경력 다양성은 팀원 개인의 이전 부서 경험을 총합하여 개인 간 중복되는 이전 부서 경험의 수를 제외한 결과를 사용하였다(Hambrick, et al., 1996; Priem, et al., 1999). 가령 어느 창업팀이 네 명으로 구성되는데, 그들이 모두 기술부서의 경험만 가지고 있는 경우에 1점으로 하였고 또 어느 창업팀이 두 명으로 구성되는데, 그 중 한 명이 기술부서 경험이 있고, 다른 한 명이 영업부서와 관리부서의 경험을 가지고 있는 경우에는 3점으로 산정하였다.

2) 꽌시 이용도

중국의 꽌시에 대한 많은 연구에도 불구하고 지금까지 꽌시를 제대로 측정하는 도구가 개발되어 있지는 않다. 이로 인하여 꽌시에 관한 실증연구는 그 개념 연구에 비해서 활발하지 않은 실정이다. 꽌시를 측정하기 힘든 이유는 첫째, 이 개념이 개인 간의 상호관계를 기반으로 정립되는 것이기에 정량화되기 어렵고, 둘째, 중국인은 개인정보의 유출에 대한 반감이 있기 때문에 자신의 사적 정보를 공유하는 데 주저함이 있기 때문이다. 본 연구에서는 기존 연구에서 단편적으로 제시된 측정도구들을 바탕으로 꽌시를 측정할 수 있도록 개념적 정의를 내렸다. 본 연구에서는 기업 내부 역량 및 대정부 관계를 성과의 주요 설명변수로 삼고 있다. 즉 채용 면 꽌시, 정책 면 꽌시 및 행정 면 꽌시를 중심으로 그 개념을 정의하고, 이를 이용하는 이용도를 측정하도록 하였다. 이는 창업자들이 창업과정에서 실질적으로 이용하는 꽌시는 그들이 잠재적으로 가지고 있는 꽌시를 모두 사용하는 것은 아니기 때문이다. 즉 실제로 창업과정에서 이용하는 꽌시만이 기업성과에 실질적인 영향을 미칠 수 있기 때문이다. 다시 말해서 꽌시를 아무리 많이 가지고 있다고 하더라고 이용하지 않으면 무의미하다는 것이다.

이렇게 이용도에 초점을 맞추어 세 가지 꽌시는 다음과 같이 측정되었다. 채용 면 꽌시 이용도의 측정은, 우선 채용 시 꽌시 이용 여부를 물어보고, 이용하였을 경우에는 그 이용도를 추가적으로 물어보았다. 이용도는 3점 측도(1점＝'약', 2점＝'중', 3점＝'강')로 측정하였다. 채용 대상의 선정은 창업 초기 성과에 직접적인 영향을 미칠 수 있는 기술 인력과 고학력자 위주로 조사하였으며, 이의 측정을 위하여 각각 기업 R&D부서 인원수(기술인력)와 석박사 직원 수(고학력자)로 측정하였다. 두 타입의 인용채용에 있어서 우선 꽌시 이용 여부를 확인하였으며, 이용 시 그 이용도를 측정하였다. 이용도의 종합적인 산정은 두 가지 타입의 채용 시 꽌시 이용도 점수를 합산해서 평균을 취하였다. 가령 기술직이 3점, 석박사가 2점의 경우에 꽌시 이용도는 $(3+2)/2=2.5$점을 부여하였다. 해당 꽌시를 이용하지 않는 경우에는 0점으로 계산하였다. 비슷한 방법으로 정책 면 꽌시 이용도와 행정 면 꽌시 이용도를 측정하였다. 1단계로 정책지원의 항목과 행정적 우대의 항목들을 정리하였고, 각 항목별로 꽌시 이용 여부 및 이용도를 측정하였다. 예컨대 지원정책을 세 가지 받았고,

그 지원정책의 선정에 있어서 꽌시 이용도가 각각 강(3점), 중(2점), 줌(2점)의 예가 있다면, 정책 면 꽌시 이용도는 $(3+2+2)/3 = 2.33$ 점이 된다. 여기서 정책지원과 행정우대의 항목들은 기존 연구를 종합해서 선정하였다. 본 연구에서 최종적으로 사용한 정책지원은 총 13개 항목이었고, 행정우대는 총 4개 항목으로 구성되었다. <표 1>에서 총 17개 항목을 정리하였다.

〈표 1〉 측정된 정책 면 꽌시와 행정 면 꽌시

정책지원(정책 면 꽌시) 13개 항목	행정지원(행정 면 꽌시) 4개 항목
1. 기술개발지원금과 같은 보조금	1. 각종 인허가 신청 시보다 쉽거나 빠르게 받았던 경우
2. 소득세, 부가가치세, 영업세, 수출입세 등 세금 감면	2. 정부행정검사 및 일반 행정처리 시 쉽게 통과되거나 빠르게 통과되었던 경우
3. 저금리나 무금리 대출 또는 정부담보 대출	3. 행정처벌 시 벌금 감면이나 부분 납부했던 경우
4. 기술단지 입주, 분양, 임대료 감면	4. 기업표준을 산업표준으로 정부주도하에 추진했던 경우
5. 인력 채용 시 정책혜택	
6. 기술 및 법률 컨설팅	
7. 정부 위탁 연구	
8. 투자/서비스/자문/연구기관 연계	
9. 기술 홍보 및 전시회	
10. 정부구매	
11. 경영에 관한 주요 정보 제공	
12. 공공직업훈련시설, 기자재 이용	
13. 국제협력 및 국제무역 혜택	

3) 자료의 수집

본 연구의 자료 수집은 중국 베이징 지역의 기술창업기업을 대상으로 진행하였다. 중국인의 경우 대부분 설문조사에 대한 경계심이 있고, 특히 개인 정보의 유출에 대한 반감이 심한 편이어서 설문조사는 원활하게 이루어지기 쉽지 않다. 이러한 한계를 극복하기 위하여 본 연구에서는 한 명의 연구자가 직접 베이징으로 가서 기업 창업자들과 인터뷰를 진행하여 자료를 수집하였다.

본 연구의 종속변수인 창업성과의 측정은 창업 후 최초 3년의 성과를 중심으로 측정되었고, 이를 위하여 연구대상은 창업 3년 이상의 기업으로 선정하였다. 중국 정부의 첨단기술 산업에 대한 정의에 따라 IT, 전자전기, 기계장비, 생명과학, 환경에너지, 신소재 및 기술서비스 등 일곱 개 산업에 속한 기업을 조사하였다. 기업당 인터뷰 시간은 보통 1～2시간이었으며, 설문 항목에서 꽌시 및 정책과 관련한 일부 민감한 항목들의 측정을 위하여 조사를 실시하기 전에 연구자는 창업자와 보통 40～60분 정도의 대화를 나누었다. 그 후 설문을 위한 분위기가 자연스러워졌을 때, 설문지를 배포하여 창업자가 모든 설문들을 직접 작성하도록 하였다. 설문조사는 두 달에 걸쳐 진행되었고, 총 171부의 설문지를 회수하였다. 설문분석을 위한 통계 프로그램은 SPSS 12.0을 활용하였다.

Ⅳ. 연구 결과

1. 기초통계 및 상관관계

본 연구의 연구대상이 되는 표본들은 중국 베이징 지역에 소재한 7개 첨단기술산업의 171개 기업의 경영진이었다. 전체 기업의 창업연수는 최소 3년, 최대 16년, 평균 4.88년이었다. 성장단계별로 구분해 보면 창업단계 기업 45.6%, 성장단계 기업 48.5%, 성숙단계 기업 5.8%이었고, 산업별로는 IT산업 34.5%, 전자전기 18.1%, 기계장비 19.3%, 생명화학 9.4%, 환경에너지 9.4%, 신소재 4.7%, 기술서비스 4.6%를 차지하였다.

창업팀 특성과 관련된 정보는 다음 <표 1>과 같다. 꽌시 이용도에서는 171개 창업기업 중 채용 면 꽌시를 이용한 기업이 166개(97.1%), 정책 면 꽌시를 이용한 기업은 57개(33.3%), 행정 면 꽌시를 이용한 기업은 145개(84.7%)이었고, 각 꽌시의 이용도는 <표 1>에 제시되어 있다.

이익 성장률에서는 이익이 발생한 총 163개 기업에서 창업 최초 3년의 평균 이익성장률이 20% 미만의 기업이 45개 사(27.6%), 21~50의 기업이 70개 사(43.0%)로 가장 많았으며, 51~100%의 기업의 33개 사(20.2%), 101~200%의 기업이 12개 사(7.4%) 그리고 201% 이상의 기업이 3개 사(1.8%)로 분포되고 있었다. 전체 기업의 최저 이익 성장률이 0%, 최고 400%, 평균 59.4%로 나타나, 기업별로 이익성장률에 대한 편차가 큰 편이었다.

〈표 2〉 연구변수의 기술통계 및 상관관계

	평균	s.d.	팀 규모	팀 연령	팀 학력	팀 경력	채용 시	정책 시	행정 시	이익 성장
팀규모	3.12	1.214	1.00							
팀연령	33.64	6.588	−0.30***	1.00						
팀학력	16.90	1.907	−0.05	0.09	1.00					
팀경력	1.99	0.853	0.57***	−0.14	−0.05	1.00				
채용꽌시	1.939	0.667	0.21***	0.00	0.06	0.09	1.00			
정책꽌시	0.809	1.210	0.14*	0.07	−0.08	0.06	0.18**	1.00		
행정꽌시	0.807	0.867	0.03	−0.02	−0.23***	0.00	−0.10	0.29***	1.00	
이익성장	59.37	60.466	−0.01	−0.19**	0.09	0.01	−0.07	0.15*	0.20***	1.00

<표 2>는 본 연구에서 사용된 변수들의 평균, 표준편차, 상관관계를 제시한 것이다. 기초 통계자료 중 특징적인 부분은 다음과 같다. 우선 경영진을 구성하는 여러 차원들 간에는 거의 독립성을 유지하고 있으나 다만 팀규모와 팀경력 다양성의 관련성이 높게 나타나고 있다. 이는 팀규모가 클수록 구성원들이 갖고 있는 총 부서 경험 수가 많은 것으로 이해되어 당연한 결과로 받아들여진다. 꽌시의 이용 형태에서는 정책꽌시와 채용꽌시, 정책꽌시와 행정꽌시의 관련성이 다소 있는 것으로 나타나고 있다. 이는 일반적으로 꽌시를 많이 사용한 창업자의 경우에 한 가지 꽌시만 사용하는 것보다 여러 가지 꽌시를 동시에 이용하는 경향이 높은 것으로 이해할 수 있다.

2. 가설 검증 결과

본 연구에서는 중국 베이징 기술창업기업의 창업팀 특성 및 꽌시 이용도가 초기 창업성과에 미치는 영향에 대해 분석하였다. 창업팀 특성을 창업팀 규모, 창업팀 연령, 창업팀 학력 및 창업팀 경력 다양성으로 측정하였고, 꽌시 이용도를 채용 면 꽌시 이용도, 정책 면 꽌시 이용도 및 행정 면 꽌시 이용도로 측정하였으며, 창업성과를 최초 3년의 이익 성장률로 측정하였다. 이익성장률을 창업성과로 측정하여 회귀 분석한 결과를 살펴보면, 전체적으로 모델은 유의한 것으로 나타났다(모델 3, $p < 0.01$).

<표 3> 이익 성장률에 대한 회귀분석 결과

	이익 성장률		
	Model 1	Model 2	Model 3
창업팀 규모	− 0.089		− 0.119
창업팀 연령	− 0.221***		− 0.244***
창업팀 학력	0.102		0.160**
창업팀 경력다양성	0.033		0.038
채용 면 시 이용도		− 0.066	− 0.068
정책 면 시 이용도		0.118	0.165**
행정 면 시 이용도		0.164**	0.186**
R2	0.052	0.055	0.129
Adj R2	0.027	0.038	0.090
F	2.137*	3.113**	3.270***

*: $p<0.1$, **: $p<0.05$, ***: $p<0.01$

본 연구의 회귀분석 결과에 의하면, 창업팀 학력과 관련된 가설 3 과, 정책 면 꽌시 이용도와 행정 면 꽌시 이용도를 나타내는 가설 6, 7은 지지되었다($p<0.05$). 보다 폭넓게 본다면, 창업팀 특성과 관련해 서는 창업팀 연령이 낮을수록, 학력이 높을수록, 기업의 초기 이익 성장률이 높은 것으로 나타났다. 반면 창업팀 규모와 경력 다양성은 초기 성과에 유의적인 영향을 미치지 않는 것으로 나타났다.

꽌시 이용도와 관련해서는 정책 면 꽌시 이용도가 높을수록 또한 행정 면 꽌시 이용도가 높을수록 기업의 초기 이익 성장률은 이 높 은 것으로 나타난 반면 채용 면 꽌시 이용도와 초기 성과 간의 관계 가 유의하게 나타나지 않았다.

V. 시사점과 연구의 한계

기존 연구에 의하면 창업팀 규모, 연령, 학력, 경력 다양성은 모두 성과에 긍정적 영향을 미친다고 하였다. 중국의 창업기업을 대상으로 진행한 본 연구에서는 상기 네 가지 변수 중 학력만이 유의한 영향을 미치는 것으로 나타났다. 창업팀 규모와 경력 다양성은 초기 성과에 유의하지 않은 영향을 미치는 반면, 창업팀 연령은 오히려 성과에 부정적 영향을 미치는 것으로 판명되었다. 이는 기존 연구의 결과와 대치되는 것이다. 즉 Wei 외(2005)는 중국 기업경영진의 연령이 기업성과에 미치는 영향을 연구하여, 경영진 연령과 성과 간에 긍정적인 관계가 있음을 밝히고 있다. 그 이유로 그들은 중국에서 일반적으로 연령이 많을수록 꽌시를 더 많이 가지고 있기 때문에 결국 기업성과가 더 좋게 나타난다고 제시하였다. 하지만 본 연구의 결과에서 제시된 것은 창업기업의 경우 젊은 층 창업자의 창업의식이나 경영능력이, 전통적인 고연령 창업자보다 높아 경영 성과로 연결될 수 있다는 사실을 암시해 주고 있다. 이를 통하여 기존의 창업팀 특성에 대한 연구지평을 넓힐 수 있는 계기가 될 것이라고 생각한다. 이는 특히 산업의 특성과 연관되어 설명될 수 있을 것이다. 즉 기술기반 창업의 경우 새로운 기술과 혁신에 보다 수용도가 높은 젊은 층이 더 유리할 수 있다는 것이다.

꽌시의 측정과 관련해서도 새로운 시도를 하였다. 꽌시에 대한 기존의 실증연구가 거의 없었던 이유는 꽌시를 정량화시키기 힘들고, 중국인의 개인 정보 유출에 대한 반감정서가 있기 때문이다. 사회학자들은 네트워크를 연구할 때 보통 네트워크의 규모, 접촉의 빈도,

구성원 중심도 등으로 측정하는데, 이로 인한 측정의 복잡성과 까다로움으로 인해 어려움을 겪을 수밖에 없는 실정이다. 본 연구에서는 상기 어려움을 극복하기 위하여 중국인의 네트워크인 꽌시를 채용 면 꽌시, 정책 면 꽌시와 행정 면 꽌시로 분류시켜 이의 이용도를 측정하는 방법을 사용하였다. 이 과정에서 각각의 꽌시 이용과 관련된 문항 뒤에 이용도에 해당되는 질문을 붙여 측정함으로써, 세분화된 꽌시를 매우 용이하게 측정하여, 정확성과 설명력을 높였다. 꽌시의 유형이 많이 존재하는데, 이를 하나의 변수로 보고 측정하는 기존의 방법은 무리가 있을 것이다. 본 연구에서는 구체적으로 어떠한 꽌시가 어떠한 역할을 가지고 있는지를 밝힐 수 있는 대안을 제시해 보았다.

꽌시의 역할에 대한 논의는 최근 증폭되고 있다. 이는 중국 사회가 꽌시 기반형 사회에서 시장 기반형 사회로 변신할 것이라는 주장과 맞물려 있다(Dunfee & Warren, 2001). 중국의 경제개방에 따라 기업들은 생생력을 더욱 중시하게 되고 자원배분의 합리성과 거래의 효율성에 힘을 기울일 것이다. 이러한 경쟁심화와 법률개선 등에 따라 꽌시가 중국 경제사회에서 차지하는 역할은 점차 작아질 것이고 이에 따라 Guthrie(1998)는 중국에서 전통적 꽌시가 결국 사라질 것이라고 주장하였다. Li 외(2006)는 국가 민주제도의 개선에 따라 기업과 정부 간의 꽌시가 약화될 것이라고 주장했다. 이러한 꽌시가 약화된 추세는 본 연구에서도 나타났다. 본 연구에서 채용 면 꽌시는 기업의 초기 성과에 영향을 미치지 않는 것으로 나타났고, 행정 면 꽌시와 정책 면 꽌시는 기업의 초기 성과에 영향을 미치는 것으로 나타났다. 그러나 그 영향은 크지 않은 것으로 나타났다. 상기 결과를 통하여 중국 베이징 지역의 기술창업기업들이 전통기업보다 꽌시를 덜 이용하고 창업환경이 옛날보다 합리화되는 것으로 인식된다.

상기한 연구 결과의 이론적, 실무적 시사점에도 불구하고 본 연구가 가지는 몇 가지 한계점을 밝히고 향후 이의 학문적 진보를 기대하며 연구를 마치고자 한다. 우선 본 연구는 지역적인 한계를 가진다. 즉 상층부 이론의 일반화를 기대하면서 문화적으로 배경이 다른 중국의 창업팀을 실증 분석하였으나, 중국이라는 거대한 대륙의 다양성으로 인하여 북경 지역의 기술창업에 대한 연구에 국한되게 되었다. 향후 보다 폭넓은 샘플을 확보하여 전체 중국 지역에 대한 종합적인 연구가 진행되었으면 하는 바람이다. 더불어 꽌시의 측정에 있어서 그 이용도를 중심으로 본 연구에 적합한 개념의 측정을 제시하였다. 그러나 이 역시 꽌시 그 자체에 대한 측정이라기보다는 이용도에 중심을 둔 측정이다. 마지막으로 본 연구에서는 거래 면 꽌시에 대한 부분을 직접적으로 검증하지는 않았다. 이는 두 가지 요인에서 기인한다. 우선 기업 성과에 유의적인 영향을 미치는 요인이 내부적 요인과 환경적 요인으로 정리되는 전략적 접근의 일반적인 접근법을 따랐기 때문이다. 즉 채용 면 꽌시 이용을 내부적 요인으로 보았고, 정책 및 행정 면 꽌시를 외부적 요인으로 판단하고 연구를 진행하였다. 이와 더불어 거래 면 꽌시에 대한 부분은 측정에 대한 현실적인 대안이 많이 부족한 현실적인 한계에 기인한다. 기존의 어떠한 연구에서도 이에 대한 직접적인 측정을 시도하지 않았다. 이러한 이유로 본 연구에서는 거래 면 꽌시에 대한 부분을 향후 연구에서 심층적으로 분석해 볼 부분으로 남겨 두고자 한다.

중국 경제를 이해하는 데 필수적인 꽌시라는 개념에 대한 연구가 그 이론적 발전에 상응하는 실증적인 연구가 보다 더 많이 나오기를 기대하며, 이를 위해 필수 불가결한 꽌시 측정에 대한 보다 일반화된 함의가 본격적으로 시작되기를 기다려 본다.

참고문헌

『중국고기술산업통계연감』, 국가통계국, 2007.

Aldrich. H & C. Zimmer, 1986, "Entrepreneurship through Social Networks, in the Art and Science of Entrepreneurship", D. Sexton and R. Smilor(Eds), 3-23. Cambridge, MA: Ballinger Publishing.

Bebchuk. L & Roe. M, 1999, "A Theory of Path Dependence in Corporate Governance and Ownership", Stanford Law Review, Vol.52, pp.127-170.

Bruderal. J & Preisendorfer. P, 1998, "Network Support and the Success of Newly Founded Businesses", Small Business Economics, Vol.10, pp.213-225.

Bruton, G. D. & Rubanik. Y, 2002, "Resources of the Firm, Russian High-Technology Startups, and Firm Growth", Journal of Business Venturing, Vol.17, Iss.6, pp.553-576.

Buttery. E. A. & Wong. Y. H, 1999, "The Development of Guanxi Framework", Marketing Intelligence and Planning, Vol.17, No.3, pp.147-155.

Carpenter, M. A., 2002, "The Implications of Strategy and Social Context for the Relationship between Top Management Team Heterogeneity and Firm Performance", Strategic Management Journal, Vol.23, No.3, pp.275-284.

Chen. G. J, Li. J & Matlay. H, 2006, "Who Are the Chinese Private Entrepreneurs? A Study of Entrepreneurial Attributes and Business

Governance", Journal of Small Business and Enterprise Development, Vol.13, No.2, pp.148-160.

Chen. J, 2006, "Development of Chinese Small and Medium-sized Enterprises", Journal of Small Business and Enterprise Development, Vol.13, No.2, pp.140-147.

Chen. Z. X. & Francesco, A. M., 2000, "Employee Demography, Organizational Commitment and turnover Intentions in China: Do Cultural Differences Matter?", Human Relations, Vol.53 No.6, pp.869-887.

Cooper, A. C. & Gimeno-Gascon, F. J., 1992. "Entrepreneurs, Process of Founding and New Firm Performance", In D. Sexton and J. Kasarda, eds. The State of the Art in Entrepreneurship. Boston, MA: PWS Kent Publishing Company.

Dollinger, M. J., 1984, "Environmental Boundary Spanning and Information Processing Effects on Organizational Performance", Academy of Management Journal, Jun, No.27, pp.351-368.

Dunfee. T. W. & Warren. D. E., 2001, "Is Guanxi Ethical? A Normative Analysis of Doing Business in China", Journal of Business Ethics, Vol.32, No.3, pp.191-204.

Fu. P. P, Farr. J. L. & Peng. S, 2002, "Characteristics and Processes of Top Management Teams in High-Tech Firms", The Management of Enterprises in the People's Republic of China, Boston: Kluwer Academic, pp. 375-413.

Gao. Y, Zhou. Z & Yim. C. K., 2007, "On What Should Firms Focus in Transitional Economies? A Study of the Contingent Value of Strategic Orientations in China", International Journal of Research in Marketing, Vol.24, pp.3-15.

Gibb. A & Li. J, 2003, "Organizing for Enterprise in China: What can We Learn from the Chinese Micro, Small, and Medium Enterprise development Experience", Futures, Vol.35, pp.403-421.

Granovetter, M. S, 1982, "The Strength of Weak Ties: A Network

Theory Revisited", in P. V. Marsden and N. Lin(eds.), Social Structure and Network Analysis, Beverly Hills: Sage, pp.105-130.

Guthrie, Douglas, 1998, "The Declining Significance of Guanxi in China's Economic Transition", The China Quarterly, Vol.154, pp.254-281.

Guthrie, P. B., Segal, M & Kater, S. B., 1991, "Independent Regulation of Calcium Revealed by Imaging Dendritic Spines", Nature, Nov. 7, pp.76-80.

Hambrick, D. C. & Fukutomi, G., 1991, "The Seasons of a CEO's Tenure", Academy of Management Review, Vol.16, No.4, pp.719-742.

Hambrick, D. C. & Mason, P. A., 1984, "Upper Echelons: The Organization as a Reflection of its Top Managers", Academy of Management Review, Vol.9, No.3, pp.193-207.

Hambrick. D. C, T. S. Cho & M-J. Chen, 1996, "The Influence of Top Management Team Heterogeneity on Firms' Competitive Moves", Administrative Science Quarterly. Vol.41, Iss.4, pp.659-684.

Hendrischke. B, 2006, "New Dimension of Ancient and Medieval Chinese Thought", Asian Studies Review, Vol.30, Iss.1, pp.77-87.

Johannisson. B, 1990, "Economics of Overview - Guiding the External Growth of Small Firms", International Small Business Journal, Vol.9, pp.32-44.

Kambil. A, Long. V & Kwan. C, 2006, "The Seven Disciplines for Venturing in China", MIT Sloan Management Review, winter, Vol.47, No.2, pp.83-89.

Kamm, J. B., Shuman, J. C., Seegar, J. A. & Nurick, A. J., 1989. "Are well Balanced Entrepreneurial Teams more Successful?", Frontiers of Entrepreneurship Research, pp.428-429.

Larson. A & Starr. J. A, 1993, "A Network Model of Organization Formation", Entrepreneurship: Theory and Practice, Vol.17, No.2, pp.5-15.

Lawrence, B. S., 1997, "The Black Box of Organizational Demography", Organization Science, Vol.8, No.1, pp.1-22.

Lerner. M, Brush. C & Hisrich. R, 1997, "Israeli Women Entrepreneurs: An Examination of Factors Affecting Performance", Journal of Business Venturing, Vol.12, pp.315-339.

Li. J & Matlay. H, 2006, "Chinese Entrepreneurship and Small Business Development: An Overview and Research Agenda", Journal of Small Business and Enterprise Development, Vol.13, No.2, pp.248-262.

Li. Y, Zhao. Y & Liu. Y, 2006, "The Relationship between HRM, Technology Innovation and Performance in China",International Journal of Manpower, Vol.27, No.7, pp.679-697.

Licht. A. N. & Siegel. J. I, 2006, "The Social Dimension of Entrepreneurship", Oxford Handbook of Entrepreneurship, Oxford: Oxford University Press.

Ling, 2007, <New Revolution in China>, Xinhua Press.

Michel, J. G. & Hambrick, D. C., 1992, "Diversification Posture and Top Management Team Characteristics", Academy of Management Journal, Vol.35, No.1, pp.9-37.

Milhaupt. C, 1998, <Property Right in Firms>, Virginia Law Review, Vol.84, pp.1145-1195.

North, D. C, 1983, <Structure and Change in Economic History>.

Peng. M. W. & Luo. Y, 2000, "Managerial Ties and Firm Performance in a Transition Economy: The Importance of Micro-Macro Links", Academy of Management Journal, Vol.43, No.3, pp.486-501.

Priem, R. L, Lyon. D. W. & Dess. G. G, 1999, "Inherent Limitations of Demographic Proxies in Top Management Team Heterogeneity Research", Journal of Management, Vol.25, No.6, pp.935-953.

Roberts, E. B., <Entrepreneurs in High Technology: Lessons from MIT and Beyond>, Oxford Univ. Press, 1991.

Tan, J. S., Li, M. Y. & Li, W. J., 2007, "An Analysis of the

Characteristics of Chinese Listed Companies' Independent Director System", Frontiers of Business Research in China, Vol.1, No.3, pp.456-481.

Tsui, A. S., Wang, H., Xin, K., Zhang, L. & Fu, P. P., 2004, "Let a Thousand Flowers Bloom': Variation of Leadership Styles among Chinese CEOs", Organizational Dynamics, Vol.33, No.1, pp.5-20.

Wei, L. Q, Lau, C. M, Young, M. N & Wang, Z. H, 2005, "The Impact of Top Management Team Demography on Firm Performance in China", Asian Business & Management, Vol.4, pp.227-250.

West, C. T. & Schwenk, C. R., 1996, "Top Management Team Strategic Consensus, Demographic Homogeneity and Firm Performance: A Report of Resounding Non-findings", Strategic Management Journal, Vol.17, No.7, pp.571-576.

Wong, Y. H & Chan, R. Y., 1999, "Relationship Marketing in China: Guanxi, Favouritism and Adaptation", Journal of Business Ethics, Vol.22, No.2, pp.107-118.

Wu. W, 2006, "The Relationship among Corporate Political Resources, Political Strategies, and Political Benefits of Firms in China: Based on Resource Dependency Theory", Singapore Management Review, Vol.28, No.2, pp.85-98.

Xin, K. R. & Pearce, J. L., 1996, "Guanxi: Connections as Substitutes for Formal Institutional Support", Academy of Management Journal, Vol.39, No.6, pp.1641-1658.

Yeung, Irene Y. M. & Rosalie L. Tung, 1996, "Achieving Business Success in Confucian Societies: The Importance of Guanxi (Connections)", Organizational Dynamics, Autumn, pp.54-65.

Zhang, Y. L. & Yang. J, 2006, "New Venture Creation: Evidence from an Investigation into Chinese Entrepreneurship", Journal of Small Business and Enterprise Development, Vol.13, No.2, pp.161-173.

Zou, F. T. & Gao, Y. Q, 2007, "Guanxi with Government as a Source of Competitive Advantage in Mainland China", Journal of American Academy of Business, Cambridge, Mar. 10, pp.158-162.

3

글로벌유통기업의 중국 내수시장 진출 방안

김용준 · 김주원 · 문철주

Ⅰ. 서론   Ⅲ. 중국 유통시장의 진출문제
Ⅱ. 이론적 배경   Ⅳ. 결과 활용방안

Ⅰ. 서론

중국은 전 세계 투자의 블랙홀이라고 불릴 만큼 세계 각국으로부터 투자가 넘쳐나고 있다. 그리고 제조업 분야에서 아직까지 여전히 보유하고 있는 경쟁력을 바탕으로 현재도 제조업으로의 투자가 가장 많은 비중을 차지하고 있다. 그리고 중국은 2001년도 WTO 가입과 2005년 유통시장 완전 개방에 따라 대부분의 외국인 투자 자본을 서비스산업으로 끌어들여 서비스산업을 통해 1, 2차 산업에 발생하는 과잉 노동력을 흡수하려고 하고 있다. 그에 따라 중국은 최근 서비스산업의 개방이 지속적으로 확대되어 가고 있다. 2006년에 시작된 국가발전계획 제11차 5년 계획에서는 산업조정 특히 고용흡수력이 있는 제3차 산업 발전을 중요 목표로 제시하고 있다. 현재 중국

의 제3차 산업의 노동력 비율은 30%에도 이르지 못한다(2008년 통계연감). 또한 중국은 경제가 수출에 너무 과도하게 의존하고 있다는 인식하에 수출 부진을 내수 진작을 통해 어려움을 극복하려고 각종 정책을 마련하여 추진 중이다. 특히 가전산업을 지원하기 위해 농촌에 가전제품을 판매할 경우 판매가의 13%에 해당하는 금액을 정부가 보조금으로 지원하는 가전하향정책(家電下鄕政策)도 2008년 12월부터 확대 실시하고 있다. 이러한 중국 유통시장 환경변화는 중국의 거대한 시장에 진출하려는 한국 기업들의 입장에서는 또 하나의 기회가 될 것이다.

중국은 광활한 국토와 13.5억의 인구의 거대한 소비시장이다. 그렇지만 각 기업들이 독자적으로 중국의 유통시장 전체를 포괄하는 정책을 추진하는 것은 불가능하다. 따라서 중국 시장을 목표로 하는 각 유통기업들은 중국 유통시장의 환경변화에 따른 기회와 위험요인을 파악함과 동시에 경영, 자본, 기술, 인력, 마케팅 등의 다양한 자원의 강점과 약점을 면밀히 분석, 검토하여 자사의 역량에 부합하는 유통시장 진출 전략을 모색해야 한다(오수균, 2008).

중국의 유통업은 중국에 진출해 있는 무수한 한국 제조업체들에 필수적인 중국 내수시장 개척이라는 측면과 연계시켰을 때, 한국에 있어 커다란 이익을 가져다줄 수 있는 분야라고 할 수 있다(강영문, 2006; 김태식, 2009; 안종석, 2002). 중국 유통시장은 한국 유통시장 포화로 극심한 경쟁상태에 있는 한국 유통업체에는 커다란 성장 잠재력과 시장 자원을 가진 새로운 시장개척의 기회이다.

2009년도 한국 국내 소매유통의 규모는 전년대비 3.2% 신장한 182조 원으로 전망되고 있으며, 유통업체들은 내수시장 포화와 경기

침체의 장기화로 인해 해외시장 개발에 적극적으로 나서고 있다. 한국 국내 유통시장이 성숙기에 접어들면서 각 유통업체들은 돌파구로서 해외시장의 개척을 모색하고 있다. 즉 한국형 상품구색, 상품, 마케팅, 서비스가 어우러진 '유통의 수출시대가' 도래한 것이다(정형식·김영심, 2009). 그 결과 투자의 주요 대상으로 전 세계에서 가장 큰 시장성장 잠재력을 갖고 있으며, 바로 한국과 인접해 있는 중국 내수시장을 겨냥하게 되었다.

세계 최대의 선진 유통업체들인 월마트와 까르푸 등은 이미 중국의 내륙 중소도시까지 진출하는 대규모 점포 확대전략을 실시하고 있다. 한국의 이마트도 1997년에 중국 상하이에 진출하였으며, 뒤를 이어 농심 메가마트 할인점과 롯데 백화점이 베이징점을 개설하여 이들 선진 유통업체들과 경쟁을 벌이고 있다(심재화, 2008).

현실적으로 한국은 유통업 개방의 역사가 그리 길지는 않다. 한국 같은 경우 제도적으로 대형할인점의 설립이 불가능하였다가, 정부의 제한 조치가 완화되면서 1993년 최초로 대형할인점인 이마트가 설립되었다. 그 이후 UR협상에서 정부는 유통서비스시장을 개방하기로 약속함에 따라 1996년에 유통서비스 분야에 남아 있던 매장면적 및 점포 수 제한을 완전히 철폐하고 외국인이 대형할인점을 설립할 수 있도록 허용하였다. 이에 까르푸, 월마트, 코스코, 테스코 등 외국 대형할인점들이 한국에 적극 진출하는 계기가 되었다. 특히 1998년에는 외국인투자 유치 촉진의 일환으로 백화점 및 쇼핑센터의 건립에 대한 영향력 검토가 철폐됨으로써 소매업에 대한 실질적인 전면 개방이 이루어졌다(강준구, 2004).

한국은 짧은 유통시장 개방의 역사를 갖고 있지만, 한국 유통업체들은 특유의 서비스와 한국인의 기호를 철저하게 분석하여 외국계 유통업체들의 도전을 극복한 경험을 갖고 있다. 한국 유통업체들은 이미 한국에서 선진국의 거대 유통업체들과 경쟁에서 승리한 경험이 있으며, 한국에서의 경험을 바탕으로 중국 유통시장에 진출할 경우 타 업종에 비해 유리할 것으로 본다. 그러나 중국의 유통시장에서 상대적으로 경쟁력을 갖추고 있거나 대응능력이 풍부한 일부 유통업에 집중될 것이다.

한편, 중국의 2001년 WTO 가입과 함께 2005년도 유통시장의 전면 개방 및 확대는 중국 유통시장에 큰 변화를 가져오는 계기다 되었다. 중국은 유통업체들을 제조기업과 대비해서 상업기업(商業企業)이라는 명칭으로 사용하고 있는데 중국의 유통업에 진출하려는 외자 상업기업들이 꾸준히 증가하면서 경쟁이 심화되고, 외자 상업기업들에 의한 신유통업체의 등장은 기존에 형성되어 있는 유통시장에도 큰 변화를 불러일으키고 있다(김태식, 2009; 심재희, 2008).

신유통입제의 등징과 시장변화의 관계는 한국의 예에서도 쉽게 찾아볼 수 있다. 한국에서 시장은 1990년대 중반까지 주요 소매업 유통채널로서 중요한 역할을 수행해 왔다. 그러나 한국 시장은 유통시장의 개방과 대형할인점, 외환위기 이후 경기침체에 따른 소비심리 위축 등으로 전에 없었던 불황기를 겪었으며, 특히 재래시장을 포함하는 기존의 시장이 상품구성에 있어서 대형할인점과 유사하기 때문에 시장 인근에 설립된 대형할인점은 편의시설, 이용시간, 가격, 상품구성 등의 이점을 바탕으로 시장의 고객들을 상당 부분 흡수하였다(강준구, 2004; 김태식, 2009). 이와 비슷하게 향후 중국의 유통시장도 기존 업체들이 많이 위축되고 신유통업체가 나타날 가능성이 높다.

국내유통기업이 중국 유통시장개방의 호기를 적절히 잘 활용하고 최대한 많은 이익을 창출하기 위해서는 효과적인 중국 내수시장의 진출 전략을 수립해야 할 필요가 있다. 특히 한국 유통기업들은 완벽한 경쟁 분석과 소비자 및 시장분석을 통한 체계적인 전략 수립이 필요하다.

본 연구는 중국과 한국의 대형할인점 이용고객을 대상으로 유통업체의 실시하고 있는 핵심 추진 전략과 성과 특히 유통점포 이용고객의 선호도와 유통점포 이용도에 미치는 효과를 검증하고자 한다. 본 연구의 목적을 간략하면 첫째, 중국의 주요 유통기업현황을 파악하고 그들의 내수시장 공략을 위한 경영전략이 무엇인지를 연구한다. 둘째, 중국의 한국 유통기업, 중국 유통기업 그리고 다국적 유통기업들의 성공적인 중국 내수시장 공략 전략요인을 추출하고 성과에 어떠한 영향을 미치는지를 실증 연구한다. 셋째, 본 사례연구를 통해서 한국 유통기업이 중국 시장에 투자하거나 중국 내수시장을 공략할 때 중국 유통기업은 물론 다국적 유통기업들과 경쟁에서 우위를 차지할 수 있는 시사점을 제공하며 나아가 글로벌경쟁력을 제고시키는 전략적 요인을 밝힌다.

Ⅱ. 이론적 배경

1. 중국 유통시장의 특성 및 국내 유통기업의 진출현황

중국은 1992년부터 유통시장을 부분적으로 개방한 이후 2001년에

WTO에 가입하면서 2006년 말까지 전면적인 개방 확대에 따라 이미 다국적 선진 유통기업들이 중국에 진출하여 경쟁하고 있다. 또한 중국 정부의 규제내용에 맞추어 다양한 유통진출 방식을 채택하고 있다. 중국은 소매업체 분류규범시행령에서 소매업체를 백화점, 슈처(超市), 대형종합슈퍼, CVS(편의점), 창고형 매장, 전매점, 쇼핑몰 등으로 구분하고 규모와 상품구조 및 위치와 시설 등에 대한 기준을 제시하고 있다(2004년 중국상무부가 발표한 ≪외국투자상업영역관리법(外資投資商業領域管理辦法≫).

중국은 아직도 재래시장의 비중이 높은데 이는 반대로 기업형 소매유통업의 성장잠재력이 크다고 볼 수 있다. 중국의 유통업계는 외자 유치를 통해 사업형태가 다양해지고 있으며, 이 중 중국 유통업체 상위 100개사의 매출실적이 전년대비 21% 증가한 1조 22억 위안으로 나타났다(정형식·김영심, 2009). 그러나 시정점유율은 전체 중국 유통시장의 2%에 불과하다. 또한 다국적 유통업체의 매출실적과 매장이 증가하고 있다. 까르푸, 월마트 등 세계적 할인점 업체와 대만 할인점 업체(로코 등), 중국 내수기업, 한국(이마트, 롯데마트 등), 일본, 태국(로터스) 업체 등이 경쟁하고 있는 상황이다. 최근에는 월마트, 까르푸 등이 중국 전역에 100여 개의 점포를 개설하였다. 한국계 할인점의 경우 10여 개 점포를 가지고 있어 규모 면에서는 다국적 유통업체와 비교해 볼 때 아직은 약세이다.

그러나 한국 국내 유통시장의 내부적 환경과 한국 유통기업들의 경험, 중국 정부의 정책변화 등이 맞물려 한국의 중국 유통업에 대한 투자는 최근 많이 증가하게 되었다. 1997년 투자건수와 투자금액이 각각 47건과 약 4천만 달러였는데, 2004년 중국 정부의 유통업에 대한 전면 개방이 실행됨에 따라 2007년을 기준으로 투자건수와 투자금액이 각각 871건과 약 2억 1천억 달러로 폭증하였다(한국수출은행 통계). 특히 중국에 진출한 한국 유통업 가운데 대표적인 선두 주자는 신세계 이마트를 손꼽을 수 있다. 이마트는 1997년 상하이 1호점 개설을 시초로, 현재 중국에서 16개 매장을 운영하고 있다. 그리고 향후 2015년까지 중국 전역에 100개 점포를 열 계획이라 한다. 이는 이마트가 까르푸, 월마트에 필적하는 글로벌 유통기업으로 도약한다는 목표를 두고 있는 것을 알 수 있다. 롯데 백화점은 2008년 8월 1일 중국 베이징의 초대 번화가인 왕푸징 거리에 중국 1호점을 개점하였다. 롯데 베이징점은 국내 백화점으로서 중국에 최초로 진출한 사례이며, 해외 점포로는 러시아 모스크바점에 이은 2호점으로 중국 베이징점을 기반으로 글로벌 백화점의 초석을 다져 향후 2015년까지 중국 내 주요 9개 도시에 20개 점포를 개점할 계획이다. 그리고 농심 메가마트는 2001년 심양에 1호점을 개설한 이후 현재 남경에 2개 점을 포함하여 3개 점을 운영하고 있고, 향후 중국 내에서 다양한 형태의 유통점포를 확장할 계획이다. 그 외에도 롯데마트, 이랜드 세이브 존, CJ 홈쇼핑, GS 홈쇼핑 등이 중국에 진출해 있는 상태이다(<표 1> 참조).

〈표 1〉 한국 유통업체의 중국 진출 현황

업체	진출 내역
신세계 이마트	● 1997년 상하이 1호점 개설 ● 2008년 기준 16개 매장 운영
농심 메가마트	● 2001년 선양 1호점 개설 ● 2008년 기준 3개 매장 운영
롯데 백화점	● 2008년 베이징 1호점 개설 ● 2010년까지 15~20개 백화점 개설계획
롯데 마트	● 2007년 중국 마크로 8개 점 인수 ● 2008년 현재 베이징 텐진에서 8개 매장을 운영

업체	진출 내역
롯데 홈쇼핑	• 2009년 베이징, 상하이를 표적으로 진출 예정
CJ 홈쇼핑	• 2004년 상하이 동방 CJ 홈쇼핑 운영 • 기타 도시로 사업 확장 계획
GS 홈쇼핑	• 2005년 충칭 GS 홈쇼핑 운영 쓰촨성을 중심으로 한 중부도시로 확장계획
이랜드 세이브 존	• 2005년 우시에 1호점 개설 • 2008년 현재 3개 매장 운영

자료: 각종 자료 및 해당 기업 홈페이지 내용을 기준으로 작성

한편, 중국 유통시장 특성은 1992년 소매유통시장의 부분 개방 이
후 1996년부터 다국적 유통업체가 본격적으로 중국 내수시장에 진
출하였으며, 2004년 유통시장의 전면개방 이후에 다양한 유통형태가
동시에 혼재하고 있다. 또한, 중국 유통산업의 경영환경이 열악하고
개방관련 법규와 제도들이 수정 · 보완 단계에 있기 때문에 중국 정
부의 정책변화에 주시할 필요가 있다.

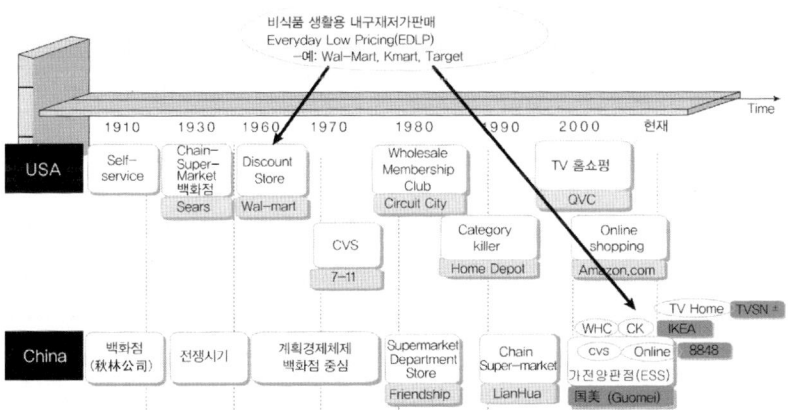

〈그림 1〉 중국, 미국 유통시장 발전단계표

2. 중국 내수시장 및 유통시장에 관한 연구

1992년 한·중 수교 이후 한국의 수많은 기업들은 중국 각지에 진출하여 실패와 성공을 거듭하였다. 초기 한국 기업들의 중국 진출은 주로 중국의 값싼 노동력을 활용하여 수출하기 위한 생산기지 건설이 주종을 이루었다. 그러나 1970년대 후반부터 진행되어 온 중국 경제의 시장개혁은 연평균 10%에 가까운 경제성장이라는 성과로 가시화됨에 따라 중국 사회경제 전반의 생산력과 소비자의 소비생활 수준은 큰 폭으로 제고되었으며 중국 소비시장은 2006년 8,200억 달러 규모로 성장하였다. 특히, 서부대개발 사업, 동북진흥 사업, 중부도약 사업, 2008 베이징 올림픽, 2010 상하이 엑스포, 2010 광저우 아시안게임 개최 등 대형 국책사업은 중국 내수시장 성장을 더욱 가속화시킬 것으로 전망된다. 그러나 이러한 중국 내수시장의 빠른 성장은 중국에 진출한 한국 기업에 있어 기회요인이지만, 동시에 중국 기업의 경쟁력 향상과 다국적 기업들의 시장 확장전략이라는 위협요인을 촉발시키고 있다.

최근 들어 중국의 지속적인 외국인 투자업종 개방 확대와 내수시장의 활성화로 인해 가전, 통신, 기계, 자동차, 유통, 금융 등 내수시장형 투자 비중이 점차 증가하는 추세이다(KOTRA, 2005). 또한 한국 무역협회(2004)에서 조사한 '우리 기업의 중국 진출전략 변화와 사례 분석'을 보면 한국 기업의 전략이 내수 중심으로 바뀌고 있음을 알 수 있다. 즉 중국 진출 한국 기업의 전략은 현지 완결형 생산체제를 통한 비용절감, 수요지 중심의 생산거점 다원화, 중국 내 생산품의 고급화, 중국 현지판매 조직 강화, 그리고 고급 브랜드화 등을 통한 내수시장 공략에 초점이 맞추어지고 있다.

중국에 진출한 한국 기업들은 효과적인 중국 내수시장 공략을 위해 시장 환경 변화에 신속히 대처할 수 있는 역량을 개발함과 동시에 경영성과를 극대화할 수 있는 전략 및 수행 메커니즘의 개발이 절실히 요구되고 있다. 즉 한국 기업이 중국 내수시장에서의 경쟁력을 확보하기 위한 효과적인 경영전략이 무엇인지, 그리고 이러한 전략요인들이 기업의 경영성과에 어떤 영향을 미치는가에 관한 체계적인 연구가 필요하다. 특히, 대부분의 기존 연구는 중국 내수시장 공략보다는 외국인 직접투자와 관련한 독과점지위의 형성과정, 중국의 경제 및 산업구조, 국제수지, 노동시장 등 주로 중국의 외자유치정책과 관련된 외부환경 분석, 진입방식, 진입형태 및 경영성과에만 초점이 맞추어졌다(양평섭, 1992; 송재훈, 2002; 김익수, 1999).

중국 유통전략에 관한 선행연구는 사례연구와 현지화 전략, 제품선호도 조사, 해외 자회사의 경영진 현지화 결정요인으로서 심리적 기리의 조절적 영향 등 연구가 이루어져 왔으나 이들 연구는 주로 다양한 경쟁전략을 통합적으로 다루기보다는 단편적 측면에서 조사가 수행되어 왔다(김혜진, 2006; 박재석·이동기 2008; 신만수·김주희 2008; Ando et al., 2008). 국내기업의 중국 진출 이후에 주로 연구되어 온 진출 관련 선행연구는 추진전략 또는 진출전략 유형을 밝히기 위한 다양한 연구들이 수행되어 왔다(이장우 외, 2008; Agarwel and Ramaswami 1992). 김석수(2002)는 해외 진출전략의 유형으로 원가주도형, 제품차별화, 시장차별화 전략을 들고 있으며, 심재희(2008)는 현지화 전략, 제품차별화, 비교우위 요소를 활용한 전략을 들고 있다. 이 같은 해외에 진출한 기업의 대표추진 전략은 가격전략, 제품전략, 점포전략(입지전략), 현지화 전략 4가지 전략 유형을 들 수 있다. 또한 정형식(2009) 등은 중국 시장의 많은 기업들이 추진하고 있는 차별화 전략들은 주로 기업의 특성, 제품특성, 시장특성 등을 고려하고 있지만 중국 소비자들의 특성을 고려하지 않는 한계가 있다고 밝히면서 중국 소비자의 한국 나라에 대한 문화 심리적 거리와 자국보호주의 성향을 도입하여 한국 유통점포 선호도 및 한국 상품 구매 정도에 미치는 영향에 있어 추진 전략 효과를 밝혔다.

Ⅲ. 중국 유통시장의 진출문제

1. 중국 유통시장의 진출문제 제기

기존 연구에 의하면 중국 내수지향형 투자를 기반으로 한 중국 진출 한국 기업의 경우, 경쟁의 강도와 지역 내 경쟁자의 수, 생산 능력 및 R&D 능력, 마케팅 능력과 국제화 능력, 상호 협조체제, 그리고 현지유통망의 구축과 현지 인력의 활용 등이 투자성과에 영향을 미치는 것으로 나타나고 있다. 이것은 중국에 진출한 한국 기업들이 경영성과를 올리기 위해서는 기업의 생산 및 R&D 능력, 마케팅 능력을 개발하고 확고한 현지 유통망을 구축하는 것이 필요하다는 의미이다. 또한 중국의 외국인 직접투자유치 정책의 변화과정과 한국 기업의 대중 투자 특징을 미국, 일본, 대만 등 주요 경쟁국과 비교 분석한 연구에서는 효율적인 대중 투자를 위하여 시장지향형 투자의 활성화, 합작투자에 대한 관심증대, 지방권역별 특성에 적합한 거점화 전략의 필요성, 투자관련 정보의 공유체제 구축, 현지 인맥구축, 규제기관과의 협상력 제고 등이 필요하다고 역설하고 있다. 한편 기업의 경영성과를 어떤 항목으로 어떻게 측정할 것인가의 문제는 학문적으로나 실무적으로 중요한 이슈임에 틀림없다. 보통 전통적인 성과 측정지표로는 재무적인 측면에서 매출액, 이윤목표를 얼마나 달성하였나 및 당기 순이익 등이 주로 사용되었다. 그러나 이러한 전통적인 측정 지표는 오늘날처럼 빠른 기업 환경변화에 적용하기에는 과거지향적이며 운영지향적이어서, 기업의 지속적인 생존 및 성장가능성이 최대 목표인 현재의 기업 상황을 잘 반영하기에는 한계점을 지니고 있다. 따라서 최근의 새로운 환경변화에 대응하기 위해서 고객 선호도, 고객 만족도, 혁신성과 같은 비재무적인 측정지표의 사용은 물론 새로운 성과 측정지표의 개발이 필요하다고 할 수 있다. 즉 이것은 기업의 성과를 측정하는 지표가 다양하다는 것을 의미한다. 그러나 기업의 성과측정지표들이 무엇이든지 간에 '무엇을' 그리고 '어떻게'의 문제에 대한 해결책을 줄 수 있어야 하며(Levinson, 1976), 측정의 효율성과 효과성과 같은 요건들을 공통적으로 만족시켜 주어야 한다(Sheth & Sisodia, 1995).

중국 시장은 생산비 절감형에서 시장추구형 투자로 전환되고 있다. 서봉교(2001), 수출입은행(2001), 김주영(2002) 등은 연구에서 중국 투자환경의 변화와 선진국의 투자동향을 볼 때, 한국 기업의 투자전략 역시 저임 노동력을 활용하는 비용절감형 투자에서 중국 내수시장을 공략하기 위한 시장추구형 투자로 전환할 필요성이 날로 커지고 있음을 지적하고 있다. 또한 현실적으로 중국의 경제발전과 무역자유화 정도가 심화됨에 따라 과거 낮은 생산비용을 기반으로 한 투자 동기는 점차 감소하고 중국 내수시장의 성장잠재력에 대한 투자 동기가 점차 증가하고 있다. 따라서 이러한 중국 시장 변화에 대응하기 위하여, 중국 진출 한국 기업들은 향후 광대한 중국 시장의 수요 잠재력을 내다보고 내수시장 선점을 위한 기업전략과 그 성과가 무엇인지를 파악할 필요가 있다. 이에 중국 유통시장에 진출하기 위한 연구문제를 다음과 같이 제시한다.

연구문제 1: 중국 진출 한국 유통기업들의 경영성과에 영향을 미치는 요인은 무엇인가?
연구문제 2: 중국의 지역특성에 따라 한국 유통기업의 경영성과에 차이가 있는가?

2. 중국 유통시장의 효과적 진출을 위한 연구문제 개념의 정의

현재 다국적 기업의 대중국 투자전략의 변화 추세는 초기의 중국 시장 이해를 위한 탐색적인 투자에서 기업 세계화 전략의 일환으로서 전략적인 투자로 변화하고 있다(謝建國, 2003). 또한 중국은 각 지역마다 지역특성이 다르며, 이들 지역특성요인들이 기업의 전략적 요인들과 상호 작용을 하여 경영성과에 영향을 미칠 것이다. 즉 이는 아무리 좋은 기업전략을 수립해도 중국 각 지역의 특성에 따라 기업 경영성과가 다르게 나타날 수 있다는 것이다. 따라서 본 연구는 중국 지역경제권의 지역특성에 따른 기업전략과 성과를 측정하는 지표를 제공함으로 향후 중국에 진출하는 한국 유통기업들이 중국 내수시장을 공략할 때 경쟁적 우위를 차지할 수 있는 시사점 및 가이드라인을 구축할 필요가 있다고 본다.

이에 본 연구에서는 중국의 지역특성요인들과 기업전략요인의 상호 작용 효과를 고려한 중국 내수시장 진출의 효율적 방안을 도출할 수 있는 개념적 문제를 제기하고자 한다. 본 연구에서 중국의 지역특성은 지역의 사회 간접자본 특성, 문화특성, 정책특성 세 가지 측면에서 살펴보겠으며, 기업전략 요인은 마케팅 능력, 현지화 능력, 시장지식 능력, 아웃소싱 능력으로 구분하여 접근하고자 한다.

1) 사회간접자본

사회간접자본(SOC)이란 생산 활동에 직접적으로 사용되지는 않지만 경제활동을 원활하게 하기 위해서 꼭 필요한 사회기반시설을 말한다. 기업의 생산 활동과 관련된 사회간접자본은 크게 전력, 용수, 토지 등 생산관련 사회간접자본과 통신망, 교통망, 물류시설과 같은 네트워크 사회간접자본으로 구분될 수 있다. 사회간접자본은 현지국 입장에서는 외국인 투자를 끌어들이는 유인책이 되고(Chen, 1996), 투자기업 입장에서는 생산성을 향상시켜 생산량 증가를 유발하고 물류비용을 절감시켜 기업의 원가구조를 낮춤으로써 기업의 경쟁력을 강화시킨다(Nadiri & Mamuneas, 1994). 기업이 해외시장에 진출함에 있어서 해외통신망, 교통망, 물류시설 등이 잘 갖추어진 지역으로 진출하려는 것은 기업의 성과가 사회간접자본에 의해 영향을 받기 때문이다. 따라서 중국의 지역별 사회간접자본의 특성은 기업의 성과에 영향을 미치기 때문에, 중국 진출 한국 기업이 입지를 선정할 때 해당지역의 사회간접자본 여건이 매우 중요한 요소로 나타나고 있다(산업연구원, 2004).

생산관련 사회간접자본의 경우, 중국의 경우 사회간접자본의 발달 정도는 성/시별로 격차가 매우 크다. 실제로 상해지역은 북경이나 광주지역에 비해 전화나 전력난이 심각하며 북경지역은 상해나 광주지역에 비해 공업용수가 부족한 것으로 나타난다. 반면에 광주지역은 북경이나 상해지역에 비해 전력이나 공업용수와 같은 생산 활동과 관련된 사회간접자본은 양호하나 고급인력이 부족하다. 네트워크 사회간접자본의 경우, 북경지역은 중국 북부지역의 최대 종합항구로 중국 동북지역의 대외출구이기도 한 천진항이 인접해 있으며, 주요한 철도간선이 집중되어 있고 경진당 고속도로 등 도로시설이 양호하다. 따라서 수도공항과 이러한 철도, 도로, 항만 인프라로 인해 북경지역이 중국 북부지역 물류 중심지로서 역할을 한다. 상해지역은 푸동 공항, 상해항을 중심으로 소주나 항주와 연결된 고속도로망이 잘 발달되어 있다. 특히 상해항은 중국 최대, 세계 3위의 항구이며 양자강을 따라 내륙 항구인 남경, 남통 등과 연결되고, 물동량은 420.6만 TEU로 중국 최대를 자랑하고 있다. 또한 광주지역은 중국 3위의 백운공항과 광주항, 그리고 심천항 등을 보유하고 있으며 주로 주강삼각주와 화남지방의 국제무역 중개항으로 170여 개 국가와 지역의 500여 개 항구와 무역왕래를 하고 있다(조진철, 2005). 이와 같은 논의를 종합해 볼 때 중국 지역경제권의 사회간접자본이 기업의 경영전략과 상호 작용하여 중국 내수시장진출기업의 경영성과에 영향을 미친다고 본다.

2) 문화특성

중국의 각 지역은 다양한 문화적 특성을 지니고 있다. 북경은 원대 이래 현재까지 중국의 수도로서 약 800여 년 동안 줄곧 명실상부한 중국 정치, 사회, 문화의 중심지이고, 상해는 19세기 중엽 이후 현재까지 중국의 근대화 과정에 있어 가장 중추적인 역할을 담당해 온 도시이며, 광주는 근대 중국 최초의 개항장이자 특히 1980년대 개혁개방 이후 중국 대외무역의 최첨병으로서 역할을 하고 있다. 동시에 이들 세 도시는 황하, 장강, 주강 유역을 중심으로 하는 화북문화, 강남문화, 영남문화의 핵심 도시이다. 따라서 북경, 상해, 광주가 갖는 이러한 역사적 · 공간적 특성은 각각의 도시로 하여금 지역성과 역사성, 그리고 당대성을 겸비한 독특한 문화특성을 형성하도록 했고, 이는 가치관이나 문화심리 등 형태로 시민들의 생활방식 전반에 중대한 영향을 미치고 있다(김용준 · 홍준형, 2005).

본 연구에서 기업의 경영성과와 관련된 지역의 문화특성을 파악하기 위해서 의사소통, 문화적 기리를 살펴볼 것이다(배건호 · 안종석, 1996; 이장노 · 박광서, 1995). 여기서 문화적 거리란 심리적 거리와 비슷한 의미로 사용되고 있는데, 본지국과 현지투자국 간의 언어구조, 경영스타일, 상관습, 시장구조 등에 있어서 경영자가 느끼는 차이를 말한다(Stottinger & Schlegelmich, 1998). 따라서 위에서 언급한 이러한 중국 각 지역의 독특한 문화특성으로 인해 의사소통, 문화적 거리에 있어서도 지역 간 차이를 보일 것이며, 이는 경영성과에 다르게 영향을 미칠 것이다.

의사소통의 경우, 김익수 · 한병섭(2000)은 중국인과의 의사소통이 후속투자에 미치는 영향을 살펴보면서, 조선족 비중이 초기투자에 영향을 미치나 후속투자에는 영향을 미치지 않는다고 하였다. 또한 중국 진출 한국 기업들은 장강지역이나 주강지역에 진출한 기업이 북부지역에 진출한 기업보다 의사소통에서 애로가 많은 것으로 나타나고 있다(산업연구원, 2004). 문화적 거리의 경우, 이러한 거리가 가까울수록 보다 낮은 수준의 기술과 인력고용비용으로 투자가 용이해지는 까닭에(Li et. al., 2001) 대중국 투자 초기, 대부분 한국 기업의 중국투자는 중소기업을 중심으로 한국과 지리적·심리적 거리가 가까운 산동성 및 북경에 집중되었다. 또한 중국 시장에 대한 지식과 경험이 없는 상태에서 조선족 고용을 선호하였는데, 이는 본지국과 현지투자국 간의 문화적 거리를 극복하기 위한 일환이라 볼 수 있다. 또한 광주, 상해, 북경 및 심양에 있는 합작회사를 대상으로 한 모회사들의 상호이익 혹은 특정 모회사의 개별적인 이익에 대한 통제 정도가 합작회사 성과에 미치는 영향에 대한 연구에서 통제의 정도는 합작회사 성과 만족도에 긍정적인 영향을 미치고, 이러한 관계는 모회사와 중국과의 문화적인 거리가 멀어질수록 그 관계가 약해지는 것으로 나타났다(Luo, et al., 2001). 이와 같은 논의를 살펴볼 때 중국 지역경제권의 문화특성이 기업전략과 상호 작용하여 중국 내수시장진출기업의 경영성과에 영향을 미친다고 본다.

  3) 정책특성

  23개 성, 4개 직할시, 5개 자치구로 구성된 중국의 지방정부체제는 각 지방정부마다 다른 세제, 토지임대료, 현지금융, 출입국 관리 등에 대한 정책을 펴고 있다. 광주지역의 기업 정책적 특징은 농촌지역을 포함하는 수출 위주의 소규모 경공업 사영기업이 많아 수출 위주의 정책적 특성을 가지며 외국인 직접투자의 경우도 홍콩을 수출 거점으로 한 수출지향형 투자가 많이 나타난다(Enright et. al., 2005). 북경지역의 경우 IT산업 등 하이테크 산업을 육성하도록 유도하며 농업, 상업, 관광업, 주택개선 사업, 도시 환경보호, 금융/보험업 등 내수지향적 1차 산업과 서비스산업을 육성하는 것을 주요 목표로 하고 있다. 반면, 상해의 경우 2010 상해 엑스포를 동력으로 배후 산업도시를 개발하고 국제경제, 금융, 무역, 물류센터를 발전시켜 수출경제를 육성화하려는 우대정책을 실시하고 있다(인천발전 연구원, 2006). 또한 중국 제11차 5개년 계획에 따르면 상해는 항구, 공항, 정보, 도로 네트워크 등에 대한 집중투자를 통해 높은 수준의 포괄적 산업기반을 구축하는 것으로 나타나 있다.

본 연구에서 기업의 경영성과와 관련된 지역 정책특성을 파악하기 위해서 정책지원, 꽌시의 중요성, 지방정부의 중재, 지방정부의 임의성에 대한 항목을 살펴볼 것이다(Child et al., 2003; 이장노·박광서, 1995). 이러한 중국 각 지역의 독특한 정책특성은 기업의 경영성과에 다르게 영향을 미칠 것이다. 즉 중국 각 지방정부의 세제, 토지임대료, 현지금융, 출입국 관리 등에 대한 정책과 행정재량주의, 자금규제, 자의적 법령 등의 지역차이로 인해 중국 진출 한국 기업의 성과가 달라질 것이다.

기존의 연구에 의하면 직접투자 유치 증가율과 한 국가의 자유화과정은 긍정적인 상관관계를 갖는다고 나타났으며(Li & Guisinger, 1991), 법적 지원, 꽌시, 규제, 행정재량 등 제도적 환경이 중국에서 사업을 전개하는 홍콩 기업의 성과에 미치는 영향을 파악한 연구에서 꽌시의 중요성은 홍콩기업의 중국사업 성과에 부정적인 영향을 미치는 것으로 나타났다(Child et al., 2003). 이상과 같은 논의를 통해 볼 때 중국 지역경제권의 정책성향이 기업전략과 상호 작용하여 경영성과에 영향을 미친다고 본다.

지금까지 살펴본 바와 같이, 중국은 각 지역마다 지역특성이 다르며 매우 다양하다고 할 수 있다. 그리고 이들 지역특성을 나타내는 요인들이 아래에 언급하는 기업의 전략적 요인들과 상호 작용을 하여 중국 내수시장진출기업의 경영성과에 영향을 미친다고 본다.

4) 마케팅 능력

마케팅 능력이란 시장변화에 적응하거나 시장의 창출을 위하여 자원을 활용하는 능력을 의미한다. 이는 마케팅 자원의 창출, 획득, 통합, 진화, 재결합, 방출 등을 통하여 실현되는 것이다(Anderson & Kaplan., 2004). 또한 마케팅 능력은 시장과 관련된 가치를 창출하기 위하여 축적된 지식, 기술, 자원을 활용할 수 있도록 설계된 통합적 과정을 의미하며, 궁극적으로는 가치부가 및 수요충족을 가능케하며 마케팅전략을 실행, 통제, 평가하는 수행능력으로 볼 수 있다(Day, 1994; Weerawardena, 2003; White et al., 2003; Vorhies & Morgan 2005).

중국 시장에서 성공적인 마케팅을 수행하고 있는 한국 기업의 사례연구를 보면 중국 시장에서의 한국 기업의 경쟁우위는 적절한 가치와 중·고급 기술에 있으며, 한국 기업들은 이러한 경쟁우위를 중국에 이전시키고자 노력해야 한다고 하였다(한충민, 1999). 또한, 중국 시장에서의 마케팅전략에 관한 연구(한충민, 2000)에서 중국 시장에 진출한 한국 기업 중 제품력과 제품 표준화에 노력하는 제품

중시 마케팅 전략을 추구하는 기업이 가장 좋은 성과를 보이고 있으며, 적절한 가격에 적절한 품질을 바탕으로 하는 중가격·중품질에 포지셔닝한 기업의 성과도 양호하다고 밝히고 있다. 따라서 중국 시장에서 기업의 마케팅 능력이 강할수록 중국 내수시장진출기업의 경영성과는 높게 나타날 것이다. 그리고 중국 시장에서 마케팅이 경영성과에 미치는 지역적 특성에 따라 차이가 있을 것으로 본다.

5) 현지화 능력

현지화 전략은 환경변화가 심하거나 혹은 예측불허인 중국 시장에서 더욱 필요하다. 현지화 전략의 목적은 크게 생산, 인사, 연구개발, 마케팅 등 경영관리 기능별 현지화 측면, 현지사회와의 조화로운 관계 속에서 이른바 '훌륭한 기업시민'의 역할을 수행함으로써 현지국의 정치적 위험을 감소시키는 측면, 그리고 본사와 자회사의 권한이양 관계로서 자회사의 자율권을 강화시키는 측면으로 구분할 수 있다(이광철, 1994).

기존 연구들에 의하면 시장 환경의 차이는 다국적 기업으로 하여금 시장마다 다른 경영전략 수립을 요구한다(Douglas & Rhee, 1989). 특히 문화의 차이는 극복하기 어려운 장벽이므로 다국적 기업은 현지문화에 대한 명확한 이해와 함께 현지문화에 적응할 수 있는 전략을 수행하는 것이 필요하다(Francis, 1991). 따라서 중국에 진출하여 내수시장을 공략하는 것을 목표로 하는 다국적 기업들은 경영 현지화 전략을 현지 소비자 입장에서 수립할 필요가 있으며, 이를 위해 다국적 기업의 중국투자 전략에 있어 브랜드와 인재의 현지화 경향이라는 중요한 변화가 발생하였다(車韋, 2002). 즉 중국에 진출한 다국적 기업들은 상품의 생산, 포장, 상품명, 광고 등에 있어 중국 문화와 융합할 수 있는 가격과 브랜드의 현지화를 추구하고 있으며, 중국 현지 인력을 활용하고 더 나아가 경영대학원이나 교육센터를 설립하여 기업이 요구하는 현지 고급인재 육성에 힘쓰고 있다.

현지화에 관한 국내연구를 보면, 신만수(1996)는 해외자회사의 경영 현지화와 성과에 대한 연구에서 자회사의 현지화 정도는 종업원의 기업에 대한 만족도, 몰입도, 이직의사 등과 매우 높은 정의 상관관계를 보이고 있으며 이는 기업의 성과에 영향을 미치는 중요한 요인임을 밝히고 있다. 백권호·박상구 외(2002)는 '중국 진출 한국 기업의 경영 현지화에 관한 연구'에서 응답자의 절반 이상인 53.2%의 중국 종업원이 직장생활에 대해 만족하는 것으로 나타났으며, 대기업보다는 중소기업에 근무하는 종업원의 만족도가 더 높은 것으로 나타났다. 백권호·안종석(2002)은 중국에 진출한 한국 기업들의 현지화 유형에 대한 탐색적 연구에서 기존의 논의를 종합하여 현지화를 전략적 차원(부가가치 기능의 이전과 이의 통합 조정 문제, 부가가치 기능에 대한 의사결정 권한의 소재)과 관리적 차원(경영관리방식의 이전 정도 및 현지 인력의 흡수 정도)으로 분류하고 4개 회사에 대한 집중 인터뷰를 통해 현지화 유형과 사례를 제시하였다. 내수 위주 대기업, 수출 위주 대기업, 내수 위주 중소기업, 수출 위주 중소기업 유형의 대표적인 네 개 기업을 선정하여 진행한 사례분석에서 각각 현지화 과정의 문제점을 지적하고 그 전략적 대안을 제시하였다. 정종호(2003)는 재중 한국계 기업의 경영 현지화에 대한 문화적 영향에 대한 연구에서 개혁·개방과 더불어 새로이 자본주의 경제요소들을 도입함으로써 역동적으로 변화하고 있는 중국의 사회문화적 환경을 정(情), 리(理), 법(法)의 영역으로 나누고 경영 현지화 입장에서 재구성하여 바람직한 경영 현지화 전략을 제시하였다. 개인의 사적 영역은 전통적인 도덕체계가 가장 지배적으로 고려되는 情의 영역이며 따라서 성공적인 현지화 기업경영을 위해서는 '合情'적인 기업경영이, 기업 내부의 공식적인 경제업무활동 영역은 자본주의적인 시장논리가 지배적인 理의 영역이며 따라서 合情적인 기업경영이, 그리고 국가와 관련된 기업의 법적·정치적·행정적 영역은 사회주의적인 평등원칙 및 계획 경제의 원칙이 지배적인 法의 영역으로서 合法적인 기업경영이 필요하다고 하였다. 조경일(2005)은 마케팅의 현지화를 중심으로 한 한국 기업의 중국 내수시장 진입전략에 관한 연구에서 현지의 산업 경쟁 정도가 높을수록 제품, 유통, 가격의 현지화 정도가 높아지는 것을 밝혔다. 따라서 선진기업들의 중국투자 확대와 더불어 중국 시장 선점을 둘러싼 중국의 국내외 기업 간 경쟁이 더욱 치열해지면서 제품 및 유통의 현지화를 통한 경쟁우위 확보나 효과적인 전략 개발 등이 한국 기업이 시급한 과제임을 지적하였다. 심상렬 외(2005)는 환발해안권 산동성의 청도지역과 동북 3성 중국 요녕성 심양지역의 한국 기업을 대상으로 한 현지화 경영 비교연구에서 심양지역에 진출한 한국 기업은 청도나 대련지역에 비해 중소기업형의 노동집약적 산업이 많이 입지한 이유로 인해 상대적으로 현지화 경영 및 기술이전에 소홀하게 되어 경영의 현지화 정도가 높지 않으며 이직률 또한 높은 결과를 보이는 것을 밝혔다. 이와 같은 논의를 종합해 볼 때, 중국 시장에서 기업의 현지화 능력이 강할수록 중국 내수시장진출기업의 경영성과는 높게 나타날 것이다. 그리고 중국 시장에서 기업의 현지화 능력이 중국 내수시장

진출기업의 경영성과에 미치는 효과는 지역적 특성에 따라 차이가 있을 것으로 본다.

6) 시장지식 능력

일반적으로 해외시장에 대한 지식 부족과 환경 불확실성을 회피하려는 의도로서 수출 - 현지판매 - 현지생산의 단계를 거쳐 진입방법이 고도화되며(Johanson & Wiedersheim-Paul, 1975), 해외시장 활동을 통해 경험지식을 점진적으로 획득하고 축적하면서 해외시장 개입을 점증적으로 증대시켜 나가게 된다(Johanson & Vahlne, 1977). 또한 내수시장을 공략하기 위해서는 환경 불확실성으로 인한 불리함보다 기업의 경쟁력이 더 커야 한다(Dunning, 1980). 즉 경쟁력 있는 제품과 지역에 대한 사전지식과 경험은 기업의 경쟁우위 요소로서 작용하여 환경 불확실성을 극복하게 한다.

중국의 저명한 리서치 기관인 '零點調査(Horizon Research)'가 2004년 발표한 북경, 상해, 광주 세 지역 주민 대상의 소비자 조사 결과에 따르면 이 세 지역민들 간의 소비 성향에 있어 서로 다른 특성을 보이는 지역차가 나타났다고 한다. 즉 북경 주민은 상품을 구입할 때 상해나 광주 주민에 비해 브랜드를 중시하면서도 가격에 구애받지 않는 대범한 모습을 보여 준 반면, 제품의 질을 꼼꼼히 따지거나 재테크에 관심을 갖는 의식은 상대적으로 다른 도시보다 미약했다고 한다. 이에 비해 상해 주민은 제품의 브랜드나 품위를 중시하면서도 동시에 가격이나 제품의 질에 대해서도 꼼꼼하게 따지는 세심한 소비행태를 보여 주었고, 광주 주민의 경우는 외면적인 브랜드보다는 제품의 질이나 가격 자체를 꼼꼼하게 따지는 가장 실리적인 소비 경향을 보여 주었다. 뿐만 아니라 브랜드 선호 성향이나 태도에 있어서도 상해 주민들이 서구 제품에 비교적 높은 선호도를 보인 반면 북경 주민들의 경우는 국내 기업 제품에 대한 호감도가 상대적으로 높은 것으로 나타나 지역 간 시장차이가 나타났다. 따라서 중국 내수시장에 진출하려는 기업은 물류/AS비용의 증가, 유통업자 물색 및 유통경로 등에 대한 이해, 지역 간 소비자의 이해 부족 등에서 불리한 점이 있기 때문에(산업연구원, 2004), 기업의 시장지식 능력에 따라 기업의 경영성과가 다르게 나타난다고 본다. 실제로 중국에 진출한 한국 중소기업들의 투자성과를 높이기 위해서는 마케팅 능력, 중국 시장의 경험과 지식, 중국어 구사능력, 인재와 부품의 현지화 능력이 중요하며(한정화, 2005), 시장에 대한 이해부족, 중국 측 파트너와의 갈등, 중국 내 브랜드 파워 및 마케팅 능력의 부족 때문에 시장에서 실패한다(양평섭, 2004)고 한다. 이와 같은 것을 종합해 볼 때, 중국 시장에서 기업의 시장지식 능력이 강할수록 기업의 경영성과는 높게 나타날 것이고, 중국 시장에서 기업의 시장지식 능력이 중국 내수시장진출기업의 경영성과에 미치는 효과는 지역적 특성에 따라 차이가 있을 것으로 본다.

7) 아웃소싱 능력

아웃소싱이란 전통적인 제조업을 중심으로 한 대부분의 기업들이 직면해 왔던 'Make or Buy'라는 의사결정의 한 부분으로 이해할 수 있다(Loh & Venkatraman, 1992). 보통 아웃소싱의 개념은 기업이 부가가치를 창출하는 단계에서 투입물을 조달하는 활동을 의미한다. 아웃소싱의 추진 동기는 가격절감, 제품의 질적 개선, 기술의 혁신과 증대, 그리고 운송 및 신뢰도 개선을 들 수 있다. 이것은 세계의 기업들이 중국 시장에서 어떤 기업경영전략을 수립하지만 중국 각 지역에서 어떤 아웃소싱을 하는지에 따라 기업성과의 차이가 나타난다고 볼 수 있는 것이다.

따라서 다국적 기업 아웃소싱의 주요한 고려사항은 공장입지(지역)의 문제, 제조업에 있어서 수직적 통합의 정도, 자사생산 혹은 타사구입에 대한 결정, 범세계적인 자원조달의 범위, 재고지점의 결정, 범세계적인 생산과 공급의 통합문제 등이 포함된다. 특히 아웃소싱과 관련하여 다국적 기업과 현지국 정부 간에는 이해상충으로 인한 분쟁과 갈등이 발생될 수도 있다. 현지생산 자회사는 품질 향상과 코스트 절감 등을 위하여 주요 원재료, 부품 및 기계류 등을 본국에서 수입하려고 할 것이며, 현지국 정부는 자국의 부품산업육성과 국제수지 개선을 위해서 다국적 기업이 소요원자재 조달액의 일정비율 이상을 현지공급원으로부터 조달해 주도록 요구할 것이다. 이러한 상황으로 인해 다국적 기업의 아웃소싱 능력에 따라 기업의 경영성과가 달라질 수 있다. 이와 같은 상황은 기업의 아웃소싱 능력에 따라 중국 내수시장진출기업의 경영성과에 다른 영향을 미칠 수 있다고 본다. 즉 중국 시장에서 기업의 아웃소싱 능력이 강할수록 기업의 중국 내수시장진출기업의 경영성과는 높게 나타날 것이다. 또한 중국 시장에서 기업의 아웃소싱 능력이 중국 내수시장진출기업의 경영성과에 미치는 효과는 지역적 특성에 따라 차이가 있을 것으로 본다.

Ⅳ. 결과 활용방안

과거 한국 기업의 중국 진출은 원가절감이라는 측면 외에도 글로벌화라는 구호 아래 동종 업종 내 선도 기업이나 다른 기업을 따라 중국에 투자 진출하는 경우가 많았으며, 중국 내 사업도 내실보다는 확장 위주의 경영이 대부분이었다. 일부 대기업도 13억 인구의 구매력 향상 등 거시 지표적인 요인에 이끌려, 중국 내 사업에 대한 구체적 타당성 검토 없이 설비규모 확대, 다공장화를 추진함으로써 중국 내 시장 진입에 많은 기대를 했던 것이 사실이다. 그러나 향후 중국에 진출하려고 하는 한국 기업이나 중국 시장의 확대 진출을 기획하고 있는 한국 기업들은 중국 시장의 변화를 인지하고 그에 맞는 진출전략을 수립할 필요가 있다. 이에 본 연구는 한국 기업으로 하여금 중국의 지역 내수시장을 효과적으로 공략하기 위한 연구문제의 개념적 자료를 제공함으로써 이론적 측면과 실무적 시사점을 지닌다.

본 연구의 시사점은 다음과 같다. 첫 번째로, 본 연구에서는 기업의 중국 내수시장 공략 전략과 기업성과와의 관계는 지역특성에 따라서 영향을 받을 수 있다고 본다. 또한 이를 실증적으로 검증하기 위하여 중국 내수시장 공략을 목표로 하는 한국 기업, 중국 본토 기업, 다국적 기업을 대상으로 이러한 현상을 파악하고자 하였다. 따라서 본 연구를 기반으로 중국의 주요지역별로 기업들이 목표로 하는 기업의 성과를 산출하기 위해서는 어떠한 전략을 수립해야 하는지에 대한 방향성을 도출할 수 있을 것이다.

두 번째로, 국·내외 기존 연구들을 보면 중국의 지역성을 이해하는 것이 필요하다고 역설하지만 실제로 중국의 지역성을 고려한 연구가 미흡한 현실이다. 그러나 본 연구는 지역특성이라는 변수가 기업성과를 나타나는 데 있어서 중요한 영향을 미치는 변수라는 것을 밝혀내고 관련요인들을 파악함으로써, 중국 지역성이라는 미개척 분야를 다루고 있다는 점에 있어서 그 학문적 의의가 있다. 따라서 본 연구는 기존의 연구를 확장하는 동시에 이에 대한 이론적 토대를 제공하기 위한 기반적 연구라는 점에 있어서 공헌점이 있다고 할 수 있다.

세 번째로, 기존 연구에서는 중국 시장에 진출한 한국 기업 입장에서만 연구가 이루어졌다. 그러나 본 연구는 한국 기업, 중국 본토 기업, 다국적 기업을 통합적으로 연구하였다는 점에서 기존의 연구와 차별화되며, 이 과정에서 경쟁국가의 기업전략과 성과를 비교함으로 이에 대한 시사점과 가이드라인을 제공하는 것이 공헌점이라고 할 수 있겠다.

네 번째로, 문헌적으로 중국 지역별로 기업성과가 어떻게 나타나는지 실증적으로 보고한 연구는 거의 없다. 그런데 본 연구는 기업들이 속해 있는 지역적인 특성을 얼마나 잘 알고 있으며, 기업들이 지역적 특성을 얼마나 잘 활용하고 있는지를 실증적으로 파악하고 있다는 점에서 그 의의가 있다.

다섯 번째로 기존의 중국 진출 한국 유통기업의 경영실태 연구 분야에서 거의 다루어지지 않고 있는 중국의 지역특성에 관한 연구를 통해서, 중국 내수시장을 공략하는 한국 기업을 위한 이론적·실무적 지침을 제공할 수 있다는 점에 그 의의가 있다.

여섯 번째로, 기업의 경영성과에 영향을 미치는 중국의 지역특성을 파악하기 위해서 사회간접자본, 문화, 정책 특성을 살펴보고 있다.

이는 단순히 단학문적으로 경제·경영분야의 중국 진출 한국 유통기업을 위한 전략적 측면을 연구하는 접근법이 아닌, 경영, 경제학, 지역학 등 여러 학문 분야를 접목시켜 학제적으로 접근하고 있다는 점에서 그 의의가 있다.

마지막으로, 효과적인 중국 유통시장 공략을 위한 시사점을 간략히 정리한다.

첫째, 중국 소비자의 선행적 이해 및 철저한 소비자 분석을 통해 중국 소비자들의 특성을 파악하고 소비자들의 신뢰를 구축할 수 있는 전략을 수립해야 한다.

둘째, 중국은 하나의 시장이 아니고, 특히 지역 간에 서로 다른 특성을 나타내고 있기 때문에 지역적 특성을 활용하는 전략이 필요하다.

셋째, 중국은 정책변화가 크고, 실제적으로 중앙정부와 지방정부 간의 정책 실행에 있어 차이가 크기 때문에 정치변화에 민감하게 대처해야 한다.

넷째, 한국 유통기입들은 중국 소비자로부터 신뢰성과 호의적 이미지를 구축할 수 있는 전략 수립이 필요하다.

다섯째, 한국 유통기업의 경쟁자와 협력자는 글로벌 기업이 아닌 중국 본토 기업임을 인식할 필요가 있다. 현지경험이 부족한 한국 유통기업들의 경쟁력 확보에 도움을 줄 수 있는 현지파트너와의 전략적 제휴가 필요하다.

참고문헌

강영문(2005), "중국 유통시장 개방정책과 한국 기업의 대응전략", 『통상정보연구』, 제8권 제3호.

강준구(2004), "유통서비스 시장개방의 이익과 과제", 대외경제정책연구원.

김석수(2008), "중국벤처기업의 국제화: 해외시장 진출 방식을 중심으로", 『한국경영학회통합학술대회』, 1-28.

김태식(2009), "중국 유통시장 개방 확대와 한국의대 중국 투자연구", 『중국연구』, 제44권 37-54.

김혜진(2006), "한국 기업의 중국내 경영전략 변화에 관한 실증연구: 일체화와 현지화를 중심으로", 『국제지역연구』, 10, 1, 135-163.

박상수, 서운석(2006), "중국 대형할인점의 마케팅 믹스요인과 소비자만족도에 대한 실증분석", 『중국연구』, 제37권, 371-395.

박재석, 이동기(2008), "해외자회사의 경영진 현지화 결정요인에 대한 실증연구: 심리적 거리의 조절효과를 중심으로", 『한국경영학회』, 통합학술대회 발표논문집, 1-29.

백권호 · 안종석(2004), "중국의 지역 간 문화차이에 관한 실증연구", 『중국학연구』, 제27집, 326-350.

심만수, 김주희(2008), "해외진출 한국 기업의 현지화와 성과와의 관계: 베트남, 말레이시아, 필리핀, 중국, 멕시코 비교 연구", 『한국경제학회』, 경제학 공동학술대회 발표논문집, 1-22.

심재희(2008), "중국 유통시장의 발전과 한국 기업의 진출전략", 『한국동북아논총』, 제48집, 77-98.

이장우, 강용운, 박추영, 성영숙(2008), "중국벤처기업의 국제화: 해외시장진출방식을 중심으로", 『한국경영학회』, 통합학술대회 1-28.

안종석(2002), "중국 유통산업의 변화와 우리기업의 중국 내수시장 접근 실태", 『무역학회지』, 25-2.

오수균(2008), "한국 기업의 중국 유통시장의 진출 전략에 관한 연구", 『통상정보연구』, 제10권 4호, 321-350.

정형식 · 김영심(2008), "중국 소비자의 심리적 거리, 자국 보호주의 성향, 유통업체의 전략요인이 현지 한국 유통점포 선호도 및 한국상품 구매에 미치는 연향", 『마케팅관리연구』, 14권, 제2호, 141-160.

홍준형 · 김용준(2006), "중국 도시민의 문화적 기억과 소비문화의 지역성: -北京, 上海, 广州를 중심으로-", 『중국학연구』, 제36집, 437-463.

KOTRA(2006), 중국 내수시장공략, 신4P전략으로.

零點調査, <消費文化差異下的營鎖策略>, ≪世界商業評論≫, 2004.11.

Agarwal, Sanjecv & Ramaswami, Sridhar, N.(1992), "Choice of Foreign Market Entry Mode: Impact of Ownership Location and Internalization Factors", *Journal of International Business Studies,* Spring.

Ando N, & Rhee, D. K. & Park, N.(2008), "Parent Country National or Local Nationals for Executive Positions in Foreign Affiliates: An Empirical Study of Japanese Affiliates in Korea", Asia Pacific *Journal of Management*, 25(1), 113-134.

Brouther, Keith D, & Lance Eliot Brouthers(2001), "Perceived Communication Skills and Resultant Trust Perceptions Within the Channel of Distribution", *Journal of the Academy of Marketing Science*, 13(2), pp.206-217.

Carlos M. P. Sousa & Frank Bradley(2006), "Cultural Distance and Psychic Distance: Two Peas in Pod", *Journal of International Marketing*, Vol.14, No.1, pp.49-70.

Child Bryna & Sally Stewart(1997). "Regional Differences in China and Their Implications for Sino-Foreign Joint Ventures", *Journal of General Management*. 23, pp.65-86.

Child Bryna & Sally Stewart(1997), "Regional Differences in China and Their Implications for Sino-Foreign Joint Ventures", *Journal of General Management* 23, 65-86.

Cheng, Hong, & J. C. Schweitzer(1996), "Cultural Values Reflected in Chinese and U.S. Television Commercials", *Journal of Advertising Research*, 36(3), 27-45.

Cui Geng(1999), "Segmenting China's Consumer Market: A Hybrid Approach", *Journal of International Consumer Marketing*, 11(1), 55-76.

Cui Geng and Liu Qiming(2001), "Emerging Market Segments in a Transitional Economy: A Study of Urban Consumers in China", *Journal of International Marketing*, 9(1), 84-106.

Enright, Michael J., Edith E. Scott & Ka-mun Chang(2005), Regional Powerhouse: The Greater Pearl River Delta and the Rise of China, *John Wiley & Sons(Asia) Pte Ltd.* 1-14.

Laszlo Tihanyi, David A Griffith & Craig J Russell(2005), "The effect of Cultural Distance on Entry Mode Choice, International Diversification, and MNE Performance: A Meta-Analysis", *Journal of International Business Studies*, 36, pp.270-283.

Oded Shenka(2001), "Cultural Distance Revisited: Towards a More Rigorous Conceptualization and Measurement of Cultural Differences", *Journal of International Business Studies*, 32, 3, pp.519-535.

Sean Dwyer, Hani Mesak, & Maxwell Hsu(2005), "An Exploratory Examination of the Influence of National Culture on Cross-National Product Diffusion", *Journal of International Marketing*, Vol.13, No.2, pp.1-28.

4

중국 철강산업의 파급효과

최정석

Ⅰ. 문제제기

철강산업[1]은 국민경제의 기초 산업이자 공업화를 빨리 이루게 하는 선도 산업으로, 국민경제에서 차지하는 비중이 매우 크다. 세계적으로 공업화를 이룬 국가들을 보면, 특히 중국, 인도 같은 개발도상국에서는 철강산업이 경제발전을 이루는 데 있어 큰 역할을 했음을 알 수 있다.[2] 또한 철강산업은 자동차, 전력, 전자, 조선 등 제조 산

---

[1] 본 연구에서 철강산업은 철강제조업의 약칭으로, 중국 제조업 분류상에서 흑색금속제련 및 압연가공업의 범주에 속하며, 별도로 중국에서는 흔히 흑색금속제련 및 압연가공업, 유색금속제련 및 금속제품업 등이 금속재료산업의 범주에 속한다. 周松兰:〈中日韩制造业竞争力比较研究〉, 武汉大学出版社. 第103页.

[2] 인도의 JSW스틸은 아시아의 산업생산이 세계경제의 성장을 주도하고 있다고 밝혔다. 제조업과 인프라건설이 활발한 아시아의 철강산업이 세계 철강산업 성장의 견인차 역할을 하고 있으며, 2001년 이후 세계 철강시장 성장에 대한 아시아 주요국(중국, 인도, 한국, 베트남, 태국,

업을 위해 원재료를 제공할 뿐만 아니라, 이들 산업의 경기로 인해 쉽게 영향을 받는 등 산업파급효과가 매우 큰 것이 특징이다.

2000년대 들어서서 중국은 경제성장, 공업화, 도시화의 추진 및 국민소비구조의 업그레이드에 힘입어 자동차산업, 부동산 건축업, 기계 산업 등 대표 업종들이 매우 빠른 성장을 하며 중국의 경제성장에 이바지하고 있다. 이들 업종의 공통적인 특징은 모두 철강업종의 후방산업으로 철강상품에 대한 수요가 매우 크다는 점이다. 본문에서 언급될 주요 후방산업인 건축업, 기계, 자동차, 가전, 철도, 석유, 조선, 컨테이너 등 8대 강재소비영역 중에서도, 특히 건축업, 기계, 자동차 업종의 강재소비량은 8대 영역의 90.8%를 차지하며 압도적인 위치를 점하고 있다.[3] 또한 경제세계화로 인해 중국 국내시장이 점차 개방되고 있는 시점에서 철강업종의 후방산업들은 해외기업들과 치열한 국제경쟁을 벌이고 있는 상황이다. 2010년까지 관세의 점차적 하락과 비관세장벽의 취소에 따라, 건축업, 기계, 자동차 등 주요 후방산업의 국제경쟁 참여는 중국 내 시장수요구조에 큰 변화를 불러올 것으로 예측된다. 특히 2010년까지 중국 정부가 공업화, 도시화정책의 추진 일환으로, 교통운수, 대형수리공정의 기초시설과 서부대개발 등이 중요과제로 부각되고 있어, 중국 부동산, 자동차, 기계, 가전 등 주요 강재수요업종은 꾸준히 발전할 것으로 보이며, 향

인도네시아, 대만, 말레이시아, 필리핀 등)의 기여도는 설비능력의 86%, 생산의 83%, 소비의 78%에 달한다고 하였다. 또한 아시아의 투자증대와 도시화 진전이 철강수요를 견인해 성장기회를 창출할 것으로 예상하면서, 이머징 아시아의 4대 성장 동력을 다음과 같이 밝혔다. 첫째, 철강수요를 견인하는 투자지출, 둘째, 국내 소비의 높은 성장잠재력, 셋째, 소비를 부양하는 인구통계학적 이점, 넷째, 수출지향적 경제구조를 꼽았다. 제24차 철강생존전략회의(SSS), 2009년 6월 23~24일.

3) 马力: 〈中国钢材消费市场的需求结构分析〉, 冶金信息导刊, 2006年 3月.

후 전 사회부문에서 효과적으로 강재수요를 촉진할 것으로 기대된다.

중국 정부의 공업화 및 도시화 추진으로 철강산업은 중국 경제발전에 있어 없어서는 안 될 중요한 산업으로 부각됨에 따라, 이에 중국 정부는 기존 무분별하게 발전해 온 철강산업의 국민경제 지위 및 발전추세를 재차 점검해야 할 필요성이 있었다. 이런 이유로 중국 국무원은 2005년 7월 20일 자동차산업정책 반포 이후, 두 번째로 철강산업발전정책4)을 반포하게 되었다. 그 후 중국 철강업종의 집중도 향상과 철강산업구조의 업그레이드를 촉진시키게 되는 등 여러 방면에서 효과를 거두어 중국 경제발전에 기여를 하였다.5)

---

4) 중국 정부는 철강산업발전정책을 2005년 7월 20일 공식적으로 발표하였다. 동 정책은 철강업체에 대한 통폐합을 통해 경영효율저하, 자원의 비효율적인 소모, 기술낙후, 환경오염 등 과제를 해결하며, 중국 소비를 충족하는 생산체제를 갖추고 더 나아가 중국을 철강강국으로 도약시키겠다는 청사진을 제시하고 있다. 이에 철강산업의 상품구조, 기업조직구조, 산업분포의 합리화 등을 촉진하게 되었고, 이를 기반으로 중국 경제발전에 속도를 내기 시작하였다.

5) 중국의 철강산업발전정책의 실시 前(2002년)과 실시 后(2006년)와의 비교

	철강산업발전정책 실시 前	철강산업발전정책 실시 后
조강생산량	18,225만 톤	42,384만 톤
철강산업의 구조조정	• 3,000입방미터 이상 고로 3기 • 2,000~2,999입방미터 고로 17기 • 이상 고로의 생산능력 4,079만 톤	• 3,000입방미터 이상 고로 9기 • 2,000~2,999입방미터 고로 37기 • 이상 고로의 생산능력 10,585만 톤
강재수입국에서 수출국으로 변모	• 2003년 강재수입은 3,716.85만 톤으로, 세계 최다 강재수입국	• 2006년 강재수출은 4,300.6만 톤으로 세계 최다 강재수출국
에너지절약 및 환경보호	• 대중형 철강기업이 톤 생산량당 645.12킬로그램의 석탄을 사용하여, 2002년 대비 19.55% 감소 • 톤 생산량당 용수는 6.56톤을 사용하여 51.7% 감소 • 톤 생산량당 SO₂ 배출량은 34.69% 감소	
철강기업의 정보화수준	• 2003년에서 2006년 동안 철강기업 조강생산량의 정보화수준을 실현한 비중은 전체 44.2%를 차지	
경제효율 및 이윤능력	• 전 업종에서 305억 위안의 이윤창출 • 전 업종에서 판매이윤율 4.57% 기록 • 철강업종에서 570.16억 위안 세수창출 • 철강업종에서 236.83억 위안 이윤창출 • 철강업종에서 판매이윤율 5.14% 기록	• 전 업종에서 1,699.5억 위안의 이윤창출(5.57배) • 전 업종에서 판매이윤율 5.6% 기록 • 철강업종에서 1,622.16억 위안 세수창출(2.85배) • 철강업종에서 903.83억 위안 이윤창출(3.81배) • 대중형 철강기업의 총자산이 1,590억 위안에 달함(83.72% 성장) • 철강업종에서 판매이윤율 6.65% 기록

자료출처: 최정석: ≪中韩国钢铁产业政策的贡献度分析≫, 中国社会科学院研究生院博士学位论文, 2008年

그러나 중국 철강업계는 2008년 6월 말부터 수요부진이 지속되고, 글로벌 금융위기가 실물경제로 확산되면서 원자재가격 하락 및 수출 물량 감소와 더불어 철강가격이 급격히 하락하기 시작하였다. 2008년 중국 철강 총 수출량은 5,923만 톤으로 전년 대비 5.5% 감소되었고, 수입 역시 1,543만 톤으로 전년대비 8.6% 감소하였다. 중국 철강공업협회의 통계에 따르면, 2008년 중국 71개 대·중형 철강기업의 이윤이 846억 3,800억 위안으로 전년대비 43.3%나 급감한 것으로 나타나 경영난이 매우 심각한 것을 알 수 있었다. 이에 2009년 1월 14일 중국 국무원회의에서 원자바오(溫家宝) 총리는 중국 철강산업을 단순히 규모가 큰 산업이 아니라, 글로벌 경쟁력을 갖춘 산업으로 발전시키겠다고 밝히며 '철강산업 진흥계획'6)을 통과시켰다.

이에 본 연구는 우선 중국 철강산업의 구조변화를 살펴보고, 중국 철강산업의 발전에 따른 전·후방 연관 산업의 발전을 살펴본 다음, 이를 통해 철강산업이 중국 경제에 미친 공헌도 평가를 진행하고자

---

6) 주요내용으로 생산량 통제, 기술수준 제고, 낙후기업 도태, 기업구조조정을 중점으로 산업 구조조정을 가속화한다는 내용을 골자로 담은 5대 진흥계획이 포함됨

5대 진흥계획	
1	○ 국내외 시장을 일괄관리, 배치 - 내수 진작을 통해 국내 강재 소비 확대 - 유연한 수출 세수정책을 통해 글로벌 시장점유율을 확보
2	○ 철강 생산능력을 엄격히 통제 - 낙후된 생산능력 도태, 단순히 생산능력만 확대하는 프로젝트 금지
3	○ 기업구조조정 실시 - 대기업 주도로 기업의 공동재편을 추진해 국제경쟁력을 갖춘 대형 또는 초대형 철강그룹을 육성
4	○ 기술수준 제고, 연구개발 도입을 강화 - 철강산업 전용자금을 설치해 기술수준 제고에 대한 지원을 확대하고 제품종류를 조정해 강재품질향상
5	○ 철광석 수입시장의 규범화 - 철광석 수입시장 질서를 바로잡고 강재 판매 제도를 규범화 - 생산, 판매업체가 공동으로 리스크를 담당하는 시스템 구축

자료출처: 『聚焦10大产业振兴规划』, 金融界, 2009

한다. 이의 분석을 위해 사용할 연구도구로는 레온티에프(Wassily Leontief)가 고안하여 사용한 2002년 중국 투입산출표의 영향력계수와 감응도계수를 이용하여 분석하고자 한다.

Ⅱ. 중국 철강산업의 구조변화

1. 생산구조

2000년대 이후, 새로 증설한 설비의 투입사용에 따라 중국 철강산업의 조강생산량은 매년 평균 20% 이상의 발전을 거듭하여 2008년 5억 톤을 초과하는 성과를 거두었다. 조강 및 강재성장속도는 2004년부터 소비성장 속도를 초월하여 공급과잉현상이 발생하게 되어, 수출성장률의 증가폭이 큰 것과 반해 수입성장률은 대폭 감소하게 되었다. 중국의 조강생산량은 1949년 신중국 성립 초기 단지 15.8만 톤이었던 것이 1996년에는 처음으로 1억 톤, 2006년에는 4억 톤, 2008년엔 5억 톤을 돌파하여, 매년 무섭게 성장발전을 하며 현재까지 조강생산 세계 1위를 지켜 오고 있다.

〈표 1〉 1993 ~ 2008년 중국과 세계의 조강생산량 변화

연도	중국(만 톤)	세계(만 톤)	중국의 비율(%)
1993	8,954	72,755	12.3
1994	9,261	72,511	12.8
1995	9,536	75,227	12.7
1996	10,124	75,000	13.5
1997	10,891	79,893	13.6
1998	11,459	77,732	14.7

연도	중국(만 톤)	세계(만 톤)	중국의 비율(%)
1999	12,395	78,900	15.7
2000	12,850	84,760	15.2
2001	15,103	85,022	17.8
2002	18,225	90,375	20.2
2003	22,234	96,930	22.9
2004	27,245	105,670	25.8
2005	34,936	112,800	30.9
2006	41,878	123,899	33.8
2007	48,924	134,406	36.4
2008	50,200	133,510	37.6

자료출처: 世界粗钢产量来自国际钢铁协会(IISI)历年发布的世界钢铁数据(WSIF). 中国钢产量来自中国钢铁工业协会统计数据.

<표 2>에서 중국 강재의 품목별 생산구조를 살펴보면, 과거에는 건설용, 범용제품 등 저부가가치인 봉형강류 위주로 생산하다가 최근 들어 자동차, 가전, 조선 산업 등 연관 산업의 수요가 급증함에 따라, 전체 철강산업의 생산구조가 고부가가치인 판재류 중심[7]으로 생산·발전함을 알 수 있다.[8]

〈표 2〉 중국 강재의 품목별 생산구조변화

(단위: 백만 톤, %)

	봉형강류	판재류	강관	철강재 합계
1995	55.8(63.6)	27.0(30.8)	5.0(5.6)	87.8(100)
2000	68.4(55.1)	50.6(40.7)	5.2(4.2)	124.2(100)
2005	196.1(53.7)	143.1(39.2)	26.1(7.2)	365.3(100)
2007	266.1(40.3)	242.5(43.0)	42.2(7.5)	564.6(100)

자료출처: 한국철강협회, 「철강통계연감」, 각 년판.
주: ( )의 수치는 비중을 뜻함. 2007년 통계는 posri에서 인용함.

---

7) 일반적으로 고 부가가치 제품은 크게 중후판, 열연강판, 냉연강판, 아연도 강판으로 나뉠 수 있다. 탁세령, 「중국 철강산업의 현황과 전망」, 수은해외경제, 2004년
8) 이민식, 「한·중철강산업구조의 비교와 평가」, 한국개발은행, 2006년

판재류 중에서는 특히 후판, 열연강판의 비중(07년 기준, 73.5%)이 높지만, 냉연강판의 생산이 크게 증가하고, 고부가가치 제품인 표면처리 강판의 생산량도 빠르게 증가하는 등 상위제품의 비중이 확대되면서 제품구조가 고도화되는 추세이다. 한국수출입은행의 수치를 보면,9) 냉연강판의 생산증가율은 2005년 120.5%, 2006년 47.0%, 2007년 27.0%이고, 표면처리 강판의 생산증가율은 2005년 93.5%, 2006년 30.1%, 2007년 37.6%이다.

또한 중국 철강재 수출입 중 가장 높은 비중을 차지하는 강종은 판재류로, 특히 수입에서 판재류가 차지하는 비중은 84.7%에 달하고 있고, 반면에 판재류의 수출은 열연강판, 후판 등 상대적으로 부가가치가 낮은 제품 위주로 이루어지고 있다. 게다가 자동차용, 가전제품용 고급강판 등 고부가가치의 판재류는 여전히 일본, 한국 등지로부터의 수입에 의존하고 있는 상황이다.

〈표 3〉 중국 강재의 품목별 생산구조변화

	2004	2005	2006	2007
기타	7.1%	7.7%	8.0%	7.5%
rail / 강관				
판재류	33.7%	39.5%	40.5%	43.0%
형강	13.5%	7.0%	6.9%	6.8%
봉강·선재	40.0%	43.0%	42.3%	40.3%

자료출처: 한국수출입은행 해외경제연구소 동북아 팀. 「중국 철강산업현황 및 전망」, 2008.

---

9) 한국수출입은행 해외경제연구소 동북아 팀. 「중국 철강산업현황 및 전망」, 2008년

그러나 중국 철강산업은 전반적으로 저부가가치 생산 위주에서 고부가가치 생산을 함으로써, 고부가가치인 판재류 위주의 생산을 하는 한국 철강산업을 위협하는 경쟁관계로 접어들게 되었음을 알 수 있다.

2. 소비구조

중국은 2000년대 접어들어 연평균 경제성장률 9.5%, 철강소비 연평균 성장률 20.5%를 기록하며 무섭게 성장을 거듭하고 있다. 그러나 중국 경제성장률과 비교하여 철강소비 탄성치는 2.16에 달해 경제성장이 과도하게 철강산업의 발전에 의존하는 것으로 나타났다.

중국 철강소비는 고정자산투자와 밀접한 관련이 있는데, 2005년 고정자산투자 증가율이 최저 15.1%(중국강철공업협회), 최고 18%(국가발전개혁위원회)로 전망된바, 강재소비는 14%를 상회할 전망이다.

2000년 이후 봉형강류의 소비비중이 높은 건설투자 역시 GDP성장률을 훨씬 뛰어넘는 10~30%를 기록하고 있다. 세부적으로는 베이징 올림픽과 상하이 세계박람회 등 국제 활동의 수요로 인해 건설투자의 성장률은 2003년 이후 평균 20% 정도를 유지하고 있다.

<표 4>에서 각 산업에서 소비하고 있는 철강수요량을 보면, 건축업은 2002년 1억 톤을 초과하여 2005년에는 1.4억 톤에 달하는 증가세를 보이고 있고, 기계업종 역시 2000년 2,000만 톤을 초과하여 2005년에는 2배에 이르는 4,000만 톤을 기록하였다. 반면에 주로 고부가가치 강재류를 소비하고 있는 자동차, 조선, 가전 등 업종의 수요량과 비중은 건축업과 기계업종과 비교하였을 때 미미한 수준으로

향후 중국 철강산업이 고부가가치 강재의 소비구조로 전환해야 할 필요성을 보여 주고 있다.10)

〈표 4〉 중국 철강산업의 산업별 소비구조

(단위: 만 톤, %)

		1998	1999	2000	2001	2002	2005
건축업	수요량	5,235	6,315	7,335	8,980	10,520	13,924
	비율	65.3	65.5	65.2	66.8	66.4	65.1
기계	수요량	1,200	1,600	2,000	2,400	2,750	4,000
	비율	15.0	16.6	17.8	17.8	17.4	18.7
자동차	수요량	629	711	755	858	1,130	1,500
	비율	7.9	7.4	6.7	6.4	7.1	7.0
조선	수요량	140	130	160	200	225	380
	비율	1.8	1.4	1.4	1.5	1.4	1.8
철도	수요량	260	270	280	290	300	320
	비율	3.3	2.8	2.5	2.2	1.9	1.5
석유	수요량	125	120	130	170	290	480
	비율	1.6	1.3	1.2	1.3	1.8	2.3
가전	수요량	283	325	360	387	455	525
	비율	3.5	3.4	3.2	2.9	2.9	2.5
컨테이너	수요량	143	170	230	165	180	250
	비율	1.8	1.8	2.0	1.2	1.1	1.2
합 계		8,012	9,641	11,250	13,450	15,850	21,379

자료출처: 중국 철강업협회, 『중국 철강공업연감』, 2006.

그러나 중국 정부의 경기과열현상을 막기 위한 긴축정책으로 인해 건설, 기계 등 투자관련 소비비중이 지속적으로 감소추세에 있고, 비록 그 비중이 높다고 하더라도 중국 철강산업의 구조적 특징은 정부 정책변화에 대해 매우 민감하기 때문에, 영향을 받아 점차 조정될

---

10) 김주한, 『중국 철강산업의 구조고도화와 한국의 전략』, 산업연구원, 2006년.

것으로 보인다.11)

이는, 중국 정부의 정책변화에 따라 급격하게 변하는 투자부문의 소비비중이 높다는 것은 그만큼 중국의 철강수요가 정부정책 변화에 따라 심하게 변동될 수밖에 없는 구조를 설명하고 있는 것이다.

3. SWOT분석

첫째, 우세부문(Strength)에서 보면, 우선 중국은 선광(燒結), 소결 (燒結), 코크스화, 강철의 압연화, 철합금 및 탐사, 설계, 시공, 과학 연구 등 각 부문별 산업시스템을 완비하였다. 또한 철강생산비용이 매우 저렴한 장점이 있다. 예를 들면, 2004년 중국의 경우, 중대형 철강기업의 노동력비용은 영업수입의 4.13%를 차지하였고, 일본 10%, 미국 20~25%, 독일 25%와 비교하였을 때 중국의 저렴한 노 동력 비용은 비교할 수 없는 경쟁력을 갖추고 있는 것이 현실이다. 이처럼 저렴한 인건비로 중국이 중·저가 강재시장에서 매우 강한 가격경쟁력을 갖추고 있어, 2006년부터 중국 정부는 적극적으로 중·저가 강재수출장려운동을 추진하고 있다. 게다가 중국 정부의 철강산업에 대한 정책적 지지 또한 무시할 수 없다. 2005년 반포된 '철강산업발전정책'은 자동차산업발전정책 이후 2번째로 국가발전개 혁위원회, 국무원의 심의로 통과된 국가급 산업발전정책으로, 향후 5~ 10년간 철강산업의 구조조정, 기술정책 및 투자관리 등 모든 면에 걸친 상세한 계획일 뿐만 아니라 외자기업의 중국 진출에 대한 조건 도 엄격하게 하였다.

---

11) 한국철강협회 국제협력부, 『중국 철강산업의 최근추세』, 2006.

둘째, 열세부문(Weakness)에서 보면, 철광석 등 원재료 자원이 부족하여 해외의존도가 나날이 증가하고 있다. 현재 중국의 철광석 소비량은 연평균 8%의 성장을 하고 있지만, 생산량은 단지 2%에 머물러 있어 중국 철강산업의 발전은 해외 철광석의 원활한 공급 여부에 달려 있을 만큼 중요한 문제가 되었다. 또한 현재 대부분의 철강기업의 규모구조는 계획경제시대에 형성되었기 때문에, 소규모 기업이 난립하는 등 산업집중도12)가 낮다. 그러나 자원의 흐름과 시장조건의 변화에 따라 이러한 구조는 점차 저효율, 오염 환경, 단순한 지역산업구조 등 문제로 중국 철강산업이 발전하는 데 있어 걸림돌로 작용하고 있다. 중국 정부는 이러한 문제를 해결하기 위해 11차 5개년 규획에서 일정규모 이하의 철강기업에 대해 통일적인 구조조정을 통해 산업집중도를 향상시킨다고 규정하였다. 향후 중국 철강산업의 지속적인 발전 여부는 구조조정의 성공 여부에 있을 만큼 중요한 문제로 부각되었다.

셋째, 기회부문(Opportunity)에서 보면, 나날이 증가하고 있는 국내외 강재수요로 중국 철강산업은 매우 높은 발전가능성을 가지고 있다. 현재 중국은 공업화 중기단계로, 도시화, 시장화에 따라 향후 일정기간 동안 강재에 대한 소비가 증가할 것으로 보인다. 단지 전력, 공업용수 등 관련 제반 설비의 부족은 중국이 세계철강수출대국으로 나아가는 데 제약이 됨에 따라 해결해야 될 것이다. 철강산업

---

12) 산업집중도는 한 산업의 기업규모분포에 쓰이는 것으로, 통상 CR4를 사용하여 표시한다. 2004년 중국의 철강생산기업은 800개가 넘었고, 그중 CR4는 18.54%에 그쳤다. 참고로 기타 철강강국의 CR4는 한국 88.3%, 일본 73.2%, 러시아 69.1%, 미국 61.1%이다. 결론적으로 산업집중도가 낮은 것은 불합리한 자원배치와 전체 산업경쟁력을 저하시키는 직접적인 원인을 초래하게 된다.

은 규모경제를 강조하는 업종으로 거대한 시장수요는 중국의 철강생산기업으로 하여금 자금과 기술투입을 증가시켜 생산규모를 확대하는 등 규모경제를 실현시키게 한다. 또한 인재, 기술개발시스템의 완비로 발전가능성을 높이고 있다. 중국 정부의 '과학기술은 제1의 생산력(科技是第一生産力)'과 '과학교육은 국가를 부강하게 시킴(科敎興國)' 전략의 실시로 중국 철강산업의 후발적 우세가 두드러지고 있는 상황이다. 2005년까지 통계를 보면, 중국 철강영역의 과학기술기구는 230여 개, 연구원은 31,342명이고, 과학기술기구를 설치한 철강기업은 160여 개이며, 특히 대중형 철강기업은 기술자만 22.4만 명으로 철강산업에 종사하고 있는 인원 중 10% 이상을 차지하고 있다.

넷째, 위협부문(Threats)에서 보면, 우선 대외무역 마찰이 나날이 증가하고 있는 것을 꼽을 수 있다. 2007~2008년 사이에 중국의 일부 철강 상품의 수출성장은 매우 빠르게 발전하여, 북미, 남미, EU, 아세안 등 국가에서 반덤핑 제소가 증가하고 있는 추세이다. 통계에 따르면, 2007년 상반기에만 철강업종의 반덤핑제소가 26건에 달할 정도라고 한다. 또한 이산화탄소 배출권 등 국제환경조약이 나날이 강화되고 있는 추세에서, 중국 철강산업은 환경보호에 대한 압력이 증가하고 있다. 철강산업은 에너지소비의 주요 원천으로, 중국 전체 소비의 9~10%를 차지하고 있는 실정이다. 그중 철강산업의 중요 원재료인 석탄소비는 SO_2, CO_2, NO 등 유해기체들을 많이 배출하고 있어 생태환경에 제일 많은 부정적 영향을 미치고 있는 것으로 조사되었다. 이에 중국 정부는 11차 5개년 규획에서 '친환경 철강공장'의 건립목표를 강조하였다. 그러나 중국에 현존하는 중소형 철강 생산설비를 보면 11차 5개년 규획에서 밝힌 친환경 표준을 만족하기에는 어려울 것으로 보인다.

더불어 중국 철강기업의 세계시장에서 가격담판능력 부족을 들 수 있다. 중국은 세계 제1의 철광석 수입국으로서, 양으로만 따진다면 철광석가격을 결정하는 중요한 당사자가 되겠지만, 실정은 그렇지 못한 상황이다.

<표 5> 중국 철강산업의 SWOT분석

Strenght(우세)	Weakness(열세)
- 업종별 산업시스템 완비 - 저렴한 생산비용 - 정부의 정책적 지지	- 기술수준 저하 및 투자 부족 - 소기업 난립으로 집중도 저하 - 양질의 철광석과 원재료 부족
Opportunity(기회)	Threats(위협)
- 국내외 수요의 급증 - 특대형 기업위주의 구조조정 - 인재, 기술개발시스템의 개선	- 대외무역 마찰의 급증 - 환경비용과 압력의 상승 - 철광석 가격담판능력의 저하

(중국의 철강산업)

자료출처: 李博, 勒取, 「我国钢铁产业国际竞争力的SWOT分析」, 西南交通大学经济管理学院, 2008.

Ⅲ. 투입산출분석의 경제적 의의

1. 투입산출분석의 탄생

투입산출분석(Input-Output Analysis)[13]은 미국 경제학자인 레온

---

13) 여기에서 '투입'은 임의의 한 개 부문이 상품의 생산과정에서 소비되는 각종 투입요소를 가리킨다. 예를 들면, 원재료, 보조재료, 연료, 동력, 고정자산감가와 노동력을 들 수 있다. '산

티에프(W. Leontief)가 1936년에 처음으로 고안한 모형이다.[14] 레온티에프는 원래 소련 출생으로, 1931년부터 미국에서 투입산출표를 연구하기 위한 준비 작업에 착수하여, 1932년 자료 수집을 통해 미국의 1919년 투입산출표를 완성하게 된다. 1936년 8월, 그는 <경제학과 통계평론>의 학술지에 ≪美國經濟体系中投入産出的數量關系≫를 발표하였는데, 이 논문은 후에 투입산출분석의 효시가 되었다.[15] 1941년에는 미국의 1919년과 1929년의 투입산출표[16]가 정식으로 ≪미국경제구조(1919~1929)≫에 반포되었다. 또한 1951년에는 <미국경제구조(1919~1929)>에 1939년 투입산출표를 업데이트시켜 <미국경제구조(1919~1939)>로 재편하게 된다. 1953년에 이르러서는 레온티에프와 일부 경제학자들이 협력하여 <미국경제구조연구>를 출판하였는데, 이는 체계적으로 투입산출분석의 원리를 설명한 것으로 유명하다. 또한 1966년에는 <투입산출경제학>을 출판

출'은 각 부문이 생산하는 상품의 총량 및 분배 사용된 수량을 가리키는데, 유동량이라고도 불리며, 중간상품과 최종상품 두 가지로 나누어진다. 蒋昭侠: ≪产业结构问题研究≫, 中国经济出版社. 第6页.

14) 그 역사적인 배경으로는 다음과 같다. 1929~1933년 자본주의 세계에서 이전에 없던 대규모의 심각한 대공황이 발생하였는데, 이의 대책을 둘러싸고 당시 경제이론계 학자들은 두 가지 학설을 내놓았다. 하나는 카인즈 학파의 주된 생각으로 정부간여를 통해 유효수요를 확대하여 경제위기발생을 방지하자는 것이었고, 다른 하나는 수량관계에서 경제문제를 연구하여 그 안에서 경제운영과 발전의 합리적 제한을 통해 경제위기를 대처하자는 것이었다. 레온티에프는 이를 주장한 학자 중 한 명으로, 시대에 부흥하여 투입산출분석을 고안하게 된 것이다. 刘起运, 陈璋: ≪投入产出分析≫, 第6页.

15) 刘起运, 陈璋: ≪投入产出分析≫, 第6页.

16) 산업연관표는 국민경제 내에서 일어난 재화와 서비스의 모든 거래를 나타낸 표이다. 각 산업의 거래 및 산업부문과 최종수요와의 거래를 일정한 형식에 따라 체계적으로 기록한 통계표로, 산업부문 간의 상호 의존관계 등 국민경제구조를 총체적으로 나타내고 있어 경제구조 분석은 물론 경제정책의 파급효과 측정 등에 이용된다. 현재 선진국으로부터 대부분의 개발도상국에 이르기까지 많은 나라에서 작성되어 경제구조 분석 및 각종 경제정책의 파급효과 측정 등에 이용되고 있으며, 우리나라의 경우 한국은행이 1960년 최초로 작성한 이래 5년마다 한 번씩 발표하고 있다.

하여 투입산출분석법 및 투입산출모형과 투입산출표 등을 포함한 전면적인 투입산출분석체계를 건립하게 된다.[17]

레온티에프는 마르크스(Karl Heinrich Marx)의 재생산이론(economic reproduction theory)과 구 소련 국민경제종합평형사상에 영향을 받아, 사회총상품의 개념을 완전히 정리하였고, 이는 후에 투입산출분석의 이론기초를 다지는 데 일조를 하게 되었다. 왜냐하면 투입산출표상의 노동 부분이 중간투입 부분으로 모형구조의 핵심이기 때문이다.

그러나 투입산출분석이 제기되던 초기에는 사람들의 관심을 받지 못하였다. 1940~50년대 우선 미국, 캐나다, 영국, 이탈리아 등 일부 서방 선진국에 전파 및 응용이 되었고, 1950년대 말에는 구 소련 및 동유럽국가로 전파되었으며, 1960년대 초에 중국으로 도입되어 점차 동남아, 아프리카, 라틴아메리카 등 개발도상국으로 전파되기 시작하였다.

UN은 1950년 국제투입산출협회를 발족하여 지금까지 14번의 세계범위 투입산출분석을 국제학술토론회에서 발표하였다. UN경제사회사무부는 1968년 당시 서방국가가 채택한 <국민경제계산체계(SNA)>를 공표하였고, 1990년대 이후에 이르러서 새롭게 재판되는 등 투입산출표는 그중 중요한 장부로 통계계산의 기본적 내용이 되었다.

통계에 따르면, 현재 세계 100여 개의 국가와 지역에서 이 방법을 사용한 자국의 투입산출표를 제작하고 있다고 한다. 이처럼 투입산출분석방법은 세계 각국에서 산업구조분석을 진행하는 데 있어 가장 보편적인 수학도구로 자리매김하고 있다.

---

17) 蔣昭俠, 『投入产出分析』, 中国人民大学出版社, 第6页.

투입산출분석의 전파와 발전과정을 돌이켜 보면, 한 국가가 이 방법을 채택하는지는 사회제도, 이데올로기, 경제계산체계와 밀접한 관계가 있는 것으로 밝혀졌다. 반세기에 걸쳐 투입산출분석은 세계 대다수 국가로 전파 및 보급되고 있으며, 현재에도 여전히 심도 깊은 발전을 거듭하고 있다. 이러한 발전은 다음 3가지로 요약할 수 있다.[18]

첫째, 투입산출기본모형은 세계 각국의 정세를 고려하여 각국 특색의 응용모형을 건립하였다. 각국의 사회생산 환경, 경제구조, 대외경제관계 등 방면에 있어 큰 차이가 있는 것은 각국의 정세를 고려하는 과정에서 투입산출분석의 발전을 이끌어 내었다.

둘째, 투입산출기본모형과 각국의 상이한 응용영역을 고려하여 각국 특색의 구체적인 모형을 건립하였다. 이는 기본모형의 개조와 발전을 이끌어 내었다.

셋째, 투입산출분석 이론과 방법론의 발전을 이루었다. 이는 대량의 구체적 응용모형에 대해 조사를 진행하였을 뿐만 아니라 그중에서 일반적인 규율성을 찾아내어 기본모형에 대한 수정과 투입산출분석의 응용범위와 강화된 모형의 기능을 확대하였다.

2. 중국에서 투입산출분석의 응용

1940년대부터 일부 선진국으로 보급되기 시작한 투입산출분석은 중국에는 1960년대 초부터 보급되기 시작하였다. 비록 서방 선진국보다는 늦게 보급되었지만 그 발전 속도가 빠르고 응용범위가 넓어 모형 자체가 다양해지고 있는 실정이다. 투입산출분석이 중국에서의

---

18) 刘起运 · 陈璋, 『投入产出分析』, 第8页.

보급과정을 시기별로 살펴보면 다음과 같다.

1960년대 초, 중국 경제학자인 순이에팡(孫治方)과 과학자인 치엔슈에선(錢學森)이 처음으로 중국과학원에서 투입산출 전문 연구팀을 결성하였다. 이는 중국 경제학술계가 투입산출 분석에 대한 연구를 시작했다는 데에 의미가 깊다.

1965년, 중국과학원 수학연구소 기획실과 안산(鞍山)철강회사 기획실이 협력하여 안산철강회사의 투입산출표를 만들었다. 또한 금속재료의 평형관리, 내부가격결정 및 상품출고가격의 제정 등 문제에 대해 연구를 시작하였으나, '문화대혁명' 기간에 어쩔 수 없이 연구를 중단할 수밖에 없었다.

1974년 8월, 거시경제발전상황의 수요를 연구하기 위해, 중국 국가통계국과 중국 국가계획위원회의 주도하에, 중국 국가통계국, 중국 국가계획위원회, 중국과학원, 중국인민대학, 前 북경경제학원 등에서 연합으로 1973년 전국 61부문 상품의 실물형 투입산출표를 작성하였다. 이 표를 이용하여 투자계획과 상품생산계획을 작성하는 등 여러 방면에서 효과적인 성과를 거두기 시작하였다. 게다가 이는 중국에서 첫 번째로 발간된 투입산출표로 그 의미가 있다 할 수 있다.[19]

1970년대 말부터 1980년대에는 중국에서 투입산출분석이 가장 최고조로 보급 및 연구한 시기로, '문화대혁명'이 끝난 후 중국 정부와 경제학계에서는 경제발전을 목표로 현대경제수량분석방법을 급히 도용하기 시작하였다.

1980년, 중국 사회과학원 공업경제연구소에서는 1979년도 21개 부문의 가치형 투입산출표를 작성하였고, 중국 국가통계국의 요청에

---

19) 刘起运 · 陈璋, 『投入产出分析』, 中国人民大学出版社, 第8页.

따라 산서성(山西省) 통계국은 1979년 산서성 투입산출표를 작성하여 전국 투입산출표를 작성하는 데 있어 중요한 발판을 만들기 시작하였다.

1982년, 중국 국가계획위원회와 국가통계국이 연합으로 1981년 전국 146개 부문의 실물형 투입산출표와 26개 부문의 가치형 투입산출표를 제작하여 후에 서로 연결시키는 일련의 종합적인 투입산출표를 제작하기에 이른다.

1987년 3월 말에는, 개혁개방에 따른 요구의 부흥과 국민경제의 거시적 통제 및 관리를 제고시키기 위하여, 중국 국무원 판공청에서는 <전국 투입산출조사와 통지에 대해>라는 문건을 발표하여 매 5년에 한 번씩 전국 투입산출조사와 편제작업을 하도록 문건화시켰다.

부문표와 기업표는 중국이 투입산출분석을 응용한 최대의 걸작품으로, 중국에서 최초 부문표는 화공부문의 1978년 16×16 부분의 실물표를 작성한 이후 조선제조, 유색금속, 기계, 에너지, 방직, 군사공업, 농업 등 부문에 걸쳐 작성되었다.

1987년, 중국은 첫 번째로 전국형의 투입산출조사와 편제작업을 실시하여, <1987년 전국투입산출표>를 발간하였는데 이는 투입산출기술이 중국에서 발전하게 되는 새로운 계기로 평가받는다. 또한 중국 국가통계국은 이에 이어 1992년 전국 투입산출가치표와 실물표, 1997년, 2002년 전국투입산출표를 발간하기에 이른다.[20](<표 6> 참조)

---

20) 金碚, 『新編工業経済学』, 経済管理出版社, 2005.

〈표 6〉 중국 투입산출표의 제작상황

전국표	1973, 1979, 1981, 1987, 1992, 1997, 2002
지역표	각 29개 성, 시(서장과 해남 제외)별 모두 있음
부문표	화학 산업, 농업, 도시경제, 철강, 하이테크기술, 수자원 등
기업표	수백 개 기업들이 각각 투입산출표를 구비하고 있음

자료출처: 张红霞, 『教育－经济投入占用产出模型理论与应用研究』, 中国科学院研究生院博士学位论文, 2004.

중국에서 투입산출분석의 응용과 실천으로 인해 투입산출기술이 방법론적 또는 이론적으로 발전을 거듭한 것과 동시에 중국만의 특색을 가질 수 있게 되었다. 게다가 국제투입산출학술계에 큰 공헌을 하였는데 다음 세 가지로 나눌 수 있다.[21]

첫째, 중국 특색의 투입산출표를 성공적으로 설계 및 작성함에 있어 그 방법이 구체적이고, 공정과정, 즉 인력, 물력, 재력 등을 사용함에 있어 세계 최대 규모를 자랑하였다.

둘째, 투입산출이론과 방법론 연구에 있어서, 중국은 처음으로 투입점용산출모형, 투입산출대칭수학모형을 제기함으로써 모형표현력을 증강시키게 되었다.

셋째, 중국 기업모형, 부문모형의 응용작업이 상당히 활발하게 진행되어, 대형기업 및 경제주관부문에 대한 응용범례가 많아진 것은 기타 국가에서 보기 힘든 선례가 되었다.

---

21) 刘起运·陈璋, 『投入产出分析』, 中国人民大学出版社, 第10页.

Ⅳ. 중국 철강산업의 파급효과 분석

철강산업은 산업관련도가 매우 큰 산업으로, 그 영향력계수와 감응도계수 또한 매우 크다. 게다가 관련 산업의 영향을 쉽게 받을 뿐만 아니라, 철강산업 자체의 변화 역시 기타 산업에 영향을 많이 미쳐 산업 군에 있어 그 역할이 매우 중요하다고 볼 수 있다.

1. 영향력계수의 분석

영향력계수(Index of the power of dispersion)는 어떤 산업부문의 생산에 대하여 최종수요가 1단위 발생할 때, 전 산업부문에 미치는 영향을 나타내는 계수이다. 곧 어떤 산업이 다른 산업 생산물을 자본재로 구입하는 정도를 나타낸 것으로, 후방연쇄효과(backward linkage effect) 또는 imfact factor라 하며, 간략히 IF라고도 한다.[22] 영향력계수(F_j)의 계산공식은 다음과 같다.[23]

$$F_j = \frac{\sum\limits_{i=1}^{n} \overline{b_{ij}}}{\frac{1}{n}\sum\limits_{i=1}^{n}\sum\limits_{j=1}^{n} \overline{b_{ij}}} \qquad (j = 1, \ 2, \ 3, \ \cdots\cdots)$$

$F_j > 1$이면, j번째 부문의 생산이 기타 부문에서 생산된 파급영향 정도에 대해 사회평균영향수치보다 많은 것을 뜻하고, $F_j = 1$이면, j

---

22) 미국 경제학자 허쉬만(A. Hirschman)이 1985년 산업 간 연쇄효과를 나타내기 위하여 처음 사용한 용어로, 각 산업의 생산유발계수의 열 합계를 전 산업평균으로 나누어 구한다. 이 계수가 크면 자본재를 생산하는 산업도 동시에 생산량이 많았음을 뜻하므로, 타 산업에 미치는 영향이 크다. 일반적으로 철강이나 전기·전자 등과 같이 생산유발효과가 큰 산업일수록 계수가 커지게 된다.

23) 国家统计局国民经济核算司, 『2002年投入产出表』, 中国统计出版社, 第8页.

번째 부문의 생산이 기타 부문에서 생산된 파급영향 정도에 대해 사회평균영향수치와 같은 것을 뜻하며, $F_j<1$이면, j번째 부문의 생산이 기타 부문에서 생산된 파급영향 정도에 대해 사회평균영향수치보다 적은 것을 뜻한다. 결론적으로 영향력계수가 클수록 해당 부문이 기타 산업에 대해 촉진역할을 많이 한다고 볼 수 있다.

이번 분석에서는 중국에서 최근 발표된 2002년 투입산출표 중에서 44개 부문의 생산유발계수표를 사용하였는데, 44개 부문 중 철강산업과 관련이 깊은(생산유발계수가 높음) 14개 부문24)을 재분류하여 영향력계수를 측정하였다.

이상 철강산업과 관련 깊은 14개 부문을 가지고, 영향력계수를 공식에 대입하여 계산해 보면 다음과 같은 결과를 가져온다.

〈표 7〉 중국 철강산업의 영향력계수

	영향력계수
02 석탄개발업	0.835836
04 금속광산채굴업	0.975728
13 비금속광산제품업	1.073470
14 금속제련 및 압연가공업(철강산업)	1.174832
15 금속제품업	1.244545
16 전문설비제조업	1.208269
17 교통운수설비제조업	1.258270
18 전기, 기계 및 기자재제조업	1.260779

---

24) 생산유발계수 중, 철강산업과 관련계수가 0.1 기준으로 그 이상인 14개 부문을 선정하였다. 02 석탄개발업, 04 금속광산채굴업, 13 비금속광산제품업, **14 금속제련 및 압연가공업(철강산업), 15 금속제품업, 16 전문설비제조업,** 17 교통운수설비제조업, 18 전기, 기계 및 기자재제조업, 19 통신설비 및 기타전자설비제조업, 20 의료기기제조업, 21 기타제조업, 26 건축업, 34 임대 및 서비스업, 36 과학연구사업 자료출처: 중국 2002년 투입산출표의 44개 부문 생산유발계수 중, 본인 재작성 국가통계국 국민경제부 저, 『2002년 투입산출표』.

	영향력계수
19 통신설비 및 기타전자설비제조업	1.395392
20 의료기기제조업	1.284622
21 기타제조업	1.152824
26 건축업	1.201123
34 임대 및 서비스업	1.080449
36 과학연구사업	1.006902

자료출처: 중국 2002년 투입산출표의 44개 부문 완전소비계수 중, $(I-A)^{-1}$에 대입하여 본인 재작성. 국가통계국 국민경제부, 『2002년 투입산출표』.

2. 감응도계수의 분석

감응도계수(Index of the sensitivity of dispersion)는 모든 산업부문의 생산물에 대한 최종수요가 각각 한 단위씩 발생할 때, 어떤 산업이 받는 영향, 즉 전방연쇄효과(forward linkage effect)가 어느 정도인가를 나타내는 계수로서 그 산업의 생산유발계수의 행 합계를 전 산업의 평균으로 나누어 구한다. 일반적으로 석유제품과 같이 그 제품이 각 산업 부문에 중간재로 널리 사용되는 산업일수록 감응도계수가 크다. 감응도계수(E_i)의 계산공식은 다음과 같다.[25]

$$E_i = \frac{\sum_{j=1}^{n} \overline{b_{ij}}}{\frac{1}{n}\sum_{i=1}^{n}\sum_{j=1}^{n} \overline{b_{ij}}} \qquad (i = 1, 2, 3, \cdots\cdots)$$

$E_i > 1$이면, i번째 부문이 받은 감응 정도가 사회평균 감응도 수준보다 높은 것을 뜻하고, $E_i = 1$이면, i번째 부문이 받은 감응 정도가 사회평균 감응도 수준과 같은 것을 뜻하며, $E_i < 1$이면, i번째 부문이 받은 감응 정도가 사회평균 감응도 수준보다 낮은 것을 의미한다.

25) 国家统计局国民经济核算司, 『2002年投入产出表』, 中国统计出版社, 第8页.

결론적으로 감응도계수가 클수록 다른 산업의 자본재로 많이 사용됨을 뜻하므로 여러 산업에 미치는 파급효과가 크다고 볼 수 있다. `

이번 분석 역시 중국에서 최근 발표된 2002년 투입산출표 중에서 44개 부문의 생산유발계수표를 사용하였는데, 44개 부문 중 철강산업과 관련이 깊은(생산유발계수가 높음) 13개 부문26)을 가지고, 다시 감응도계수 공식에 대입하여 수치를 계산하였다.

이상 철강산업과 관련 깊은 13개 부문을 가지고, 감응도계수를 공식에 대입하여 계산해 보면 다음과 같은 결과를 가져온다.

〈표 8〉 중국 철강산업의 감응도계수

	감응도계수
02 석탄개발업	1.046577
03 석유 및 천연가스개발	1.249367
04 금속광산채굴업	0.717654
11 석유가공 및 정제가공업	1.299109
12 화학공업	**3.273812**
14 금속제련 및 압연가공업(철강산업)	**2.496087**
16 전문설비제조업	1.526696
17 교통운수설비제조업	1.230257
22 폐품원료	0.529981
23 전력생산 및 공급업	1.573776
27 교통운수 및 창고업	**1.880113**
30 도·소매 무역업	1.810758
32 금융보험업	1.227717

자료출처: 중국 2002년 투입산출표의 44개 부문 완전소비계수 중. $(I-A)^{-1}$에 대입하여 본인 재작성. 국가통계국 국민경제부, 『2002년 투입산출표』.

---

26) 생산유발계수 중, 철강산업과 관련계수가 0.04 기준으로 그 이상인 13개 부문을 선정하였다. 02 석탄개발업, 03 석유 및 천연가스개발, 04 금속광산채굴업, 11 석유가공 및 정제가공업, **12 화학공업, 14 금속제련 및 압연가공업(철강산업), 16 전문설비제조업,** 17 교통운수설비제조업, 22 폐품원료, 23 전력생산 및 공급업, 27 교통운수 및 창고업, 30 도·소매 무역업, 32 금융보험업. 자료출처: 중국 2002년 투입산출표의 44개 부문 생산유발계수 중, 본인 재작성. 국가통계국 국민경제부, 『2002년 투입산출표』.

V. 결론

이상 중국 철강산업의 파급효과 분석을 진행한 결과, 다음과 같은 결론을 얻을 수 있었다.

우선 영향력계수에서 보면, 계수가 높은 순서대로 통신설비 및 기타 전자설비제조업, 의료기기제조업, 전기·기계 및 기자재 제조업으로 1.260779~1.395392 사이에 분포되어 있다. 이는 철강산업이 1단위를 추가 투입함에 따라 이들 부문이 1.260779~1.395392 단위가 증가한다는 의미로, 중국 경제발전에 이바지한 주요 업종이라고 할 수 있다.

게다가 교통운수설비제조업, 금속제품업, 전문설비제조업의 영향력계수 또한 1.2보다 높아 전 42개 상품부문 중 4위~6위를 차지하였고, 이는 사회평균 수준보다 높은 수치로 후방연관효과가 비교적 크므로 이들의 발전은 다른 부문의 발전에 큰 영향을 미치는 것으로 조사되었다.

그러나 금속광산채굴업, 석탄개발업의 영향력계수는 1보다 작았기 때문에 후방연관효과가 사회평균 수준보다 낮아 이들의 발전은 기타 부문의 발전에 별다른 영향을 미치지 않는 것으로 조사되었다.

결론적으로, 이러한 주도산업군의 영향력계수가 크면 클수록 후방연관효과가 커지므로 기타부문의 경제발전에 있어 많은 역할을 할 수 있도록 촉진할 수 있으며, 이는, 즉 지역경제 발전에 있어 충분한 주도산업의 역할을 하고 있음을 의미하는 것이다.

둘째, 감응도계수에서 보면, 계수가 높은 순서대로 화학산업, 금속제련 및 압연가공업, 교통운수 및 창고업 등 기초산업부문으로

1.880113～3.273812 사이에 분포되어 있다.

게다가 도·소매 무역업, 전력생산 및 공급업, 전문설비제조업의 감응도계수 또한 1.5보다 높아, 전 42개 상품부문 중 4위～6위를 차지하였고, 이는 사회평균 수준보다 높은 수치로 전방연관효과가 비교적 크므로 이들의 발전은 다른 부문의 발전을 촉진시키는 데 많은 영향을 미치는 것으로 조사되었다.

그러나 폐품원료, 금속광산채굴업, 석탄개발업의 감응도계수는 1보다 작았기 때문에 전방연관효과가 사회평균 수준보다 낮아 이들의 발전은 기타 부분의 발전을 촉진시키는 데 별다른 영향을 미치지 않는 것으로 조사되었다.

주도산업군 중, 허쉬만(Albert O. Hirschmann)[27]이 제기한 '双高'부문에 부합하는 기준에 따르면,[28] 전방연관도와 후방연관도가 모두 높은 산업으로 전체 경제의 발전에 대한 촉진력과 추진력이 매우 강한 산업을 뜻하는데, 상기 분석결과에 따르면 전문설비제조업, 교통운수설비세조업이 영향력계수와 감응도계수가 사회평균 수준인 1보다 높은 것으로 조사되었다.[29] 이러한 파급력과 제약성이 강한 부문이 빠르게 성장하게 된다면 전체 국민경제의 발전에 대해 가공할 만한 연쇄파급효과가 있을 것으로 기대된다.

영향력계수와 감응도계수가 사회평균 수준인 1보다 낮은 '双低'부문은 전방연관도와 후방연관도가 모두 낮은 산업으로 전체 경제의

---

27) 허쉬만은 당대 최고의 지식분자 중 한 명으로서, 그 대표저작으로 『人们对经济发展, 社会形势, 人的理解』, 『欲望与利益』을 들 수 있는데, 이는 당대 경제이론 및 역사적인 경제이론에 큰 공헌을 하였다. 참고자료: 百度百科网站.

28) 이는 영향력계수와 감응도계수가 사회평균수준인 1보다 높은 부분을 말함.

29) '双高'부문인 전문설비제조업, 교통운수설비제조업의 영향력계수와 감응도계수는 전체 44개 부문 중, 각각 4위와 6위, 3위와 6위를 차지하였다.

발전에 그다지 기여를 못 하는 산업을 뜻하는데, 상기 분석결과에 따르면 석탄개발업, 금속광산채굴업으로 조사되었다.

일반적으로 감응도계수가 비교적 높은 대부분의 산업은 1차 상품, 기초산업, 물질생산에 직접적으로 관련 있는 서비스성 산업으로, 전방연관효과가 비교적 커 기타 부문이 발전하는 데 있어 상품수요를 만족시키기 위해 이들의 상품수요량이 많은 것이 특징이다. 특히 경제과도기에는 감응도계수가 비교적 높은 산업은 종종 공급부족현상이 나타나, 병목산업이라고도 불린다. 상기 분석결과에서 보면, 중국 철강산업의 감응도계수가 낮은 부문은 석탄개발업과 금속광산채굴업으로 일반적인 현상과는 조금 모순적인 부분이 있다.

필자의 견해로 그 주요 이유는 2006년에 급상승한 원재료가격 때문이라고 생각한다. 아직 발간은 되지 않았지만, 중국의 2007년 투입산출표를 보게 되면 그 원인과 배경을 포함한 결과수치가 나오지 않을까 생각된다. 상류산업인 원재료비용의 상승은 중국 철강산업의 발전에 있어 비교적 큰 부정적 영향을 미쳤으나, 더욱 상황이 심각한 것은 강재수출기업의 강재수출가격이 꾸준히 하락한다는 점이다. 2006년 중국 강재수출가격지수는 95.7로, 전년대비 4.3% 감소하였고, 2006년 1월 이후 대부분 강재품종의 수출가격도 하락하였으며, 특히 수출이 제일 많은 철강판재류의 가격하락 폭이 제일 컸다. 2006년 3월 판재류의 수출가격지수는 71.2로 그 후 조금씩 회복되었지만 여전히 그 가격은 낮은 편이다.

본 연구의 주제인 철강산업의 파급효과 분석은 한 나라의 기간산업으로서의 정책적인 측면뿐만 아니라 연구적인 측면에서도 다음과 같은 의의를 가진다. 산업 간 연쇄효과를 알아보기 위해 영향력계수와 감응도계수를 구하는 과정에서 중국 철강산업을 외생화시켜 분석함으로써 논의를 집중할 수 있었다. 또한 생산구조, 소비구조, SWOT 분석을 통해 2005년도까지 중국의 철강산업을 살펴봄으로써 미래에 대한 예측을 할 수 있었다.

본 연구의 한계점으로는 분석 시기를 2002년 산업연관표를 기준으로 작성하였기 때문에 최근의 급변하는 산업적 변화를 고려하지 못하였다는 점이다. 조만간 발간된 2007년 산업연관표를 참고하여 중국 철강산업을 분석한다면 본 연구에서 짚지 못한 문제점들을 해결할 수 있을 것이다. 또한 필자는 마지막으로 중국 철강시장의 변화가 한국 철강시장에 미칠 영향과 충격에 대비하여 한국 정부와 기업이 협력하여 중국 철강시장에 대한 정보공유시스템과 경고시스템과 같은 제도를 마련할 것을 건의하고자 한다.

참고문헌

최정석,「中韓國鋼鐵產業政策的貢獻度分析」, 중국: 사회과학원, 공업
　　경제연구소, 박사학위논문, 2008.
회의자료, 뉴욕: 제24차 철강생존전략회의, 2009.
이민식,「한·중철강산업구조의 비교와 평가」, 서울: 한국개발은행, 2006.
김주한,「중국 철강산업의 구조고도화와 한국의 전략」, 서울: 산업연구원,
　　2006.
한국철강협회 국제협력부,「중국 철강산업의 최근추세」, 서울: 한국철강협
　　회, 2006.
한국철강협회,「철강통계연감」, 서울: 한국철강협회, 각 년판.
한국수출입은행 해외경제연구소 동북아 팀,「중국 철강산업현황 및 전망」,
　　서울: 한국수출입은행, 2008.
周松蘭,「中日韓制造業競爭力比較研究」, 武漢: 武漢大學出版社, 2007.
馬力,「中國鋼材消費市場的需求結構分析」, 北京: 冶金信息導刊, 2006.3.
蔣昭俠,「產業結構問題研究」, 北京: 中國經濟出版社, 2005.
國家統計局國民經濟核算司,「2002年投入產出表」, 北京: 中國統計出
　　版社, 2005.
劉起運, 陳璋,「投入產出分析」, 北京: 中國人民大學出版社, 2006.
金碚,「新編工業經濟學」, 北京: 經濟管理出版社, 2005.
張紅霞,「敎育－經濟投入占用產出模型理論与應用研究」, 北京: 中國
　　科學院研究生院, 博士學位論文, 2004.
李博, 勒取,「我國鋼鐵產業國際競爭力的SWOT分析」, 四川: 西南交
　　通大學經濟管理學院, 2008年.
中國鋼鐵業協會,「中國鋼鐵工業年鑒」, 2006.

百度百科网站, http://baike.baidu.com/
中國鋼鐵工業協會, http://www.chinaisa.org.cn/
中國鋼鐵交易网, www.chinasteel.com.cn
中國聯合鋼鐵网, www.custeel.com
한국철강협회, www.kosa.or.kr

제3부

중국의 경제정책과 시장문화

1

韓·中 國際仲裁制度의 比較와 시사점

오원석 · 이경화

Ⅰ. 서론

1992년 한·중 수교 이후 한국의 대중국 무역규모는 급격히 증가하고 있는데 2009년 한·중 무역규모를 보면 중국은 미국과 일본을 제치고 당당히 한국의 최대 교역국으로 자리매김하였으며 한국도 중국의 수출국 중 5위, 수입국 중 2위를 차지하였다.[1]

한·중 무역의 이러한 급격한 증가는 곧 한·중 무역 분쟁 가능

---

[1] 2009년 한·중 무역규모의 통계를 보면 다음과 같다. 2009년 한국의 대중국 수출은 867억 달러, 수입은 542억 달러로써 이는 한국 총 수출의 24%, 총 수입의 17%를 차지하며, 2009년 중국의 대한국 수출은 536억 달러, 수입은 1,021억 달러였으며 이는 중국 총 수출의 4.5%, 총 수입의 10.2%를 차지한다. 2009년 중국의 수출금액별 교역순위를 보면 미국, 홍콩, 일본, 독일, 한국 순이며, 수입금액별 순위는 일본, 한국, 대만, 미국 순이다(한국무역협회 홈페이지).

성의 증가로 이어지고 있으며, 따라서 그에 대처하기 위한 노력이 필요한데, 현재 국제거래에서 분쟁을 해결하기 위한 수단으로 국제 소송보다 국제중재를 선택하는 것이 일반적이라는 점을 고려하면 한·중 중재제도에 대해 올바른 이해를 가지는 것이 필요해 보인다.

따라서 논자는 본고를 통하여 중국을 상대로 무역이나 투자를 하는 한국 기업들로 하여금 분쟁해결의 중요수단인 중재에 대하여 정확히 이해하도록 하고, 또한 중재판정 후 중국에서 집행을 하고자 할 때의 집행상의 문제점 및 한국 기업의 유의점에 대하여 제시하고자 한다. 본 주제와 관련하여 여러 선행연구가 있었지만2) 대부분 양국 주요중재기관의 중재절차나 판정집행의 절차에 대하여 비교하는 것에 그쳤고 판정집행의 실제와 문제점에 대해서는 다루지 않고 있다. 또한 중국 중재판정 집행에 관한 논제는 국제적으로도 주목을 받고 있음에도 불구하고 자료 수집의 어려움으로 인하여 관련 논문이 거의 없는 실정이다. 이에 저자는 본고에서 오래된 자료로나마 중국 중재판정집행의 실제에 대하여 살펴보고 문제점을 제시하며 그에 대한 한국 기업의 대응방안을 모색하고자 한다.

현재 중국은 200여 개의 중재기관에서 국제중재를 다루고 있으며 각자 중재규칙을 제정하여 중재절차를 진행하고 있다. 그중 국제경제무역중재위원회(이하 CIETAC)에서 국제상사중재를 가장 많이 다

---

2) 한·중 중재규칙의 비교 및 중국 중재에 관한 선행연구는 다음과 같다. 김태경, "중국 상사중재제도의 문제점 및 개선방안", 『무역상무연구』, 한국무역상무학회, 제29권, 2006; 신군재, "KCAB 국제중재규칙과 CIETAC 중재규칙의 비교연구", 『중재연구』, 한국중재학회, 제18권 제2호, 2008; 윤진기, "중국 중재법", 『기업법연구』, 한국 기업법학회, 제12집, 2003; 이주원, "중국 중재제도의 특징에 관한 소고", 『중재연구』, 한국중재학회, 제15권 제3호, 2005; 차경자, "중국의 섭외 및 외국중재판정 강제집행제도 연구", 『중재연구』, 한국중재학회, 제15권 제2호, 2005; 허익범, "중화인민공화국 국제상사중재법제의 이해와 분석", 고려대학교 대학원 박사학위논문, 2007.

루고 있기 때문에 저자는 본 연구에서 CIETAC 중재규칙을 중심으로 중국의 중재규칙을 소개하려 한다. 또한 한국의 유일한 중재기관인 대한상사중재원(이하 KCAB)은 국제중재수요에 부응하기 위하여 최근 KCAB 국제중재규칙을 새롭게 제정하여 원 중재규칙과 병행하여 사용하고 있는데, 저자는 향후 국제중재에 주로 적용될 것으로 보이는 국제중재규칙을 중심으로 소개하고자 한다.

II. 한 · 중 중재기관

1. 한국의 중재기관

대한상사중재원(The Korean Commercial Arbitration Board, 이하 KCAB라고 함)은 한국의 유일한 중재기관으로서 국내중재와 국제중재를 모두 다루고 있으며 또한 한국의 중재사와 그 역사를 같이하고 있다.

한국에 처음으로 중재관련 기관이 설립된 것은 1965년 대한상공회의소 국제부를 주축으로 하여 구성된 '중재법 제정을 위한 상임위원회'의 설립이 되겠으며 이 위원회에서 1966년 3월 16일 중재법을 제정하여 공포하면서 한국의 상사중재제도가 자리를 잡기 시작하였다. 그리고 며칠 뒤인 3월 22일에는 대한상공회의소 국제부 내에 국제상사중재위원회를 설립하였는데 이것이 바로 현재의 대한상사중재원의 전신이 되겠다. 그 후 1970년 상공부허가에 따라 국제상사중재위원회는 사단법인 대한상사중재협회로 독립하였고 1973년에는 자체의 상사중재규칙을 제정하였으며(대법원 승인)3) 1980년 현재의 대한상사중재원(KCAB)으로 확대・개편되었다.4)

　KCAB는 그동안 국제중재에 대해 별도의 규칙을 두지 않고 국내중재와 국제중재를 통합한 중재규칙을 적용하여 오다가, 점증하는 국제중재의 수요에 부응하고 국제중재를 활성화하고자 2007년 1월 '대한상사중재원 국제중재규칙'(The Rules of International Arbitration for the Korean Commercial Arbitration Board)(이하 '국제중재규칙'이라 함)을 새롭게 제정하였다. 이 규칙은 기존의 중재규칙을 대체하거나 그것의 하부규칙인 것이 아니라 기존규칙과 대등하게 병존하는 것으로서 당사자가 서면으로 이 규칙에 따라 국제중재를 진행하기로 합의하는 경우에 적용되며(국제중재규칙 제3조) 앞으로 한국의 국제상사중재법의 발전에 좋은 계기가 될 것으로 보인다.5)

2. 중국의 중재기관

　상술한 한국의 중재기관과는 달리 중국의 중재기관은 그 수도 많고 구조도 상대적으로 복잡하다.

　중국은 1987년에 '외국중재판정의 승인 및 집행에 관한 국제협약'(이하 뉴욕협약이라 함)6)에 가입하였음에도 불구하고 1994년 중

---

3) 상사중재기관으로 지정받은 사단법인이 중재규칙을 제정하거나 변경하는 때에는 대법원장의 승인을 얻어야 한다(중재법 제41조).

4) 대한상사중재원・한국중재학회, 「주해 중재법」, 2005, 중재법 개정연혁 부분 참고.

5) 석광현, "대한상사중재원의 2007년 국제중재규칙의 주요내용과 그에 대한 평가", 「법학」, 서울대학교 법학연구소, 제49권 1호, 2008, 72면.

6) 외국중재판정의 승인 및 집행에 관한 국제협약(UN Convention on the Recognition and Enforcement of Foreign Arbitral Awards, 1958).

재법을 제정하기 전까지는 14개의 법률, 80여 개의 행정 법규, 200개에 가까운 지방법규에서 중재를 규정하고 있었다.7) 때문에 당시의 중재기관들은8) 그 적용 법률과 중재규칙, 절차 등 면에서 통일되지 못하였고 중재인 또한 행정부문과 관계가 깊었고 중재절차에 대한 강행규정도 많아 중재제도의 발전에 상당히 불리하였다. 이러한 배경하에 1994년 중국 정부는 모든 중재기관과 중재절차를 통일적으로 규율하는 ≪중화인민공화국중재법≫을 제정(1995년 9월 1일 시행)하였으며9) 그에 따라 중국의 각 지역에는 새로운 중재법에 따른 중재기관들이 설립되기 시작하였고 기존의 통일화되지 못했던 중재기관들도 중재법의 요구에 따라 재조직되었다.

결과 2000년에 이르러 재조직된 전국의 중재기관은 국내·국제중재기관을 통틀어 160개로 발전하였으며 2005년에는 180개, 2008년 말까지는 전국에 202개의 중재기관이 설립되었다.10)

---

7) 윤진기, "중국 중재법", 『기업법연구』, 한국 기업법학회, 제12집, 2003, 238면.

8) 1980년대의 ≪중화인민공화국경제계약중재조례≫와 ≪중외합자경영기업법실시조례≫ 등 당시의 중재를 촉진하는 법률들에 의하여 1984년 당시 중국 전역에는 2,442개의 중재기관이 존재하였고 1991년에는 그 수가 약 3,500개에 달하였다고 한다(허익범, "중화인민공화국 국제상사중재법제의 이해와 분석", 박사학위청구논문, 2007, 23면).

9) 1994년 8월 31일 전국인민대표대회 상무위원회 제9차 회의에서 중국의 개혁·개방정책의 심화에 따라 급격히 늘어나는 대외무역분쟁 및 외국기업과의 합자, 합작투자 관련 분쟁의 중재업무를 효과적으로 수행하도록 하기 위해 제정되었다.

10) 2000년, 2005년의 중재기관수는 김태경, "중국 상사중재제도의 문제점 및 개선방안", 『무역상무연구』, 한국무역상무학회, 제29권, 2006, 10면을 참고하였고, 2008년의 중재기관수는 中国仲裁網의 2009년 4월 14일 보도내용을 참조하여 얻어낸 결과이다.
(http://www.china-arbitration.com/news.php?id=1634)

1) 국제중재기관[11]

1949년 10월 1일 중화인민공화국을 수립하기 전까지 중국에는 대외교역의 증가로 인한 대외무역분쟁의 증가에도 불구하고 전문적인 국제중재기관이나 규범화된 중재규칙이 없었으며 단지 각 행정구역이나 성소재지 등에서 조례의 형식으로 중재에 필요한 자체 규정들을 제정하여 사용하고 있었다. 이에 중화인민공화국 수립 후 중국당국은 새로운 중재제도의 도입과 공식적인 중재기관을 발족하여야 할 필요성을 느끼고 1954년 5월 6일 국무원 산하에 中國國際貿易促進委員會(China Council for the Promotion of International Trade: 이하 CCPIT라 함)[12]을 설립하여 국제중재사건을 담당할 조직 구성, 처리할 사건의 대상과 처리원칙, 중재판정의 효력 등에 관한 일반규정을 제정하도록 하였다.

그 후 1956년 3월 31일 CCPIT는 ≪中國國際貿易促進委員會對外貿易仲裁委員會仲裁程序暫行規則≫을 통과하고 對外貿易仲裁委員會[13]을 설립하여 국제상사중재사건을 전담하도록 하였으

---

11) 한국을 포함한 대부분의 국가들은 국내중재와 국제중재로 구분되어 있는데 중국은 특이하게 국제중재라는 용어 대신 섭외중재라고 쓰고 있다. 이는 중국 특유의 정치문제로서 외국, 특별행정구역(홍콩과 마카오), 대만과 관련된 중재를 총칭하기 위해서이다. 하지만 본고에서는 이해를 돕고 혼동을 피하기 위하여 국내중재 및 외국중재와 구분되는 개념으로 '국제중재'라는 용어를 사용하고자 한다.

12) 중국국제무역촉진위원회는 1988년 6월 국무원의 비준을 거쳐 민간단체인 중국국제상회(China Chamber of International Commerce, CCOIC)를 조직하여 같은 이름으로 불린다. 즉 중국국제무역촉진위원회와 중국국제상회는 '하나의 기관, 두 개의 이름'이다. 중국국제상회는 한국의 대한상공회의소와 한국무역협회의 역할과 유사하다고 볼 수 있다. 그 후 2005년 8월 중국국제상회는 국무원의 비준을 거쳐 사단법인이 되었으며, 국제상회중국위원회(ICC China)와도 같은 이름을 사용하게 되었다. 즉 중국국제상회는 ICC와 관련된 업무를 처리할 때에는 국제상회중국위원회라는 이름을 사용하는 것이다. 결국 CCPIT, CCOIC, ICC China는 하나의 기관을 칭하는 세 가지 이름인 것이다.

13) 이 명칭은 1988년 중국국제경제무역중재위원회(China International Economic and Trade Arbitration Commission: CIETAC)로 변경되어 현재까지 사용하고 있다.

며, 1959년 1월 8일에는 ≪中國國際貿易促進委員會海事仲裁委員會仲裁程序暫行規則≫을 통과하고 해사에 관한 국제중재사건을 전담하는 海事仲裁委員會[14]을 설립함으로써 이후 국제분쟁에 대한 각종 중재사건을 이 두 기관에서 전담하도록 하였다. 이 두 기관이 바로 중국의 2대 국제중재기관인 중국국제경제무역중재위원회(이하 CIETAC이라 함)와 중국해사중재위원회(이하 CMAC이라 함)이다. 본고에서는 상사중재를 중심으로 다루려고 하기 때문에 CMAC에 대한 논의는 제외하고 CIETAC에 관해서만 다루고자 한다.[15]

상술한 바와 같이 CIETAC은 원래 국제상사중재만 전담하는 기관이었으나 2000년 10월 1일부터는 중재규칙을 개정하여 국내중재사건도 처리할 수 있도록 하였으며,[16] 2005년에는 중재규칙 제5장에 '국내중재에 관한 특별규정'까지 둠으로써 취급업무에 큰 변화를 가져왔다. 사건처리통계를 보면 CIETAC은 세계 유명 국제중재기관들과 비교하여도 손색이 없을 만큼 튼실한 중재기관으로 발전하였으며 국제사회에 큰 기여를 하고 있다. 아래 최근 몇 년간 세계 주요 국제중재기관들의 중재사건 접수현황을 살펴보면 다음과 같다.

---

14) 이 명칭은 1988년 중국해사중재위원회(China Maritime Arbitration Commission : CMAC)로 변경되어 현재까지 사용하고 있다.

15) CMAC에서 현재 운용 중인 중재규칙은 3차례에 걸쳐 수정한 후 2004년 10월 1일부터 시행되고 있는데 관할대상을 제외하고는 조직과 기관, 중재절차, 중재인선임 등 모든 면에서 CIETAC의 중재규칙과 매우 비슷하다. 해사중재위원회의 관할사건은 선박임대차계약, 선박매매 건조 등, 해상보험, 선박담보, 컨테이너운송, 어업생산 해양자원개발이용, 선원노무 등 국제적 해사관련 분쟁이다(중국해사중재위원회중재규칙 제2조). 해사중재위원회의 임시보전조치나 판정의 집행은 해사법원이 별도로 담당한다(허익범, 전게논문, 84면). CMAC은 북경에 본부, 상해에 지부를 두고 大連, 廣州, 天津, 宁波, 靑島에 연락사무소를 두고 있다(중국해사중재위원회 홈페이지에서 09-07-07 검색).

16) 또한 CIETAC은 2000년 10월 1일부터 '中國國際商會仲裁院'이라는 명칭을 함께 쓰고 있다. 이는 아마도 CCPIT가 '중국국제상회'라는 명칭을 함께 쓰고 있기 때문에 혼동을 줄이기 위하여 CCPIT 산하의 기관인 CIETAC도 '중국국제상회중재원'이라는 명칭을 쓰도록 한 것 같다.

〈표 1〉 세계 주요 중재기관의 국제중재사건 접수현황

	2004	2005	2006	2007	2008
ICC	561	521	593	599	663
AAA	614	580	586	621	703
LCIA			133	137	213
SIAC	48	45	65	70	71
CIETAC	462	427	442	429	548
KCAB	46	53	47	59	47

자료: Hong Kong International Arbitration Center 홈페이지
(ICC: International Chamber of Commerce, AAA: American Arbitration Association, LCIA: London Court of International Arbitration, SIAC: Singapore International Arbitration Center, CIETAC: China International Economic and trade Arbitration Commission, KCAB: Korean Commercial Arbitration Board)

CIETAC은 정부기관으로부터 독립된 민간단체로서[17] 북경에 본부를 두고 上海(상해지부), 深圳(화남지부), 重慶(서남지부) 세 곳에 지부를 두고 있으며[18] 전국에 19개의 연락사무소를 두고 있다. 본부와 지부는 하나의 중재위원회로서 동일한 '중재규칙'과 '중재인명부'를 사용하고 있고, 연락사무소는 상담, 연구개발 등 부속업무만 취급하고 있다. 아래 수년간 CIETAC의 각 부문에서 중재사건을 접수한 현황을 살펴보면 다음과 같다.

---

17) 중재위원회는 여타의 행정기구에 예속되지 않으며 독립된 지위를 갖는다. 중재위원회 상호간에도 예속적 관계를 갖지 않는다(중재법 제14조). 그럼에도 불구하고 상술하였듯이 CIETAC과 CMAC을 설립한 CCPIT는 국무원의 산하기관이고 일반중재위원회 또한 인민정부의 협조를 받아 관련부서 또는 상업회의소가 설립하여야 하기 때문에 결코 중재위원회들은 독립적이지 않다.
18) 북경본부는 1956년에 설립하였고 화남지부, 상해지부는 각각 1989년, 1990년에 설립하였으며 서남지부는 2009년 1월 5일에 새로 설립하였다.

<표 2> CIETAC 중재사건 접수현황

년도		북경본부	화남지부	상해지부	서남지부	총계
2009	국제/국내	300/350	90/126	167/443	0/3	559/923
2008	국제/국내	288/310	107/97	152/275		548/682
2007	국제/국내	251/379	72/84	106/226		429/689
2006	국제/국내	240/255	103/77	99/207		442/539
2005	국제/국내					427/552
2004	국제/국내	288/165	86/73	88/150		462/388
2003	국제/국내	254/119	82/49	82/119		422/287
2002	국제/국내	300/101	81/28	87/87		468/216
2001	국제/국내	335/85	110/28	117/56		562/169
2000	국제/국내	359/51	93/7	91/32		543/90
1999		428	111	130		669
1998		451	116	111		678
1997		490	123	110		723
1996		543	147	88		778
1995		660	146	88		902
1994		600	141	88		829
1993		389	57	40		486

자료: CIETAC홈페이지
(상술하였듯이 서남지부는 2009년 1월에 설립하였으므로 2009년 접수현황만 포함)

<표 2>에서 보듯이 2000년 중재규칙 개정 이후 CIETAC은 국내 중재사건을 접수하기 시작하였으며 접수건수는 빠르게 증가하여 2005년부터는 국제중재사건 접수건수를 현저히 웃돌고 있는 실정이다.

2) 일반중재기관[19]

일찍 CCPIT에서 설립한 CIETAC이나 CMAC과 같은 국제중재전담기관을 제외하고[20] 중국의 일반중재기관들은 모두 1995년 중재법

---

19) 이 부분은 허익범, 전게논문, 97-98면을 주로 참고하였다.

이 시행됨에 따라 새로 설립되거나 증건된 기관들로서 2008년 말까지 전국에는 200개의 일반중재기관이 설립되었다.[21] 이러한 중재기관들은 각자 자신만의 중재규칙을 제정하여 사용하고 있긴 하지만 모두 1995년 중재법을 기본원칙으로 하고 있기 때문에 전부 ○○중재위원회라는 명칭을 사용하고 있으며 그 조직과 구성, 국제중재사건의 처리절차와 판정 등 면에서 거의 유사하다. 그러므로 논자는 본고에서 대표적으로 북경중재위원회를 중심으로 살펴보고자 한다.[22]

중국의 대외경제관계 발전과 더불어 국제상사분쟁이 급격히 증가하고 있음에도 불구하고 중재법 시행 이전에는 오직 CIETAC에서만 국제상사중재를 전담할 수 있었고, 더욱이 당시 CIETAC은 북경의 본부를 제외하고 심천과 상해 두 곳에만 지부를 두고 있었기 때문에 전국 각지에서 일어나고 있는 국제중재사건을 효율적으로 커버하기에는 지리적으로나 경제적으로 상당히 불충분하였다. 이에 1996년 중재법 시행 직후 국무원은 일반중재기관에서도 국제중재사건을 처리할 수 있도록 지시함으로써 중국의 국제상사중재기관이 전국 각지에 널리 분포되어 있는 일반중재기관으로 확대되었으며 이러한 중재기관들은 모두 중재규칙상에 '국제상사중재에 관한 특별규정'을 두어 국제중재에 적용하고 있다.

그럼에도 불구하고 일반중재기관의 국제중재사건 접수비중과 접수건수는 CIETAC에 비해 현저히 적은 실정이다. 예로 북경중재위원

---

20) 중국국제상업회의소(CCPIT)는 섭외중재위원회를 설립할 수 있다(중재법 제66조).

21) 中国仲裁網(http://www.china-arbitration.com/news.php?id=1634)의 2009년 4월 14일 보도내용을 참조하였다.

22) 그렇다고 북경중재위원회의 중재사건 접수건수가 가장 많다는 것은 아니다. 2008년 중재사건 접수건수가 가장 많은 10개 중재위원회를 순서별로 보면 다음과 같다.
中国仲裁網(http://www.china-arbitration.com/news.php?id=1634)

회의 중재사건 접수현황을 보면 다음과 같다.

<표 3> 북경중재위원회 중재사건 접수현황

연도	2000	2001	2002	2003	2004	2005	2006	2007	2008	2009
국내중재	441	656	871	996	1,766	1,926	2,411	1,826	2,001	1,758
국제중재	8	10	20	33	30	53	53	37	56	72

자료: 북경중재위원회2000~2009년보고서(북경중재위원회 홈페이지)

III. 한·중 중재절차의 비교

2007년부터 시행하고 있는 **KCAB** 국제중재규칙은 아직은 그 사용이 활발하지 못하나 국제중재의 수요에 부응하고자 제정된 규칙인 만큼 앞으로 국제중재사건에 적용되는 핵심 규칙이 될 것으로 보고,[23] 논자는 본고에서 **KCAB**의 기존규칙이 아닌 국제중재규칙을 소개하려 한다.[24]

---

23) 여기서 "국제중재에 적용되는 유일한 규칙이 될 것이다"라고 쓰지 않고 "핵심 규칙이 될 것이다"라고 쓴 이유는, 당초 국제중재규칙 기초자들의 의도는 국제중재에 대하여 원칙적으로 국제중재규칙을 적용하고 기존규칙은 적용하지 않는 것이었으나, 비용부담에 대한 우려 때문에 이는 받아들여지지 않았고 당사자들이 이 규칙의 적용에 합의한 경우에만 적용되는 것으로 확정되었기 때문이다(석광현, 전게논문, 90면). 때문에 앞으로도 국제중재규칙은 국제중재사건에 적용되는 중요한 규범이 될 수는 있어도 유일한 규범은 되기 어렵지 않을까 싶다.

24) 국제중재규칙을 제정하기 전까지 KCAB는 국제중재에 대해 별도의 규정을 두지 않았으며 국내중재와 국제중재에 모두 적용되는 중재규칙만 가지고 있었다. 이 중재규칙은 국내중재와 국제중재에 모두 적용됨을 분명히 하면서 여러 개의 조문에서 양자 간에 차이를 두는데, 그러한 차이는 주로 국제중재에 국내중재보다 상대적으로 긴 기간을 제공한 것뿐이고 실질적인 차이는 거의 없었다. 결과 중재인의 선정방식이나 중재언어, 낮은 중재인수당 등으로 인해 국제중재사건을 처리하는 데 많은 제약이 있었으며, 이에 KCAB는 AAA, ICC, SIAC 등 주요 국제중재기관의 국제중재규칙을 검토한 후 국제중재 수요에 부응하는 'KCAB 국제중재규칙'을 제정하여 2007년 2월 1일부터 시행하고 있다(석광현, 전게논문, 71면, 신군재, "KCAB 국제중재규칙과 CIETAC 중재규칙의 비교연구", 중재연구, 한국중재학회, 제18권 제2호, 2008, 35면).

또한 중국은 전국 200여 개의 중재기관에서 각자 국제중재규칙을 제정하여 적용하고 있긴 하지만 대부분의 국제중재는 CIETAC에서 처리되고 있기 때문에 본고에서는 CIETAC 중재규칙을 중심으로 소개하고자 한다. 전술하였듯이 CIETAC 중재규칙은 국내·국제중재에 모두 적용되기 때문에 국제중재절차뿐만 아니라 국내중재절차도 포함하고 있으며 또한 분쟁금액에 따라 국제중재절차를 일반절차와 간이절차로 나누어 규정하고 있다.25) 본고에서는 국제중재절차 중 중재판정결과에 실질적인 영향을 준다고 판단되는 중재합의와 중재신청, 중재판정부의 구성 및 중재판정에 한하여 비교·고찰하려고 한다.

1. 중재합의

1) KCAB 국제중재규칙

KCAB의 국제중재규칙은 당사자들이 서면으로 이 규칙에 따라 국제중재를 진행하기로 합의한 경우에 적용되며 당사자들은 서면으로 이 규칙의 내용을 변경할 수 있다(국제중재규칙 제3조).

이 조항은 "서면으로 합의한 경우에"라고 규정하고 있으면서도 '서면합의'에 대한 구체적인 설명은 없다. 때문에 이에 대해서는 중재법상의 관련 조항을 보아야 할 것이다.26)

---

25) 간이절차는 분쟁금액이 50만 위안을 초과하지 않거나, 분쟁금액이 50만 위안을 초과하지만 일방 당사자의 서면신청과 다른 일방 당사자의 서면동의가 있는 경우 이를 적용한다.

26) 당사자들이 서명한 문서에 중재합의가 포함되어 있거나 교환된 서신, 전보 등에 중재합의가 포함된 경우, 일방 당사자가 당사자 간 교환된 문서에 중재합의가 있는 것을 주장하고 상대방이 이에 이의를 제기하지 않는 경우 이를 서면에 의한 중재합의로 보며 또한 당사자 간의 서면계약이 중재조항을 포함한 문서를 인용하고 있어도 서면합의로 본다(중재법 제8조).

또한 "이 규칙에 따라 국제중재를 진행하기로 합의한 경우에"라고 규정하고 있는데, 여기서 '이 규칙에 따라'가 상당한 중시를 요한다. 즉 중재합의 시 당사자들은 "대한상사중재원의 국제중재규칙에 회부한다"라고 명확히 밝혀야 하며 그렇지 않고 "대한상사중재원의 중재규칙에 회부한다"거나 별다른 합의가 없을 경우에는 원 중재규칙이 적용되는 것이다. 그러나 통상 실무자들은 특정중재기관의 중재규칙에 따른다고만 합의함으로써 본 규칙의 적용기회를 박탈당하는데 실무자들은 이런 점에 유의하여 '국제중재규칙'이라고 명확히 밝혀야 할 것이다.

또한 본 조항은 "……국제중재를 진행하기로 합의한 경우에……"라는 문구로 본 규칙의 적용범위를 국제중재에 제한하고 있다. 이에 논자가 보기에 이러한 규정은 충분히 명확하지 않으며, 오직 국제중재에만 적용되는지 아니면 국내중재의 경우에도 이 규칙을 적용하기로 합의하면 적용가능한지가 명확하지 않은 것 같다.

본 규칙에서는 중재합의 시 중재기관에 대해 언급할 것은 요구하지 않는다. 이는 한국의 중재법은 임시중재를 원칙으로 하고 기관중재를 인정하고 있기 때문에 당사자들이 기관중재에 합의하지 않는 한 임시중재를 행할 수가 있기 때문이다.

아래 국제중재규칙에서 추천하는 중재조항을 보면 다음과 같다.

"Any dispute, controversy or claim arising under, out of or relating to this contract (including non-contractual claims) and any subsequent amendments of this contract, including, without limitation, its formation, validity, binding effect, interpretation, performance, breach or termination, shall be referred to and finally resolved by arbitration under KCAB International Arbitration Rules, which Rules are deemed to be incorporated by reference into this clause."(국제중재규칙 표준중재조항)

2) CIETAC 중재규칙

CIETAC 중재규칙은 국제·국내 분쟁사건에 모두 적용되는 중재규칙으로서(CIETAC 중재규칙 제3조) 당사자가 CIETAC에서 중재하기로 합의하였거나,[27] 이 규칙에 따라 중재하기로 합의한 경우 적용된다. 당사자가 다른 중재규칙을 적용하기로 합의하거나 또는 이 규칙의 관련 내용을 변경하기로 합의한 경우에는 그 합의에 따르지만 그 합의를 이행할 수 없거나 그 합의가 중재지의 강행법규와 저촉되는 경우에는 이 규칙을 적용한다. 당사자가 CIETAC에서 중재하기로 합의하였지만 중재규칙을 합의하지 않은 경우 이 규칙에 따라 중재하는 데 합의한 것으로 보며, 이 규칙에 따라 중재하기로 합의하였지만 중재기구를 합의하지 않은 경우에는 CIETAC에서 중재하기로 합의한 것으로 본다(CIETAC 중재규칙 제4조).

이 조항에서는 당사자가 "CIETAC 중재규칙 이외의 다른 규칙을 적용할 수 있고 또한 이 규칙의 관련 내용을 변경할 수도 있다"고 규정함으로써 당사자자치의 원칙을 강조하고 있다. 또한 "이 규칙에 따라 중재하기로 합의하였지만 중재기구를 합의하지 않은 경우에는

---

27) CIETAC의 이전 명칭은 대외무역중재위원회이고 전술한 바와 같이 현재 '중국국제상회중재원'이라는 명칭을 함께 쓰고 있기 때문에 중재합의 시 다음의 명칭들 중 하나를 사용하면 모두 CIETAC에서 중재하는 데 동의한 것으로 본다. 그 명칭들은 모두 중국국제경제무역중재위원회 또는 그 분회, 대외무역중재위원회, 중국국제무역촉진위원회·중국국제상회, 중국국제무역촉진위원회·중국국제상회의 중재위원회/중재원 등이다(CIETAC 중재규칙 제2조).

CIETAC에서 중재하는 데 합의한 것으로 본다"고 하였는데 이는 "이 규칙에 따라 중재하기로 합의하고 다른 중재기구에서 중재하기로 합의한 경우에는, 그 합의한 중재기구가 어디든 상관없이 본 규칙을 적용할 수 있다"라고 해석할 수도 있다. 즉 중국 외에서도 CIETAC 중재규칙을 채택할 수 있다는 것이다.

위 조항을 보면 중재합의 시 중재기관을 지정할 것을 특별히 강조하고 있는데 이는 중국은 임시중재를 인정하지 않고 오직 기관중재만을 인정하고 있기 때문이다. 즉 한국을 비롯한 대부분의 국가에서는 임시중재를 인정하기 때문에 서면합의와 중재회부의 의사표시만 요구하고 있는 데 반해[28] 중국의 중재법은 서면합의, 중재회부의 의사표시와 중재의 대상 그리고 중재위원회까지 지정하여야만 유효한 중재합의로 인정하며(중재법 제16조), 중재합의에서 중재의 대상인 분쟁 또는 중재위원회를 명시하지 않았거나 불명확한 경우에는 중재합의를 무효화하기까지 한다(중재법 제18조). CIETAC 중재규칙은 본 규칙에 따라 중재하기로 합의한 경우 중재기구를 합의하지 않아도 CIETAC에서 중재하기로 합의한 것으로 보기 때문에 중재규칙만 명시하면 중재위원회를 명시하지 않아도 문제가 되지 않는다.

또한 본 규칙에서는 서면합의만을 유효한 중재합의로 보고 '서면'에 대해 상세히 규정하고 있으며[29] 중재조항이나 계약에 첨부된 중재합의는 독립적이어서 당해 계약의 변경, 해지, 종료, 양도, 실효,

---

28) 한국 중재법 제8조, 뉴욕협약 제2조, 영국 중재법 제6조, 독일 중재법 제1029조 등 참조(신군재, 전게논문, 40면 각주).

29) 서면형식은 계약서, 서식, 전보, 전신, 모사전송, 전자교환문서와 전자우편 등 유형적으로 기재 내용을 표현할 수 있는 형식을 포함한다. 중재신청서와 답변서의 교환과정에서 일방 당사자가 중재합의가 있다고 주장하고 상대방이 이를 부인하지 않는 경우 서면중재합의가 있는 것으로 본다(CIETAC 중재규칙 제5조 3항).

무효, 취소 및 성립 여부의 영향을 받지 않는다고 규정하고 있다 (CIETAC 중재규칙 제5조).

아래 CIETAC에서 제공하고 있는 표준중재조항을 보면 다음과 같다.

"Any dispute arising from or in connection with this Contract shall be submitted to the China International Economic and Trade Arbitration Commission for arbitration which shall be conducted in accordance with the Commission's arbitration rules in effect at the time of applying for arbitration. The arbitral award is final and binding upon both parties."[30]

2. 중재신청

1) KCAB 국제중재규칙

국제중재규칙에 따라 중재절차를 진행하기 위해서는 신청인은 중재신청서 제출과 함께 신청요금을 납부하여야 하며 신청서가 사무국에 접수되면 중재절차가 개시된다. 신청서가 필요한 매수만큼 제출되지 않았거나 신청인이 신청요금을 납입하지 못할 경우에는 추가기한을 정하고 그 기한 내에도 위 요건들을 만족하지 못할 경우에는 신청이 종결된다. 또한 중재합의에서 당사자의 중재인 선정을 요하는 경우에는 중재 신청 시 중재인을 선정하여야 한다(국제중재규칙 제8조).

신청이 정상적으로 이루어진 경우, 피신청인은 신청서를 수령한

날로부터 30일 이내에 답변서를 제출하여야 하며 중재합의에서 당사자의 중재인 선정을 요하는 경우 역시 중재인을 선정하여야 한다. 만약 피신청인이 기한 내에 위의 답변서를 제출하지 못할 경우에는 기한연장신청서를 제출하여 연장허가를 받아야 하며 기한이 지났음에도 기한연장신청서를 제출하지 않을 경우에는 답변권 및 중재인 선정권을 포기한 것으로 간주된다.

피신청인이 반대신청을 할 경우, 반대신청은 답변서와 함께 제출되어야 하며 반대신청의 원인은 당사자들 사이의 중재합의에 기초하여야 한다(국제중재규칙 제9조).

2) CIETAC 중재규칙

CIETAC 중재규칙과 KCAB 국제중재규칙의 중재신청 절차는 거의 유사하다. 즉 신청인은 중재신청서를 제출하고 CIETAC의 중재비용표에 따라 중재비용을 예납하여야 하며 신청서가 중재위원회에 도착하면 중재절차는 개시된다(CIETAC 중재규칙 제9조, 제10조). 중재위원회는 신청서 및 첨부서류를 심사하여 요건에 부합되지 않을 경우 보완을 요구하고 요건에 부합되면 이를 수리한 다음 중재통지서와 중재인명부 등을 양 당사자에게 발송한다(CIETAC 중재규칙 제11조).

중재통지를 받은 피신청인은 45일 이내에 답변서를 제출하여야 하며 그 기한 내에 제출하지 못할 경우에는 중재판정부가 제출기한연장 여부 및 기한이 지난 답변서의 수리 여부를 결정한다.[31] 피신청인이 답변서를 제출하지 않더라도 중재절차는 정상적으로 진행된다

---

31) 후술하겠지만, 중재판정부는 당사자들이 중재통지를 수령한 후 15일 이내에 결성된다.

(CIETAC 중재규칙 제12조).

피신청인이 반대신청을 할 경우, 중재통지를 받은 날로부터 45일 이내에 제출하여야 하며 반대신청인 역시 중재비용표에 따라 중재비용을 예납하여야 한다. 또한 신청인은 반대신청서 수령 후 30일 이내에 반대신청에 대한 답변을 하여야 한다(CIETAC 중재규칙 제13조).

3. 중재판정부

1) KCAB 국제중재규칙

KCAB 국제중재규칙에 의하면 중재판정부에 대한 당사자 합의가 없을 경우 단독 중재인을 원칙으로 하며, 신청서가 피신청인에게 송부된 후 30일 이내에 당사자 일방이 3인 중재에 의할 것을 신청하면 사무국이 그 수락 여부를 결정한다(국제중재규칙 제11조).[32]

중재인 선정에 있어서는, 기존규칙에서는 사무국이 중재인명부에서 10명의 후보자를 지정하고 그에 당사자들이 희망순위를 표시하는 방식으로 진행되었지만 국제중재규칙에서는 당사자들이 합의하여 중재인을 선정하도록 하고 있다. 단독중재인의 경우에는 단독중재에 회부하기로 결정한 날로부터 30일 이내에 당사자들이 합의로 선정하고, 3인 중재인의 경우에는 양 당사자가 각각 1인을 선정하고 그로부터 30일 이내에 그 2인이 의장중재인을 선정한다. 여기서 양 당사자가 각각 1인을 선정하는 기한이 규정되지 않았기 때문에 중재판정부 구성기한은 명확하지 않다. 정해진 기한 내에 당사자가 단독중재인을 선정하지 못하거나 선정한 2인이 의장중재인을 선정하지 못하는

---

32) 이는 3인 중재인을 원칙으로 하는 중재법상 내용과 상치되는바(중재법 제11조) 국제중재규칙 제정 시 중재비용의 증가를 우려한 결과로 짐작된다(석광현, 전게논문, 74면).

경우에는 사무국이 선정하도록 하며 사무국이 중재인을 선정할 경우에는 특별한 사정이 없는 한 각 당사자들과 국적이 다른 자를 단독중재인이나 의장 중재인으로 선정하여야 한다(국제중재규칙 제12조).

그렇게 중재인은 선정되었으나 선정된 중재인의 공정성과 독립성에 의심을 야기할 만한 사유가 있는 경우, 당사자들은 그러한 사실을 알게 된 날로부터 15일 이내에 기피신청을 할 수 있다. 또한 기피대상자를 포함하여 기타 중재인들과 분쟁 당사자들은 기피신청을 수령한 날로부터 15일 이내에 서면으로 의견을 밝힐 수 있다. 기피여부에 대한 결정은 당사자 합의가 우선하며[33] 합의가 이루어지지 않는 경우 사무국이 결정하는데(국제중재규칙 제13조) 그 결정에 불복하는 경우에는 법원에 기피신청을 하여야 하며 법원의 기피결정에 대해서는 항소할 수 없다(중재법 제14조).

2) CIETAC 중재규칙

CIETAC 중재규칙상의 중재판정부 역시 단독 또는 3인 중재인으로 구성되는데 당사자 간 합의가 없을 경우 KCAB 국제중재규칙과는 달리 3인 중재인을 원칙으로 한다(CIETAC 중재규칙 제20조).

중재인은 CIETAC의 중재인명부 내에서 선정되어야 하며 중재인명부 외에서 중재인을 선정하기로 합의한 경우에는 중재위원회 위원장으로부터 확인을 받아야 한다(CIETAC 중재규칙 제21조). 중재인명부를 사용하도록 한 것은 KCAB 기존규칙과 유사한데, 국제중재규칙은 이와 달리 당사자의 의사를 존중하여 당사자가 합의로 중재

---

[33] 국제중재규칙 제13조 제5항: 일방 당사자가 중재인 기피신청을 한 경우 상대방 당사자는 그에 동의할 수 있고 그러한 동의가 없는 경우에 기피대상 중재인은 자진 사임할 수 있다. 이 규정은 중재인 기피에 대하여 당사자 합의가 우선함을 말해 준다.

인을 선정하도록 하고 있다.

중재판정부가 단독 중재인인 경우 당사자들은 피신청인이 중재통지를 수락한 날로부터 15일 이내에 합의하여 중재인을 선정하거나 CIETAC 위원장에게 위임하여야 하고, 3인으로 구성되는 경우 당사자들은 중재통지를 수락한 날로부터 15일 이내에 각자 1인의 중재인을 선정 및 의장중재인을 합의하여 선정하여야 하며 또는 CIETAC 위원장에게 위임하여야 한다. 당사자가 위 기한 내에 중재인을 선정하지 못하거나 CIETAC 위원장에게 위임하지 않은 경우, CIETAC 위원장이 선정한다(CIETAC 중재규칙 제22조 제1,2항). 결국 CIETAC 중재규칙하에서 중재판정부는 중재통지 후 15일 이내에 구성되는바 이는 KCAB 국제중재규칙하의 중재판정부 구성일보다 짧다고 볼 수 있다.34)

의장중재인을 선정하는 또 다른 방법으로는, 양 당사자가 각각 1~3인의 의장중재인 후보를 CIETAC에 추천하고 그중 중복되는 중재인이 1인이 있으면 그 1인이 의장중재인이 되고 중복되는 중재인이 다수면 CIETAC 위원장이 그들 중에서 선정한다. 만약 중복되는 중재인이 없을 경우에는 CIETAC 위원장이 후보명단에 없는 자를 의장중재인으로 선정한다(CIETAC 중재규칙 제22조 제3항). 그러나 실무상 국제거래의 당사자들은 자신 국가의 중재인을 추천할 것이기 때문에 중복되는 중재인이 나올 가능성은 거의 없다고 봐야 하며 사실상 CIETAC 위원장이 의장중재인을 선정하게 될 것이다.

---

34) KCAB 국제중재규칙하에서, 단독중재인은 중재통지 후 30일 이내, 3인 중재인의 경우 의장중재인은 양 당사자가 각각 1인을 선정한 후 30일 이내에 선정되어야 한다. 여기서 비록 양 당사자가 각각 1인을 선정하는 기한이 규정되지 않았다 하더라도 최소 30일 이내에 중재판정부가 구성되기 때문에 이는 CIETAC 중재규칙하의 15일보다 길다고 보아야 할 것이다.

CIETAC 중재규칙은 KCAB 국제중재규칙과는 달리 당사자가 합의를 못 하여 위원장이 중재인을 선정하게 될 경우 양 당사자와 국적이 다른 중재인을 선정해야 한다는 규정이 없다. 때문에 국가법원의 중립을 믿지 못하여 중재를 선택한 외국인의 입장에서는 중재판정의 공정성을 기대할 수 없을 것으로 보인다.[35]

이렇게 선정된 중재인은 취임 시 중재위원회에 그 공정성 및 독립성에 합리적인 의문을 야기할 수 있는 모든 사실을 서면으로 고지하여야 하며(CIETAC 중재규칙 제25조) 당사자들은 이러한 고지를 통지받은 후 기피사유를 발견하면 10일 이내에 기피신청을 하여야 하며 기한이 지나면 그 고지로 인한 기피신청권은 상실하게 된다.

고지사항 중에 기피사유가 없었지만 나중에 기피사유를 발견했을 경우에는 당사자들은 KCAB와 마찬가지로 15일 이내에 기피신청을 할 수 있다. 이때 기피 여부에 대한 결정은 당사자 합의가 우선하고 합의가 이루어지지 않을 경우에는, 한국은 법원이 최종결정을 하는 데 반해 중국은 기관중재만 인정하기 때문에 중재위원회의 위원장이 최종 결정한다(중재법 제36조, CIETAC 중재규칙 제26조).

4. 중재판정

1) KCAB 국제중재규칙

KCAB 국제중재규칙에서 중재판정은 당사자 합의가 없는 한 최종 서면제출일과 심리종결일 중 나중의 날짜로부터 45일 이내에 서면으로 내려져야 하며 판정은 중재인 과반수의 결의에 따른다. 과반수의

---

35) 신군재, 전게논문, 44면.

결의가 성립되지 않을 경우에는 의장중재인의 결정에 따른다.

중재인 전원의 결의가 아니더라도 중재판정문에는 반드시 중재인 전원이 서명하여야 하며 부득이하게 일부 중재인이 서명을 못 하게 될 경우에는 다른 중재인이 그 사유를 기재하고 대신 서명하여야 한다(국제중재규칙 제30, 31, 33조).

중재절차가 개시된 후 당사자들이 화해에 이르게 되면 중재판정부는 당사자들의 요청에 의하여 화해중재판정을 내릴 수 있으며 당사자들의 요청이 없으면 당사자들이 화해하였다는 확인서를 사무국에 제출함으로써 중재절차를 종결한다(국제중재규칙 제34조).

중재판정부는 판정이 내려진 후 30일 이내에 판정문의 오기, 오산, 오타 등 오류를 직권으로 정정할 수 있으며 당사자들도 판정문 수령 후 30일 이내에 그러한 오류의 정정을 요청할 수 있다. 중재판정부는 요청 수령 후 30일 이내에 서면으로 정정하여야 한다(국제중재규칙 제36조).

중재판정에 누락된 사항이 있는 경우 당사자는 판정문 수령 후 30일 이내에 추가판정 신청을 할 수 있으며 중재판정부는 그 신청이 정당하다고 판단되는 경우에는 신청서 수령일로부터 60일 이내에 추가판정을 하여야 한다(국제중재규칙 제37조).

2) CIETAC 중재규칙

CIETAC 중재규칙에 의하면 중재판정은 판정부 구성일로부터 6개월 이내에 내려져야 하고 중재판정은 KCAB 국제중재규칙과 마찬가지로 과반수 중재인의 결의에 따르며 과반수의 결의를 형성할 수 없을 경우에는 의장중재인의 의견에 따른다. 소수 중재인의 의견이나, 의장중재인의 의견에 따를 경우 나머지 중재인의 의견은 기록되기만

하고, 판정문에 첨부할 수도 안 할 수도 있으나 판정문의 구성 부분은 아니다.

판정문에는 중재위원회가 날인하고 판정을 내린 중재인들이 서명하여야 하며, 판정과 다른 의견을 가진 중재인들은 서명할 수도 하지 않을 수도 있다. KCAB 국제중재규칙과는 달리 중재위원회가 날인하여야 하는 것은 CIETAC이 기관중재만 인정하기 때문이다(CIETAC 중재규칙 제42, 43조).

CIETAC 중재규칙의 또 다른 특징은 중재판정부가 판정문에 서명하기 전에 판정문 초안을 중재위원회에 교부하여 확인받아야 한다는 것이다(CIETAC 중재규칙 제45조). 이러한 규정은, 중재판정이 중재위원회의 간섭을 받게 됨으로써 중재위원회가 소재한 국가나 위원회 자신에게 유리하도록 판단을 내릴 수가 있기 때문에 불공정한 판정을 내릴 가능성을 안고 있다.

판정이 내려지면 당사자는 판정문 수령 후 30일 이내에 판정문의 기재, 인쇄, 계산 등 착오에 대해 정정신청을 할 수 있으며 중재판정부는 신청을 받은 후 30일 이내에 서면으로 정정하여야 한다. 그러한 정정신청이 없어도 중재판정부는 판정문 작성일로부터 합리적인 기간 내에 직권으로 정정할 수 있다(CIETAC 중재규칙 제47조).

중재판정에 누락된 사항이 있는 경우, 당사자는 판정문을 받은 날부터 30일 이내에 추가판정을 신청할 수 있고 중재판정부는 신청을 받은 날부터 30일 이내에 추가판정을 하여야 한다. 중재판정부는 판정문 작성일로부터 합리적인 기간 내에 직권으로 추가판정을 할 수 있다(CIETAC 중재규칙 제48조).

Ⅳ. 중재판정의 불복, 집행 및 집행거부

1. 한국

중재절차에 대해서는 앞 장에서와 같이 특정 중재기관의 중재규칙을 중심으로 살펴보았다면 본 장의 중재판정의 불복과 집행에 대해서는 그 국가의 중재관련 법률들을 중심으로 살펴보고자 한다.

한국의 중재관련 법률은 1973년에 가입한 ≪외국중재판정의 승인 및 집행에 관한 협약≫(이하 뉴욕협약이라 함)과 ≪대한민국 중재법≫(이하 법이라 함)이 있으며 그 외 판정의 불복이나 집행과정에 적용되는 ≪민사소송법≫과 ≪민사집행법≫36) 등이 있다.

한국의 중재법은 속지주의 원칙에 입각하여 대한민국 국내에서 내려진 국내중재판정과 외국중재판정으로 구분하여 규정하고 있기 때문에 아래 그 두 가지로 나누어 살펴보려 한다.

1) 중재판정의 불복

중재판정에 대한 불복은 당사자가 중재판정문의 정본을 받은 날로부터 3개월 이내에 법원에 제기하는 중재판정 취소의 소에 의해서만 할 수 있으며 법원은 중재법 제36조 제2항 각 호의 1에 해당하는 때에 한하여 중재판정을 취소할 수 있다(법 제36조).37) 즉 국내중재

---

36) 민사집행법은 2002년 1월에 제정되어 현재까지 4차례의 개정을 거쳤으며 2009년 3월부터 제4차 개정안을 시행하고 있다. 이 법은 강제집행, 담보권 실행을 위한 경매, 민법·상법, 그 밖의 법률의 규정에 의한 경매 및 보전처분의 절차를 규정하는 것을 목적으로 제정되었다(민사집행법 제1조).

37) 법 제36조 제2항: 1. 중재판정의 취소를 구하는 당사자가 다음의 1에 해당하는 사유를 증명하는 경우, 1) 중재합의의 당사자가 합의 시 무능력자였던 사실 또는 중재합의가 당사자들이 지정한 법이나 대한민국 법에 의하여 무효인 사실, 2) 중재판정 취소의 소를 제기한 당사자가 중재인 선정이나 중재절차에 관하여 통지를 받지 못하였거나 기타 사유로 인하여 변론을

판정은 위의 조항을 적용하여 중재판정을 취소할 수 있다.

외국중재판정의 취소에 대해서는 뉴욕협약 제5조 제1항을 해석하면 "외국중재판정은 판정이 내려진 국가의 권한 있는 기관이나 그 국가의 법령에 의해서만 취소될 수" 있기 때문에, 한국법원은 외국중재판정에 대하여 취소할 권한이 없다.

2) 중재판정의 집행

중재판정은 법원의 확정판결과 동일한 효력을 갖고 있지만 강제집행력이 없기 때문에 집행을 요구하는 당사자는 반드시 법원에 중재판정의 집행판결을 신청하여야 한다(법 제35조, 제37조 제1항).

국내중재판정은 판정에 중재법 제36조 제2항의 판정취소사유가 없는 한 강제 집행하여야 하며(법 제38조) 외국중재판정은 그 판정이 뉴욕협약의 적용을 받을 경우에는 동 협약에 따라 집행되고, 그러하지 아니할 경우에는 민사소송법 제217조, 민사집행법 제26조 제1항 및 제27조의 규정에 따라 집행된다(법 제39조).[38] 따라서 한국

할 수 없었던 사실. 3) 중재판정이 중재합의의 범위를 벗어난 사실. 다만 범위를 벗어난 부분과 벗어나지 않은 부분이 분리될 수 있을 경우에는 벗어나는 부분의 판정만 취소, 4) 판정부의 구성이나 중재절차가 합의에 따르지 아니하거나 이 법에 따르지 아니하였다는 사실. 2. 법원이 직권으로 다음의 1에 해당하는 사유를 증명하는 경우. 1) 중재판정의 대상이 대한민국 법에 따라 중재로 해결될 수 없을 때. 2) 중재판정의 승인 또는 집행이 대한민국의 공서양속에 위배되는 경우.

38) 민사소송법 제217조: 외국법원의 확정판결(외국중재기관의 중재판정도 이와 같다고 봄)은 다음 각 호의 요건을 모두 갖추어야 효력이 인정된다. 1) 대한민국의 법령 또는 조약에 따른 국제재판관할의 원칙상 그 외국법원의 국제재판관할이 인정될 것. 2) 패소한 피고가 소장 또는 이에 준하는 서면 및 기일통지서나 명령을 적법한 방식에 따라 방어에 필요한 시간여유를 두고 송달받았거나 소송에 응하였을 것. 3) 그 판결의 효력을 인정하는 것이 대한민국의 선량한 풍속이나 그 밖의 사회질서에 어긋나지 아니할 것. 4) 상호보증이 있을 것.
민사집행법 제26조 제1항: 외국법원의 판결에 기초한 강제집행은 대한민국 법원에서 집행판결로 그 적법함을 선고하여야 할 수 있다.
민사집행법 제27조: 1. 집행판결은 재판의 옳고 그름을 조사하지 아니하여야 한다. 2. 집행판결을 청구하는 소는 다음 각 호의 1에 해당하면 각하하여야 한다. 1) 외국법원의 판결이 확정된 것을 증명하지 아니한 때. 2) 외국판결이 민사소송법 제217조의 조건을 갖추지 아니

은 뉴욕협약에 상호주의와 상사중재를 유보조건으로 가입하고 있으므로 뉴욕협약 가입국의 중재기관에서 내린 상사중재판정의 집행에 대해서는 협약의 규정을 적용하고 그렇지 않은 경우에는 후자의 법률들을 적용하게 된다.

3) 중재판정의 집행거부

상술하였듯이 국내중재판정은 중재법 제36조 제2항의 판정취소사유가 없는 한 강제 집행하여야 한다. 즉 중재법 제36조 제2항의 판정취소사유가 곧 법원의 국내중재판정에 대한 집행거부사유가 되는 것이다.

외국중재판정일 경우에는 그것이 뉴욕협약 제5조의 각 호의 1에 해당될 경우 법원은 그 집행을 거부할 수 있으며[39] 뉴욕협약에 가입하지 않은 국가의 중재기관에서 내린 중재판정일 경우에는 민사집행법 제27조 제2항에 해당되면 그 집행을 거부할 수 있다.

그러나 중재법 제36조 제2항의 국내중재판정의 집행거부사유와 뉴욕협약 제5조의 외국중재판정의 집행거부사유는 실질적으로 동일하기 때문에, 한국에서의 국내중재판정과 외국중재판정의 집행 및 집행거부요건은 실질적으로 동일하다고 볼 수 있다.[40]

한 때.

39) 뉴욕협약 제5조 제1항: 1) 당사자가 그들에게 적용될 법률에 의하여 무능력자였든가 또는 준거법이나 판정을 내린 국가법에 의하여 합의가 무효인 경우, 2) 판정이 불리하게 원용되는 당사자가 중재인 선정이나 중재절차에 관하여 통고를 받지 못하였거나 기타 이유로 인하여 응할 수 없었을 경우, 3) 판정사항이 중재회부조항의 범위를 벗어나는 경우, 다만 중재회부사항에 대한 판정과 범위를 벗어난 부분이 분리될 수 있는 경우에는 중재회부사항에 대한 판정 부분은 승인됨 4) 중재기관의 구성이나 중재절차가 중재합의나 중재를 행하는 국가의 법에 부합되지 않는 경우, 5) 판정이 당사자에 대한 구속력을 갖추지 못했거나 판정이 중재를 행한 국가의 권한 있는 기관이나 그 국가의 법에 의해 취소 또는 정지된 경우, 제2항: 1) 분쟁 대상이 그 국가의 법에 의해 중재로 해결할 수 없는 경우, 2) 판정의 승인과 집행이 그 국가의 공공질서에 반하는 경우.

2. 중국

중국은 중재와 관련하여 1991년의 ≪중화인민공화국민사소송법≫(이하 민사소송법이라 함)과 1994년의 ≪중화인민공화국중재법≫(이하 중재법이라 함) 및 많은 사법해석을 가지고 있으며 그 외 1987년에 가입한 ≪뉴욕협약≫과 중국이 체결하거나 가입한 국제조약들이 있다.

중국에서의 중재는 국내중재, 국제중재, 외국중재로 구분되며 여기서 국내중재는 여하한 섭외요인이 없는 국내 판정이고 국제중재는 섭외요인이 있는 국내 판정과 홍콩, 대만, 마카오와 관련된 중재판정이며 외국중재는 중국 이외 국가의 중재기관에서 내려진 판정이다.41) 여기서 섭외요인이란, 계약체결 주체의 일방 혹은 쌍방이 외국인, 무국적인, 외국법인 혹은 기타 경제조직이거나 계약의 목적물이 외국영토 내에 있거나 민사권리·의무를 발생, 변경, 소멸하는 법적 사실이 외국에서 발생하였을 경우를 말한다.42)

이러한 세 가지 중재판정에 대하여 상술한 중재관련 법률들은 서로 다른 규정을 두고 있기 때문에 아래 그 세 가지로 구분하여 살펴보려 한다.

1) 중재판정의 불복

중국의 중재판정도 한국과 마찬가지로 확정적 법적 효력을 가지며

---

40) 이호원, "한국에 있어서의 외국중재판정의 승인 및 집행", 『중재연구』, 한국중재학회, 제13권 1호, 2003, 107면.

41) Peerenboom, R., "Seek Truth From Facts: An Empirical Study of Enforcement of Arbitral Awards in the PRC", *American Journal of Comparative Law* Vol.49, 2001, 251p.

42) 最高人民法院关于贯彻执行≪中华人民共和国民法通则≫若干问题的意见, 1988년 1월

중재판정취소의 소를 제외한 기타 불복을 할 수 없다.

불복 당사자는 중재위원회 소재지의 중급인민법원에[43] 판정취소의 소를 제기할 수 있으며 법원은 국내중재일 경우에는 중재법 제58조의 실체적 사항에 해당하는지를 심사하고,[44] 국제중재일 경우에는 중재법 제70조의 절차적 사항에 해당하는지를 심사하여 취소판결을 내린다.[45] 중국은 2심제를 도입하고 있기 때문에 중급인민법원에 신청한 사건은 고급인민법원의 최종심을 거쳐 판결을 내리게 된다.

중재판정취소의 소는 당사자가 중재판정문을 수령한 날로부터 6개월 이내에 제기하여야 하며 인민법원은 그로부터 2개월 이내에 중재판정을 취소하거나 그 소를 기각하여야 한다(중재법 제59조, 제60조).

외국 중재판정의 취소에 대하여 중국의 중재관련 법률은 여하한 규정을 두고 있지 않으며, 이에 대해서는 한국과 마찬가지로 뉴욕협약의 해석에 따라 중국법원은 외국중재판정에 대하여 취소할 권한이 없다.

---

43) 현재 중국에는 2,700여 개의 기층인민법원, 약 400개의 중급인민법원, 29개의 고급인민법원이 있으며, 중앙에 설치된 1개의 최고인민법원이 있다. 그 외에도 전문법원인 군사법원, 해사법원, 삼림법원 등이 있다(차경자, "중국의 섭외 및 외국중재판정 강제집행제도 연구", 『중재연구』, 한국중재학회, 제15권 제2호, 2005, 270면).

44) 중재법 제58조: 당사자는 다음 각 항에 해당하는 사항이 있음을 입증하는 경우, 중재위원회 소재지의 중급인민법원에 중재판정 취소의 소를 제기할 수 있다. 1) 중재합의가 없는 경우, 2) 중재판정의 대상이 된 사안이 중재합의의 범위를 벗어난 것이나 중재위원회의 권한을 벗어난 경우, 3) 중재판정부의 구성 또는 중재절차가 법적 절차를 위반한 경우, 4) 중재판정의 근거가 된 증거가 위조된 것일 경우, 5) 상대방 당사자가 공개하지 않고 제출한 증거가 중재판정의 공정성에 영향을 미친 것으로 밝혀진 경우, 6) 중재인이 뇌물을 수령하였거나 개인적 영리를 위해 기만행위를 하였거나 법 적용을 그르친 경우. 전술한 사유 중 하나가 발견되거나 중재판정이 공공질서에 위배된다고 판단되는 경우, 법원은 중재판정을 취소하여야 한다.

45) 민사소송법 제260조 제1항: 다음의 사유가 있을 경우 인민법원은 중재판정을 취소할 수 있다. 1) 당사자가 계약 중에 중재조항을 삽입하지 아니하였거나 사후에 서면의 중재부탁이 성립하지 아니한 경우, 2) 피신청인이 중재인의 선정 또는 중재절차 진행의 통지를 받지 못하였거나 기타 피신청인이 책임질 수 없는 원인으로 의견을 진술할 수 없었던 경우, 3) 중재판정부의 구성 또는 중재의 절차가 중재규정과 부합하지 아니한 경우, 4) 중재판정이 중재계약의 범위에 속하지 아니하거나 중재기구가 권한 없이 중재한 경우.

2) 중재판정의 집행

민사소송법에 의하면 국내중재판정의 집행신청은 피집행인의 주소지 혹은 재산소재지의 기층인민법원에 하여야 하며(민사소송법 207조) 국제중재판정의 집행신청은 피집행인의 주소지 혹은 재산소재지의 중급인민법원에 하여야 한다(민사소송법 259조). 만약 피집행인 혹은 그의 재산이 중국의 영내에 있지 않을 경우에는 신청인은 반드시 관할권을 가진 국가의 법원에 집행신청을 하여야 한다(중재법 제72조).

외국중재판정이 중국인민법원의 승인과 집행을 필요로 하는 경우에는, 반드시 신청인이 직접 피집행인의 주소지 혹은 재산소재지의 중급인민법원에 집행신청을 하여야 한다(민사소송법 제269조). 중국은 한국과 마찬가지로 뉴욕협약에 상호주의와 상사중재를 유보조건으로 가입하고 있기 때문에, 인민법원은 뉴욕협약 가입국의 중재기관에서 내린 상사중재사건에 대해서만 협약의 규정을 적용하여 집행판결을 내리고 그러하지 아니할 경우에는 해당 국가와 체결하거나 가입한 국제조약 혹은 호혜원칙에 의해 판결을 내린다(민사소송법 제269조).

중재판정 집행신청 기한은 위 세 가지 경우 모두 동일하게 적용되며 중재 쌍방 혹은 일방이 자연인일 경우 1년, 쌍방이 법인 혹은 기타 조직일 경우 6개월이다(민사소송법 제76조).

위와 같이 인민법원에 중재판정의 집행신청을 하여 중재판정 집행판결이 내려지면, 당사자는 그 집행판결에 대해 상소할 수 없다(민사소송법 140조).

3) 중재판정의 집행거부

국내중재일 경우 신청인의 중재판정 집행신청에 대하여 피집행인이 민사소송법 제217조 제2항의 각 호에 해당하는 사유를 입증하는 증거를 제출할 경우, 중재판정의 집행은 법원의 심사가 끝날 때까지 중지되며(중재법 제63조), 법원은 중재판정에 대하여 실체적인 심사를 진행하고 심사 후 증거가 유력하다고 인정되는 경우 인민법원은 집행거부를 할 수 있다.[46]

국제중재에 대해서는 피신청인이 민사소송법 제260조 제1항 각 호에 해당하는 사유를 입증하는 증거를 제출하는 경우, 법원은 사실관계에 대하여 절차상의 심사와 사회공공이익에 반하는지를 심사하여 집행거부 여부를 결정하여야 한다(중재법 제71조).

외국중재판정은 한국의 경우와 마찬가지로 그것이 뉴욕협약 제5조에 해당될 경우 인민법원은 그 승인과 집행을 거부할 수 있으며 만약 뉴욕협약에 가입하지 않은 국가의 중재기관에서 내린 중재판정일 경우에는 해당 국가와 체결하거나 가입한 국제조약 또는 호혜원칙에 의해 집행거부요건을 만족할 경우 집행을 거부한다.

전술하였듯이 국제중재판정과 외국중재판정에 대한 집행신청은 모두 피집행인의 소재지 또는 재산소재지의 중급인민법원에 하게 되며, 이럴 경우 법원은 자국국민을 보호하기 위하여 명확한 법적 근거가 없이 집행거부를 할 수 있다. 이런 상황을 방지하기 위하여 최고인민법원은 '집행거부에 대한 사전보고제도'를 도입하여 중급인민법원이 집행거부 판결을 내리기 전에 반드시 관할 고급인민법원에 심사

---

46) 민사소송법 제217조 제2항: 1) 당사자가 계약 중에 중재조항을 규정하지 않았거나 사후에 서면의 중재부탁에 이르지 못한 경우, 2) 판정된 사항이 중재합의의 범위를 벗어났거나 중재기구의 중재권한을 벗어난 경우, 3) 중재판정부의 구성 또는 중재절차가 법정절차를 위반한 경우, 4) 사실인정의 주요 증거가 부족한 경우, 5) 법률적용에 착오가 있는 경우, 6) 중재인이 해당 사건을 중재할 때 뇌물을 수취하고 사리사욕을 채우기 위하여 위법한 판정행위를 한 경우, 7) 해당 중재판정이 사회의 공공이익에 위배된다고 판단되는 경우.

를 요청해야 하고, 고급인민법원 역시 집행거부에 동의할 경우 반드시 최고인민법원에 보고하여야 하며, 최고인민법원에서 동의한 후에야 집행거부판결을 내릴 수 있게 하였으며47) 그렇게 내려진 집행거부판결에는 항소할 수 없다.48) 결과 이 제도로 인하여 중국에서의 국제 · 외국중재판정의 집행이 용이해졌는데, 실제 2000년부터 2006년까지 대법원에 보고된 10건의 중재거부사건 중 6건이 집행판결을 받았고 1건이 부분 집행되었다.49)

V. 결론 및 시사점

1. 중국의 중재판정 집행 현황

앞에서 우리는 한 · 중 중재기관의 중재절차와 중재판정을 집행함에 있어서의 법리에 대해 살펴보았다. 그렇다면 정확한 절차에 따라 내려진 중재판정에 대해 적법하게 집행신청을 하였을 경우, 과연 그 집행은 얼마나 이행되고 있는가?

한국인의 입장에서 보았을 때 중국을 상대로 한 국제중재판정이나 외국중재판정은 중국에 있는 피집행인의 소재지 혹은 재산소재지의 중급인민법원에 집행신청을 하여야 할 것이다. 그렇다면 중국의 중

---

47) 人民法院处理与涉外仲裁及外国仲裁事项有关问题的通知, 1995년 8월.
48) 最高人民法院关于当事人对人民法院撤销仲裁裁决的裁定不服申请再审人民法院是否受理问题的批复, 1999년 2월.
49) Li Hu, "Enforcement of Foreign Arbitral Awards and Court Intervention in the PRC", a speech paper for the Inaugural International Conference on Arbitration, 2003.3, 9p.

급인민법원에 신청한 사건의 집행률은 과연 얼마나 될까? 중국에는 약 400개의 중급인민법원이 있는데 그들은 자신들이 접수하거나 처리한 사건에 대해 최고인민법원이나 기타 기관에 보고해야 할 의무가 없다. 따라서 중국의 국제·외국중재판정의 강제집행 신청건수와 집행률을 파악하려면 모든 중급인민법원을 일일이 조사하여야 하는데 그렇게 한다는 것은 사실상 불가능한 일이다.

때문에 아직까지 중국에는 이에 대한 공식적인 통계자료가 없고 다만 CCPIT 산하의 중재연구소(Arbitration Research Institute, 이하 ARI라 함)에서 1997년에 자체적으로 실시한 조사보고서와[50] UCLA 법대의 Peerenboom 교수가 2001년 자체적으로 조사한 통계자료가 있을 뿐이다.[51]

〈표 4〉 중국의 국제·외국중재판정의 집행률

	ARI의 통계(1991~1996) (43개 중급인민법원과 해사법원으로부터 자료 수집)				Peerenboon의 통계(1991~1999) (무작위로 수집한 72개의 국제·외국중재를 대상)			
	신청	집행	거부	집행률	신청	집행	거부	집행률
국제중재	134	97	37	72%	47	22	25	47%
외국중재	5	3	2	60%	25	13	12	52%
합계	139	100	39	72%	72	35	37	49%

50) ARI는 본 통계를 위해 310개의 중급인민법원과 해사법원을 상대로 설문조사를 진행했고 결과 43개의 법원으로부터 답변을 받아 그것을 바탕으로 본 통계를 구성하였다(Wang Sheng Chang, "Enforcement of Foreign Arbitral Awards in the PRC", *ICCA Congress Series No.9*, 1999). ARI의 통계자료를 보면 1991년 이전의 수치도 나와 있는데, 1991년에 정식으로 제정된 민사소송법에서 집행거부에 대한 규정을 두기 전까지 중국에는 집행거부에 대한 규정이 없어 모든 집행신청이 이행되었으므로 저자는 그 부분의 수치를 통계에서 제외했다.

51) Peerenboom, R.은 UCLA법대의 교수이며 북경 Yi Wen Law Firm의 자문위원도 겸하고 있다. 그는 자신의 인맥을 통하여 중국법원에서 국제·외국중재판정의 강제집행을 처리해 본 경험이 있는 실무자들로부터 자료를 수집하여 본 통계를 구성하였다(Peerenboom, R., *op. cit.*, 249p).

<표 4>를 보면 ARI 통계의 국제·외국중재판정의 집행률은 약 72%이고 Peerenboom 통계에서의 집행률은 약 49%로서 둘은 상당한 차이를 보이고 있다. Peerenboom 교수는 그 이유에 대해서, ARI이 통계자료를 구성함에 있어서 국가보호 차원에서 불성실하였거나 혹은 법원이 자료를 제공할 때 지역보호 차원에서 불성실하였을 수 있으며 또한 계류 중인 사건을 이행된 것으로 간주하여 통계에 포함시켰을 수 있다고 설명하고 있다.[52] 하지만 어느 것이 더 정확한 통계인지는 정확히 구분하기 어렵고 단지 우리는 본 비교를 참고하여 어느 정도 짐작할 수밖에 없다고 본다.

Peerenboom 교수는 또한 통계결과의 집행률 49%는, 신청인이 신청한 금액을 100% 회복한 사건 17%, 중재금액의 75~99%를 회복한 사건 17%, 중재금액의 50~74%를 회복한 사건 7%, 그리고 중재금액의 50% 이하를 회복한 사건 8%로 구성되었다고 하였다. 즉 중국법원에 중재판정집행신청을 하면 중재금액의 75% 이상을 회수할 수 있는 가능성은 약 34%이고 중재금액의 50% 이상을 회수할 수 있는 가능성은 약 40%이며 신청사건의 약 60%는 집행 거절되거나 취소되고 집행되더라도 중재금액의 50% 이하밖에 회복할 수 없다는 것이다.[53]

다시 말하면, Peerenboom통계에 따르면 중국법원에 중재판정 집행신청을 한 외국투자자가 만족할 만한 결과를 얻을 가능성은 약 34~40%로서 효율성이 상당히 낮다고 볼 수 있다.

그렇다면 중국법원에서 집행을 거부하는 이유는 무엇일까?

---

52) Peerenboom. R., *op. cit.*, 267-268pp.
53) Peerenboom. R., *op. cit.*, 264-265pp.

<표 5> 중국법원의 국제 · 외국중재판정 집행거부이유

ARI통계		Peerenboon통계	
집행거부 건수	거부사유	집행거부 건수	거부사유
17	집행대상 재산이 없음	16	집행대상 재산이 없음
3	기타 불명확한 사유	3	기타 불명확한 사유
10	기타 집행상 어려움	18	여러 가지 법률적 사유
3	피집행인 부존재		
2	중재진행 통보 못 받음		
2	사회공공이익에 위배됨		
1	당사자 진술권 없음		
1	중재판정부 월권		
1	법원 관할권 아님		

<표 5>에서 보듯이 집행거부이유 중 집행대상 재산이 없어 이행되지 못한 경우가 가장 많은데 두 통계에서 모두 집행거부 건수의 약 43%를 차지한다. 또한 ARI 통계에는 전체의 25%를 차지하는 10건이 집행상의 어려움으로 집행 거부되었고 기타 불명확한 이유로 집행 거부된 사건도 각각 3건씩 있다. 즉 중국법원의 집행거부사유 중 피집행인이 재산이 없다든가, 판정을 집행하는 데 어려움이 있다든가 혹은 기타 불명확한 이유로 집행을 거절하는 경우가 많은데 이 때문에 국제적으로 중국법원의 집행에 대하여 평판이 좋지 않다.54)

그렇다면 중국을 상대로 무역거래를 하거나 투자를 하는 한국 기업들은 어떻게 이러한 상황에 대처해야 할 것인가?

---

54) 차경자, 전게논문, 274면.

2. 한국 기업의 대응방안

1) 계약상대방의 재정상태 확인

분쟁이 발생하여 중재판정을 받을 경우, 상술한 바와 같이 중국에서는 집행대상 재산이 없으면 집행이 거부되므로 한국 기업은 유리한 판정을 받는다 하더라도 손해를 회복할 수 없다. 이에 대비하여 한국 기업들은 계약 체결 이전에 미리 상대방의 집행가능 재산상태에 대하여 조사를 해두어 유리한 판정을 받고도 집행대상 재산이 없다고 집행 거부되는 경우를 방지해야 한다.

2) 중국법원의 집행거부사유에 대한 숙지

집행대상 재산이 없어 집행 거부되는 것은 상술한 바와 같이 방지할 수 있지만 불명확한 이유로 집행 거부되는 것은 한국 기업의 입장에서는 별다른 대비책이 없어 보인다. 그렇다면 집행거부의 마지막 사유인 법적 거부사유에 해당하여 집행 거부되는 것은, 한국 기업들에서 중국의 집행거부사유를 숙지하여 준수하기만 한다면 방지할 수 있어 보인다. 즉 국제중재판정의 집행거부사유는 중국 민사소송법 제260조 제1항이고, 외국중재판정의 집행거부사유는 뉴욕협약 제5조인데 한국 기업은 이러한 조항들을 숙지하여 준수함으로써 그로 인하여 집행 거부되는 것을 방지할 수 있을 것이다.

3) 중재지 선정

국제분쟁이 발생하여 중재로 해결해야 할 경우 한국 당사자는 한국의 중재기관에서 판정을 받는 것이 가장 유리한데, 그 이유는 시간적 · 금전적으로도 그렇지만 익숙하지 못한 타국의 법제, 문화, 가치관에 대해 자국보다 대처능력이 떨어지기 때문이다.55) 중국은 1987년에 뉴욕협약에 가입함으로써 외국중재판정의 집행이 가능해졌고 '사전보고제도'를 실시함으로써 외국중재판정의 집행이 용이해졌기 때문에 한국에서 중재판정을 받더라도 중국에서 집행하는 데는 법률상 문제가 없다. 때문에 한국 기업은 계약을 체결할 때 계약상에 중재지를 되도록 한국으로 명시하는 것이 유리하며, 만약 한국에서 중재하는 것이 합의되지 않을 경우에는 홍콩이나 싱가포르, ICC 등 제3국의 국제중재기관을 선정하는 것이 중국 중재기관을 선정하는 것보다 좀 더 유리할 것이다.

4) 중국은 기관중재만 인정함에 주의

중국은 임시중재를 인정하지 않고 기관중재만을 허용하고 있기 때문에 중국에서 중재절차를 진행할 경우 중재조항에 중재기관을 명시하는 것을 잊어서는 아니 된다. 만약 중재조항에 중재규칙만 명시하고 중재기관을 명시하지 않았거나 혹은 외국의 중재규칙으로 중국에서 중재한다고 명시했을 경우에는 중재조항 자체가 무효가 된다. 때문에 한국 기업은 만약 임시중재를 원한다면 절대로 중국을 중재지로 하면 아니 되고 만약 중국을 중재지로 하였다면 무조건 중재기관을 명시해야 함을 유의해야 한다.

---

55) 이주원, "중국 중재제도의 특징에 관한 소고", 『중재연구』, 한국중재학회, 제15권 제3호, 2005., 129면.

3. 결론

한·중 중재기관을 비교하여 본 결과, 한국은 유일한 중재기관인 KCAB에서 국내·국제중재를 다루고 있고 중국은 CIETAC을 포함한 2개의 국제중재기관과 200개의 일반중재기관에서 국내·국제중재를 다루고 있다. 그중 CIETAC은 AAA, ICC 다음으로 세계에서 세 번째로 많은 국제중재사건을 접수하고 있으며, 반대로 KCAB는 국제중재사건 접수가 상대적으로 적은 실정이다.56) 이러한 문제점을 개선하기 위하여 KCAB는 기존의 중재규칙이 있음에도 불구하고 국제기준에 좀 더 가까운 국제중재규칙을 새롭게 제정하였으나 아직 적용된 적이 없다. 이에 논자는, KCAB가 국제적 위상을 높이려면 중국처럼 중재기관을 국제중재기관과 일반중재기관으로 구분하여 KCAB가 국제중재전문기관임을 강조하여야 한다고 생각한다. 예를 들면, KCAB를 국제중재기관으로 정하고 국제기준에 맞는 국제중재규칙을 사용하도록 하며, 국내중재는 'KCAB 국내위원회'에서 기존 중재규칙을 적용하여 다루도록 하는 형식으로 개선하는 것이다.

중재절차와 판정에 대한 불복, 집행 및 집행거부 절차를 비교하여 본 결과, 양자는 큰 차이를 보이지 않았다. 단, 주의해야 할 점은 중국은 기관중재만을 인정하고 있기 때문에 중재합의 시 반드시 중재기관을 지정하여야 한다는 것이다. 또한 중재인은 중재인명부에서 선정하여야 하고 그 외에서 선정할 경우에는 위원장의 확인을 받아야 하며 위원장이 중재인을 선정할 경우에는 당사자들 국적을 고려할 필요가 없다는 것인데, 이는 중국 중재의 잠재적 불공정성과 중

---

56) 〈표 1〉을 보라.

국 정부의 중재에 대한 간여의사를 충분히 보여 주고 있다. 반면 KCAB 국제중재규칙은 국제기준에 맞춰 제정한 것이니만큼 절차적으로 아주 공정하다.

중국의 중재판정 집행은 국제적으로도 평판이 좋지 못할 만큼 아주 열악한데, 특히 집행거부사유가 대부분 집행대상 재산이 없다거나 명확하지 않은 이유라는 데서 그 불공정성을 체감할 수 있다. 이는 뉴욕협약에 가입한 중국의 국제적 위상을 떨어뜨리는 문제임에도 국민을 보호하려는 국가의 의도적 행위이기 때문에 단기적 개선을 기대할 수는 없을 것으로 보인다. 이에 대해서는 위에서 제시한 몇 가지 대응방안을 포함한 대응책들을 강구하여야 할 것이다.

참고문헌

김태경, "중국 상사중재제도의 문제점 및 개선방안", 『무역상무연구』, 한국무역상무학회, 제29권, 2006.

대한상사중재원·한국중재학회, 「주해 중재법」, 2005.

석광현, "대한상사중재원의 2007년 국제중재규칙의 주요내용과 그에 대한 평가", 『법학』, 서울대학교 법학연구소, 49권 1호, 2008.

신군재. "KCAB 국제중재규칙과 CIETAC 중재규칙의 비교연구", 『중재연구』, 한국중재학회, 제18권 제2호, 2008.

윤진기, "중국 중재법", 『기업법연구』, 한국 기업법학회, 제12집, 2003.

이주원, "중국 중재제도의 특징에 관한 소고", 『중재연구』, 한국중재학회, 제15권 제3호, 2005.

이호원, "한국에 있어서의 외국중재판정의 승인 및 집행", 『중재연구』, 한국중재학회, 제13권 1호, 2003.

차경자, "중국의 섭외 및 외국중재판정 강제집행제도 연구", 『중재연구』, 한국중재학회, 제15권 제2호, 2005.

허익범, "중화인민공화국 국제상사중재법제의 이해와 분석", 고려대학교 대학원 박사학위논문, 2007.

Li Hu, "Enforcement of Foreign Arbitral Awards and Court Intervention in the PRC", a speech paper for the Inaugural International Conference on Arbitration, 2003.

Peerenboon. R., "Seek Truth From Facts: An Empirical Study of Enforcement of Arbitral Awards in the PRC", *American Journal of Comparative Law,* 2001.

Wang Sheng Chang, "Enforcement of Foreign Arbitral Awards in the

PRC", *ICCA Congress Series* No.9, 1999.

最高人民法院關于貫徹執行≪中華人民共和國民法通則≫若干問題的
　　意見, 1988년 1월.

人民法院處理与涉外仲裁及外國仲裁事項有關問題的通知, 1995년 8월.

最高人民法院關于当事人對人民法院撤銷仲裁裁決的裁定不服申請再
　　審人民法院是否受理問題的批夏, 1999년 2월.

KCAB 국제중재규칙(2007년 제정)

CIETAC 仲裁規則(2005년 개정)

한국 중재법(1999년 개정)

中國 仲裁法(1995년 제정)

외국중재판정의 승인 및 집행에 관한 국제협약(1958년 채택)

대한상사중재원, http://www.kcab.or.kr

한국무역협회, http://www.kita.net

中國國際經濟貿易仲裁委員會, http://www.cietac.org.cn

北京仲裁委員會, http://www.bjac.org.cn

中國海事仲裁委員會, http://www.cmac.org.cn

香港國際仲裁機關, http://www.hkiac.org

中國仲裁網, http://www.china-arbitration.com

부록 1. 중국 중재기관의 개관

	국제중재기관	일반중재기관
중재법상 규정	(제66조) CCPIT가 국제중재위원회를 설립할 수 있다	(제10조) 1. 省政府가 소재한 市에 일반중재기관을 설립할 수 있다. 2. 市政府가 중재위원회 설립을 위한 관련부서를 조직하여 상업회의소와 함께 중재위원회를 설립한다. 3. 설립 시 市政府의 사법행정부서에 등록하여야 한다.
중재기관	CIETAC(CCPIT가 1956년에 설립) CMAC(CCPIT가 1959년에 설립)	1995년 중재법 시행 후 신설 및 중건된 일반중재기관: 북경중재위원회, 상해중재위원회, 남경중재위원회, 광주중재위원회, 심천중재위원회 등 200개 (2008년 말 통계)
관할범위	1. 국제적/섭외적 분쟁사건, 국내분쟁사건 (CIETAC 중재규칙 제3조) 2. 중재규칙상에 국내중재에 관한 특별규정을두고 있다.(例: CIETAC 중재규칙 제5장)	1. 1996년 국무원은 일반중재기관에서도 국제중재를 처리할 수 있게 하였다. 2. 중재규칙상에 국제상사중재에 관한 특별규정을 두고 있다.(例: 북경중재위원회 중재규칙 제8장)
공통	1. 중재법으로 규정한 것은 아니나 중국의 중재기관은 모두 ○ ○중재위원회라는 명칭을 쓰고 있다. 2. 중재법에 의하면 중국에는 CCPIT가 설립한 국제중재기관과 省政府가 소재한 市에 설립된 일반중재기관 두 부류가 존재하는데, 상술하였듯이 그 관할범위가 확대되면서 사실상 국제·국내중재기관의 구분이 없어지게 되었다.	

부록 2. 한·중 중재규칙 비교

	KCAB국제중재규칙	CIETAC중재규칙 (국제중재 일반절차)
중재합의	1. "KCAB국제중재규칙에 회부"라고 합의. 2. 국제중재에만 적용. 3. 중재기관은 명시할 필요 없음 (임시중재를 원칙으로 함) 4. 표준중재조항(12면)	1. CIETAC에서 중재 혹은"CIETAC중재규칙에 따라 중재 라고" 합의. 2. 국제, 국내중재에 모두 적용. 3. 중재의 대상과 중재기관을 명시하여야 함 (기관중재만 인정) 4. 표준중재조항(11면)
중재신청	1. 중재신청서 제출 및 신청요금 납부. 2. 피신청인 신청서 수령 후30일 이내 답 변서 제출, 기한이 지나면 기한연장 신 청서 제출해야 함. 3. 반대신청은 답변서 제출 시 함께.	1. 중재신청서 제출 및 중재비용 예납. 2. 피신청인 신청서 수령 후 45일 이내 답변 서 제출, 기한이 지나면 중재판정부가 결정 3. 반대신청 역시 45ㅇ리 이내에 제출.
중재판정부	1. 합의가 없을 시 단독중재인을 원칙으로 2. 당사자 함의로 중재인 선정 3. 단독중재인_단독중재 결정 후 30일 이 내, 3인중재인-양당사자가 각각 1인 선정 후 30일 이내에 선정된 2인이 의장 중재인 선정 4. 사무국이 중재인 선정 시 양당사자와 국적이 달라야. 5. 기피사유를 안 후 15일 이내에 기피신청 6. 사무국의 기피결정에 불복할 경우, 법 원이 최종 기피결정	1. 합의가 없을 시 3인중재인을 원칙으로. 2. 중재인명부 내에서 선정(인명부 외에서 선 정 시 위원장의 확인 받아야). 3. 단독중재인-피신청인 신청서 수령 후 15일 이내, 3인중재인-중재통지 수령 후 15일 이내 각각 1인 선정, 동시에 의장중재인을 합의 선정 또는 그 기간내 위원장에게 위임 4. 위원장이 중재인 선정시 당사자들 국적 고 려할 필요 없음. 5. 중재인 고지의무, 고지를받은 후 10일 이내 에 기피신청. 그 이후에 알게 된 기피사유 는 안 후 15일 이내에 기피신청. 6. 위원장 이 최종 기피결정
중재판정	1. 중재판정은 초종 서면제출일과 심리 종 결일 중 나중의 일로부터 45일 이내. 2. 중재인 과반수의 결의에 따름. 결의가 성립되지 않을 시 의장중재인의 결정 에 따름. 3. 중재인 전원이 서명. 4. 판정문 수령 후 30일 이내 당사자 오 류 정정신청 가능, 신청 후 30일 이내 오류 정정해야 함. 판정 후 30일 이내 판정부 오류정정 가능. 5. 판정문 수령 후 30일 이내 추가판정신 청 가능. 신청 후 60일 이내 추가판정.	1. 중재판정은 판정부 구성일로부터 6개월 이내. 2. 중재인 과반수의 결의에 따름. 결의가 성립 되지 않을 시 의장중재인의 결정에 따름. 3. 중재위원회 날인 및 판정을 내린 중재인만 서명. 4. 판정 내리기 전에 판정문 초안을 위원회에 제출, 확인을 받음. 5. 판정문 수령 후 30일 이내당사자 오류정정 신청 가능. 신청 후 30일 이내 오류정정. 판정부는 판정문 작성 후 합리적인 기간내 에 직권으로 오류정정 가능. 6. 판정문 수령 후 30일 이내 추가판정신청 가 능, 신청 후 30일 이내 추가판정. 판정부는 판정문 작성 후 합리적인 기간내에 직권으 로 추가판정 가능.

부록 3. 한·중 중재판정의 불복, 집행, 집행거부 비교

	韓國	中國
불복	**국내중재판정:** 1. 법원에 제기하는 중재판정 취소의 소에 의해서만 불복.(한국은 3심제) 2. 판정문 수령 일로부터 3개월 이내 제기. 3. 취소요건: 중재법 제36조 제2항 **외국중재판정:** 1. 외국중재판정에 대해서 한국법원은 취소할 권한이 없음.	1. 중재판정 취소의소에 의해서만 불복. 2. 중재위원회 소재지의 중급인민법원에 판정취소 의소를 제기.(중국은 2심제) 3. 판정문 수령일로부터 6개월 이내 제기. **국내중재판정:** 1. 중재법 제58조에 해당하면 취소. **국제중재판정:** 1. 중배법 제70조에 해당하면 취소. **외국중재판정:** 1. 외국중재판정에 대해서 중국법원은 취소할 권한이 없음.
집행	**국내중재판정:** 1. 중재법 제36조 제2항에 해당되지 않은 한 집행. **외국중재판정:** 1. 뉴욕협약에 상호주의와 상사중재를 유보조건으로 가입. 2. 뉴욕협약 가입국의 판정일 경우 본 협약 적용. 3. 뉴욕협약 가입국이 아닌 국가의 판정일 경우 민사 소송법 제217조, 민사집행법 제26조 제1항 및 제27조 적용.	1. 집행신청은 모두 피집행인의 주소지 혹은 재산 소재지의 법원에 함. 2. 피집행인 혹은 그의 재산이 중국 영내에 있지 않을 경우, 관할권을 가진 국가의 법원에 집행신청을 함. 3. 집행신청 기한: 양당사자 모두 혹은 일방이 자연인일 경우 판정 후 1년 이내. 양당사자 모두 법인 혹은 기타 조직일 경우 판정 후 6개월 이내. **국내중재판정:** 1. 기층인민법원에 집행신청. **국제중재판정:** 1. 중급인민법원에 집행신청. **외국중재판정:** 1. 중급인민법원에 집행 신청. 2. 뉴욕협약에 상호주의와 상사중재를 유보조건으로 가입. 3. 뉴욕협약 가입국의 판정일 경우 본 협약 적용. 4. 뉴욕협약 가입국이 아닌 국가의 판정일 경우 중국이 해당 국가와 체결하거나 가입한 국제조약 혹은 호혜원칙에 의함.

집 행 거 부	국내중재판정: 1. 집행거부사유: 판정취소요건과 마찬가지로 중재법 제36조 제2항. 외국중재판정: 1. 뉴욕협약 가입국의 판정일 경우 협약 제5조에 해당하면 집행거부. 2. 뉴욕협약 가입국이 아닌 국가의 판정일 경우 민사집행법 제27조 제2항에 해당하면 집행거부.	국내중재판정: 1. 집행거부사유: 민사소송법 제217조 제2항. 국제중재판정: 1. 집행거부사유: 민사소송법 제260조 제1항. 외국중재판정: 1. 뉴욕협약 가입국의 판정일 경우 협약 제5조에 해당하면 집행거부. 2. 뉴욕협약 가입국이 아닌 국가의 판정일 경우 중국이 해당 국가와 체결하거나 가입한 국제조약 혹은 호혜원칙에 의함.

2

中國 商事仲裁制度의 主要特徵

— 仲裁에 대한 司法監督을 중심으로 —

김태경

Ⅰ. 서론

국제거래 관계에서는 국가별로 상이한 소송제도, 상대방 국가법원의 국수적 태도, 분쟁처리 기간의 장기화, 언어 장벽 등 국제소송제도가 가지는 제반 불합리한 점을 해소하기 위하여 소송보다는 중재에 의한 분쟁해결이 선호되고 있다. 상사중재제도는 상사와 관련하여 분쟁이 발생한 경우 분쟁당사자의 합의에 의하여 선정된 중재인이 중립적인 위치에서 내리는 중재판정에 의하여 분쟁을 해결하는 절차로서 대표적인 소송 외적 분쟁해결방법(Alternative Dispute

Resolution)이다.

중국의 경우 2009년 말 현재 전국에 200개가 넘는 중재기관[1]을 두고 있는데, 중국의 상사중재는 다른 나라와는 달리 국내중재와 涉外仲裁(외국인 또는 외국기업과 관련된 중재를 지칭하며 일반적인 '국제중재'를 포함한다)[2]의 처리기준이 상이하고, 중재합의에 대한 요식성이 매우 엄격하며, 중재판정의 승인 및 집행에 대한 심사 등 사법감독의 폭이 지나치게 넓게 인정되고 있다. 또한, 국내중재의 경우 법원이 중재판정에 관한 실체적 문제까지를 심사할 수 있게끔 되어 있고, 심지어 섭외중재판정의 경우에도 이러한 사례가 일부 엿보이고 있어, 중재의 주요 장점 중 하나인 '종국성(終局性)'[3]을 크게 해칠 수도 있다는 문제점이 일찍부터 지적되고 있다.

따라서 본고는 중국 상사중재제도의 가장 큰 특징이라 할 수 있는 중재에 대한 법원의 심사 및 통제, 즉 사법감독(司法監督)[4]으로 인

---

1) 중국에서는 중재기관을 일반적으로 '중재위원회(仲裁委員會)'라고 부른다.

2) 중국에서는 '국제중재'보다는 '섭외중재(涉外仲裁)'라는 용어를 주로 사용하고 있으며, 최근에는 '국제중재'의 사용빈도도 높아지는 경향이다. 섭외중재의 원인이 된 분쟁 즉 섭외사건은 일반적으로 뜻하는 국제적인 분쟁만을 의미하는 것이 아니며, 중국에 진출한 중외합자 및 합작투자 기업이 개입된 사건은 중국의 국내기업이라 하더라도 섭외사건으로 분류된다. 따라서 섭외중재가 보다 넓은 개념이 되는 것이다.

3) 소송의 경우와는 달리 중재제도에서 판정은 단심으로써 확정력을 갖게 되지만, 중재에서 이긴 당사자는 그 집행을 위하여 법원에 다시 집행판결을 청구하여야 하므로, 특정 사유에 따라 집행이 거부되는 경우 '분쟁에 대한 구속력 있는 결정에 도달'이라는 중재의 목적을 완수하기가 어렵게 된다(오원석·김용일, "중재판정의 취소와 집행거부에 따른 실무상의 유의점 — 공서위반을 중심으로", 『무역상무연구』 제35권, 2007, pp.101 – 102. 참고). 한편, 중국에서는 이를 '一裁終局'이라는 말로 표현하고 있다.

4) 학자들은 중재에 대한 법원의 관여나 통제를 '사법감독(司法監督)' 또는 '사법관여(司法關與)' 등으로 다양하게 표현하고 있다. 한편 중재기관과 법원 사이에는 상하관계나 예속관계가 존재하지 않을 뿐만 아니라 법원이 중재절차의 원활한 진행을 위하여 일정 부분 지원하는 역할도 하고 있으므로, 그 업무절차 전반을 통제·감시하고 명령 등을 통하여 바로잡는다는 개념인 '감독'이란 용어를 중재에 적용시킴은 그다지 적합하지 않을 수 있다. 그러나 중국 내에서는 중재관련 법규나 각종 저술을 통해 살펴보더라도 '사법관여'보다는 '사법감독'이라는 용어가 더 일반적이므로 본고에서는 '사법감독'으로 통일하여 사용하고자 한다.

하여 발생하는 제반 문제점과 이를 해결하기 위하여 중국 내 실무계 및 학계를 중심으로 한 개선요구 움직임 등에 대한 분석을 병행함으로써 중국 중재제도의 장기 발전방향을 미리 점칠 수 있는 기회를 갖고자 한다. 또한 최고인민법원이 중국 특유의 법규운용제도인 사법해석이라는 수단을 통하여 중재에 대한 실질적인 관여와 관련 제도 개선을 추진해 나가고 있으므로 이에 대한 변화과정도 살펴봄으로써 중재시스템 관여자들의 주안점과 시각적 변화를 평가해 보고자 한다.

본 연구와 관련된 선행연구로는, 목영준(2004)의 연구5)에서 법원의 중재에 대한 역할을 크게 중재합의 실현단계에서의 후견적 역할 및 감독적 역할, 중재판정의 실현단계에서의 후견적 역할 및 감독적 역할 등 네 가지로 나누어 분석하고 있다. 윤진기(2004, 2006)의 연구6)에서는 CIETAC을 사례로 들어 중재절차상의 보전조치의 특징을 고찰하고 한·중 간의 비교연구도 병행하고 있다. 이시환의 연구7)에서는 중국법원의 섭외중재판정 및 외국중재판정에 대한 승인 및 집행 요건과 취소사유에 대하여 사례를 들어 설명하고 있다. 그 외에 신군재(2004), 최석범(2004), 이주원(2005) 및 유충원·하현수(2007) 등의 연구8)에서는 중국 중재제도의 특성, 문제점 및 개선방

---

5) 목영준, 「중재에 있어서 법원의 역할에 관한 연구」, 연세대학교 박사논문, 2005.1.

6) 윤진기, "중국 CIETAC 중재규칙상의 보전신청에 관한 연구", 『중재연구』, 제13권 제2호, 한국중재학회, 2004.
——— "2005년 CIETAC 중재규칙 개정과 중국 중재법상의 문제점 개선", 『중재연구』, 제16권 제3호, 한국중재학회, 2006.
——— "중재절차상의 보전조치에 관한 한중법제 비교", 『기업법연구』, 제20권 제3호, 한국 기업법학회, 2006.

7) 이시환, "중국에서의 국제상사중재판정의 승인 및 집행", 『국제상학』, 제20권 제3호, 한국국제상학회, 2005.
——— "중국법원의 섭외상사중재판정의 취소", 『무역상무연구』, 제31권, 한국무역상무학회, 2006.

향에 대하여 자세히 다루고 있다. 중국 내에서는 韓健의 『涉外仲裁司法審査』(2006), 于喜富의 『國際商事仲裁的司法監督與協助』(2006) 등 학술저서들이 있고, 박사학위논문9) 중에서도 이와 관련된 논문이 다수 있다.

한편, 본고는 사법감독의 실태 및 사례에 대하여 연구하되, 감독의 대상이 되는 실무계 및 학계의 개선요구와 감독 주체인 사법부의 개선노력을 병행하여 살펴보는 등 보다 객관적인 시각에서 사법감독 시스템을 분석함으로써 이들 선행연구와 차별성을 두고자 한다.

II. 중국 중재제도의 특징 및 중재감독

1. 중국 중재제도의 발전단계별 특징

중국은 다른 국가에 비해 중재법제 정비가 늦었는데, ≪合同法≫(계약법) 및 ≪仲裁法≫의 제정과 WTO 가입이라는 세 번의 큰 전환점을 맞이하면서 점진적으로 제도의 발전을 이룩하였다.10) 그 첫

---

8) 신군재, "중국 중재제도의 특성에 관한 연구", 『무역학회지』, 제29권 제4호, 한국무역학회, 2004.
이주원, "중국 중재제도의 특징에 관한 소고", 『중재연구』, 제15권 제3호, 한국중재학회, 2005.
최석범, "중국국제상사중재제도의 운용실태와 개선방안", 『중재연구』, 제14권 제2호, 한국중재학회, 2004.
유충원·하현수, "중국의 중재법상 중재기관 약정과 관련한 중재합의 유효요건에 관한 사례연구", 『무역학회지』 제32권 제3호, 한국무역학회, 2007.

9) 史 颸, 『商事仲裁監督與制约機制研究』, 中國政法大學, 2003.
張麗霞, 『論我國商事仲裁的司法監督』, 對外經濟貿易大學, 2004.
薑 霞, 『仲裁司法審査程序要論』, 西南政法大學, 2007.
趙 寧, 『國際商事仲裁裁決撤銷制度研究』, 復旦大學, 2008.

10) 중국 정부 수립 전에는 중재(仲裁)를 공정한 분쟁해결이라는 의미에서 '公斷'이라 불렀다.

단계(1949～1980)는 중국 정부 수립 이후 초기단계로서 이 기간 중 對外貿易仲裁委員會(Foreign Trade Arbitration Commission, 이하 간단히 'FTAC'라 한다)라는 최초의 독립된 대외무역중재기관이 탄생하였다.[11] 두 번째(1981～1993)는 중재제도의 확립단계로서, 1981년 ≪經濟合同法≫ 시행을 필두로 하여 1983년에 ≪經濟合同仲裁條例≫가 반포되는 등 중재관련 법제가 정비되었다.[12] 세 번째는 중재관련 제반 법규가 ≪仲裁法≫으로 단일화된 1994년부터 중국이 WTO에 가입하던 2001년 이전까지이며, 마지막은 WTO 가입 이후 현재에 이르기까지 각종 경제법규의 국제적 정합성을 제고시키기 위한 노력들을 엿볼 수 있는 시기이다.

1) 중재제도 운영 초기단계(1980년 이전)

중국 정부 수립 후 최초의 중재전문기관 설립은 1956년에 이루어졌다. 1954년 政務院은 국민주권 보호, 무역발전 및 경제 주체의 법적 권리 보호를 목표로 中國國際貿易促進委員會(China Council for the Promotion of International Trade, CCPIT) 내에 FTAC[13]를

清朝가 무너진 이후 北洋政府(1912～1928)는 1912년에 ≪商事公斷處章程≫을 반포하고, 그 이듬해에 하위규정인 ≪商事公斷處辦事細則≫을 반포한 바 있다. 1921년에는 ≪民事公斷暫行條例≫를 반포하고 각 상업회의소 내에 商事公斷處를 설치하였는데, 그 당시의 商事公斷處는 일종의 조정기구에 상당하였으므로 본고에서는 별도의 기간구분에 포함시키지는 않았다. Zhan Xiabin, Li Wang, "A Brief Report on China International Economic and Trade Arbitration", *Meijo University Institute for Socioeconomic Dispute Studies Project–B Final Report*, 2004, p.128, 邵国寶 · 徐前權, "中國仲裁制度之沿革, 現狀及前瞻", 『荆州师专学报』 1999年 第1期, 1999, p.41, 黃進 · 宋連斌 · 徐前權, 『仲裁法學』, 中國政法大學出版社. 2007, p.16.

11) 袁忠民, 『我國仲裁機構演變的研究』, 華東政法學院(博士學位論文), 2006, p.9.

12) 上揭書, p.10.

13) FTAC가 바로 CIETAC의 전신이다(1980년 FETAC로 바뀐 후 1988년 CIETAC으로 바뀌어 오늘에 이른다).

설치하는 결정을 내렸다. 이 決定을 통해 관할권, 중재접수원칙, 중재절차, 증거보전방법, 중재판정의 유효성과 집행 등과 같은 중요한 조항들이 규정14)되었는데, 이는 중국의 국제중재 관련 최초의 법규로서 향후 중재법제의 기초가 되었을 뿐만 아니라 상사중재의 이론적 토대와 규범을 제시한 것으로 평가된다.15)

1980년에는 이 FTAC를 對外經濟貿易仲裁委員會(Foreign Economic and Trade Arbitration Commission, FETAC)로 개명하고, 무역뿐 아니라 외국과의 경제협력에서 발생하는 분쟁을 해결할 수 있는 권한을 동 위원회에 부여하였다.16)

2) 중재제도 확립단계(1981～1993년)

FETAC와 같은 민간성 있는 국제중재와 더불어 1981년에는 ≪經濟合同法≫이 통과되면서 비로소 국내중재 위주의 행정중재제도가 법제화17)되었는데, 이때 도입된 행정중재제도의 특징을 보면 ① 중재기관이 행정기관 예하에 설치되었고, ② 중재인은 주로 행정부문

---

14) 政務院決定(≪中國國際貿易促進委員會內設立對外貿易仲裁委員會的決定≫, 1954.5.6)에 따라 CCPIT는 1956.3.31 ≪對外貿易仲裁委員會規則≫을 통과시켰는데, 규칙 제2조에는 "FTAC는 대외계약과 상거래로부터 일어나는 분쟁(특히 외국기업과 중국기업 간 또는 중국 기업들 간 분쟁)을 처리하는데, 구매 및 판매계약이나 위탁사무계약을 포함하며, 외국에서의 운송·보험·보관 등과 기타 무역활동으로 인한 것을 포함한다"고 규정되어 있다.

15) 이와는 별도로 국내중재의 발전도 이룩하였는데, 당시 중국 정부는 국내의 경제계약 분쟁해결 수요에 대응하기 위해 1962년에 ≪關於嚴格執行基本建設程序, 嚴格執行經濟合同的通知≫를 통하여 "경제계약 분쟁은 각급 경제위원회를 통하여 중재로 처리하고 인민법원은 이를 수리할 수 없다(只裁不審)"고 규정하였는데, 당시의 국내중재는 행정기관을 통하여 신청하고, 중요한 것은 2심제(兩裁終局)로 운영되었다는 것이 특징이다(黃進·宋連斌·徐前權, 前揭書, p.17. 참조).

16) Zhan Xiabin, Li Wang, op. cit, p.129.

17) ≪經濟合同法≫ 시행 후 10년간 중재기관의 분쟁해결 실적은 총 212만 건으로 계약액은 468억 위안, 분쟁해결액은 208억 위안에 이르렀다(袁忠民, 前揭書, p.11. 참조).

관련자였으며, ③ 당사자가 중재판정에 불복할 경우 법원에 소송을 제기할 수 있었다는 점이다.[18] 그 2년 후인 1983년에는 國務院이 ≪經濟合同仲裁條例≫를 제정하여 후속조치를 실행함으로써 지방의 工商行政機關마다 중재위원회를 설치하여 경제관련 분쟁을 해결하기 시작하였다.[19]

특히 1980년대 말은 국제중재 분야에서 커다란 진전이 있었는데, 1986년에 뉴욕협약에 가입(1987.4.22. 발효)하고 1988년에는 FETAC를 확대 개편하여 中國國際經濟貿易仲裁委員會(China International Economic Trade Arbitration Commission, 이하 간단히 'CIETAC'이라 한다)를 설립한 것이다. CIETAC의 관할범위도 종전 '대외계약과 상거래관련 분쟁'에서 '국제상사 거래 시 발생하는 모든 분쟁'으로 확대[20]되었다. 그리하여 CIETAC은 해사중재를 제외하고는 중국 내 섭외중재를 전담하는 유일한 기구[21]로 출발하여, 현재 세계에서 가장 큰 상사중재센터 중 하나가 되었다.[22]

3) ≪仲裁法≫의 도입과 중재기관의 정비

중국의 중재제도는 계획경제 시기에 형성·발전되었으므로 사회주의적 색채와 행정적 특성이 매우 짙었다. CIETAC이나 CMAC[23]와

---

18) 江平. "中國의 仲裁制度". 『중재연구』 제13권 제1호, 2003, p.13.

19) 王紅松. "中國仲裁制度". 『중재연구』 제13권 제2호, 2004, p.28.

20) 현재 CIETAC의 總會(본부)는 北京에 있고 深圳, 上海 및 重慶에 分會를 두고 있으며, 모두 동일한 중재규칙, 중재인명부 및 중재관할권을 가지고 있다.

21) CIETAC은 2000년 10월 1일부터 중재규칙을 개정하여 순수 국내중재 안건도 처리하게 되었는데, 그에 따라 취급업무에 많은 변화를 가져왔다.

22) Ge Liu, Alexander Lourie, "International Commercial Arbitration in China: History, New developments, and Current Practice", *The John Marshall Law Review*, Vol.28, 1995, pp.541 - 542.

23) 中國海事仲裁委員會(China Maritime Arbitration Commition)를 말하며 CIETAC의 전신

는 달리 국내중재를 전담하는 중재기관들을 개별 행정부문 관리하에 설치24)함으로써 적용법률과 중재규칙·절차 등을 통일시키지 못하였다.25) 또한 뉴욕협약 가입국인 중국으로서는 나름대로 국제기준에 부합하는 중재절차와 법규를 마련할 필요성도 느끼고 있었다. 그 후 1991년에 제정된 ≪民事訴訟法≫ 제269조에 외국중재판정에 관한 호혜주의 내용을 명문으로 규정26)함으로써 제한적이나마 중재제도의 국제적 정합성 제고를 위해 노력하고 있음을 보여 주었다. 이렇듯 국내·외적인 중재제도의 변화 수요에 대응하기 위해서는 통일 중재법의 도입이 필수적이었다.

그러한 복합적 요인에 따라 중국 정부는 1994년에 ≪中華人民共和國仲裁法≫27)이라는 명칭의 法律을 제정(1995년 9월 1일 시행)하였는데, 개혁 및 개방화 추진과정에서 외국자본의 유치가 절실했던 중국 입장에서는 외국인에게 법적 안정성을 보장해야 할 당위성도 가지고 있었다. 이 법은 그동안 중국의 입법경험을 집약함과 동

인 FTAC 설립 직후인 1959년에 설립되어 오늘에 이르고 있는데, 해사분쟁 관련 국제중재 기관이다(袁忠民, 前揭書, p.9. 참조).

24) 예컨대 縣공상행정관리국, 市공상행정관리국, 省공상행정관리국 및 國家공상행정관리국 모두 가 내부에 經濟合同仲裁委員會를 각각 설치하던 실정이었다(馬永雙 主編,『仲裁法導論』, 中國社會出版社, 2007. p.21. 참조).

25) 중국 정부의 일부 통계에 따르면 ≪仲裁法≫이 반포되기 직전인 1994년 6월 현재로 중국 에는 중재와 관련하여 2백여 개의 법규가 존재하였는데, 그중 법률이 14개, 행정법규가 82 개, 그리고 지방성 법규가 190개에 달하였다고 한다(顾昂然, "关於≪中华人民共和国仲裁 法(草案)≫的说明 ― 1994年6月28日在八届全国人民代表大会常务委员会第八次 会议上",『全国人民代表大会常务委员会公报』1994年 第6期, 1994. p.14).

26) ≪民事訴訟法≫ 第269条 国外仲裁機構的裁决, 需要中华人民共和国人民法院承认和 执行的, 应當由當事人直接向被执行人住所地或者其财产所在地的中级人民法院申请, 人民法院应當依照中华人民共和国缔结或者参加的国际条约, 或者按照互惠原则办理.

27) 1994년 8월 31일 全國人民代表大會 常務委員會 제9차 대회는 "중국의 개혁·개방정 책의 심화에 따라 급격히 늘어나는 대외무역분쟁 및 외국기업과의 합자, 합작투자 관련 분쟁 의 중재업무를 효과적으로 수행하도록 하기 위해 동법을 반포한다"며 ≪仲裁法≫의 제정 취지를 명확히 하고 있다.

시에 당시 국제적으로 통용되는 중재관행, 외국 중재법 및 뉴욕협약 등 국제조약 등을 골고루 참고하여 제정되었다고는 하지만, UNCITRAL 이 제정한 모델중재법[28]과는 상당 부분 차이가 있음을 알 수 있다.[29]

≪仲裁法≫ 시행으로 앞서 언급한 행정중재제도[30]가 폐지되고 비교적 큰 도시에 중재위원회가 설립되기 시작하였다. 1995년에 7개 대도시(北京, 上海, 天津, 廣州, 深圳, 西安, 呼和浩特)에 중재기관 이 설립된 것을 시발로 하여 전국 각지에 중재기관들이 속속 생겨나 면서 2000년에 이르러서는 이렇게 재조직된 중재기관이 160개로 늘 어났고, 그 후 2004년에 가서는 185개로 확대되어 몇 년간 거의 이 수준을 유지하여 오다가 2007년에는 200개로 늘어났다. 그리하여 전국의 4개 직할시, 27개 省(또는 自治區)소재지, 1백 개가 넘는 대 도시에 모두 중재위원회가 설립됨으로써 2009년 말 현재 CIETAC 과 CMAC를 합쳐 전국의 중재위원회는 모두 202개[31]나 되며, 이들

---

28) 1985년 6월 21일 UNCITRAL이 비엔나에서 열린 제18차 회의에서 공식 채택한 것으로서, 원명은 "The UNCITRAL Model Law on International Commercial Arbitration"이며, 국제 상사중재의 의미, 중재합의 요건과 형식, 중재원칙, 임시보전처분, 판정부의 구성, 중재절차의 진행, 준거법, 판정방법, 판정의 취소사유와 절차, 판정의 승인과 집행 등에 관한 전반적인 중재 절차의 표준을 규정하여 현실적이고 국제상사중재의 요구에 부응한 것으로 평가되고 있다.

29) 모델법과 ≪仲裁法≫의 주요 차이점에 대해서는 윤진기, "UNCITRAL示範仲裁法與中國 仲裁法的比較", 『중국법연구』 제3집, 한중법학회, 2000, pp.41–63. 刘俊・朱志权・ 周春华, "联合国仲裁示範法與中国仲裁法比較研究", 『抚州师专学报』, 2003年 第1 期, pp.40–44 등을 참조할 수 있다. 참고로 윤진기의 상기 논문은 한중법학회와 中國人 民大學法學院이 공동으로 1999.12.9.~12.12. 기간 중 북경 人民大學에서 개최한 ≪面 向21世紀的韓中法律發展趨勢研討會≫ 석상에서 "UNCITRAL示範法與中國仲裁法的 比較"라는 유사한 제목으로 발표한 것으로서 다수의 중국문헌에서 동 논문을 인용하고 있다.

30) 그 당시에는 경제계약중재위원회, 기술계약중재위원회, 부동산중재위원회 및 저작권중재위원 회 등 약 30여 종의 중재위원회가 있었다. 그중 경제계약중재위원회의 경우에는 전국에 3천 여 개의 각급 중재위원회와 5천여 개의 파출 중재판정부가 있었는데, 이로 인하여 각 중재위 원회 간의 충돌과 마찰 등 혼란이 매우 심했다(黃進・宋連斌・徐前權, 前揭書, p.18, 馬 永雙 主編, 『仲裁法導論』, 中國社會出版社, 2007, p.35. 참조).

31) 王紅松, 前揭書, p.31. 참고로 최근의 중재위원회 수(2005년 말 185개, 2006년 말 188 개, 2007년 말 200개, 2009년 말 202개)는 中國仲裁網(http://www.ccarb.org) 등 중

중재위원회가 2009년 한 해 동안 수리한 중재안건만 해도 총 7만 5천 건(전년대비 15.0% 증가)[32])에 이르고 있다.

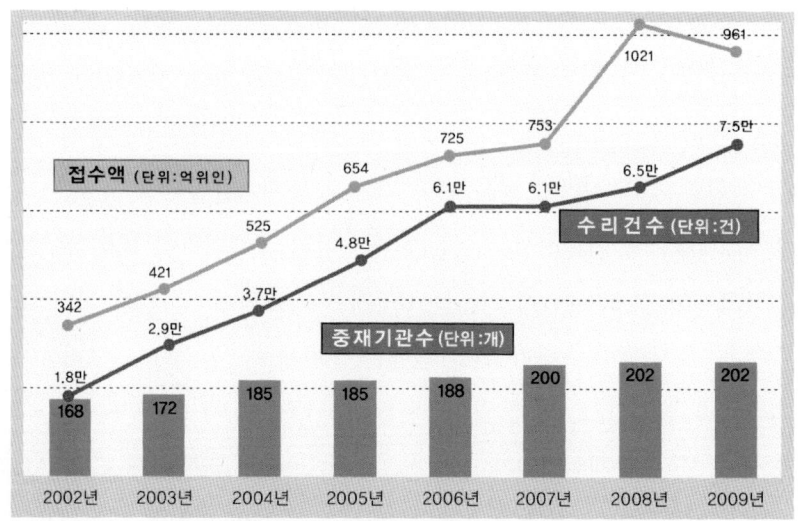

<그림 1> 중국의 연도별 중재기관 수 및 중재안건 접수 현황

모두 8개 장과 80개 조문으로 구성된 ≪仲裁法≫의 제정으로 종전의 중재관련 제도나 제반 법규에 대한 많은 변화가 생겨났는데, 법률 입안자들은 ≪仲裁法≫에 특히 다음과 같은 점을 명확히 해두었다.

국 내 중재관련 주요 인터넷 웹사이트상의 최신자료들을 참조하여 얻어낸 결과이다.

32) 2009년도 중 연간 1천 건 이상의 안건을 접수한 중재위원회는 모두 12곳인데, 이를 접수규모순으로 살펴보면, ① 武漢仲裁委員會 9,770건(56억 위안), ② 廣州仲裁委員會 4,345건(67억 위안), ③ 重慶仲裁委員會 2,238건(19억 위안), ④ 深圳仲裁委員會 1,984건(26억 위안), ⑤ 西安仲裁委員會 1,858건(14억 위안), ⑥ 北京仲裁委員會 1,830건(88억 위안), ⑦ 駐馬店仲裁委員會 1,517건(2억 위안), ⑧ CIETAC 1,482건(172억 위안), ⑨ 上海仲裁委員會 1,187건(44억 위안), ⑩ 無錫仲裁委員會 1,150건(12억 위안), ⑪ 靑島仲裁委員會 1,041건(18억 위안), ⑫ 鄭州仲裁委員會 1,012건(10억 위안) 순이다(中國仲裁網, "2009年全國各仲裁委員會受理案件情況", http://www.ccarb.org. 참조).

① 중재기관을 행정부문에서 분리해 민간성을 강화하고 독립성을 보강했다는 점[33]

② 중재인의 전문성과 자격요건을 법관 이상 수준으로 엄격히 하였다는 점[34]

③ 당사자자치원칙을 강조하였다는 점[35]

④ 중재의 신속성과 효율성을 강조하였다는 점[36]

⑤ 중재제도는 民商事紛爭에만 적용된다는 점[37]

⑥ 섭외중재와 관련한 별도의 장을 둠으로써 그 중요성을 특별히 강조했다는 점

---

33) 第8条 仲裁依法独立进行, 不受行政機關, 社会团体和个人的干涉.
第14條 仲裁委員會獨立于行政機關, 與行政機關沒有隸屬關系, 仲裁委員會之間也沒有隸屬關系.

34) 第13条 ②仲裁员应當符合下列条件之一:
(一) 从事仲裁工作满八年的,
(二) 从事律师工作满八年的,
(三) 曾任审判员满八年的,
(四) 从事法律研究, 教学工作并具有高级职称的,
(五) 具有法律知识, 从事经济贸易等专业工作并具有高级职称或者具有同等专业水平的.

35) 第6条 仲裁委员会应當由當事人协议选定. 仲裁不实行级别管辖和地域管辖.
第31条 當事人约定由三名仲裁员组成仲裁庭的, 应當各自选定或者各自委托仲裁员会主任指定一名仲裁员, 第三名仲裁员由當事人共同选定或者共同委托仲裁委员会主任指定. 第三名仲裁员是首席仲裁员.
第39条 仲裁应當开庭进行.當事人协议不开庭的, 仲裁庭可以根据仲裁申请书, 答辩书以及其他材料作出裁决.

36) 第9条 ① 仲裁实行一裁终局的制度.裁决作出后, 當事人就同一纠纷再申请仲裁或者向人民法院起诉的, 仲裁委员会或者人民法院不予受理.
第57条 裁决书自作出之日起发生法律效力.

37) 第2条 平等主体的公民, 法人和其他组织之间发生的合同纠纷和其他财产权益纠纷, 可以仲裁.
第3条 下列纠纷不能仲裁:
(一) 婚姻, 收养, 监护, 扶养, 继承纠纷,
(二) 依法应当由行政機關处理的行政争议.

2. 현행 중재제도의 특징 및 문제점

단일 중재법의 제정으로 인하여 중국 내의 중재체제가 규범화되고 통일되었으나, 중국 ≪仲裁法≫에는 아직도 사회주의적 색채가 많이 남아 있는 관계로 중재의 기본정신이라 할 수 있는 사적 자치주의에 상당한 제약이 가해지고 있다. 즉 국내중재와 국제중재를 이원적으로 운용할 뿐 아니라 임시중재를 인정하지 않고 있으며, 중재합의의 유효성에 대하여도 매우 엄격한 기준을 적용하는 등 중재의 실체와 절차에 대한 법원의 통제력이 지나치게 광범위하여 여러 가지 문제점을 내포하고 있는 실정이다.

1) 국내중재와 섭외중재의 이원화

≪仲裁法≫은 국내중재와 국제중재를 모두 포괄하는 내용을 규정하고 있으나, 섭외중재에 대해서는 별도의 장을 두어 상당 부분을 국내중재와 구별 짓고 있다. 섭외중재의 특징적인 것을 열거하면 다음과 같다.

첫째, 중국에는 2백여 개 중재위원회가 있음에도 CIETAC처럼 섭외중재를 전문적으로 처리하는 중재기관을 별도로 두고 있다.[38] 물론 CIETAC은 2000년부터는 국내중재사건도 처리하고 있으나, 섭외상사중재에 관해서는 여전히 중국 내 최고의 전문기관이라는 점에서

---

[38] 국제중재안건의 처리에 있어서 지방중재위원회가 결코 배제되는 것은 아니다. 왜냐하면 당시만 해도 CIETAC의 본부(總會)는 北京에, 지부(分會)는 上海와 深圳 2곳에만 설치되어 있었으므로 넓은 중국 내 대외무역분쟁을 모두 이 3개 도시에서 해결한다는 것은 거의 불가능했기 때문이다. 그 후 CIETAC은 2008년 5월 天津에 국제경제금융중재센터(国际经济金融仲裁中心)를 설치하고, 2009년 1월 重慶에 西南分會를 설치하였는데, 각각 2009년 중 3건씩의 중재신청을 접수한 바 있다(于健龙, "中国国际经济贸易仲裁委员会2009年工作报告暨2010年工作计划", CIETAC, http://cn.cietac.org/AboutUS/AboutUS3Read.asp?, 2010년 5월 23일 최종 방문).

변함이 없다. CIETAC의 사건처리는 양적인 면에서도 외국의 국제
중재기관과 비교하여 손색이 없는데,39) 참고로 1990년도 이후
CIETAC의 중재안건 처리 현황을 살펴보면 다음과 같다.

〈표 1〉 CIETAC의 중재안건 처리현황

(단위: 건)

구분		1990	1992	1994	1996	1998	2000	2002	2004	2006	2008	2009
접수	섭외	238	267	829	778	678	543	468	462	442	548	559
	국내	–	–	–	–	–	90	216	388	539	682	923
	계	238	267	829	778	678	633	684	850	981	1,230	1,482
판정		203	236	574	797	736	738	694	700	967	1,097	1,329

자료: http://www.cietac.org/AboutUS/AboutUS4Read.asp * 2010년 5월 23일 최종 방문

둘째, 섭외중재판정의 취소와 집행거부 요건은 국내중재에 비해
엄격한데, 그 요건을 오로지 절차상의 문제에만 국한시킴으로써 국
제적 기준에 보다 근접시켜 놓았다.40) 법원은 섭외중재 판정에 대해
서는 증거부족이나 법률적용의 착오 등을 이유로 취소나 집행거부를
할 수 없으며, 판정취소 등의 경우 최고인민법원에 보고하여 심의를
받아야 한다고 특별히 규정41)함으로써 그 절차를 더욱 엄격히 하고

---

39) ICC 중재법원의 2008년 중재사건 접수 및 처리실적이 각각 817건과 415건인 데 비해,
CIETAC의 2009년 중재사건 접수 및 처리실적이 각각 1,482건(그중 국제안건이 559건)과
1,329건임을 볼 때, CIETAC의 국제적 위상을 짐작할 수 있다(ICC, "Facts and Figures
on ICC Arbitration - 2009 Statistical Report", http://
www.iccwbo.org/court/arbitration/index.html?id = 34704 참조).

40) 중국은 《民事訴訟法》 기초과정에서 국제중재기관이 작성한 판정을 법원이 심사하는 문
제에 대하여 두 가지 다른 견해가 있었다. 첫째는 중재절차를 심사할 뿐만 아니라 실체적 측
면, 즉 판정이 법률에 위반하는지의 여부도 심사하여야 한다는 것이었고, 둘째는 절차문제만
심사할 수 있을 뿐이며 실체문제는 심사할 수 없다는 것이었다. 현행 《民事訴訟法》 제
258조는 후자의 입장을 취해 인민법원이 섭외중재와 관련해서는 절차상 심사만 할 뿐이며
실체적인, 즉 사실인정과 법률적용에 관한 심사는 행하지 않음을 명백히 하고 있다.

41) 사법해석(《最高人民法院關於人民法院撤銷涉外仲裁裁決有關事項的通知》
(1998.4.23. 法釋[1998]40號))에 의하면 "① 인민법원이 국제중재판정의 취소신청을 수리

있다. 국내중재의 경우 판정취소 요건을 ≪仲裁法≫(제25조)에 직접 규정하고 있는 것과 달리, 섭외중재의 경우 ≪民事訴訟法≫상의 판정집행거부 요건(제258조)을 판정집행거부뿐만 아니라 그 취소에 이르기까지 동일하게 준용(≪仲裁法≫ 제70조, 제71조)함으로써 이를 보다 엄격하게 관리하고 있다.

2) 임시중재(*ad hoc* Arbitration)의 불인정

중국 ≪仲裁法≫에는 임시중재[42]에 대하여 규정된 바가 없어 중국에서 임시중재가 허용되는지 여부가 항상 문제로 대두되어 왔다. ≪仲裁法≫ 제16조에는 당사자가 중재계약을 체결할 경우 중재기관을 지정하도록 규정[43]하고 있으며, 동법 제18조에는 중재기관에 대한 약정이 없거나 불분명한 경우 중재합의는 무효라고 규정[44]함으로써 임시중재를 사실상 배척하고 있다. 이처럼 ≪仲裁法≫에서 중재합의에 중재기관 선정내용을 반드시 포함하도록 하여 임시중재를

하여 심리한 결과 중재판정을 취소하는 결론에 이른 경우 반드시 중재판정 취소 또는 再중재 통지 전에 상급 고급인민법원에 보고하여 그 심사를 받을 것 만약 고급인민법원도 같은 의견인 경우는 그 의견을 붙여 최고인민법원에 보고하고 최고법원의 회답을 기다려 중재판정의 취소를 결정할 것 ② 중재판정 취소신청을 수리한 인민법원이 중재판정을 취소하는 결론에 이른 경우에는 신청수리 후 30일 이내에 고급인민법원에 보고할 것 고급인민법원도 같은 의견인 경우는 15일 이내에 최고인민법원에 보고할 것"이라고 되어 있다.

42) 임시중재란 여러 가지 의미로 쓰일 수 있으나, 일반적으로는 현존 또는 장래의 분쟁에 관계 없이 절차를 관리하거나 중재규칙을 제공하는 중재기관 없이 이루어지는 중재를 지칭하는 의미로 사용되는데(목영준, 『상사중재법론』, 박영사, 2001, pp.22 - 23), 중국에서는 "隨意仲裁" 혹은 "特別仲裁"라고 칭하기도 하다가 최근에는 일반적으로 "臨時仲裁"라고 칭한다(韓健, 『現代國際商事仲裁法的理論與實踐』, 法律出版社, 2000, p.30, 趙秀文, 『國際商事仲裁法』, 中國人民大學出版社, 2003, pp.29 - 30 등 참조).

43) ≪仲裁法≫ 第16條 ② 仲裁协议应當具有下列内容.
   (一) 请求仲裁的意思表示
   (二) 仲裁事项
   (三) 选定的仲裁委员会.

44) ≪仲裁法≫ 第18條 仲裁协议对仲裁事项或者仲裁委员会没有约定或者约定不明确的, 當事人可以补充协议, 达不成补充协议的, 仲裁协议無效.

인정하지 않는 이유는 당시 ≪仲裁法≫의 입법 참여자들이 중국 중재인의 자질 및 전문성에 대해 신뢰감이 낮았기 때문인 것으로 추정된다.45)

한편 중국도 뉴욕협약 체약국인 만큼 다른 체약국에서 내려진 임시중재판정에 대해서는 중국 내에서도 승인과 집행이 가능하다는 것이 중재기관이나 법원의 공식입장이나,46) 중국 내에서 외국중재규칙에 따라 행해진 임시중재에 대해서는 그 합의의 유효성을 인정받기가 어려운 것이 현실이다.47) 이는 앞서 언급한 바대로 중국 내에서 중재가 진행될 경우 반드시 중국의 중재기관을 선정해야 하고, 그 중재기관이 제정한 중재규칙을 준수해야 하는 상황을 감안하면 당연한 것이라 하겠다. 최근의 최고인민법원 사법해석48)을 통해서도 알

---

45) 康明, "臨時仲裁及其在我國的現狀和發展(上)", 『仲裁及法律通訊』 2000年 第3期, p.15 (康明은 이 글에서 "임시중재를 인정하지 않은 취지가 중재인의 소질문제에 따른 당사자의 중재에 대한 불신을 제거하기 위함이었다"라고 설명하고 있다).

46) Wang Sheng Chang, "Increasing Favorable Conditions for Recognition and Enforcement of Arbitration Agreemnets - The Example of the People's Republic of China", Meijo University Institute for Socio economic Dispute Studies Project - Final Report, 2004, p.336. 한편, 뒤에서 다시 언급하겠지만 2003년 11월 31일 발표된 사법해석안 ≪最高人民法院关於人民法院处理涉外仲裁及外国仲裁案件的若干规定≫ (徵求意見稿) 제27조에서는 이를 명확히 하여, "당사자 모두가 뉴욕협약 체약국이고 그 국가가 임시중재를 금지하지 아니한 경우"에만 임시중재합의의 유효성을 인정하고 있다.

47) 2005년 3월 1일 발표된 사법해석안 ≪最高人民法院关於適用≪中華人民共和国仲裁法≫ 若干問題的解释≫(徵求意見稿) 제3조에서는 "당사자가 중국 내에서 임시중재를 진행하기로 한 합의는 무효"라고 명시하고 있다.

48) ≪最高人民法院关於德国旭普林国际有限责任公司與無錫沃可通用工程橡胶有限公司申请确认仲裁协议效力一案的请示的復函≫(2004.7.8. [2003]民四他字第23號). 독일 Züblin International GmbH(이하 'A사'라 함)와 중국의 中国無錫沃可通用工程橡胶有限公司(이하 'B사'라 함)는 계약체결 시 분쟁은 ICC 중재규칙에 의거하여 중국에서 중재를 행하는 것에 합의하였다. 그 후 분쟁이 발생하자 A사는 ICC 국제중재법원에 중재신청을 하여 중국(上海)에서 중재절차를 진행했고, 중재판정부는 분쟁에 대한 관할권이 있음을 확인한 후 A사가 승소하는 중재판정을 내렸다. B사는 중재판정부의 관할권에 대하여 이의를 제출했고, A사는 B사 소재지 인민법원에 중재합의의 효력을 확인해 달라는 소송을 제기했다. 이에 인민법원은 "당사자 간에 중재조항의 효력을 확인하는 준거법이 없는 경우에는 중재조항의 효력을 확인하는 준거법의 일반원칙에 근거하여 중재지법인 중국법률에 따라 유효성을

수 있듯이, 비록 ICC 중재규칙 같은 외국중재규칙에 의하였다 하더라도 중국 내에서 중재가 진행된 이상 중국의 중재기관을 통하지 아니하였다면 그 중재판정의 유효성이 부정된 사례도 있다.[49]

이 같은 임시중재 불인정 태도로 중국의 중재당사자 입장에서는 뉴욕협약상의 의무는 부담하되 권리는 향유하지 못한다는 역차별 문제가 지적되곤 한다. 즉 외국에서 내려진 임시중재판정은 뉴욕협약에 따라 중국법원이 그 승인과 집행을 거부할 수 없는 반면,[50] 중국 내에서 내려진 임시중재판정은 중국법이 그 효력을 인정하지 않으므로 외국법원이 중재지법상의 무효를 이유로 그 판정의 승인이나 집행을 거부할 수도 있기 때문이다.[51]

확인해야 한다. 그러나 ≪仲裁法≫에 의하면 유효한 중재조항은 중재의사표시, 중재사항 및 명확한 중재기관 등 3가지 내용이 동시 구비되어야 하나, 본안 중재조항은 비록 명확한 중재의사표시와 중재규칙 및 중재지는 있지만 중재기관을 지정하고 있지 않으므로 해당 중재조항은 무효이다"라고 판결하였다.

49) 한편 최근 이와는 다른 특징적인 사례가 있다. 중국법원은 위에서와 같이 ICC의 중국 내 중재를 중국의 기관중재가 아니라는 이유로 집행을 거부하여 오다가, 2009년 浙江省 宁波市 중급인민법원이 ICC의 북경시내 중재판정(스위스 Duferco사와 寧波市工艺品进出口有限公司 간의 매매계약분쟁에 대하여 2007년 9월 내려진 판정)을 뉴욕협약 제1조에 의한 국내중재판정이 아니라는 이유로 동 협약에 의거하여 당해 중재판정의 집행을 인정하는 결정을 한 바 있다(2009.4.22. 甬仲监字(2008)第4号民事裁定书 참조). 이 결정은 최고인민법원의 결정은 아니지만 종래 중국법원의 태도가 개방적으로 바뀌기 시작하였다는 점에서 중국 내외의 주목을 받고 있다.

50) 중국법원이 외국의 임시중재판정을 승인 및 집행한 전형적인 예는 廣東遠洋運輸公司와 미국 Marships of Connecticut사 간의 용선임대료 지급과 관련하여 런던 임시중재판정부가 내린 판정에 대하여 1990년 10월 17일 廣州海事法院이 승인한 사례가 있고, 홍콩의 Nautilus Transport & Trading Co.와 吉林省国际经济贸易开发公司 간의 분쟁 및 大连远洋运输公司와 싱가포르 Tekso Pte사 간의 분쟁과 관련하여 역시 런던 임시중재판정부가 내린 판정에 대해 1995년 4월 25일과 1997년 7월 10일에 大连海事法院이 각각 승인한 사례를 대표적으로 들 수 있다(Li Hu, "Enforcement of Foreign Arbitral Awards and Court Intervention in the People's Republic of China", *Arbitration International*, Vol.20 - 2, LCIA, 2004, p.177. 王生長, "外國仲裁裁決在中國的承認與執行", 陳安 主編 『國際經濟法論叢』 第2卷, 法律出版社, 1999, pp.521 - 522 참조).

51) 董文彬, "臨時仲裁制度與我國建立臨時仲裁制度之可能性", 『太原師範學院學報』 第3卷 第3期, 2004, p.53. 趙秀文, 『國際商事仲裁及其適用法律研究』, 北京大學出版社, 2002, p.323.

3) 당사자자치의 제한

계약의 특성상 중재는 소송과 달리 더 많은 융통성을 지녀야 하며, 당사자들 간의 중재합의는 그것이 법률규정에 저촉되지 않는 한 존중되어야 한다.[52] 따라서 각국의 입법은 당사자들의 진정한 중재부탁의사가 있는 이상, 중재합의에 중재지, 중재합의에 적용될 준거법, 그리고 절차법 등과 같은 사항이 결여되었다 하더라도 중재합의를 무효로 하지 않는다.[53]

그러나 중국의 ≪仲裁法≫에 따르면 중재 당사자들은 중재기관의 의무적 지정 외에도 많은 것을 특정하도록 요구받고 있다. 예컨대, 중재인의 자격을 다른 나라에 비해 지나치게 엄격히 규정[54]하고 있어 당사자의 선택에 제한을 두거나, 중재절차를 선택함에 있어 당사자에게 선택권을 주지 않으며,[55] 중재절차도 매우 엄격히 규정되어 소송에 근접한 절차를 밟게 된다는 점이 일반적인 문제점으로 지적된다.

또한 중재인과 관련해시는, ≪仲裁法≫ 규정에 따라 전문부문별

---

52) Song Lianbin · Zhao Jian · Li Hong, "Approaches to the Revision of the 1994 Arbitration Act of the People's Republic of China", *Journal of International Arbitration*, Vol. 20, No.2, 2003, pp.174 - 175.

53) 우리나라 대법원의 경우에도 "비록 중재판정부, 준거법이나 중재지가 명시되어 있지 않더라도 장래의 분쟁을 중재에 의하여 해결하겠다는 명시적 의사표시가 있었다면 그 중재합의는 유효하다"고 판시한 바 있다(대법원 1990.4.10. 선고 89다카20252 판결, 대법원 1997.2.25. 선고 96다24835 판결).

54) ≪仲裁法≫ 第13條 ② 仲裁员应當符合下列条件之一:
  (一) 从事仲裁工作满八年的
  (二) 从事律师工作满八年的
  (三) 曾任审判员满八年的
  (四) 从事法律研究, 教学工作并具有高级职称的
  (五) 具有法律知识, 从事经济贸易等专业工作并具有高级职称或者具有同等专业水平的.

55) 당사자가 중재규칙을 선정하거나 변경할 수 없고 반드시 중재기관이 제정한 중재규칙에 의해서만 진행된다.

로 중재인의 명부를 구비56)해야 하는데, 그 결과 각 중재위원회가 모두 자기의 중재인 명부를 개별적으로 가지게 되어 당사자나 중재기관이 중재인을 선정하고자 할 때 그 중재인 명부에 등재되어 있지 않은 다른 중재인을 선정하기가 현실적으로 곤란하다는 문제점이 있다.57) 이와 관련하여 일부 학자는 전국범위의 중재인 명부 제도의 도입필요성을 주장하고 있고,58) 일부 외국학자들은 CIETAC을 예로 들어 "비록 CIETAC의 중재인 명부에 무수히 많은 외국 전문가가 포함되어 있지만, 이 명부에 모든 부문의 전문가를 다 포괄할 수는 없으므로, CIETAC이 진정한 국제중재기관이 되기 위해서는 중재인명부 제도는 반드시 폐지되거나 개선되어야 한다"고 지적하고 있다.59)

4) 중재에 대한 법원의 지나친 관여

중재를 이용함에 있어서도 중재판정이 취소되거나 집행이 제대로 이루어지지 않는다면 당사자들은 많은 시간과 비용을 낭비하게 되며 중재의 장점은 자연히 소멸될 것이다.60) 중국의 중재시스템은 중재판정에 대한 사법심사 범위가 지나치게 넓어 중재제도의 주요 특성 중 하나인 '종국성'을 해할 수 있고, 법원의 잘못된 중재판정 취소 또는 집행거부결정61)에 대해 당사자가 구제받기 어렵다는 점이 계속

---

56) 《仲裁法》第13條 ③ 仲裁委員会按照不同专业设仲裁员名册.

57) 북경중재위원회의 경우는 "동 중재위원회가 제공한 명부에서 중재인을 선정"하여야 하고(《北京仲裁委員會 仲裁規則》 제17조). CIETAC의 경우 "동 중재위원회가 제공한 명부에서 중재인을 선정하여야 하되, 그 외의 자를 선정하기로 합의한 경우 중재위원회의 승인을 받도록" 하고 있다(《CIETAC 仲裁規則》 제21조).

58) 趙秀文, 前揭書, p.326.

59) Russell Thirgood, "Critique of Foreign Arbitration in China", Journal of International Arbitration, No.3. 2000, p.98, Michal J. Moser, "CIETAC Arbitration: A Success Story?", International Arbitration, No.1, 1998, p.30.

60) 오원석·김용일, 전게서, p.101.

문제점으로 지적되고 있다.[62] 실제로 중재판정의 취소 등과 관련한 최고인민법원의 사법해석[63] 등을 보아도 법원의 결정에 대한 구제가 용이하지 않음을 알 수 있다.

결국 중재판정의 집행 거부 및 취소는 전적으로 법원의 판단에 달려 있는데, 중재의 종국성과 중재절차의 자율성 제고를 위하여 법원이 중재판정의 집행에 대하여 관여하고 통제하는 범위가 어느 수준이어야 하는가가 항상 논의의 과제로 등장한다. 중국의 학계나 실무계에서는 이러한 사법심사를 통한 법원의 관여나 통제를 '중재에 대한 사법감독(Judicial Supervision)'[64]이라는 입장에서 파악하기도 하고, '중재에 대한 사법관여(Judicial Intervention)'[65]라는 측면에서 해석하기도 한다.[66]

---

61) 독일 S&H Foodstuff Trading GmbH가 中國廈門聯發進出口貿易有限公司를 상대로 한 함부르크 상품교역협회(Hamburg Exchange Commodity Association)의 중재판정에 대한 중국 내 집행 신청건의 경우에는 廈門市 中級人民法院이 준거법인 독일법의 중재조항 효력에 관한 규정을 잘못 해석함으로써 중재판정의 집행을 거부한 사례도 있다(林一飛, 『中國國際商事仲裁裁決의 執行』, 對外經濟貿易大學出版社, 2006, pp.247 - 252 참조).

62) 費宗禕, 前揭書, p.68.

63) 제3장에서 자세히 살펴보겠지만, 사법해석(司法解釋)은 사법기관인 최고인민법원이나 인민검찰원이 일정한 근거에 따라 특정 법률에 대하여 행하는 설명과 보충활동을 말하며, 법률의 시행 및 적용에 있어 중요한 작용을 하며 나아가 입법활동에도 중요한 영향을 미친다.

64) 陳安, "中國涉外仲裁監督機制評析", 『中國社會科學』 1995年 第4期, 肖永平, "也談我國法院對仲裁的監督範圍 - 與陳安先生商榷", 『法學評論』 1998年 第1期, 趙健, 『國際商事仲裁的司法監督』, 法律出版社, 2000, 史飈, 『商事仲裁監督與制約機制研究』, 中國政法大學, 2003, 張麗霞, 『論我國商事仲裁的司法監督』, 對外經濟貿易大學, 2003, 李梦园·宋連斌, "论社会公共利益與商事仲裁的司法監督" 『北京仲裁』 2006年 第1輯, 王小莉, "從一起撤銷仲裁裁決看案我國司法監督的範圍", 『仲裁研究』 第12輯, 2007.

65) 于喜富, 『國際商事仲裁的司法監督與協助 - 兼論中國的立法與司法實踐』, 知識産權出版社, 2006, pp.74 - 89, Andreas Bucher, "Court Intervention in Arbitration", in Richard B. Lillich & Charles N. Brower, 『International Arbitration in the 21st Century: Towards Judicialization and Uniformity?』, Irvington, Transnational Publishers, 1994, p.29, Li Hu, op. cit., p.167, Wang Sheng Chang, "CIETAC's Perspective on Arbitration and Conciliation Concerning China", in 『New Horizons in International Commercial Arbitration and Beyond-ICCA International Arbitration Congress』, Kluwer Law International, 2005, p.34.

3. 중국에서의 중재감독체계

중국은 1994년에 《仲裁法》을 반포함으로써 이미 법률적으로 확고한 중재감독 형태를 구축하였다고 볼 수 있는데, 이를 감독주체에 따라 구분해 보면 개별 중재위원회가 해당 위원회의 중재판정부와 중재절차에 대하여 실시하는 내부감독, 중재협회가 그 회원인 중재위원회에 대하여 실시하는 업계자율감독 및 인민법원이 중재절차와 중재판정에 대하여 실시하는 사법감독의 3가지 유형을 들 수 있다.[67]

1) 내부감독

'내부감독'이라 함은 개별 중재위원회가 그 소관 중재판정부와 중재절차에 대하여 내부적으로 진행하는 감독을 말하는 것으로, 주로 중재절차 방면에서 표현되며 중재절차진행과정에서 발생하는데, 중재인 기피사항 결정, 준법의식이 미약한 중재인의 제명, 기한연장 요구권 및 판정문초안 심의권 등을 포괄한다.[68] 참고로 CIETAC의 경우 사무처 내에 '중재감독부(仲裁監督處)'라는 별도 조직을 두어 중재에 대한 내부감독 업무를 전담하게끔 하고 있다.

2) 업계자율감독(行業監督)

'업계자율감독'이라 함은 중재기관에 대한 중재협회의 관여행위를

---

66) 목영준은 중재에서 법원의 역할을 '후견적 역할'과 '감독적 역할'로 구분하고 있고(목영준, 「중재에 있어서 법원의 역할에 관한 연구」, 연세대학교 박사학위논문, 2005, p.27 이하 참조), 석광현은 법원의 '중재에 대한 관여행위'가 중재에 대한 본래의 의미의 관여(intervention)뿐만 아니라 지원(assistance)으로 분류될 수 있는 법원의 행위를 포함한다고 지적한다(석광현 『국제상사중재법연구』(제1권), 박영사, 2007, pp.423 - 424 참조).

67) 楊陳睿, "法院對仲裁監督探析"『當代中国仲裁制度若干问题研究 - 纪念仲裁法颁布10周年』, 武漢出版社, 2004, pp.175 - 176, 乔欣, 『仲裁权研究 - 仲裁程序公正與权利保障』, 法律出版社, 2001, pp.289 - 291.

68) 譚兵 編, 『中国仲裁制度的改革與完善』, 人民出版社, 2005, p.381.

말한다. 당초 중재협회는 중재관리체제를 개혁하고 현대적 상사중재 제도를 확립해야 한다는 필요성에 따라 그 설립이 추진되었다. 그러나 중재협회는 1994년 ≪仲裁法≫ 반포 시에 그 설립근거가 마련되고 같은 해 국무원 명령에 의해 그 조직의 구성이 촉구되었음에도 현재까지 그 설립이 이루어지지 않고 있어 아쉬움을 남기고 있다.[69]

한편 현재 중재협회의 설립을 준비 중에 있는 중재계로서는 과연 중재협회의 설립이 필요한지[70] 여부와 중재협회의 성격, 직무범위, 협회장의 자격조건, 업무절차 등의 문제에 대하여 의견이 분분하다. 예컨대, 중재협회의 목적에 대하여 한쪽은 '중재업계와 회원의 이익 보호'에 두자고 하는 반면 다른 한쪽은 '중재감독'에 두자고 하고, 협회의 감독범위에 대하여 한쪽은 "민간조직 특성상 감독권한을 ≪仲裁法≫에서 정한 직무범위 내(정관에 근거해 중재위원회 및 그 직원, 중재인의 위규행위에 대한 감독)로 한정"하자는 반면 다른 한쪽은 그 범위를 확대하여 '모든 중재행위에 대하여 감독'하여야 한다고 주장하고 있는 실정이다. 이리한 주장의 대립은 향후 중재협회의 설립에 상당히 부정적 영향을 미칠 가능성도 있다.[71]

3) 사법감독

중재는 私人이 수행하는 심리 및 판정행위이고 단심으로 끝나는 제도이므로 최종판정에 이르는 동안 법률적 착오가 발생할 경우 이를 효과적으로 치유할 수 있는 방법이 용이하지 않다. 이때 중재판

---

69) 張小建, "中國仲裁協會基本問題研究 – 兼論我国 ≪仲裁法≫有关条款的修改", 『仲裁研究』 第8輯, 2006, p.41.

70) 林一飛, "中國仲裁協會與仲裁機構的改革", 『北京仲裁』 2007年 第2輯, pp.46 – 47.

71) 王紅松, 前揭書, p.11.

정의 공정성 보증과 당사자의 권익보호를 위하여 중재활동을 감시하고 판정의 잘못을 바로잡는 것이 요구되는데 대부분의 국가에서 이를 사법기관인 법원이 수행하도록 하고 있다. 즉 중재활동 및 그 결과를 법원이 감독함으로써 중재활동 과정에 발생할 수도 있는 실수나 사고를 감소시키고 중재의 유효성을 제고시키는 작용을 하는 것이다.

사법감독은 중재에 대한 감독형태 중 가장 광범위하고 영향력이 큰 것으로서 중재신청부터 중재판정에 이르기까지 인민법원이 행하는 일체의 감독행위를 말한다.[72] 이러한 사법관여의 개념적 범주에 대해서는 크게 두 가지 관점이 있는데, 그 하나는 사법감독을 광의의 관점에서 보는 것으로서 중재에 대한 법원의 심사 및 통제행위뿐만 아니라 법원의 지원 및 협조행위까지를 포괄하는 개념이다.[73] 이러한 관점을 가진 학자들은 위의 행위들이 종종 동일과정에서 발생하거나 일련의 행위로서 완성되는 것이라는 점에 주안점을 두고 있으며, 중재에 대한 심사 및 통제는 그 소극적·부정적인 면(중재합의의 무효, 중재판정의 취소 및 집행거부 등)을, 중재에 대한 지원 및 협조는 그 적극적·긍정적인 면(판정의 승인 및 집행 등)을 각각 나타내는 것이라 주장하고 있다.[74] 다른 하나는 사법감독을 협의의 관점으로만 이해하는 것으로, 중재에 대한 심사 및 통제로만 한정하려는 것이다.[75]

≪仲裁法≫상의 사법감독 내용을 살펴보면 첫째, 인민법원이 중

---

72) 黃進·宋連斌·徐前權, 前揭書, p.226.

73) 중국학자들은 이를 "중재에 대한 법원의 지지와 감독(法院對仲裁的支持與監督)"이라 부르고 있다.

74) 趙健, 『國際商事仲裁的司法監督』, 法律出版社, 2000. pp.1-2.

75) 史飛, 『商事仲裁監督與制約機制研究』, 中國政法大學, 2003. p.78.

재합의의 효력에 대한 심사권을 보유하고, 중재의 관할권 진행에 대하여 통제를 행사할 수 있다는 것이다. 둘째로는 인민법원이 중재판정을 취소하거나 재심리를 명할 수 있다는 것이며, 셋째로는 인민법원이 중재판정의 집행을 거부할 수 있는 권한을 가지고 있다는 것이다. 이러한 사법감독은 앞에서 살펴본 바와 같이 섭외중재보다 국내중재에서 더 광범위하게 행사되는 것이 특징이다. 즉 중재판정의 취소와 집행거부만을 살펴보더라도 국내중재에서는 ≪仲裁法≫ 제58조 등에 의거하여 절차문제와 실체문제를 모두 심사76)하는 반면, 섭외중재에서는 ≪民事訴訟法≫ 제258조에 의한 절차상의 심사에 한정한다는 점을 알 수 있다.77)

Ⅲ. 중국 중재의 사법감독 실태

1. 사법감독 시스템의 개요 및 실태

1) 중재절차 단계별 사법감독실태

사법감독은 중재판정부의 구성 및 관할권 심사로부터 중재판정의 집행에 이르기까지 다양한 형태로 나타나는데, 일련의 감독행위는

---

76) ≪仲裁法≫ 제58조의 취소사유 중 일반적으로 다른 나라에서 규정하지 않은 내용들로는 "(四) 裁决所根據的證據是伪造的, (五) 对方當事人隐瞒了足以影响公正裁决的證據的" 등으로서 이러한 내용을 심사하는 것은 결국 실체적 심사와 같은 수준이 된다는 것이다.

77) 1998년 중국에서는 상사중재에 대한 사법감독과 관련하여 뜨거운 논쟁이 일었다. 즉 사법감독의 시스템 문제로서, 陳安의 경우 사법감독의 제1목표를 공정성에 두고 중재의 절차뿐만 아니라 실체에 대하여도 감독해야 한다고 주장한 반면, 肖永平은 제1목표를 효익성에 두고 중재에 대해서는 절차만을 감독해야 한다고 주장하였다. 이에 대해서는 아직도 학자들 간 이견이 팽배한 실정이다(王菊, "論我國涉外仲裁的監督機制", 『國際商務研究』 2000年 第4期, p.46. 참조).

'중재판정 집행거부'와 '중재판정 취소'라는 2가지로 종결짓게 된다.

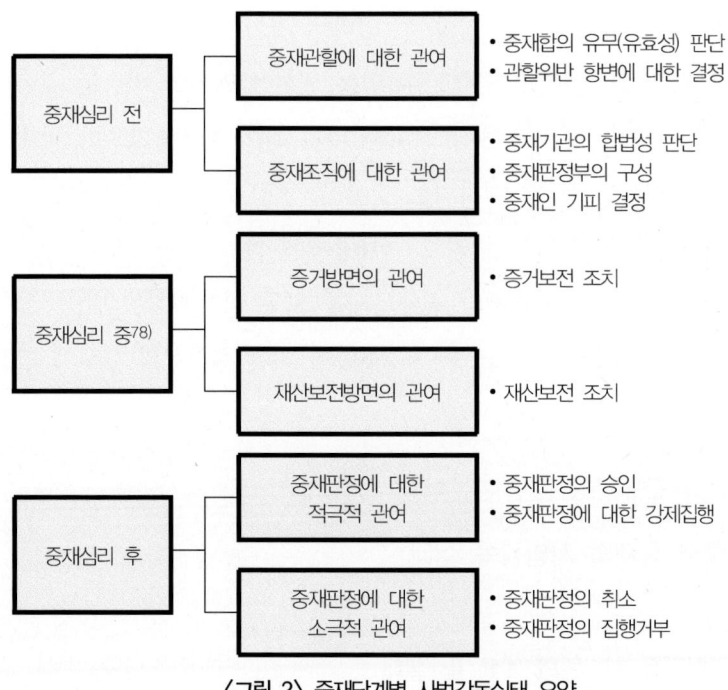

〈그림 2〉 중재단계별 사법감독실태 요약

(1) 중재합의의 유효성 판단

가) 중재합의 유효성에 대한 사법감독 범위

중재합의의 유효성에 대한 판단주체는 국가별 또는 중재기관별로 다른데, 어떤 경우는 중재인 또는 중재판정부가 수행[79]하는 반면, 어떤 경우에는 법원이 이를 수행하기도 한다.[80] 중국의 경우 그 판단주

---

78) 증거보전 및 재산보전조치는 통상 중재심리 중에 실시하는 것이 일반적이지만 해사중재와 같이 특별한 경우 중재 전에 실시하는 경우도 있을 수 있다(杜新麗, "論國際商事仲裁的司法審査與立法完善", 『現代法學』 第27卷 第6期, 2005, p.166 참조).

79) UNCITRAL 모델법 제16조 제1항, UNCITRAL 중재규칙 제21조, ICC 중재규칙 제6조 제4항.

체를 중재판정부가 아닌 중재기관 또는 법원으로 한정[81])하고 있다.[82])

≪仲裁法≫ 제16조는 "중재합의는 계약에서 약정한 중재조항과 기타 서면으로 분쟁 발생 전 또는 분쟁 발생 후 중재를 청구하는 합의에 도달한 것을 포함한다"고 하여 중재합의의 '서면성(agreement in writing)'을 명확히 규정하고 있고, 이에 추가하여 '선정된 중재위원회'가 중재합의 내용에 포함되어야만 동 합의의 유효성이 인정된다고 규정하고 있다. 이렇듯 중재신청의 의사표시와 중재의 대상을 명시하는 것 외에 중재기관의 지정이 법상 의무화되어 있으므로, 중재합의의 유효성 판단과 관련하여 가장 문제시되는 부분은 중재기관의 약정, 즉 중재위원회 지정과 관련된 사항으로 볼 수 있다.[83])

따라서 중재기관을 약정하지 아니한 경우 당연히 그 중재합의는 무효라 할 것이나,[84]) 중재기관을 불명확하게 약정하거나 중복 약정

---

80) New York Convention Article 2(3).

81) ≪仲裁法≫ 제20조 제1항에서는 "당사자가 중재합의의 효력에 대하여 이의가 있는 경우, 중재위원회에 결정을 또는 인민법원에 재정을 청구할 수 있다(當事人对仲裁协议的效力有異议的, 可以请求仲裁委员会作出决定或者请求人民法院作出裁定)"고 규정하고, 제2항에서는 "일방 당사자가 중재위원회에 결정을 청구하고 다른 일방 당사자는 인민법원에 재정을 청구한 경우, 인민법원이 재정한다(一方请求仲裁委员会作出决定, 另一方请求人民法院作出裁定的, 由人民法院裁定)"고 하여 중재판정부의 중재합의 유효성에 대한 판단권한을 배제하고 있다.

82) 譚兵, 『中国仲裁制度的改革與完善』, 人民出版社, 2005, pp.434 – 435.

83) 石家庄钢铁有限责任公司와 한국의 (주)대우 간 매매계약 관련 중재합의 건을 대표적 사례로 들 수 있다. 1997년 10월 당사자 간에 鋼塊매매계약을 체결하면서 중재조항을 삽입하였는데, "계약과 관련하거나 그로 인해 발생하는 모든 분쟁은 중재로 해결"하기로 하고 중재지나 중재기관을 지정하지 않은 채 "피고국 중재기관의 중재절차규칙에 따라 중재를 진행"하기로 한 바 있다. 이에 대하여 北京市 제2중급인민법원은 "비록 양사는 계약상에 중재조항을 두었지만, 중재기관 약정이 불명확하여 피고국인 중국의 법률에 따라 동 중재합의는 무효이며, 대우 측이 제기한 관할권 이의 신청은 기각한다"고 판결하였다(1998.12.18. 北京市 第2中级人民法院 [1998]二中经初字第1174號 참조).

84) 한편 ≪仲裁法≫ 시행 전에 체결된 계약(예: 1994년 9월 张存良과 成都蛇口泰山(集团)房地产公司 간에 체결된 부동산 계약)과 관련된 분쟁에 있어서는 ≪仲裁法≫ 시행 전의 중재규칙에 따라 적절하게 체결된 중재합의일 경우, 국무원과 최고인민법원의 통지에 따라 유효성을 가지므로 중재기관을 명확히 약정하지 않았다 하더라도 이를 이유로 중재판정의 집

하는 등 그 유효성 판단에 영향을 주는 요소들이 다분히 있어, 이에 대한 법원의 입장이 중재진행과 판정의 승인 및 집행에 절대적인 영향을 미친다 할 수 있겠다.85) 중재합의에 당사자들의 진정한 중재부탁 의사가 있는 이상, 비록 중재합의에 결함이 존재한다고 해서 동 합의를 무효로 하지 않고 있는 국제적 중재규칙이나 외국의 입법례 및 판례태도와는 상당한 차이를 보이고 있다.86)

나) 주요 사례

중재기관의 지정과 관련해서는 당사자가 특정국가의 중재기관을 통해 분쟁을 해결하기로 약정하고 구체적인 중재기관을 약정하지 않은 경우에, 중국 최고인민법원은 "비록 당사자의 중재를 통한 분쟁 해결 의지가 분명하더라도 중재기관에 대한 약정이 없기 때문에 중국 ≪仲裁法≫에 근거하여 중재합의의 유효성이 인정되지 아니하므로87) 법원에 소를 제기할 권리가 있다"고 판결한 사례가 있다.88) 또

행을 거부할 수 없다는 결정이 있었다(1998.9.14. ≪关於转发最高人民法院法经[1998]392 號函的通知≫ 참조).

85) 중재기관 약정이 불명확하거나 중복으로 약정한 경우에 대해서는 그동안 여러 가지 논란이 있었고 판례도 일부 상이한 점이 있었으나, 최고인민법원이 2006년도 사법해석을 통해 그 유효성 여부를 명확히 규정함에 따라 논란은 일단락되었다고 할 수 있다(≪最高人民法院關 於適用≪中华人民共和国仲裁法≫若干问题的解释≫(2006.9.8. 法释[2006]7號) 제3 조 내지 제6조 참조).

86) 高菲, 『中國海事仲裁的理論與實踐』, 人民大學出版社, 1998, pp.56‐60.

87) 朱國琿과 浙江省 義烏市 對外經濟貿易公司와의 국제화물매매계약 분쟁 사건(1997.3.19. 最高人民法院 法函[1997]36號 참조). SINOCHEM International Oil(Bahama) Company 와 海南昌盛石油開發有限公司 간의 구매계약 중재조항 효력안건(2000.12.15. 最高人民 法院 [2000]交他字第14號 참조) 및 深圳市 華漢城貿易發展有限公司와 熊牌遠東化工 股份有限公司 간의 배분계약 중재조항 효력안건(2005.9.13. 最高人民法院 [2005]民四 他字第41號 참조)도 유사한 사례이다.

88) 한국의 新湖商社와 四川歐亞經貿總公司 간의 신용장사기분쟁 관할권 이의 신청건(2000.12.13. 最高人民法院 [2000]經終字第155號 참조)도 이와 유사한 사례이다. 이에 최고인민법원은 "원심법원(四川省高級人民法院, [1999]川经初字第1號 民事裁定)은 매매계약과 신용장

한 중재합의 시에 특정의 외국중재기관을 약정한 경우에 그 중재합의를 유효하다고 판결한 반면,[89] 중국 내에서 중재가 진행된 경우 비록 외국중재규칙에 의하였다 하더라도 중재합의의 준거법이 중국 ≪仲裁法≫이므로 중국의 중재위원회를 통한 기관중재가 아닌 이상 그 중재합의의 유효성을 인정할 수 없다고 판결한 사례도 있다.[90]

한편 중국의 중재위원회를 중재기관으로 약정한 경우 약정된 기관 명칭이 해당 중재기관의 공식명칭과 정확히 일치하지 아니하여도 이를 특정 중재위원회로 간주할 수 있는 경우 그 유효성을 인정하는 것이 법원의 일반적인 관행이다. 즉 특정지방 중재위원회를 약정하였으나 그 지역에 유일하게 존재하는 중재위원회의 명칭이 이와 상이한 경우 동 중재위원회를 약정 중재기관으로 간주하게 된다.[91] 또한 CIETAC의 과거명칭인 FTAC를 중재기관으로 약정한 경우[92]나

분쟁 모두에 관할권이 있으며 四川省 고급인민법원이 신호상사가 제기한 관할권 이의를 거부한 것도 정확하다"고 하였다(孙南申, "涉外仲裁司法审查的若干问题研究 − 以仲裁协议为视角", 『法商研究』 2007年 第6期, pp.120 − 121). 참고로 이 民事裁定書는 ≪最高人民法院公报≫ 2001年 第3期 p.9에 자세히 소개되었다.

89) 甘肃省鄕鎮第三産業公司와 독일의 阿絲德有限公司 간의 합자계약 무효소송 사건(1995.10.18. 最高人民法院 法经[1995]273號 참조), 廈門維哥木製品有限公司와 대만의 富源企業有限公司 간의 매매계약 관련 분쟁사건(1996.5.16. 最高人民法院 法函[1996]78號 참조).

90) 독일의 Züblin International GmbH와 無錫沃可通用工程橡胶有限公司 간의 시설공사 관련 분쟁사건(≪中华人民共和国江苏省無錫市中級人民法院民事裁定书≫(2006.7.19. [2004]锡民三仲字第1號)). 한편 이 사건은 중국 내에서 외국의 중재기관(ICC 중재)을 이용하여 중재를 진행하였음에도 법원이 그 중재합의의 유효성을 부인한 대표적 사례로서 자세한 내용은 앞의 제57번 주석을 참고할 필요가 있다.

91) 昆明土炮廣告有限公司와 昆明七顆星廣告有限公司 간의 중재합의 효력확인 신청 안건 云南省中級人民法院은 중재합의서상에 "云南仲裁委員會"라고 기재하였으나, 실제 이러한 명칭의 중재위원회는 존재하지 않고, 신청인과 피신청인은 모두 云南省 昆明市에 소재한 기업이며 云南省에는 "昆明仲裁委員會"만이 유일하게 존재하므로 이는 동 중재위원회를 지칭하는 것이라 하여 중재합의의 유효성을 인정하였다(2005.2.2. 云南省中級人民法院, [2005]昆民一初第36號 民事裁定書 참조).

92) 中國有色金屬進出口河南公司와 遼寧渤海有色金屬進出口有限公司 간의 채권양도합의 관련 분쟁사건(2000.8.16. 最高人民法院 [2000]經終字第48號), 内蒙古至诚矿业有限公司와 南非华金国际集团有限公司 간의 합자경영계약 중재조항 효력 안건(2002.4.13.

CIETAC의 중국어 명칭 중 일부인 '經濟'라는 두 글자를 탈루한 경우에 당해 중재합의의 유효성을 인정한 사례가 있다.[93] 또한 A市와 B市를 중재지로 약정하고 A市 또는 B市의 중재위원회에 중재를 의뢰한다고 하여 중재지 및 중재기관을 중복으로 약정하였음에도 중재조항의 유효성을 인정한 사례도 있다.[94]

만약 중재와 소송을 동시에 약정한 선택적 중재합의가 있는 경우 이를 원칙적으로 무효로 본다.[95] 한편 중국의 A중재기관에서 중재하고 이에 불복할 경우 외국의 B중재기관에서 중재토록 하는 등 순차적으로 두 장소의 중재기관을 약정한 경우에는, 비록 뒷부분이 중국의 관련 법률과 상충되어 이를 무효로 보아야 하나 앞부분은 유효한 중재조항에 해당하므로 "계약의 일부분이 무효인 경우 기타 계약부분의 효력에 영향을 주지 않는다면 이 기타 부분은 계속 유효하다"는 종전의 사법해석[96] 입장에 따라 각각의 중재조항을 분리

最高人民法院 [2001]民四他字第26號).

93) 灌雲县建银房地产开发公司와 灌雲县煤炭工业公司 및 미국 Seattle Pan-Asia Investment Co. 간의 합영계약 분쟁사건 최고인민법원은 비록 중재조항 중에 CIETAC의 명칭을 기술하면서 '經濟'라는 두 글자를 탈루하였으나 이는 중재조항의 효력에 영향을 미치지 아니한다고 하여 CIETAC의 관할권을 인정하고 있다(1998.4.2. 最高人民法院 法經[1998]159號).

94) 중국 齊魯製藥과 미국 安泰國際貿易 간의 합자계약 분쟁과 관련하여 山東省 고급인민법원이 사전보고(魯法經[1996]88號)한 중재조항 효력 심사내용에 대하여, 최고인민법원은 "CIETAC 또는 스톡홀름 ICC 중재원"을 선정하도록 한 중재조항에 대하여 그 합의의 유효성을 인정하고 있다(1996.12.12. 最高人民法院 法函[1996]176號). 思可達高技術産業化中試配套有限公司와 華中理工大學科技開發總公司 간의 관할권 이의 사건([2001]經終再字第65號 民事裁定書)도 있다.

95) 최고인민법원이 2003.5.14. 내린 ≪關於安徽省合肥聯合發電有限公司訴阿爾斯通發電股份有限公司建設工程合同紛糾一案的請示的復函≫([2001]民四他字第7號)에 따르면, "당사자가 중재조항 중에 소송방식으로 분쟁을 해결할 수 있다는 명확한 약정이 없고, 영문 중재조항 중의 주어에 'may'가 주로 사용되고, '어느 일방(any party)'도 모두 중재를 제기할 수 있도록 함으로써 '중재신청도 가능하고 소송도 제기할 수 있다'고는 볼 수 없다. 따라서 이 분쟁은 중재로 해결하여야 하므로 인민법원은 관할권이 없다"고 결정하였다(最高人民法院 民事審判第四庭, 『中國涉外商事海事審判指導與研究』(2003年 第2卷), 人民法院出版社, 2003, p.67 참조).

하여 앞부분의 중재조항과 관련된 판정의 집행력을 인정한 사례도 있다.97)

(2) 중재판정의 취소 또는 집행거부

가) 개요

'중재판정의 취소'란 관할권 있는 법원이 법률에 따라 중재판정의 효력을 부정하는 사법적 활동을 뜻하는데, 이는 중재에 대한 사법심사 및 통제를 강화함으로써 중재의 공정성을 확보하고 당사자의 합법적 권익을 보호하기 위한 것이지 단심제를 부정하는 것은 아니다.98) 중재판정 취소권은 중재판정을 내린 후에만 행사될 수 있으며 또 이러한 취소는 일정한 조건하에서 이루어지는데, 만일 중재판정이 법원에 의하여 그 유효성을 인정받지 못하고 빈번히 취소된다면 누구도 중재라는 절차에 시간과 노력을 낭비하려 들지 않을 것이다. 따라서 취소의 조건은 중재판정의 종국성과 중재의 공정성 확보 사이에 균형을 유지하는 선에서 결정된다. 결국 중재판정 취소제도의 가장 큰 특징은 감독의 사후성과 감독대상의 엄격한 제한성이라 할 수 있다.99)

나) 중재판정의 취소 사유

중재판정의 집행에 있어서 법원의 관여 정도가 모든 사건에 동일

---

96) ≪最高人民法院印發關於適用≪涉外經濟合同法≫若幹問題的解答的通知≫ (1987.10.19.) 第5條 ① 合同部分條款無效, 如果不影響其他部分的效力的, 其他部分仍然有效(후략).

97) 中國長江動力公司와 홍콩의 新鴻基證券有限公司 · Walton Enterprises Co. 간의 중재조항 무효 확인사건([1999]深中法經二初字第72號 民事裁定書).

98) 程德鈞, 『國際貿易爭議與仲裁』, 對外經濟貿易大學出版社, 1993, p.152.

99) 譚兵 編, 前揭書, p.393.

한 것은 아니다. 앞서 언급하였다시피 중국의 경우 섭외사건에 대해서는 절차적인 부분만 심사하지만, 국내사건에 대해서는 실체적인 부분까지 전면적인 관여가 행해진다. ≪仲裁法≫ 제58조 제1항은 국내중재판정에 한하여 당사자가 다음 경우에 해당함을 입증하는 경우 법원이 중재판정을 취소할 수 있다고 규정하고 있다.[100] 여기서 제4호 내지 제6호의 경우는 국내중재에만 해당하는 것으로서 실체적인 부분이 주를 이룬다.

① 중재합의가 없는 경우(제1항 제1호)

중재합의는 중재가 진행되는 기초이고 쌍방당사자의 공동의사표시로서 중재판정부가 중재판정을 내릴 수 있는 전제조건이므로, 중재합의가 없는 상태에서 내려진 중재판정이라면 그 내용이 아무리 공정하다 하더라도 당사자의 의사에 반하게 되어 판정자체의 유효성을 확보할 수 없다.[101]

② 판정이 중재합의 범위에 속하지 않거나 권한 없이 중재한 경우
   (제1항 제2호)

중재합의는 중재신청의 의사표시와 중재기관의 지정 외에 중재대

---

100) ≪仲裁法≫ 제58조 제1항은 당사자가 모두 내국인으로서 국제성이 없는, 즉 국내중재에 대하여만 적용되는 조항이다.

101) 중재합의가 체결되었으나 무효로 되거나 취소된 경우에 중재합의의 유무를 이유로 다투는 경우도 있다. 雲南金煜特商貿有限公司(이하 'A사')와 盧崇明 간의 중재판정 취소 분쟁 안건이 이에 해당하는데, A사는 관련 매매계약이 이미 해제되어 권리의무 관계가 존재하지 아니하므로 중재조항을 담고 있는 '還款協議(상환합의)' 또한 그 근거가 없다는 이유로 仲裁委員會의 관할권이 없음을 주장하며 중재판정 취소를 신청하였다. 그러나 법원은 그러한 사유가 ≪仲裁法≫ 제58조 등에서 정한 중재판정 취소요건에는 해당하지 아니한다고 하여 해당 취소신청을 기각하였다(2005.11.11. 昆明市中級人民法院 [2005]昆民一初字第191號 참조).

상(중재사항)을 명시하는 것이 필수적인데, 중재대상을 벗어나는 중재판정은 판정부도 심리할 권한이 없으므로 취소사유102)가 되는 것이다.103)

③ 중재판정부의 구성이나 중재의 절차가 법정절차를 위법한 경우 (제1항 제3호)

법률이 정한 중재인 선정절차를 준수하지 않고 선정된 중재인이 내린 판정은 당사자의 의사에 반하므로 당연 취소사유가 된다. 또한 거증, 심리 등 중재절차가 법에서 정한 절차를 따르지 않을 경우에도 특정 당사자에게는 불리하기 마련이고 합법적 권익을 행사하지 못하는 결과를 초래하여 적정판정을 기대할 수 없으므로 국내중재든104) 국제중재든 불문하고 이는 취소사유가 되는 것이다.105)

---

102) 雲南中醫學院과 中國雲南國際技術合作公司 간의 중재판정 취소신청 안건(2004.8.27 昆明市中級人民法院 [2004]昆民一初第124號 참조).

103) 그러나 최근 사법해석에 따르면, 중재판정이 중재합의의 범위를 벗어난 경우라 하더라도 그것이 미分的이면 초과된 부분만 중재판정을 취소(분리가 불가능한 경우에는 전체 판정을 취소)할 수 있다(≪最高人民法院關於適用≪中华人民共和国仲裁法≫若干问题的解释≫(2006.9.8. 法释[2006]7號) 第19條). 이는 기존의 일부 사법해석(≪最高人民法院關於我国仲裁機構作出的仲裁裁決能否部分撤销问题的批復≫(1999.6.26. [1999]16號))과 개별판례(2001.6.12. 惠州市中級人民法院 [2001]惠中法经初字第39号 등)에서 인정하여 오던 것을 수용한 것이다.

104) 일부 서양학자가 중국의 石家庄成风热点公司와 中国建築第二工程局有限公司 간에 진행된 중재판정 무효신청 건에 대하여 자세히 소개한 바 있다. 국내중재절차 진행 중에 일방 당사자로부터 추가적인 증거가 제시되어 판정에 영향을 미쳤음에도 상대방에게 그 증거를 반박할 수 있는 구술기회를 제공하지 아니하였다 하여 北京市 제2중급인민법원이 ≪仲裁法≫ 제45조 위반을 근거로 CIETAC의 2001년 중재판정을 취소시킨 사례이다(2003. 10. 8.). 한편 해당사례 소개에서 저자들은 법조문 인용상의 오류를 범하고 있는데, 증거제시 및 입증에 대한 절차규정은 "≪仲裁法≫ 제45조(Article 45 of Arbitration Law)"가 정당함에도 이를 "≪民事訴訟法≫ 제45조(Article 45 of Civil Procedure Law)"로 잘못 기술하고 있다(Andrew Tweeddale & Keren Tweeddale, 『Arbitration of Commercial Disputes』, Oxford University Press, 2007, p.387 참조).

105) 黑龍江鴻昌國際貨物運輸代理有限公司(이하 'A사') 및 미국의 Trans Marine Inc.와 福建省輪船總公司 간의 선박임대료 분쟁과 관련하여 CMAC가 내린 중재판정(2003. 4.

④ 판정의 근거가 된 증거가 위조된 것일 경우(제1항 제4호)

만약 중재판정부가 위조된 증거를 기초로 판정을 내린다면 증거의 부실로 인해 분쟁안건의 사실에 대하여 왜곡이 발생하게 되는 것을 피할 수가 없게 된다.106) 따라서 당사자는 중재판정부가 채택한 증거가 위조인 경우 법원에 해당 판정의 취소를 신청할 수 있는 것이다.107)

⑤ 상대방이 공정한 판정에 영향을 미칠 만큼 증거를 속인 경우
  (제1항 제5호)

일방 당사자의 반대신문이나 열람이 되지 않은 상태로 제시된 상대방의 증거자료를 기초로 판정부가 판정을 내린 경우, 이것이 공정성을 해할 정도라면 그 잘못된 판정은 취소된다. 한편 이와 유사한 것으로서 일방이 타방 당사자에게 통지 없이 제시한 증거를 특정 중재인이 독단적으로 감정대상에 포함시켜 심리에 영향을 미친 경우 그 증거수집 방법의 하자를 이유로 법원이 중재판정을 취소한 사례108)도 있다.

---

15. [2003]海仲裁字第2號)에 대하여 A사가 중재절차 진행 시 법정절차를 준수하지 아니하였다는 이유로 天津海事法院에 동 중재판정의 취소를 신청한 바 있다. 이에 대하여 해당 법원은 "중재절차와 관련된 통지를 받지 않았고, 판정이 근거한 증거가 위조된 것"이라는 신청인의 의견을 반영하여 《民事訴訟法》 제260조 정황에 해당한다고 판단하고 《仲裁法》 제70조의 규정에 의거하여 위의 중재판정을 취소하는 결정을 내렸다(2003.12.10. 最高人民法院 [2003]民四他字第32号 참조).

106) 張麗霞, 前揭書, p.117.

107) 앞의 125번 주석 참조.

108) 深圳市 海中寶水産貿易有限公司(이하 'A사')와 홍콩 通恒有限公司(이하 'B사') 간의 어물 수입계약과 관련한 분쟁에서 A사는 B사가 제공한 어물이 계약상의 견본과 일치하지 않는다는 이유로 CIETAC에 중재를 신청하였다. 중재판정부는 분쟁 중인 물품의 견본 감정을 전문가에게 위탁하기로 결정하고, 쌍방 당사자에게 "쌍방의 의견에 의거하여 법원이 봉인해 보관하고 있는 냉동어물을 기준으로 전문가로부터 감정보고서를 받기로 결정한다"고 통지하였으나, B사가 직접 별도의 어물견본을 보내 감정을 요구하자 당해 중재인은 두 가지 견본을 모두 검사하기로 결정하였다. 그 후 중재판정부가 A사에 불리한 중재판정을 내

⑥ 중재인이 부정행위를 하거나 위법한 판정행위를 한 경우(제1항 제6호)

판정의 내용이 비록 타당하다 하더라도, 중재인의 도덕성과 중재 절차의 규율이 심대하게 침해된 형태로 이루어진 판정은 결코 수용할 수 없음을 나타낸다.

다) 사회공공이익 침해를 사유로 한 중재판정 취소 사례

위에서 열거한 여러 가지 사유 외에도 법원은 판정이 사회공공이익을 침해하는 것이라고 인정할 경우 그 판정을 취소한다.[109) 중국의 집행법원은 중재가 합법적 방법으로 진행되지 않을 경우 '사회공공이익' 조항을 들어 승인 및 집행을 거부하는 사례가 있는데, 중국법원이 처음으로 '사회공공이익' 개념을 사용한 것은 開封市 東風服裝廠과 太儲國際貿易(香港)公司가 河南省 服裝貿易(集團)公司를 제소한 사건에서다. 이에 법원은 ≪民事裁定書≫(1992.9.28.)를 통해 "집행을 하면 국가경제이익과 사회공공이이에 심각한 손해를 입히고 국가대외무역질서에 영향을 미친다"는 이유로 집행거부결정을 내린 바 있다. 그러나 최고인민법원은 鄭州市 중급인민법원에 대하여 "공공이익 침해의 경우 구체적인 이유와 증거를 제시하여야

리자 A사는 "당사자의 동의를 구하지 않고 멋대로 B사가 제공한 어물견본을 함께 감정 의뢰한 따위의 증거수집방법은 무효다"라고 하며 深圳市 중급인민법원에 중재판정의 취소를 신청하였다. 이에 1997년 4월 9일 해당 법원은 ≪民事訴訟法≫ 제258조 제1항 제3호, ≪仲裁法≫ 제58조 제1항 제3호 및 제70조의 규정에 의거 중재판정의 취소 결정을 내렸다(이시환, "중국법원의 섭외상사중재판정의 취소", 『무역상무연구』 제31권, 2006, pp.124-125. 참조).

109) ≪仲裁法≫ 第58条 ③ 人民法院认定该裁决违背社会公共利益的, 应當裁定撤销. ≪民事訴訟法≫ 第258條 ②人民法院認定執行該裁決違背社會公共利益的, 裁定不予執行.

함에도 추상적인 이유를 들어 중재판정의 집행을 거부한 것은 타당하지 않다"고 통지(1992.11.6.)하였다.[110] 이 사건을 계기로 최고인민법원은 1995년 8월 28일자로 ≪最高人民法院關於人民法院處理與涉外仲裁及外國仲裁事項有關問題的通知≫라는 사법해석을 발표하여 각급 법원이 국제중재판정과 외국중재판정의 집행을 거부할 경우 사전보고제도[111]를 이행하게 하였다.

최근인 2005년에는 深圳寶升競高環保發展有限公司 등이 美國 Wildcat Mfg. co. Inc.과 체결한 설비 및 시설계약 불이행과 관련한 CIETAC 중재판정의 집행신청에 있어 安徽省 고급인민법원도 상기 사례와 유사한 이유를 들어 판정의 집행을 거부한 사례가 있는데, 이에 대하여 최고인민법원은 "≪民事訴訟法≫ 제258조 제2항의 사회공공이익은 중재절차의 공평성을 보호하기 위함만이 아니라 국가의 근본 법률질서 기능을 유지하기 위함에 있는 만큼, 설비계약 불이행으로 인한 중재판정을 사회공공이익과 결부시켜 중재판정 집행을 거부할 수는 없다"고 통지한 바 있다.[112]

(3) 외국중재판정의 승인·집행

중재제도는 당사자 간의 자주적인 분쟁해결 수단이지만, 외국중재판정의 승인·집행이라고 하는 각국 법원에 의한 사법적 강제가 담보되어 있지 않고는 그 기능을 원활히 수행할 수 없을 것이다. 세계 각국은 중재의 국제적 효율성을 높이기 위하여 중재판정의 승인과

---

110) 王生長, 前揭書, 1999, pp.509 - 510.

111) 섭외 및 외국중재판정의 취소에 대한 사전보고제도에 관하여는 후술하는 최고인민법원의 사법해석 부문에서 보다 자세히 기술하기로 한다.

112) ≪最高人民法院关於是否裁定不予执行中国国际经济贸易仲裁委员会仲裁裁决的復函≫(2006.1.23. [2005]民四他字第45號).

집행에 관한 국제조약인 뉴욕협약을 체결하였고,[113] 중국은 《民事訴訟法》과 최고인민법원의 사법해석을 통해 동 협약의 시행에 관한 절차를 규정하고 있다. 《民事訴訟法》 제267조는 "국외중재기관의 중재판정에 대해 중국법원의 승인과 집행이 필요한 경우, (중략) 법원은 중국이 체결하거나 가입한 국제조약 또는 호혜원칙에 따라서 처리한다"고 규정하고 있다. 중국은 뉴욕협약 가입 당시 '상사유보' 선언을 하면서 아울러 "상호주의를 전제로 다른 체약국 영토내에서 내려진 중재판정의 승인 및 집행에 관하여 본 협약을 적용한다"는 취지의 '상호주의유보'를 선언한 바 있다.[114]

외국중재판정의 집행거부결정과 관련하여 최고인민법원은 전술한 1995년 8월 28일자 사법해석을 통하여 고급인민법원 및 최고인민법원에 사전보고를 할 것을 명시하고 있다. 즉 이러한 규정은 섭외중재판정의 취소 및 집행거부와 일치하며 국내중재판정에 비하여 중재판정의 집행을 보다 쉽게 하려는 의도이다.[115]

2. 사법해석을 통한 최고인민법원의 중재감독

(1) 사법해석의 의의

중국 법률제도의 중요한 특색 중의 하나는 최고인민법원이 모든

---

113) 중국은 1986년에 뉴욕협약에 가입하여 1987년 4월부터 시행하였다. 시행과 관련하여 최고인민법원은 《最高人民法院關於執行我國加入的《承認及執行外國仲裁裁決公約》的通知》(1987.4.10. 法(經)發[1987]5號)라는 사법해석을 발표하여 관련절차를 명시적으로 규정하였다.

114) 한국도 1973년 뉴욕협약에 가입하면서 상사유보와 상호주의유보를 모두 선언하였다.

115) 통계에 따르면 외국중재판정에 대하여 중급인민법원과 고급인민법원에서 심의한 집행거부의견의 80%가 최고인민법원에서 번복된다고 한다(董世忠 主編, 『國際經濟法』, 復旦大學出版社, 2004, p.560 참조).

법령에 대하여 일반적인 사법해석(司法解釋) 권한을 가지고 있고,[116] 이를 통하여 상당 부분의 법률관계를 통제하고 지도한다는 것이다. 사법해석[117]은 사법기관이 일정한 근거에 따라 특정 법률에 대하여 행하는 설명과 보충활동을 말하는데,[118] 중재법령에 대하여도 예외는 아니어서 국내중재뿐만 아니라 섭외중재에 대한 사법해석도 다양하다.

최고인민법원은 개별사안에 대한 질의회신·지침·명령 또는 규정 등의 방법[119]으로 중재절차에 대한 사법해석을 하고 있다. 國務院의 ≪經濟合同仲裁條例≫가 공표되던 1980년대 중반 이후부터 현재에 이르기까지 상사중재와 관련하여 최고인민법원이 내린 사법해석은 종류도 다양하고 건수도 수십 건에 달하고 있는데,[120] 그중 질의회신 형식[121]을 통한 사법해석이 대종을 이루고 있다.[122]

---

116) ≪人民法院組織法≫ 第33条 最高人民法院对於在審判过程中如何具體应用法律, 法令的问题, 进行解释.

117) 중국의 법률은 비교적 간결하여 각급 인민법원이 법률의 해석, 적용 및 집행과 관련하여 특정문제에 부딪히면 해결책을 찾기가 쉽지 않게 된다. 이때 질의회답 또는 규정의 형식으로 일정한 해석기준을 내림으로써 법률의 흠결을 보완해 줌과 아울러 하급법원의 결정 및 판결에 있어 적용기준이 되는 것이다. 중국은 전국인민대표대회 상무위원회에 법률해석권을 부여하고 있지만, 1981년에 동 위원회의 결정(≪關於加强法律解釋工作的決議≫)에 따라 최고인민법원과 최고인민검찰원의 사법해석도 일정한 법적 구속력을 가지고 있다(Jian Zhou, "Review and Perspective – China International Commercial Arbitration at the Advent of New Century", *72 Arbitration and Law 1*, 2001, p.412, 성백영, "중화인민공화국 중재법의 내용과 문제점의 고찰"『중국법연구』제2집 1999. p.102, 문준조, 『중국의 입법관련제도 및 입법기준에 관한 연구』, 한국법제연구원, 2002, p.224. 참조).

118) 문준조, 전게서, p.72, p.224.

119) 중국의 사법해석은 意見, 通知, 規定, 批復, 安排, 解答 등으로 칭하는데, '通知'는 상급법원이 하급법원에게 내리는 지시사항의 성격을 띠고, '規定'은 최고인민법원이 제정하는 규범을 뜻하며, '批復'은 하급법원에서 요청한 사항에 대한 상급법원의 답변을 뜻하고, '安排'는 특수한 사항에 대하여 최고인민법원이 특별히 제정한 지침을 나타낸다.

120) 沈德咏·万鄂湘, 『最高人民法院仲裁法司法解释的理解與適用』, 人民法院出版社, 2007, p.2.

121) 중국 법조계 일부에서는 이를 사법해석성 문건(司法解釋性 文件)이라 하여 사법해석과 구

이러한 사법해석은 중재법규 적용에 대한 일반적 해석지침뿐만 아니라 중재합의의 효력, 중재관할 또는 소송관할, 중재판정에 대한 강제집행, 중재판정 취소와 집행거부 등에 관한 해석지침도 담고 있으며 하급법원의 결정을 기속하는 데에 그치지 아니하고 중재기관과 판정부에도 절대적인 영향력을 미치고 있다.

2) 주요 사법해석 내용

(1) 중재법규 적용에 관한 일반적인 사법해석

≪仲裁法≫의 시행을 전후로 하여 ≪涉外經濟合同法≫, ≪民事訴訟法≫, ≪仲裁法≫ 등의 적용과 관련한 여러 가지 문제를 해석해 주고 있다. 특히 ≪仲裁法≫ 반포 이후에는 주로 중재절차상의 제반 문제에 초점을 두고 해석하고 있다.[123]

한편 최근에 공포된 ≪最高人民法院關於適用<中華人民共和國仲裁法>若干問題的解釋≫(2006.8.23. 法釋[2006]7號)은 수년간에 걸친 최고인민법원의 중재절차 개선 노력[124]의 결실로서 중재합의에

___

분하는 사례도 있으나(上揭書, p.2. 참조), 각각의 성격이나 효과 등을 비교해 볼 때 구분의 실익이 거의 없으므로 실무계에서는 통상 사법해석의 범주에 포함시키고 있다.

122) 현재 최고인민법원과 CIETAC 등 주요 중재기관의 홈페이지에는 주요 사법해석의 全文이 등재되어 있어 관련 연구나 활동에 많은 도움을 주고 있는데, 이 중 상사중재와 직접 관련이 있는 사법해석만 해도 수십 건에 이르고 있음을 알 수 있다(최고인민법원은 http://www.court.gov.cn/sfjs, CIETAC은 http://cn.cietac.org/information/index.asp?hangye=2, 각각 '09.10.10. 최종 검색).

123) 이와 관련한 사법해석은 다음과 같은 것들을 들 수 있다.
≪關於適用≪涉外經濟合同法≫若干問題的解答的通知≫(1987.10.19.   法(經)發[1987]27號)
≪關於適用≪中華人民共和國民事訴訟法≫若干問題的意見的通知≫(1992.7.14. 法發[1992]22號)
≪關於現職法官不得擔任仲裁員的通知≫(2004.7.13. 法[2004]129號)
≪關於適用≪中華人民共和國仲裁法≫若干問題的解釋≫(2006.8.23. 法釋[2006]7號)
≪关於審理民事案件適用诉讼时效制度若干问题的規定≫(2008.8.21. 法釋[2008]11號)

124) 사법부의 중재절차 개선노력에 대해서는 뒤의 제4장(중국 중재의 사법관여에 대한 제도개

서부터 판정의 집행과 취소 등에 이르기까지 중재 관련 법률행위에 직접적으로 영향을 미치는 매우 중요한 사항들을 담고 있어 최근의 중재제도 운용에 대한 중국 정부 및 최고인민법원의 태도를 읽을 수 있는 귀중한 자료라고 할 수 있다.125)

(2) 중재합의의 효력에 관한 사법해석

중재합의의 효력에 대해서는 ≪仲裁法≫ 시행 전에 체결된 중재합의에 대해서는 중재기관 약정 등과 관련하여 다소 폭넓은 해석을 하는 경향이었으나, 동법 시행 후의 중재합의에 대해서는 법 규정에 얽매이게 되므로 중재기관 약정의 유효성 등 보다 세부적이고 기술적인 내용이 주를 이루고 있다.126)

(3) 중재관할 또는 소송관할에 관한 사법해석

주로 일방 당사자가 중재를 신청한 분쟁 건에 대하여 타당 당사자로부터 소송이 제기된 경우에 있어서 법원의 수리 가능 문제와 중재합의의 유효성 판단, 중재판정 집행신청 또는 중재판정 불복에 대한

선 노력) 제2절 제1항 및 제2항을 참조할 수 있다.

125) 이 사법해석은 중재제도 전반에 대하여 31개 조항의 세부 해석지침을 내리고 있는데, 그 주요 내용 및 평가에 대해서는 뒤의 제4장 제2절(최고인민법원의 단계적 개선노력)을 참조할 수 있다.

126) 이와 관련한 사법해석은 다음과 같은 것들을 들 수 있다.
≪關於福建省生産資料總公司與金鴒航運有限公司國際海運紛糾一案中提單仲裁條款效力問題的復函≫(1995.10.20. 法函[1995]135號)
≪關於同時選擇兩個仲裁機構的仲裁條款效力問題的函≫(1996.12.12. 法函[1996]176號)
≪關於涉外合同無效是否影響仲裁協議效力問題的答復≫(1997.1.29. 法函[1997]22號)
≪關於僅選擇仲裁地點而對仲裁機構沒有約定的仲裁條款效力問題的函≫(1997.3.19. 法函[1997]36號)
≪關於確認仲裁協議效力幾個問題的批復≫(1998.10.21. 法釋[1998] 27號)
≪對仲裁條款中所選仲裁機構的名稱漏字, 但不影響仲裁條款效力的一個案例的批復意見≫(1998.4.2. 法經[1998]159號)
≪关於转发最高人民法院法经[1998] 392號函的通知≫(1998.9.2. 法经[1998]392號)
≪关於以仲裁法认定仲裁协议效力给湖北省高院的復函≫(1999.3.9. 法经[1999]143號)

인민법원의 소송관할에 대하여 해석을 내리고 있다.127)

(4) 강제집행에 관한 사법해석

최고인민법원은 ≪仲裁法≫ 시행 직전인 1995년 8월 28일에 관련법 조항이나 규정들의 융통성 부족 등에 대비하여 ≪最高人民法院關於人民法院處理與涉外仲裁及外國仲裁事項有關問題的通知≫라는 사법해석을 공표한 바 있다.128) 이는 새로운 ≪仲裁法≫에 따른 섭외 및 외국중재사건과 관련한 최초의 사법해석으로서 섭외사건과 관련하여 인민법원이 그 중재조항 혹은 중재합의가 무효 등의 사유로 집행할 수 없다고 인정할 때에는 일방 당사자의 제소를 접수하기로 결정하기 전에 반드시 소속 고급인민법원에 심사를 요청하고 고급인민법원이 접수에 동의할 경우 그 심사의견을 최고인민법원에 보내어 그 회선이 오기 전까지는129) 잠시 접수하지 말아야 한다는 내용130)을 각 성·자치구·직할시의 고급인민법원에 내려보냄으로

---

127) 이와 관련한 사법해석은 다음과 같은 것들을 들 수 있다.
   ≪關於合同糾紛當事人一方向仲裁機關申請仲裁, 仲裁機關已立案, 另一方向人民法院起訴, 人民法院應否受理的批復≫(1985.8.3. 法(經)復[1985]42號)
   ≪關於人民法院發現已經受理的申請執行仲裁裁決或不服仲裁裁決而起訴的案件不屬本院管轄應如何處理問題的批復≫(1988.1.13. 法(研)復[1988]8號)
   ≪關於涉蒙經濟合同未直接約定仲裁條款如何認定案件管轄權的復函≫(1996.12.14. 法函[1996]177號)
   ≪關於當事人對仲裁協議的效力提出異議由哪一級人民法院管轄問題的批復≫(2000.7.20. 法釋[2000]25號)
   ≪關於涉外民商事案件訴訟管轄若干問題的規定≫(2002.2.25. 法釋[2002]5號)

128) 费宗晖, 전게서, p.68.

129) 하급법원에서 최고법원까지 단계를 밟아가는 소송행정상의 '逐級審査報告'제도로서 중재판정의 부문에서는 事前報告制度라고 불린다.

130) 이와 덧붙여 중국 국제중재기관에서 내린 판정의 집행 신청에 ≪民事訴訟法≫ 제258조의 집행거부 사유가 있거나 외국의 중재기관에서 내린 판정의 승인과 집행 신청에 중국이 가입한 국제조약의 규정 혹은 호혜원칙에 부합하지 않는다고 인정될 경우 집행거부 혹은 승인 및 집행거부를 하기 전에도 같은 절차를 밟을 것을 지시하고 있다. 동 通知 제2항: ……如果人民法院认为我国涉外仲裁机构裁决具有民事诉讼法第二百六十条情形之一的,

써 ≪仲裁法≫ 시행에 대비한 것이다.131)

(5) 중재판정의 취소와 관련한 사법해석

중재판정의 취소와 관련하여 그 신청기한, 법원 취소결정 이후 당사자의 상소 또는 인민검찰원의 항소 가능 여부, 판정취소에 대한 상급법원에의 사전보고제도 및 상급법원의 감독의무, 판정의 부분취소 가능 여부 등에 대하여 여러 가지 사법해석을 내리고 있다. 한편 중재판정의 취소에 대해서는 강제집행과 더불어 최고인민법원의 사법해석이 가장 많은 부문이다. 특히 국제중재판정과 외국중재판정에 대해서는 ≪仲裁法≫ 규정에서 보듯이 승인취소와 집행거부를 매우 엄격하게 제한하고 있음을 알 수 있다.132)

或者申请承认和执行的外国仲裁裁决不符合我国参加的国际公约的规定或者不符合互惠原则的, 在裁定不予执行或者拒绝承认和执行之前, 必须报请本辖区所属高级人民法院进行审查…….

131) 이와 관련한 사법해석은 다음과 같은 것들을 들 수 있다.
≪關於申請執行仲裁裁決應向何地法院提出的批復≫(1985.1.17. 法(研)復[1985]5號)
≪關於執行我國加入的≪承認及執行外國仲裁裁決公約≫的通知≫(1987.4.10. 法(經)發[1987]5號)
≪關於人民法院處理與涉外仲裁及外國仲裁事項有關問題的通知≫(1995.8.28. 法發[1995]18號)
≪關於對執行程序中的裁定的抗訴不予受理的批復≫(1995.8.10. 法復[1995]5號)
≪關於認真貫徹仲裁法依法執行仲裁裁決的通知≫(1995.10.4. 法發[1995]21號)
≪關於當事人因對不予執行仲裁裁決的裁定不服而申請再審人民法院不予受理的批復≫(1996.6.26. 法復[1996]8號)
≪關於實施≪中華人民共和國仲裁法≫幾個問題的通知≫(1997.3.26. 法發[1997]4號)
≪關於人民法院執行工作若干問題的規定(施行)≫(1998.6.11. 法釋[1998]15號)
≪關於未被續聘的仲裁員在原參加審理的案件裁決書上簽名人民法院應當執行該仲裁裁決節的批復≫(1998.7.13. 法釋[1998]21號)
≪最高人民法院關於承認和執行外國仲裁裁決收費及審查期限問題的規定≫(1998.10.21. 法釋[1998]28號)
≪最高人民法院關於內地與香港特別行政區相互執行仲裁裁決的安排≫(1999.6.18. 法釋[2000]3號)
≪關於如何處理人民檢察院提出的暫緩執行建議問題的批復≫(2000.7.10. 法釋[2000]16號)
132) 이와 관련한 사법해석은 다음과 같은 것들을 들 수 있다.

Ⅳ. 사법감독 관련 제도개선 노력

1. 사법감독에 대한 중국학계의 개선요구

중국 학계에서는 사법감독으로 인하여 발생하는 문제점에 대하여 관심이 많고 개선요구 또한 많은데, 그중 가장 일반적인 것은 중재합의의 요식성을 완화하여 유효성을 확보하고, 국내중재와 국제중재의 이중적 구조를 타파하여 국제적 정합성을 제고하며, 중재판정 취소 및 승인거부 등 중요 사법감독 절차를 명확히 하자는 것이다.

이러한 ≪仲裁法≫ 개선요구들은 다수 학자들의 개별 저술이나 연구논문 게재 등을 통하여 이루어지기도 하고,133) 일부 대학의 예

≪關於人民法院裁定撤銷仲裁裁決或駁回當事人申請後當事人能否上訴問題的批復≫ (1997.4.23. 法復[1997]5號)

≪關於不得以裁決節送達超過期限而裁定撤銷仲裁裁決的通知≫(1997.4.6. 法發 [1997]120號)

≪關於人民法院撤銷涉外仲裁裁決有關事項的通知≫(1998.4.23. 法釋[1998]40號)

≪關於審理當事人申請撤銷仲裁裁決案件的幾個具體問題的批復≫(1998.6.11. 法釋 [1998]16號)

≪關於當事人對人民法院撤銷仲裁裁決的裁定不服申請再審人民法院是否受理問題 的批復≫(1999.1.29. 法釋[1999]6號)

≪關於我國仲裁機構作出的仲裁裁決能否部分撤銷問題的批復≫(1999.6.26. 法釋 [1999]16號)

≪關於人民檢察院對撤銷仲裁裁決的民事裁定提起抗訴人民法院應如何處理問題的 批復≫(2000.6.30. 法釋[2000]17號)

≪關於人民檢察院對不撤銷仲裁裁決的民事裁定提出抗訴人民法院應否受理問題的 批復≫(2000.12.12. 法釋[2000]46號)

≪關於當事人對人民法院駁回申請撤銷仲裁裁決的民事裁定不服申請再審人民法院 是否受理問題的復函≫(2003.12.8. 法函[2003]64號)

≪關於當事人對駁回其申請撤銷仲裁裁決的裁定不服而申請再審, 人民法院不予受理 問題的批復≫(2004.7.20. 法釋[2004]9號)

≪关於不予执行中国国际经济贸易仲裁委员会[2004]中国贸仲京字第0105號裁决 的请示的復函≫(2004.11.30. [2004]民四他字第40號)

133) 宋連斌·趙健, "關於修改1994年中國≪仲裁法≫若干問題的探討", 『仲裁與法律』2000 年 第6期, 宋連斌·黃進, "≪中華人民共和國仲裁法≫(建議修改稿)", 『法學評論』 2003年 第4期, 馬占軍, "1994年中國≪仲裁法≫修改及論證", 『仲裁研究』 제8輯,

에서와 같이 소속 연구소 내에 '중재법개정 Task Force'를 설치하여 법률개정안을 마련하는 등 관련 연구 활동을 활발히 펼치기도 한다.134) 또한 정부 차원에서도 ≪仲裁法≫ 개선을 위한 노력을 기울이고 있는데, 제10차 전인대상무위원회 입법계획에 ≪仲裁法≫의 개정계획이 포함되었고(2003년 10월), 그 후 2006년 3월에는 국무원 법제위원회가 ≪仲裁法≫ 개정방안을 수립하여 진행계획 등을 확정하였다.135) 이러한 일정에 따라 2006년 4월에 동 법제위원회가 주관이 되어 중국 厦門에서 중국 내 주요 중재기관 등이 참가한 "≪仲裁法≫ 개정 및 중재협회정관 기초에 관한 좌담회(有關≪仲裁法≫修改和仲裁協會章程起草座談會)"를 개최하여 ≪仲裁法≫ 개정초안을 논의하기에 이르렀다.

한편 무엇보다 中國國際私法學會(이하 간단히 '국제사법학회'라 한다)136)를 통한 학문적 논의를 빼놓을 수 없는데, 그동안의 여러 가지 개선의견들은 10여 년 전부터 국제사법학회의 연례발표회를 통하여 소개되면서 활발한 토론대상이 되고 있다.137) 그중 중재제도 개선에 가장 크게 영향을 끼친 연구 결과는 2000년도에 武漢大學 국

2006, pp.60 - 89 등을 들 수 있다.

134) 武漢大學國際法硏究所≪仲裁法≫修改課題組, "≪中華人民共和國仲裁法≫(建議修改稿)", 『仲裁硏究』第8輯, 2006, pp.49 - 59.

135) "關於≪中華人民共和國仲裁法≫硏究工作方案(建議稿)", 中國仲裁網 (www.ccarb.org) 中 "2006年全國仲裁工作座談會" 내용에서 인용.

136) 中國國際私法學會는 1987년 10월 武漢에서 전국적 학술단체로 탄생하였는데, 학회회원은 약 250명이며 주로 학술기구, 연구기관 및 유관 실무부문의 국제사법 및 중재법학 교수·학자·전문가 및 실무자 등으로 이루어져 있다. 1998년부터 매년 정기 학술지인 『中國國際私法與比較法年刊』을 발표하고 있으며, 그동안 국제사법 및 중재법에 관한 다수의 전문서적도 출판한 바 있다(何其生, "中國國際私法學會二十年回顧", 『武大國際法評論』 2008년 第2期, p.264 참조).

137) 何其生, 前揭書, pp.265 - 267.

제법연구소의 宋連斌 및 趙健 교수가 공동으로 집필한 ≪仲裁法≫ 수정의견("關於修改1994年中國≪仲裁法≫若干問題的探討")이 그것이다. 동 수정의견은 그 당시에 논의되던 ≪仲裁法≫ 개선요구 사항을 거의 망라한 것으로서, 발표 후 국내외 여러 학술지에 소개 되는 등 많은 주목을 받은 바 있고,[138] 그 후 학계나 실무계의 제도 개선안뿐만 아니라 최고인민법원의 사법해석에도 상당 부분 영향을 미쳤다. 또한 宋連斌 교수는 그 3년 후에 黃進 교수와 공동으로 동 수정의견을 바탕으로 ≪仲裁法≫ 수정안('≪中華人民共和國仲裁 法≫(建議修改稿)', 이하 간단히 ≪修正案≫이라 한다)을 조문화 하여 발표하기에 이르렀다.

이하에서는 이러한 학계의 건의내용을 중심으로 중재제도, 특히 사법감독에 관한 개선요구들을 간략히 소개해 보고자 한다.

1) 중재합의의 유효성 확보

(1) 중재합의의 형식요건

현행 ≪仲裁法≫은 "중재합의는 계약에서 체결한 중재조항과 기타 서면방식에 의해 분쟁 발생 전 또는 분쟁 발생 후 중재를 청구하는 합의에 도달한 것을 포함한다"라고 규정하고 있다.[139] 물론 이는 국제적 상사중재규칙과도 부합한다고 볼 수는 있으나, 그 '서면방식'에 대한 명확한 규정이 없는 것이 문제이다. 뉴욕협약은 1950년대

---

138) 『仲裁與法律』(2000年 第6期), 『国际经济法论丛(第4卷)』(法律出版社, 2001), 『人民法院报』(2002.11.25. B3판), 『中国仲裁/中国对外贸易』(2002年 第7期), 『Journal of International Arbitration』(No.2, 2003) 등 다수의 국내외 논문집에 소개되었으며, 국제적으로는 J. Cohen 교수가 그의 저서인 『Doing Business in China』(Kluwer, 2002)에서 이를 자세히 논한 바 있다.

139) ≪仲裁法≫ 제16조 제1항.

당시까지는 디지털 통신수단이 발전하지 못하였으므로 '서신과 전보 (telegram)'만을 포함140)하고 있지만, 그 이후에 제정된 모델 법은 중재합의의 서면형식에 대해 폭넓게 규정하고 있다.141) 1996년 개정된 영국 중재법도 서면형식에 대해 폭넓게 규정하고 있다.142)

한편 1999년에 시행된 중국 ≪合同法≫ 제11조에서는 계약의 서면형식에 대하여 명확히 하고 있는데, "서면형식이란 계약서, 서한, 우편서류, 인쇄물과 데이터전문(전보, 전송, 모사전송, EDI 및 전자우편물을 포함한다) 등 기재내용을 유형적으로 나타낼 수 있는 형식을 말한다"고 규정하고 있다. 일부 중재기관의 경우 이러한 계약법조항을 중재규칙에 반영하고 있는 실정이다.143) ≪仲裁法≫도 이러한 내용들을 참조하여 서면형식에 대한 규정을 보다 명확히 규정해야 한다는 주장이다.144)

(2) 중재합의의 실질요건

'중재위원회 선정내용'이 중재합의 효력발생 요건 중의 하나이며,

---

140) 뉴욕협약 제2조 제2항.

141) UNCITRAL Model Law Article 7(2).

142) 영국 중재법 제5조.

143) ≪北京仲裁委員會仲裁規則≫ 제4조 제2항이 그 대표적인 예이다.

144) ≪修正案≫ 제15조에서는 중재합의 서면형식을 명확히 제시하고 있다.
    案 第15条 ① 仲裁协议应当以书面形式达成,具备下列情形之一即为书面仲裁协议:
    (一) 载於各方當事人签署的文件中
    (二) 無论當事人签署與否, 载於各方当事人往来的书信, 电子讯息或其它能提供記錄并可读取的通讯中
    (三) 有书面證據證实
    (四) 由各方當事人授权的一方當事人或第三人予以記録
    (五) 在仲裁或诉讼程序的文件交换中, 一方當事人宣稱存在仲裁协议, 对方當事人在答復中没有提出異议
    (六) 通过援引符合上述規定的书面仲裁协议的形式达成.
    ② 在仲裁程序中, 对争议实体进行答辩或讨论即可弥补仲裁协议形式上的任何缺陷.

≪仲裁法≫ 제18조는 "······중재위원회에 대한 약정이 없거나 불명확할 때, 당사자는 보충합의를 할 수 있다. 보충합의가 이루어지지 아니한 경우 중재합의는 무효이다"라고 규정하고 있다. 즉 중재사항이 표시되지 않거나 중재위원회를 선정하여 명시하지 않으면 중재합의 자체의 효력이 상실되는 것이다.

중재사항의 표시 의무에 대하여 어떤 학자는 "중재합의 중 중재사항의 유무 및 명확성 여부는 당사자의 자유약정 범위 내에 속하는 것인 만큼 당사자로 하여금 사후에 분쟁발생에 대비할 수 있도록 하고 중재진행에 대한 판단은 판정부가 할 수 있도록 함이 타당하다"는 의견을 제시하기도 하고,[145] 일부 학자는 중재합의의 요건에서 '중재사항'을 삭제하자는 극단적 의견을 제시하기도 한다.[146]

한편 중재기관 선정과 관련해서 ≪修正案≫은 제14조 제2항에서 현행 ≪仲裁法≫ 제16조 제2항 제3호의 '중재위원회 선정내용'을 '확정 가능한 중재기관'으로 수정하도록 하고, ≪修正案≫ 제76조[147]에서는 "중재합의의 실질적 유효성은 당사자가 선택한 법률에 의하며, 선택한 법률이 없는 경우 아래에 규정한 것 중 하나에 부합하면 유효하다. ① 중재합의와 가장 밀접한 관계에 있는 법률, ② 중재지의 법률, ③ 분쟁사항에 적용할 법률 특히 주 계약의 준거법,

---

145) 王红松, "≪仲裁法≫存在的问题及修改意见",『北京仲裁』第52辑, 2004, p.23.

146) 馬占軍, 前揭書, p.73.

147) 案 第76條 仲裁協議的實質有效性依當事人選擇的法律.如無此選擇, 符合下列規定之一的, 即爲有效:
　　(一) 與仲裁協議有最密切聯係的法律
　　(二) 仲裁地的法律
　　(三) 適用於爭議事項的法律, 特別是主合同的準據法
　　(四) 國際仲裁協議有效性的一般原則
　　(五) 本法第十四條.

④ 국제중재합의 유효성의 일반원칙, ⑤ 중재법(≪修正案≫) 제14 조"로 수정[148]하도록 건의함으로써 중재합의의 유효성에 대한 실질 요건을 보다 완화하고 넓혀야 한다고 주장하고 있다.

2) 국내중재와 섭외중재의 이중적 구조의 개선

일부 학자는 ≪民事訴訟法≫ 제217조를 폐지하고, 국내중재와 국제중재의 판정취소 기준을 동일하게 적용하여야 한다고 주장하고 있고,[149] ≪修正案≫에서는 더 나아가 국제중재 특별규정(제9장)에 명시되지 않은 한 국내중재의 일반규정을 적용토록 함과 아울러(안 제75조)[150] 중재판정 취소사유와 집행거부 사유를 동일하게 규정하 도록 제시함으로써(안 제64조, 제71조)[151] 판정취소와 집행거부 간 에 상충되는 문제를 해결하고자 하였다.

3) 중재판정에 대한 사법감독 절차의 개선

(1) 중재판정 취소안건 심리의 법률절차 명확화

법원이 중재판정 취소신청을 수리하면 합의부를 구성하여 심사를

---

148) ≪修正案≫ 제14조 제2항은 중재합의 구비요건을 "중재청구의 의사표시, 중재사항, 확정 가능한 중재기관"으로 규정함으로써 중재합의의 유효요건을 상당 부분 완화하고자 하였다.
案 第14条 ② 仲裁协议应具备以下内容:
(一) 彼此纠纷提交仲裁解决的意愿
(二) 提交仲裁的事项
(三) 可确定的仲裁機構.

149) 唐雙玲, "論我國仲裁裁決司法監督制度的不足及完善", 『新疆廣播電視大學學報』, 第 10卷 第4期, 2006, p.54.

150) 案 第75條 ① 除非當事人另有約定, 國際仲裁適用本章的規定本章沒有規定的, 適 用本法的其他有關規定.

151) 案 第64條 ① 當事人提出證據證明裁決有下列情形之一的, 可以向仲裁地或仲裁機 構所在地的中級法院申請撤銷裁決: (一)~(四)
案 第71條 ① 被申請人提出證據證明裁決有第64條第1款規定的情形之一的, 經 法院組成合議庭審查核實, 可以裁定不予執行. ② 當事人也可以在不違背第64條 第1款規定的情況下, 明示約定法院審查的範圍. ③ 法院認定裁決具有第64條第4款 規定的情形之一的, 應當裁定裁決不予執行.

해 나가야 하는데,[152] 법률에 명문의 규정이 없으므로 합의부의 구성은 두 가지 방법을 선택할 수 있다. 즉 법관만으로 구성할지, 아니면 법관과 배심원을 공동으로 하여 구성할지이다.[153] 사실 중재판정에 대한 심리라는 것이 고도의 전문성과 기술성을 요하는 것인 만큼 일반 배심원이 이를 수행하기는 다소 어려움이 있으므로 합의부 구성에 있어서 이런 일반 배심원은 배제하는 것이 타당할 것이다. 따라서 쉽지 않은 상황일 수 있으나, 해당사안과 관련하여 경험 많은 법관 위주로 구성하거나 외부 전문가를 배심원에 포함시키는 방안도 제시될 수 있다.[154]

또한 ≪仲裁法≫은 심리절차 진행 시 서면심리로 해야 하는지 아니면 개정심리로 해야 하는지에 대하여도 구체적인 규정이 없으므로 공개 여부에 대한 규준도 필요해 보인다.

(2) 중재판정 취소기한의 단축

≪仲裁法≫ 제59조에 따르면 "당사자가 중재판정의 취소를 신청하는 경우 중재판정 수령일로부터 6개월 이내에 신청서를 제출"하도록 하고 있다. 또한 동법 제60조에 따르면 "인민법원이 판정취소 신청을 수리한 날로부터 2개월 이내에 취소 또는 기각결정을 내려야 한다"고 규정하고 있다.[155] 따라서 이 기간까지를 감안하면 취소결정에 최장 8개월이 걸릴 수도 있으므로, 지나치게 장기간 동안 법률

---

152) ≪仲裁法≫ 第58條 ③ 人民法院經組成合議庭審査核實裁決有前款規定情形之一的, 應當裁定撤銷.

153) 唐雙玲, 前揭書, pp.54−55.

154) 高順齡 主編, 『當代中國仲裁制度若干問題研究 − 紀念仲裁法頒布10周年』, 武漢出版社, 2004, p.247.

155) 중재판정 취소신청 기간을 영국은 28일, 대만은 30일, 프랑스·일본은 1개월, 독일·벨기에·네델란드·브라질·스위스·미국은 각각 3개월로 규정하고 있다.

관계의 불안정 상태가 지속되는 것이다.156)

이렇듯 판정취소 신청기간이 장기화되는 것은 당사자의 권익을 보호하는 데 불리할 뿐 아니라 증거의 멸실 등 입증의 곤란이 예상되고, 그에 따라 사법심사에 적시성을 잃을 가능성이 있다.157) 따라서 중국의 현실과 제 국가의 규정을 감안하여 중재판정의 취소 신청기한을 단축하는 것이 필요하므로158) 그 기간은 3개월 이내가 적절하다는 주장이 다수를 이루고 있으며,159) 《修正案》에서는 이를 '30일 이내'로 대폭 축소하자고 제안하고 있다.160)

(3) 사회공공이익의 합리적 적용

공서양속(또는 사회공공이익, Public policy)은 그 개념정립이 어렵고 판정기관의 자의성이 우려되어 오랜 기간 국제법학자들의 관심의 대상이 되어 왔으며, 그 의미의 정확성과 적용의 예측 가능성을 높이기 위하여 많은 노력을 기울여 왔다.161) 그 결과 국제상사중재에 있어서 정의와 형평의 기본적 원칙으로 뉴욕협약162)이나 모델법163)뿐만 아니라 각국의 입법례에서도 수용하는 중재판정 판단의

---

156) 일부 서양학자의 경우 중재판정 취소신청 기간이 가장 긴 대표적 사례로 중국을 지적하고 있다(Julian D.M. Lew QC *et al*, 『Comparative International Commercial Arbitration』, Kluwer Law International, 2003, pp.671 - 672).

157) 周淸華·李慧, "論我國撤銷仲裁裁決的立法與實踐", 中國國際私法年會 발표, 2004, p.4.

158) 杜煥芳, "完善涉外仲裁裁決撤銷制度的思考", 『人民法院報』法治時代 第3版 2004, p.2.

159) 譚兵 主編, 前揭書, p.459, 唐雙玲, 前揭書, p.54.

160) 案 第65條 ① 當事人申請撤銷裁決的, 應當在收到裁決書之日起三十日內提出.

161) International Law Association, "Resolution on Application of Public Policy as a Ground For Refusing Recognition and Enforcement of International Arbitral Awards", 2002.4.6.(www.ila - hq. org.)

162) 뉴욕협약 § 5(2)(b).

163) UNCITRAL Model Law Article 34.

일반적 원칙이 되었다.[164]

이러한 공서양속의 국제적 수용태도에 비추어 보면 중국의 ≪仲裁法≫이나 ≪民事訴訟法≫에서 규정하고 있는 '社會公共利益'의 개념은 국제중재규범이나 판례에서의 공서양속 개념과 일치되도록 해석하고 운용하여야 한다.[165] 따라서 공서양속의 개념에 맞추어 자의적 해석과 국가 내부의 공공이익과 정부정책에 부응하는 듯한 개념을 가지고 있는 ≪仲裁法≫과 ≪民事訴訟法≫의 규정을 개정하여야 한다.

또한 법원은 社會公共利益을 적용함에 있어 신중하여야 하고 엄격하게 해석하여야 할 것이며 社會公共利益이라는 개념이 지방의 상업적 이익을 보호하는 방향으로 남용하는 사례가 발생하는 것을 방지하여야 할 것이다. 아울러 현재까지 뿌리 깊게 잔존하는 지방보호주의의 태도를 버려야 함은 물론이다.[166]

(4) 사전보고제도의 정비

섭외중재 및 외국중재 판정의 집행거부 등과 관련한 상급법원 앞 사전보고제도는 法發[1995]18號(1995.8.28.)와 法釋[1998]40號(1998.4.23.)를 통해 시행되고 있으며, 최고인민법원이 비준적 성격을 가지고 결정하는 제도이다. 이 사전보고제도에 의하여 최고인민법원은 매년 약 30~40

---

164) Fourchard, 『Gaillard and Goldman on International Commercial Arbitration』(Emmanuel Gaillard & John Savage eds), 1999, p.888, p.953.

165) Yongping Xiao · Zhengxin Huo, "Ordre Public in China's Private International Law", *17 Ohio St. J. on Disp. Resol.*, American Society of Comparative Law Inc., 2005, p.669.

166) 1991년 최고인민법원장 任建新은 지방보호주의 만연이 결코 국가와 사법제도에 도움이 되지 않는다고 지적하면서 지방당간부의 재판관여금지, 법관에 대한 정부공직자나 당의 선동금지 등을 요구한 바 있다(Cheng Dejun *et al.*, "International Arbitration in The People's Republic of China", *Butterworths Asia*, 2000, p.128 참조).

건의 결정에 대하여 심리를 거친다고 한다.[167]

이러한 사전보고제도의 개선과 관련해서는, 현행의 사법해석에 의해 운영되고 있는 사전보고제도를 ≪仲裁法≫에 반영함으로써 이를 법률화한 후, 절차적 효용을 증대하기 위해 이를 단계별로 개선해 나가야 한다는 주장[168]이 있는 반면, 심판제도의 개혁과 사법독립의 요구라는 측면에서 볼 때 사전보고제도는 존치필요성이 낮고 종국성을 갖는 중재제도의 본질적인 측면과도 맞지 않으므로 통상의 상소제도로 대체함이 타당하다는 주장도 있으며,[169] 또한 법원의 중재판정 취소 등에 대한 불복절차가 허용되지 않는 점을 감안하여 법원의 심리절차에 청문제도를 도입하자는 주장도 제기되고 있다.[170] 그럼에도 불구하고 동 제도가 섭외·외국중재판정에 대한 최고인민법원의 공정한 집행의지를 나타내는 것이라는 다소 긍정적인 견해도 있으며,[171] 법원 내부의 자체감독 강화라는 측면에서 동 제도의 존치필요성을 강조하는 견해도 있다.[172]

---

167) 허익범, 『중화인민공화국 국제상사중재의 법제와 국제화 동향 연구』, 고려대학교 박사논문, 2006, p.292.

168) 즉 1차적으로는 현재의 2단계 보고단계를 유지하되 고급인민법원이 중급인민법원의 부정적 의견을 그대로 유지하는 경우 최고인민법원이 상반된 결정을 하지 않는 한 고급인민법원의 결정은 즉시 효력이 발생되게 하고, 2차적으로는 보고단계를 줄여 2단계 보고제도를 1단계 보고제도로 축소하며, 최종적으로는 보고제도를 폐지하는 것이다(張斌生 主編, 前揭書, pp.521-522 참조).

169) 杜煥芳, "論中國涉外仲裁裁決的撤銷問題及其完善", 『仲裁與法律』 2002年 第5期, p.63, 尹忠顯, "從司法與仲裁關係的發展趨勢看我國仲裁法改革", 『政法論叢』 2006年 第1期, pp.88-89, 張雪, "論我國國際商事仲裁裁決司法追訴的內部報告制度", 『山東審判』 2005年 第5期, p.37.

170) 王秀玲, "我國涉外仲裁的司法審查及其修改與完善", 『河北法學』 2005年 第5期, p.147, 楊曉迪, "我國涉外仲裁司法審查制度的問題與完善", 『經濟研究導刊』 第15期, 2007, p.127, 黃瑞, "我國涉外仲裁司法監督制度的缺陷及其完善", 『南昌大學學報(人文社會科學版)』 第38卷 第2輯, 2007, p.80.

171) Jian Zhou, op. cit., p.450.

172) 張琳, "論國際商事仲裁中的司法監督", 『行政與法』 2005年 第12期, 2005, pp.107-108.

(5) 사법심사 등에 대한 불복 허용

최고인민법원이 내린 중재판정 취소결정이나 당사자 신청에 대한 기각결정에 대하여 관련 법률에 아무런 규정이 없어 사실상 당사자의 상소권이 제한될 뿐만 아니라 재심신청도 불가능하며, 인민검찰원도 항소를 제기할 수 없게 되어 있다.[173]

이와 관련하여 법원이 사법감독이라는 수단을 통하여 중재진행에 대한 당사자의 정당한 권익을 제도적으로 보호함은 일견 당연하다 할 수 있으나,[174] 전문가들의 충분한 심리 끝에 내려진 중재판정을 법원이 쉽사리 부정할 수 있는 현실에 대응하여 당사자에게도 이에 대응할 수 있는 환경을 조성하는 것이 필요해 보인다.[175] 그리함으로

---

173) 최고인민법원은 1996년에 사법해석을 통하여 "인민법원이 중재판정 집행거부 결정을 한 경우 당사자가 그 결정의 잘못을 이유로 재심을 신청하는 경우 법적 근거가 없으므로 수리하지 말라"고 지시한 바 있고(法復[1996]8號), 1997년과 1999년 각각 발표한 사법해석(法復[1997]5號 및 法釋[1999]6號)에서는 "인민법원이 내린 중재판정의 취소 또는 당사자가 신청한 판정의 기각결정에 대하여 당사자는 상소할 권리가 없다"고 함으로써 중재에 대한 법원의 관여권을 절대화하고 있다(姜霞·文新, "仲裁司法審査程序的目的及其實現", 『長沙鐵道學院學報(社會科學版)』 第8卷 第2期, 2007, p.35, 참조). 또한 2000년 중 연이어 발표한 사법해석(法釋[2000]17號, 法釋[2000]46號에서는 "법률효력이 발생한 중재판정 취소 또는 취소거부 결정에 대하여 검찰기관이 항소한 경우 인민법원은 이를 수리하지 아니한다"고 함으로써, 법원은 당사자나 인민검찰원 등 어느 누구의 제약도 받지 아니하고 중재에 대한 사법적 결정권을 독자적으로 행사하게 되고, 비록 그 결정에 오류가 있어 당사자의 권익에 손해가 있더라도 구제방법은 없는 것이다(宋朝武, 『中國仲裁制度: 問題與對策』, 經濟日報出版社, 2002, pp.311-312 참조).

174) 姜霞·文新, "仲裁司法審査程序的目的及其實現", 『長沙鐵道學院學報(社會科學版)』 第8卷 第2期, 2007, p.34.

175) 당사자의 불복을 인정하여 법원이 재심을 통하여 잘못된 결정을 바로잡은 사례도 있다. 華中理工大學科技開發總公司('A사'라 함)와 思可達高技術産業化中試配套有限公司('B사'라 함)는 1997년 합작자회사 설립계약을 체결하였으나, 계약불이행으로 B회사는 북경중재위원회에 중재를 신청하였다. 그러자 A사는 중재조항에 北京 혹은 武漢을 중재지점으로 약정한 까닭에 중재지가 구체적으로 확정되지 않아 중재합의가 무효라는 이유를 들어 武漢市 중급인민법원에 중재합의 무효 확인을 청구하였다. 2000년 12월 해당 법원은 중재합의 무효를 결정하였고([2000]武仲確字 第3號 民事裁定書), B사는 다음 해 2월 동 법원에 재심을 청구하였다. 법원은 재심리를 통하여 중재조항이 비록 중재위원회의 명칭을 명확히 기재하지 않았으나 北京市나 武漢市에는 각각 한 개의 중재위원회만이 존재하므로 그 약정은 명확하고 따라서 중재합의로 유효하다고 결정하였다(2001.6.4, [2001]武

써 사법관여로 인해 발생할 수 있는 오류를 바로잡고 당사자의 권익을 합법적으로 보호할 수 있다는 주장[176]은 타당한 것이라 사료된다.

한편 최근에는 최고인민법원도 이러한 현실적 수요를 인식하여 2006년 7월에 民事審判 第4庭이 주관이 되어, "인민법원이 국제중재판정의 취소·집행거부 신청 또는 외국중재판정의 집행신청을 수리하여 내린 裁定(결정)에 대하여 당사자에게 상소권 부여가 가능한지 여부"의 문제를 토론에 붙이기 위하여 전국의 학계와 중재기관에 공문을 발송한 바 있는데, 이에 대하여 일부 실무계 종사자들은 중재의 종국성을 해하지 않는 범위 내에서 제도개선이 필요함을 인정하면서도, 국제 및 외국판정에 대해서는 사법감독이 절차적인 면에 한정되는 점을 감안하여 현행 사전보고제도 기한을 명확히 하는 등 일부 기존제도 개선만으로 보완이 가능하다는 다소 상반된 의견을 제시하는 경우도 있었다.[177]

2. 최고인민법원의 단계적 개선노력

1) 여러 가지 사법해석안을 통한 각계 의견수렴

(1) 사법해석안의 발표

제3장의 사법해석 사례에서 살펴보았듯이 최고인민법원은 수십 년간 각종 사법해석을 통하여 법원의 사법심사나 통제 또는 협조에 이르기까지 광범위한 사법감독을 지속해 왔다. 그러던 중 최고인민법

經再字 第65號 民事裁定書).
176) 張斌生 主編, 前揭書, p.388.
177) 傅林涌, "刍议涉外仲裁裁决司法审查结论的法律效力"『对外经贸实务』2007年 第6期, pp.48-50.

원은 2003년 11월 31일에 국내중재와 국제중재의 차별을 방지하고 중재활동의 규범을 통일한다는 취지에서 총 40개 조항의 ≪最高人民法院關於人民法院處理涉外仲裁及外國仲裁案件的若干規定≫(徵求意見稿)[178]라는 종합적인 사법해석안을 발표하여 각계의 의견을 구한 바 있다.[179]

그 후 최고인민법원은 ≪仲裁法≫의 정확한 적용과 중재기관의 분쟁해결 기능을 제고한다는 취지에서 인민법원의 중재안건 심리 등 관여절차와 기준을 명시한 ≪關於適用≪中華人民共和國仲裁法≫若干問題的解釋(徵求意見稿)≫라는 동일 명칭의 사법해석안을 2004년과 2005년에 걸쳐 세 차례(2004년 7월 22일, 12월 27일 및 2005년 3월 1일)나 연이어 발표한 바 있다. 이 3건의 사법해석안 중 첫 번째(총 27개 조문)는 의견수렴용 시안이며, 두 번째(총 29개 조문)와 세 번째 해석안(총 33개 조문)은 위 시안에 대한 1차 및 2차 수정안인데, 첫 번째와 두 번째 해석안은 주로 ① 중재합의의 효력, ② 새산보전과 증거보전, ③ 중제판정의 취소 ④ 중재판정의 집행 등에 대한 인민법원의 처리절차를 상세히 규정하고 있는 반면, 세 번째 해석안은 앞선 2개의 해석안뿐만 아니라 2003년에 발표된 ≪涉外稿≫의 내용까지를 일부 반영하여 종합한 것으로서 국내중재와

---

178) 이 시점부터 여러 가지 사법해석안이 연이어 발표되었으므로 중국의 중재학계에서는 이를 여타 사법해석안과 구분 짓기 위하여 ≪涉外稿≫라고 약칭한다(廣州仲裁委員會研究所, "解讀最高人民法院≪關於適用〈中華人民共和國仲裁法〉若干問題的解釋(徵求意見稿)≫", 『仲裁研究』第1輯, 2004, pp.78-94. 馬占軍, "依法規範・適度監督・大力支持-解讀最高人民法院≪關於適用〈中華人民共和國仲裁法〉若干問題的解釋≫草案三稿』『仲裁研究』第4輯, 2004, pp.81-94. 등 참조).

179) ≪涉外稿≫의 내용은 크게 6부문으로 구분할 수 있는데, ① 적용범위(§ 1) ② 관할(§ 2) ③ 신청안(§ 3) ④ 등록안건의 심사절차(§ 4~§ 14) ⑤ 중재합의의 효력 확인(§ 15~§ 30) ⑥ 기타(§ 31 이하) 등이다.

국제중재의 내용을 모두 아우르는 것이다. 이 3건의 해석안에 대하여 중국의 학계나 중재계에서는 편의상 발표 순서대로 ≪意見稿≫, ≪修改稿≫ 및 ≪第三稿≫로 각각 칭하기도 한다.

(2) ≪涉外稿≫의 평가

≪涉外稿≫는 제1조에서 동 사법해석안의 입안취지를 국제중재 합의의 효력확인 신청안건, 국제중재판정의 집행 및 취소 신청안건 과 외국중재판정의 승인 및 집행 신청안건에 국한[180]하고 있어 중재 제도의 전반적 문제점에 대한 개선책을 제시하기에는 다소 부족함이 엿보인다.[181]

그럼에도 불구하고, 여러 가지 유형의 중재안건에 대한 관할법원 (제2조)과 신청 및 심사절차(제4조~제11조)를 명확히 하였고, 인민 법원이 신청을 수리하지 않는 경우 30일 동안 신청인의 상소권을 인 정(제10조)하였으며, 신청수리 후 원칙적으로 6개월 내에 집행을 결 정(제14조)하도록 함으로써 신속한 처리를 주문하고 있다.

또한 ≪仲裁法≫이 중재합의의 서면성에 대하여 규정하고 있지 않은 현실[182]을 반영해 "서면형식 구비 여부는 계약법 제11조의 규정을 준용한다"고 규정(제15조)한 것과, 중재합의의 효력에 관한 준거법으로 "당사자 간 약정한 법률을 적용하고, 당사자 간에 중재

---

180) ≪涉外稿≫를 입안한 最高人民法院 民四庭의 審判長인 陸效龍에 의하면, ≪涉外稿≫ 는 "인민법원의 섭외 및 외국중재에 대한 사법심사와 관여경험을 집약하고, 국제중재 및 외 국중재와 관련된 법률문제를 명확히 규정함으로써 중국 중재사업의 발전에 적극적 영향을 미치도록 하기 위하여 기초"되었음을 알 수 있다(陸效龍, "關於涉外仲裁司法解釋(征求 意見稿)的若干問題",『涉外仲裁司法審査』, 法律出版社, 2006年, p.141 참조).

181) 허익범, 전게서, p.318.

182) ≪仲裁法≫에서는 중재합의의 서면성을 규정하지 않으므로 개별 중재위원회가 ≪合同法≫ 상 계약의 서면성 관련 규정을 원용하여 중재규칙에 반영하고 있는데, CIETAC 仲裁規則 제5조와 北京仲裁委員會 仲裁規則 제4조 등이 그 대표적인 예이다.

합의에 대한 준거법을 정함이 없이 중재지만을 정한 경우에는 중재지 국가 혹은 중재지의 법률을 적용하며, 중재지가 없거나 중재지 약정이 불명확한 경우에는 법정지 법률을 적용한다"고 규정한 것(제17조)은 뉴욕협약[183])의 정신 등에 부합하는 내용이다.[184])

한편 중재합의 후 당사자가 합병·분리된 경우 등의 경우에도 계약상의 권리의무 승계 주체에게까지 구속력이 있음을 명백히 규정(제28조)하는 등 일부 전향적이고 국제적 중재원칙 및 규칙에 적응하려는 노력이 있었음을 발견할 수 있는데, 국제중재의 사법관여에 대한 사법부의 변화된 시각을 인식할 수 있다.

≪涉外稿≫는 앞에서 언급한 바와 같은 긍정적 면에도 불구하고 여전히 여러 가지 한계점을 드러내고 있다. 먼저 제2조의 경우 국제 중재합의의 효력확인 신청에 대한 관할법원을 명시하고 있으나, 쌍방 당사자가 관할권 있는 다른 인민법원에 각각 신청서를 제출한 경우 관할법원 결정이 어려워진다는 문제점이 있다. 따라서 이 경우에도 ≪民事訴訟法≫ 제35조의 규정을 준용하여 가장 먼저 수리한 인민법원이 심리를 진행하도록 규정화함이 필요하다는 주장이 제기되고 있다.[185])

---

183) 뉴욕협약은 중재판정의 승인 또는 집행거부사유인 제5조 제1항 a호에서 "중재합의 당사자가 그 준거법 아래에서 무능력자이거나, 중재합의가 당사자들이 지정한 법, 만일 그 지정이 없다면 중재판정이 내려진 국가의 법 아래에서 무효인 경우"를 규정함으로써 승인 또는 집행단계에서 중재합의의 유효성을 판단하는 기준이 되는 실질법을 명시하고 있으므로 중재합의에 관한 준거법은 1차적으로 당사자들이 지정한 법, 2차적으로 중재판정지의 법이 됨은 논란의 여지가 없다.

184) 비록 제17조 내용이 뉴욕협약 정신에 부합하기는 하나, 당연한 사항을 뉴욕협약에서 규정한 범위를 넘어서까지 사법해석에 자세히 명시하는 것에 대해서는 다소 부정적인 시각도 있다(王生長, "'有利於有效'政策與仲裁協議效力的認定 - 評最高人民法院的兩份司法解釋征求意見稿", 『涉外仲裁司法審查』, 法律出版社, 2006年, p.133 참조).

185) 周成新·張敬前, "對涉外仲裁司法解釋(征求意見稿)的修改意見", 『涉外仲裁司法審查』, 法律出版社, 2006年, p.155.

또한, 즉 제12조의 경우 "인민법원은 안건수리일로부터 5일 내에 당사자들에게 안건통지서를 발송하여야 하며, 통지서에 피신청인은 통지서 도착일로부터 30일 내에 이의제기가 가능함을 고지하여야 한다"라고 규정하고 있는데, 이로 인하여 인민법원은 섭외중재 안건의 집행신청이 있더라도 이에 대한 집행절차를 즉각 개시할 수 없으며, 통지와 이의제기 절차가 집행개시의 제1차적 및 제2차적 前置節次가 되는 문제점을 안고 있다. 이에 대해 이러한 기간을 절반 이상으로 줄임으로써 판정의 집행에 보다 유리하도록 개선해야 한다는 의견도 제기되었다.[186]

한편 제20조 제4호에서는 "당사자가 소송과 중재가 모두 가능한 중재합의를 한 경우"에 이를 중재합의 무효사유로 들고 있으나, 비록 두 가지의 분쟁해결절차를 합의하였다 하더라도 당사자의 우선적 결정권을 인정할 필요가 있고,[187] 복수의 중재기관을 약정한 경우에 유효성을 인정하는 것(제22조)과 구별할 실익이 없으므로 이 사유를 중재합의의 무효 사유로 하는 것은 지나치다는 지적도 있다.[188] 또한 동 조 제7호에서는 "국내당사자가 섭외성 없는 분쟁에 대하여 외국중재를 약정한 경우"를 중재합의의 무효사유로 들고 있는데, 중국의 국내법상 외국인 투자회사(합자·합작기업)는 내국법인으로 취급되므로 이 조항으로 인하여 외국중재 합의가 무효로 되는 문제점이

---

186) 陈荣奋, 『从 "有利於有效" 到 "有利於执行" - 也评最高人民法院的两份司法解释征求意见稿』, 廣州市律师协会, http: //www.gzlawyer.org/topic.php?action = news&channelID = 7&topicID = 21&newsID = 10005047(2009년 10월 2일 최종방문). 참고로 이 논문은 2005년도 廣州市변호사협회의 최우수논문에 선정된 것으로서 당시의 중국 중재계에서의 국제중재를 포함한 중재제도 개선에 대한 높은 관심도를 나타내 주고 있다.

187) 周成新·張敬前, 前揭書, p.159.

188) 宋連斌, "七年之痒:關於涉外仲裁司法解释(征求意见稿)的幾点建議", 『涉外仲裁司法審查』, 法律出版社, 2006年, p.174.

발생하게 된다.189)

아울러 臨時仲裁는 모든 국제협약과 국제적 중재규칙의 규범이
전통적으로 인정하는 제도이고, 실제로 많은 중재사안에서 활용되고
있음에도 제27조에서는 이를 제한적으로만 인정한다고 규정하여 사
실상 중국 내에서의 임시중재를 배척하고 있다.190) 또 제33조에서는
중재기관과 법원과의 관계와 관련하여 "국제중재판정의 집행 혹은
취소 사건을 심리하면서 법원이 필요할 경우 중재기관에 설명을 요
구"할 수 있도록 하고 있어 중재기관의 사법관여를 공식화할 여지가
있고 자율적 중재판정에 악영향을 미칠 우려가 있으므로, 이를 삭제
하거나191) 법원이 사건서류의 사본을 중재기관에 송부하면 중재기관
이 관련 의견을 피력하는 정도로 수정함이 타당하다는 주장192)도 제
기되고 있다.

한편 ≪涉外稿≫의 의견징구 기간 중에 중재기관이나 변호사 또
는 많은 하급법원에서 국제중재 및 외국중재의 집행거부에 관한 사
선보고제도를 규정한 두 건의 사법해석(1995.8.28. 法發[1995]18號,
1998.4.23. 法[1998]40號)을 폐지시키고 민사소송법상의 상소제도를
허용해 주도록 건의한 바 있으나, 최고인민법원은 아직 각급 법원이
이러한 제도를 개선할 수 있는 정도의 수준에 도달하지 못했다고 판
단하여 그 건의를 수용하지 않은 점도 있다.193)

---

189) 周成新·張敬前, 前揭書, p.160.
190) 陸效龍이 밝힌 바대로 "중국의 중재법은 기관중재만을 인정하고 있으나, 중국이 뉴욕협약
    체약국으로서 동 협약이 임시중재까지를 포괄하고 있으므로 이를 완전히 부정할 수 없는
    현실을 반영"한 것임을 알 수 있다(陸效龍, 前揭書, p.150 참조).
191) 宋連斌, 前揭書, p.176.
192) 周成新·張敬前, 前揭書, p.162.
193) 陸效龍, 前揭書, p.152.

이상으로 볼 때 ≪涉外稿≫의 발표는 국제중재에 대한 법원의 입장을 명확히 하고 종합적인 처리기준을 제시했다는 점에서 그 의의가 크다고 할 수 있으나, 단순히 인민법원의 국제중재 심사에 관한 절차적인 면만을 강조하였을 뿐 국내중재와 국제중재의 일원화를 위한 시도와는 여전히 거리가 있는 것으로 보이며, 사실상 상위 법률이 국내중재와 국제중재의 이원화를 규정지은 상황에서 법원의 어떠한 노력만으로는 한계가 있다는 것을 다시금 확인시켜 주는 것이라 하겠다.

(3) ≪意見稿≫ 등 3건의 사법해석안에 대한 평가

가) 중재합의의 효력문제

앞에서 보듯이 "당사자가 중재와 소송 중 하나를 선택 가능하다는 중재합의"에 대하여 당초에 ≪涉外稿≫와는 달리 이를 유효하게 보다가(≪意見稿≫ 제7조 제1항, ≪修改稿≫ 제7조)[194] 추후 이를 무효로 규정(≪第三稿≫ 제9조)하였으며,[195] "중재기관의 지정 없이 중재규칙만을 약정한 중재합의"의 경우에도 ≪涉外稿≫(제26조)는 그 효력을 인정한 반면 ≪第三稿≫(제7조)에서는 이를 무효화하는 등 시간이 경과함에 따라 법원의 보수적인 관념이 드러나 보인다. 이와 관련해서는 "본 중재규칙 따라 중재를 진행하기로 하였으나 중재기관을 약정하지 아니한 경우 본 중재위원회에 중재 신청하는 것에 동의한 것으로 간주"토록 하는 CIETAC 중재규칙 내용[196]을 참

---

194) ≪意見稿≫ 제7조 제1항에서는 우선적 행위에 따라 관할권이 정해지도록 되어 있고, ≪修改稿≫ 제7조에서는 중재를 거치지 않고 소송을 할 경우 인민법원이 이를 수리하지 못하도록 함으로써 중재절차가 우선이 되도록 하였다.

195) 이에 대하여 해당 중재합의를 무효로 하기보다는 당사자가 중재 또는 소송을 선택할 수 있도록 하되, 먼저 수리한 중재위원회나 인민법원이 그 관할권을 갖도록 하자는 개선의견을 제시한 이들도 있다(馬占軍, 前揭書, p.83. 참조).

196) CIETAC 仲裁規則 第4條 ③ 凡當事人约定按照本規則进行仲裁但未约定仲裁機構

조할 만하다.

나) 중재판정의 취소문제

중재규칙은 중재기관과 중재당사자가 중재진행 시 준수해야 할 절차규칙이다. ≪仲裁法≫은 이 절차규칙이 ≪仲裁法≫ 절차에 속하는지 여부에 대하여 명확한 규정이 없는데, 이 3건의 사법해석안은 모두 "당사자가 선택한 중재규칙의 위반은 ≪仲裁法≫ 제58조에서 규정한 법정절차의 위반으로 본다"고 규정[197]하고 있다. 이와 관련하여 ≪意見稿≫와 ≪修改稿≫는 모두 해당 조문에 단서를 두어 "중재활동이 중재절차상에 하자가 있더라도 공정한 진행에 실질적인 영향을 미치지 아니한 경우 이를 법정절차 위반으로 보지 아니한다"라고 명시하고 있음에 반해, ≪第三稿≫는 이러한 단서를 삭제해 버림으로써 간접적으로 법원의 중재판정 취소범위를 넓혀 줄 뿐만 아니라 중재판정 취소의 가능성을 한층 높여 주고 있다는 문제점이 제기되고 있다.[198]

한편 중재판정 취소신청 안건의 경우 ≪意見稿≫ 제21조에서는 ≪民事訴訟法≫상의 제1심 보통절차 심리방식을 준용[199]토록 하던 것을 ≪修改稿≫와 ≪第三稿≫에서는 '합의부를 구성하여 심리'토록 명확히 규정하고 있다.[200]

的, 均視为同意将争议提交仲裁委员会仲裁.

197) ≪意見稿≫ 안 제17조, ≪修改稿≫ 안 제19조, ≪第三稿≫ 안 제20조.

198) 馬占軍, 前揭書, p.88.

199) 일부 학자는 중재의 사법심사 절차가 새로운 법률관계를 발생시킨다 하여 이를 일종의 소송법상의 '형성의 소'에 속한다고 인식하기도 한다(楊崇森, 『仲裁法新論』, 臺灣仲裁法協會(臺北), 1999, pp.274-278, 楊秀淸, "試論仲裁決的撤銷-兼論我國相關立法的完善(下)", 『仲裁研究』第7輯, 2006, pp.20-22., 李琳, 『試論仲裁裁決的撤銷』, 中國政法大學碩士學位論文, 2005, p.271 등 참조).

다) 중재의 효력 및 판정에 대한 법원결정의 불복 문제

인민법원의 중재에 대한 관여와 통제는 주로 3가지 형태로 이루어 지는데, 중재합의의 유효성 확인, 중재판정의 취소 및 중재판정의 집 행거부를 들 수 있다. 인민법원이 이러한 사법관여를 통하여 내린 결정에 불복할 수 있는지가 항상 문제로 거론된다. 앞서 최고인민법 원의 사법해석에서 살펴보았듯이 중재판정 집행거부 및 중재판정 취 소결정에 불복하여 재심을 신청하는 경우 인민법원은 이를 수리하지 아니하는데, ≪涉外稿≫를 포함하여 이 3건의 사법해석안도 모두 이와 유사하게 규정하고 있다.201) 즉 법원은 당사자나 어느 누구의 제약을 받지 아니하고 사법적 결정권을 행사하며, 중재는 법원의 독 자적인 결정으로 종결되어야 한다는 최고인민법원의 인식에는 전혀 변화가 없다는 것을 알 수 있다.

2) 종합적인 사법해석 공표를 통한 사법관여 시스템의 개선
(1) 개요 및 주요 내용

2005년 12월 26일 최고인민법원은 심판위원회 의결을 거쳐 ≪最 高人民法院關於適用≪中華人民共和國仲裁法≫若干問題的解 釋≫(法釋[2006]7號)202)라는 제목의 사법해석을 확정하고 그 이듬 해 8월 23일에 이를 발표(시행일 2006년 9월 8일)하였다. 본 사법해 석은 앞서 발표된 ≪涉外稿≫와 ≪意見稿≫ 등에 규정된 내용들 을 중심으로 하여 의견 수렴된 사항들을 반영하고, 그간 개별 중재

---

200) ≪修改稿≫ 안 제22조, ≪第三稿≫ 안 제24조.
201) ≪涉外稿≫ 안 제35조, ≪意見稿≫ 안 제26조, ≪修改稿≫ 안 제27조, ≪第三稿≫ 안 제31조.
202) 전문과 총 31개의 조항으로 구성되어 있다.

사건에 대하여 하급법원이 제기한 질의와 건의사항에 대한 최고인민법원 차원의 답신내용을 정리함과 아울러, 실무계와 학계에서 제기한 제도개선안 등을 반영한 것이다.[203]

참고로 본 사법해석의 전체적인 내용을 간략히 살펴봄과 아울러 기존 사법해석안들과 관련 내용을 비교해 보면 다음과 같다.

---

203) 이 사법해석의 주요 내용에 대해서는 沈德咏 · 萬鄂湘 主編, 『最高人民法院仲裁法司法解釋的理解與適用』, 人民法院出版社, 2007, pp.2 - 267을 참조할 수 있는데, 동 책자에는 본 건을 포함하여 40여 건의 사법해석을 수록하고 있어 관련 연구에 많은 도움을 주고 있다. 특히 본건 사법해석에 대해서는 最高人民法院 研究室과 民事審判 第4庭의 전문가들이 260여 면에 걸쳐 전체 31개 조문을 축조 해설하고 있을 뿐만 아니라 각 조문마다 관련된 주요 중재판정 및 법원의 裁定事例를 자세히 소개하고 있어 매우 귀중한 자료라고 생각된다.

<표 2> 종합 사법해석의 주요 내용과 기존 사법해석안과의 비교

조별	주요 내용	기존 사법해석안			
		涉外稿	意見稿	修改稿	第三稿
제1조	• '기타 서면형식' 포괄범위: 계약서, 서신 및 데이터전문	§ 15	§ 14	§ 16	§ 1
제2조	• 중재대상 계약분쟁의 범위: 계약의 성립, 변경 해제 등으로 인해 발생한 분쟁			§ 18	§ 2
제3조	• 중재기관 약정이 불명확하여도 중재기관 확정이 가능한 경우 중재기관을 선택한 것으로 인정	§ 24	§ 6	§ 6	§ 6
제4조	• 중재규칙만 약정한 경우 중재기관 약정이 없는 것으로 간주(보충합의나 중재규칙으로 중재기관 확정이 가능하면 예외)	§ 26 (중재규칙)			§ 7 (보충합의)
제5조	• 복수의 중재기관을 약정한 경우 선택신청 가능	§ 22	§ 5	§ 5	§ 8
제6조	• 특정지방 중재기관을 약정하고 그 지방에 1개 중재기관만 있는 경우 약정 중재기관으로 간주 • 복수 중재기관이 있는 경우 선택신청 가능	§ 23	§ 5	§ 5	§ 8
제7조	• 중재와 소송을 동시에 약정한 합의는 무효(일방이 중재를 신청하고 규정기한 내 이의제기가 없는 경우 예외)	§ 20	§ 7	§ 7	§ 9
제8조	• 중재합의 후 당사자의 권리의무 변동 시 합의는 유효	§ 28	§ 1	§ 1	§ 10
제9조	• 다른 약정이나 반대의사가 명확하지 않은 한 채권·채무 양도 시 중재합의는 양수인에게 유효	§ 29	§ 2	§ 2	§ 11
제10조	• 원계약의 취소, 미성립은 중재합의 효력에 영향 없음	§ 18	§ 4	§ 4	§ 12
제11조	• 다른 계약의 중재조항이나 섭외조약의 중재규정을 적용키로 한 경우 동 중재조항에 따라 중재신청				
제12조	• 중재합의 효력확인: 약정중재기관 소재지 중급인민법원 • 섭외중재합의 효력확인: 약정중재기관 소재지, 합의 체결지, 신청인 또는 피신청인 주소지 중급인민법원 • 섭외해사해상중재합의 효력확인: 약정중재기관 소재지, 합의 체결지, 신청인 또는 피신청인 주소지 해사법원	§ 2	§ 10	§ 11	§ 15

조별	주요 내용	기존 사법해석안			
		涉外稿	意見稿	修改稿	第三稿
제13조	• 판정부의 제1차 심리기일 전 중재합의 효력의 이의 미제기 시 인민법원은 중재합의 무효 확인 신청을 수리 거부 • 중재기관이 중재합의 효력에 대해 결정한 후 인민법원은 중재합의 효력확인 및 중재기관 결정취소신청 수리 거부		§ 8	§ 9	§ 13
제14조	• 중재법(§ 26)의 '제1차 심리'는 답변기한이 지난 후 인민법원이 정한 제1차 개정심리를 의미(심리 전 활동은 불포함)		§ 9	§ 10	§ 14
제15조	• 중재합의 효력확인 사안은 인민법원이 합의부를 구성하여 심사하고 당사자를 심문	§ 13			§ 16
제16조	• 섭외중재합의의 효력은 당사자 간 약정법률 적용 • 약정법률이 없고 중재지만을 정한 경우 중재지법 적용 • 약정법률이 없고 중재지가 불명확한 경우 법정지법 적용	§ 17			§ 17
제17조	• 중재법(§ 58) 및 민소법(§ 260)에 정하지 않은 사유로 판정취소 신청 시 인민법원은 수리 거부				§ 18
제18조	• 중재법(§ 58①1)의 '중재합의가 없는 경우'는 당사자가 중재합의를 달성하지 못한 것을 의미 • 중재합의가 무효나 취소의 경우: 중재합의 없음으로 간주				
제19조	• 중재판정사항이 중재합의 범위를 초과한 경우 인민법원은 초과부분 취소(여타 판정사항과 불가분이면 판정취소)[204]	§ 34		§ 17	§ 19
제20조	• 중재법(§ 58)의 '법정질서 위반'은 중재법상 중재절차와 선택된 중재규칙을 위반하여 판정에 영향을 준 상황을 의미		§ 17	§ 19	§ 20
제21조	• 국내중재판정 취소신청이 다음에 속할 경우 인민법원은 판정부에 재중재를 통지 (이유 명시) - 중재판정이 근거한 증거가 위조인 경우 - 당사자를 기망하여 공정판정에 영향을 준 경우		§ 19	§ 20	§ 21

---

204) ≪最高人民法院關於我國仲裁機構作出的仲裁裁決能否部分撤鎖問題的批復≫ (1999.2.16. 法釋[1999]16號)으로 이미 부분취소가 가능함을 밝힌 바 있다.

조별	주요 내용	기존 사법해석안			
		涉外稿	意見稿	修改稿	第三稿
제22조	• 판정부는 법원이 정한 기한 내에 재중재 사작(인민법원은 취소절차 종결) • 재중재 미개시의 경우 취소절차 회복		§ 19	§ 21	§ 22
제23조	• 당사자가 재중재 판정에 불복 시 인민법원에 취소신청 가능		§ 20		§ 23
제24조	• 중재판정 취소신청 사안은 인민법원이 합의부를 구성하여 심리하고 당사자를 심문		§ 21 (보통절차)	§ 22	§ 24
제25조	• 법원이 판정취소신청 수리 후 상대방이 집행 신청한 경우 법원은 수리 후 집행중지 결정 필요			§ 23 (수리거부)	§ 25 (수리거부)
제26조	• 중재판정 취소신청 기각 후 동일한 사유로 집행거부 항변을 제출하는 경우 인민법원은 수리 거부	§ 35	§ 24		§ 27
제27조	• 중재 진행 중 중재합의 효력에 이의 제기 없이 판정 후 중재합의 무효를 이유로 판정취소 주장 및 집행거부 항변 시 인민법원은 수리 거부 • 중재 진행 중 중재합의 효력에 이의를 제기하고 판정 후 이를 이유로 판정취소 주장 및 집행거부 항변 시 관련법규에 부합할 경우 인민법원은 이를 지지				§ 28
제28조	• 당사자가 조정서나 화해합의로 이루어진 중재판정의 집행거부 청구 시 인민법원은 지지하지 않음			§ 24	§ 29
제29조	• 판정집행 취소사안은 피집행인 주소지 혹은 대상재산 소재지의 중급인민법원이 관할	§ 2	§ 23		§ 30
제30조	• 판정취소나 집행사안 심리 시 법원은 중재기관에 설명 및 기록열람 요구 가능	§ 33			§ 32
제31조	• 시행일(공포일부터) 및 기존 사법해석 관련 경과조치 명시	§ 40	§ 27	§ 29	§ 33

(2) 법원의 개선노력에 대한 평가

2003년의 ≪涉外稿≫로부터 시작하여 종합적 사법해석으로 이어진 2006년 8월 23일자 사법해석(法釋[2006]7號) 발표는 그동안 일련의 사법해석안을 통하여 실무계와 학계의 의견을 수렴한 후 취해진 것으로 ≪仲裁法≫과 국제적 중재규범 또는 현실과의 간격을 상당 폭 좁히는 등 중재제도 개선을 위한 법원의 의지가 엿보이는 중요한 결과물이라 할 수 있다. 따라서 향후 중재관련 실무에도 상당한 영향을 미칠 것으로 평가되나 그럼에도 불구하고 현행 입법상의 제약 등으로 인하여 다음과 같이 다소 미흡한 측면들이 문제점으로 남는다.

가) 현행 입법상의 제약으로 인한 불완전성

≪仲裁法≫이 중재합의 내용에 중재기관을 명확히 포함하도록 하고 있음에 따라 임시중재의 법률적 지위를 부정할 수밖에 없게 되는데, 이는 중국의 중재제도에 대한 가장 큰 취약점으로 남게 되고, 중재판정에 대한 인민법원의 취소 결정 등에 대한 상소권 등 불복장치를 두지 못하는 점도 계속 문제점으로 남게 된다.[205]

아울러 당사자의 중재기관 선택권을 보장하는 제도적 장치 또한 부족하다. 즉 본 사법해석이 선택적 중재합의를 무효로 하면서도 일방의 중재신청 후 상대방이 첫 심리기일 전에 이의를 제기하지 아니하는 경우 예외를 인정한 것[206]과는 달리, 복수의 중재기관을 선정

---

205) 萬鄂湘・于喜富, "我國仲裁司法監督制度的最新發展", 『法學評論』 2007年 第1期, 2007, p.78.

206) 第7条 當事人約定爭议可以向仲裁機構申请仲裁也可以向人民法院起诉的, 仲裁协议無效.但一方向仲裁機構申请仲裁, 另一方未在仲裁法第二十条第二款規定期间内

한 후 당사자가 그중 하나를 선택하지 못하면 중재합의는 무효가 되는데 이 경우에도 그런 형태의 단서규정 마련이 필요한 것으로 사료된다. 이 외에도 중재합의의 지나친 엄격성, 중재판정의 유효성에 대한 섭외 및 국내중재 간에 차별적 기준 적용 등 사법관여 측면에서 볼 때는 ≪仲裁法≫이나 ≪民事訴訟法≫ 자체의 한계를 벗어나지 못하는 부분들이 여전히 아쉬움으로 남는 것이 사실이다.

나) 중재기관의 자율성·독립성 저해와 당사자의 비밀보장 문제
  본 사법해석에서는 법원이 중재판정의 취소 또는 집행신청 사안을 심리하면서 필요하다고 인정하는 경우에 중재기관에 대하여 설명을 요구하거나 관련 중재기록의 열람을 요구할 수 있도록 규정하고 있다.[207] 그런데 이 조항은 당초 ≪涉外稿≫ 안 제33조에 기술되었던 사항으로서 ≪涉外稿≫ 발표 당시 중재기관의 사법관여를 공식화할 여지가 있고 자율적 중재판정에 악영향을 미칠 우려가 있으므로 삭제가 필요하다는 비판의견들이 팽배하였으나[208] 결국 사법해석 내용에 그대로 포함되어 버린 것이다. 따라서 이 조항은 중재절차에 대한 법원의 지나친 개입으로 중재기관의 자율성과 독립성을 저해할 소지를 내포하고 있고, 법원의 중재기관 의견청취 또는 중재기록 열

提出異议的除外.

207) 第30條 ① 根據審理撤銷, 執行仲裁裁決案件的實際需要, 人民法院可以要求仲裁機構作出說明或者向相關仲裁機構調閱仲裁案卷. 이는 ≪涉外稿≫안 제33조와 ≪第三稿≫안 제32조의 내용을 그대로 이어 온 것이다.

208) 이러한 문제점은 중재판정에 대한 사법심사에 있어 항상 발생할 수 있는 문제로서, 일부 학자는 비공개심리 원칙인 중재와 공개심리가 원칙인 소송 간의 비밀보장 문제 해결을 위하여 법원이 심리전에 영업비밀과 관련된 안건에 대해서는 당사자에게 비공개심리 신청권한이 있음을 고지하고 그에 따라 공개심리 여부를 결정함이 타당하다는 의견도 있다(王秀玲, 前揭書, p.149).

람으로 인해 중재 진행 중에 표출된 당사자들의 영업비밀 등이 법원을 통해 공개됨으로써 중재의 비공개원칙을 훼손할 가능성도 있다고 보인다.

다) 기타

공공정책위반은 세계 각국이 보편적으로 인정하는 중재판정 취소사유이다. 그러나 중국의 경우 당사자가 공공정책 위반이라고 주장하는 대다수 안건의 이유가 "판정결과의 불공정 또는 신의성실원칙 위반이거나 판정집행이 사회안정을 해치는 경우" 등이어서 사실상 제대로 성립되기 어려운 이유들이다. 실제 중재판정이 공공정책을 확실히 위반하여 그 판정이 취소되거나 집행 거부된 사례는 매우 드물다. 따라서 하나의 중재판정이 어떠한 경우에 공공정책 위반을 구성하게 되는지에 대한 법원의 판단경험이 부족할 수밖에 없으므로 이에 대한 명확한 규정정비가 필요한 것으로 보인다.[209)]

V. 맺는말

이상으로 중국 상사중재제도의 가장 큰 특징이라 할 수 있는 상사중재에 대한 사법관여의 실태와 문제점을 검토해 보고, 최근 실무계와 학계를 중심으로 일어나고 있는 제도개선 움직임과 아울러 최고인민법원이 새로운 사법해석을 통하여 나름대로 중재의 선진화와 국제적 정합성을 제고하려는 노력을 기울이고 있음을 관련 사례와 함

---

209) 萬鄂湘・于喜富, 前揭書, p.79.

께 살펴보았다.

중국은 세계에서 중재기관 수가 가장 많은 국가로, 전국적으로 200개가 넘는 중재기관을 두고 있고 3만여 명의 중재인을 보유하고 있는 사실상의 '仲裁大國'이다.[210] 그럼에도 불구하고 중국으로서는 나름대로의 역사적 배경과 경제적·사회적 요인으로 인하여 국내중재와 국제중재의 절차 및 판정집행방식을 이원화시켜 운영하고 있고, 그에 따라 각각에 대한 사법관여의 방법과 범위도 많은 부분에서 차이가 나는 실정이다. 또한 중국 내에서 중재를 진행하는 경우 임시중재를 제도적으로 불인정함에 따라 현실적인 중재수요를 뒷받침하지 못한다는 비판이 있고, 국제적 중재제도의 경향과는 달리 반드시 중재합의 전후에 중재기관을 확정해야 함에 따라 사후적으로 법원에 의하여 중재합의의 유효성이 부인되는 사례가 다수 있어 중재이용에 대한 법적 안정성을 확보하기 어렵다는 지적도 제기된다. 이러한 점은 현재 중국과 교역관계에 있는 외국기업들로서도 세심한 주의를 기울일 수밖에 없는 사항이다.

즉 계약체결 단계에서는 중국 중재가 중재합의의 형식요건에 대해 지나치게 엄격한 규정적용을 하고 있음을 유념하여 ≪仲裁法≫ 제16조에 부합하도록 중재사항과 중재기관명을 정확히 기재하여 중재합의가 무효로 되는 일이 없도록 하여야 할 것이다. 또한 특정 중재기관을 선정한 경우에는 반드시 그 중재기관의 중재인명부를 확인하여 중립적 인사의 포함 여부를 확인해 보는 것이 좋으며, 향후 당사자 간의 논란을 제거하기 위해서는 중재조항 삽입 시에 해당 중재기

---

210) 刘武俊, "中国仲裁制度的实證研究", 『南通大学学报』(社会科学版) 第23卷 第1期, 2007, p.47.

관의 중재인명부 이외에서 중재인을 선정할 수도 있다는 내용을 명시하는 것이 좋다.[211] 참고로 CIETAC이 가장 최근(2008년 5월 1일) 게시한 중재인명부에 의하면 전체 중재인 수는 965명인데, 그중 홍콩 등을 포함한 외국인의 수가 275명에 이르는 반면 한국인의 수는 고작 7명에 불과[212]하여 우리나라의 對중국 교역여건을 반영하거나 중재수요를 충족시키기는 어렵다는 생각이 든다. 이는 중국에서의 중재를 희망하는 당사자로서는 깊이 고려해야 할 사항이다.

한편 분쟁발생단계에서는 보전조치에 유의해야 하는데, 중국도 한국과 같이 중재절차상의 보전조치를 허용하고 있으나 구체적인 접근방식은 상당히 다르다. 즉 한국은 법원과 중재판정부에 모두 보전조치를 할 수 있는 권한을 부여하고 있으며, 중재절차 개시 전이라도 법원에 보전신청을 할 수 있도록 하고 있으나,[213] 중국은 법원에만 보전조치 권한을 부여하고 있으며, 소송과 달리 중재신청 전에는 보전신청을 할 수가 없고, 반드시 중재기관을 경유하여 법원에 신청하도록 하고 있는 점에서 큰 차이가 있음을 유념해야 한다.

아울러 외국중재를 이용하고자 할 경우 가장 유의해야 할 점은 해당국가에서의 강제집행이 용이한지 여부인데, 1995년 사전보고제도 시행 이후 외국중재판정의 승인 및 집행 환경은 상당히 개선되었다

---

211) 이주원, "중국 중재제도의 특징에 관한 소고", 『중재연구』 제15권 제3호, 2005, p.133.

212) CIETAC 중재인은 내국인이 690명, 홍콩 등을 포함한 외국인이 275명이다. 총 36개국의 외국인이 포함되어 있는데 이를 국적별로 보면, 미국 46명(16.7%), 영국 44명(16.0%), 홍콩 36명(13.1%), 대만 17명(6.2%), 캐나다와 프랑스가 각각 16명(5.8%), 호주 12명(4.4%), 싱가포르와 독일이 각각 11명(4.0%)으로 대다수를 차지하고 있다. 한국은 7명(2.5%), 일본은 6명(2.2%)이다
(http://cn.cietac.org/Arbitration/ArbitrationBeadroll.shtml, 2009.11.8. 최종 방문).

213) 한국 중재법 제10조(중재합의와 법원의 보전처분) 중재합의의 당사자는 중재절차의 개시 전 또는 진행 중에 법원에 보전처분을 신청할 수 있다.

고 할 수 있다. 그 실례로 최근 최고인민법원이 밝힌 바에 따르면, 汕頭市 중급인민법원의 경우 2003년 이후에 대한상사중재원의 판정을 포함한 3건의 해외중재판정의 집행을 승인[214]한 것을 소개하면서, 이를 두고 외국중재판정의 중국 내 집행이 그만큼 용이해졌음을 입증하는 사례라고 자평하고 있다.[215] 외국중재판정에 대한 기본적인 시각이 변하고 있음을 나타내 주는 것이라 하겠지만, 이러한 사례가 중재에 대한 사법부의 일반적인 인식변화를 반영하는 것인지에 대해서는 아직 확신이 없고, 외국중재 이용 시 외국중재기관을 통해서 인민법원에 보전조치를 신청할 수 있는 여건도 마련되지 않은 상황인 만큼 세심한 주의가 필요하다고 하겠다.

중재제도 발전은 자국 내 중재수요를 크게 촉진시킴은 물론이겠으나, 중재의 국제성을 감안할 때 자연적으로 국제중재판정의 증가나 외국중재판정의 승인 및 집행의 원활화를 수반함으로써 교역국가나 인접국가의 중재수요 증가를 유발하게 될 것은 자명한 일이다. 사실 한·중 간 경제협력의 확대와 더불어 양국 간의 교역 및 투자와 관련된 분쟁도 급증하고 있다. 이러한 맥락에서 최근 우리나라에서도 중국의 상사중재제도에 관한 연구가 활발하게 이루어지고 있고 韓·中 중재기관(또는 중재인) 상호 간의 정보교환 및 협력이 점차 확대되고 있는 것은 매우 고무적이라 하겠다. 이 같은 측면에서 대한상

---

214) ① Nortel Telecom(Asia) Ltd.의 스톡홀름중재 판정에 대한 집행승인(2003년 1월), ② 홍콩 ED&F의 런던설탕협회 판정에 대한 집행승인(2003년 7월), ③ 한국 TS해마로의 대한상사중재원 판정에 대한 집행승인(2006년 3월)이다. 이 중 (주)TS해마로 판정은 한국의 (주)TS해마로와 중국의 大慶派派思食品有限公司 간에 체결된 개발 및 체인점협의와 관련된 분규로서 2004.10.22. 대한상사중재원이 내린 판정이다(≪最高人民法院關於是否承認和執行大韓商事仲裁院仲裁裁決的請示的復函≫(2006.3.3. [2005]民四他字第46號) 참조).

215) 林一飛, 前揭書, p.252.

사중재원이 1992년부터 CIETAC과 중재협력을 체결하고 있고 최근 들어서는 한국 기업 진출이 많은 지역에 있는 靑島仲裁委員會(2006년 5월), 大連仲裁委員會(2008년 11월) 등 2개의 중재기관과 업무협정을 체결하는 등 교류 및 협력관계216)을 확대해 오고 있는데, 이뿐만 아니라 비록 우리 기업들의 진출이 많지 않다고 하더라도 중재규모가 크고 국제거래가 많은 上海, 深圳 등 여타 지역의 중재기관과도 교류확대가 필요해 보인다.

또한 국가차원에서도 양국 사법부 차원의 협력증진, 의견 및 정보교환 등의 교류강화로 중재제도의 효율성 제고를 위한 노력을 계속하고 이를 통하여 자국 법원 간 또는 하급법원 차원에서도 중재의 효용과 절차에 대한 의견의 통일을 꾀하고, 국제중재에 대한 인식제고에도 주력하도록 해야 할 것이다.217) 아울러 국내에서는 법학교육 전문기관 등을 통하여 중국의 법제 및 중재제도에 정통한 중재전문가들을 양성할 수 있도록 교육환경 개선에 노력하여야 할 것이고, 또한 IT, 금융 등 중재의 대상이 점차 전문화되고 있는 만큼 대한상사중재원에 전문중재센터를 두게끔 하거나218) 별도의 전문중재기관 설치 또는 기존 분쟁해결기구의 중재업무 허용 등 변화하는 중재수요에 선제적으로 대응하기 위한 노력도 필요해 보인다.

---

216) 대한상사중재원은 2009년 10월 말 현재 23개국의 24개 중재기관과 업무협정을. 24개국의 24개 중재기관과 중재협정을 맺고 있다(자료: 대한상사중재원).

217) 우리나라와 중국 간 사법공조 조약은 2003년 7월 7일 체결되었는데, 총 30개 조항으로서 그중 제3조 사법협조의 범위에 '중재판정의 승인 및 집행'을 포함하고 있다.

218) CIETAC의 경우 내부에 "도메인분쟁해결센터·온라인분쟁해결센터(域名解決中心·網上爭議解決中心)"와 "국제경제금융중재센터(國際經濟金融仲裁中心)"를 두어 전문중재에 응하고 있다.

참고문헌

Ⅰ. 국내문헌

1. 단행본

목영준, 『상사중재법론』, 박영사, 2001.

_____, 「중재에 있어서 법원의 역할에 관한 연구」, 연세대학교 박사학
위논문, 2005.

문준조, 「중국의 입법관련제도 및 입법기준에 관한 연구」, 한국법제연구
원, 2002.

석광현, 『국제상사중재법연구(제1권)』, 박영사, 2007.

허익범, 「중화인민공화국 국제상사중재의 법제와 국제화 동향 연구」, 고
려대학교 박사학위논문, 2006.

2. 연구논문 및 자료

江平, "中國의 仲裁制度", 『중재연구』 제13권 제1호, 2003.

費宗禕, "中國 現行 仲裁制度의 缺陷 및 改善", 『중재연구』 제13권
제1호, 2003.

성백영, "중화인민공화국 중재법의 내용과 문제점의 고찰" 『중국법연구』
제2집, 1999.

오원석·김용일, "중재판정의 취소와 집행거부에 따른 실무상의 유의점 -
공서위반을 중심으로", 『무역상무연구』 제35권, 2007.

王紅松, "中國仲裁制度", 『중재연구』 제13권 제2호, 2004.

윤진기, "UNCITRAL示範仲裁法與中國仲裁法的比較", 『중국법연구』
제3집, 2000.

이시환, "중국법원의 섭외상사중재판정의 취소", 『무역상무연구』 제31권, 2006.
이주원, "중국 중재제도의 특징에 관한 소고", 『중재연구』 제15권 제3호, 2005.

II. 중국문헌

1. 단행본

高順齡 主編, 『當代中國仲裁制度若干問題研究－紀念仲裁法頒布10周年』, 武漢出版社, 2004.

喬欣, 『仲裁權研究－仲裁程序公正與權利保障』, 法律出版社, 2001.

譚兵, 『中國仲裁制度的改革與完善』, 人民出版社, 2005.

馬永雙 主編, 『仲裁法導論』, 中國社會出版社, 2007.

史飈, 『商事仲裁監督與制約機制研究』, 中國政法大學, 2003.

沈德咏·萬鄂湘 主編, 『最高人民法院仲裁法司法解釋的理解與適用』, 人民法院出版社, 2007.

于喜富, 『國際商事仲裁的司法監督與協助－兼論中國的立法與司法實踐』, 知識産權出版社, 2006.

袁忠民, 『我國仲裁機構演變的研究』, 華東政法學院(博士學位論文), 2006.

林一飛, 『中國國際商事仲裁裁決的執行』, 對外經濟貿易大學出版社, 2006.

張麗霞, 『論我國商事仲裁的司法監督』, 對外經濟貿易大學, 2004.

張斌生, 『仲裁法新論』, 廈門大學出版社, 2004.

程德鈞, 『國際貿易爭議與仲裁』, 對外經濟貿易大學出版社, 1993.

趙健, 『國際商事仲裁的司法監督』, 法律出版社, 2000.

趙秀文, 『國際商事仲裁及其適用法律研究』, 北京大學出版社, 2002.

_____, 『國際商事仲裁法』, 中國人民大學出版社, 2004,

韓健, 『現代國際商事仲裁的理論與實踐』, 法律出版社, 北京, 2000.

黃進·宋連斌·徐前權, 『仲裁法學』, 中國政法大學出版社, 2007.

2. 연구논문 및 자료

姜霞·文新, "仲裁司法審査程序的目的及其實現", 『長沙鐵道學院學
　　報(社會科學版)』第8卷 第2期, 2007.
顧昻然, "關於≪中華人民共和國仲裁法(草案)≫的說明-1994年6月28
　　日在八屆全國人民代表大會常務委員會第八次會議上", 『全國
　　人民代表大會常務委員會公報』1994年 第6期, 1994.
廣州仲裁委員會研究所, "解讀最高人民法院≪關於適用<中華人民共
　　和國仲裁法>若干問題的解釋(徵求意見稿)≫", 『仲裁研究』第
　　1輯, 2004.
唐雙玲, "論我國仲裁裁決司法監督制度的不足及完善", 『新疆廣播電
　　視大學學報』, 第10卷 第4期, 2006.
董文彬, "臨時仲裁制度與我國建立臨時仲裁制度之可能性", 『太原師
　　範學院學報』第3卷 第3期, 2004.
杜新麗, "論國際商事仲裁的司法審査與立法完善", 『現代法學』第27
　　卷 第6期, 2005.
杜煥芳, "論中國涉外仲裁裁決的撤銷問題及其完善", 『仲裁與法律』
　　2002年 第5期.
＿＿＿＿, "完善涉外仲裁裁決撤銷制度的思考", 『人民法院報』法治時
　　代 第3版, 2004.
馬占軍, "依法規範·適度監督·大力支持-解讀最高人民法院≪關於
　　適用<中華人民共和國仲裁法>若干問題的解釋≫草案三稿"『仲
　　裁研究』第4輯, 2004.
＿＿＿＿, "1994年中國≪仲裁法≫修改及論證", 『仲裁研究』제8輯, 2006.
萬鄂湘·于喜富, "我國仲裁司法監督制度的最新發展", 『法學評論』
　　2007年 第1期, 2007.
武漢大學國際法研究所≪仲裁法≫修改課題組, "≪中華人民共和國仲
　　裁法≫(建議修改稿)", 『仲裁研究』제8輯, 2006.
傅林涌, "芻議涉外仲裁裁決司法審査結論的法律效力"『對外經貿實
　　務』2007年 第6期.
邵國寶·徐前權, "中國仲裁制度之沿革, 現狀及前瞻", 『荊州師專學
　　報』1999年 第1期, 1999.

孫南申, "涉外仲裁司法審査的若干問題研究 – 以仲裁協議爲視角", 『法商研究』 2007年 第6期, 2007.

宋連斌, "七年之痒: 關於涉外仲裁司法解釋(征求意見稿)的幾点建議", 『涉外仲裁司法審査』, 法律出版社, 2006.

_____ · 黃進, "≪中華人民共和國仲裁法≫(建議修改稿)", 『法學評論』 2003年 第4期, 2003.

楊陳睿, "法院對仲裁監督探析", 『當代中國仲裁制度若干問題研究』, 武漢出版社, 2004.

楊曉迪, "我國涉外仲裁司法審査制度的問題與完善", 『經濟研究導刊』 第15期, 2007.

王菊, "論我國涉外仲裁的監督機制", 『國際商務研究』 2000年 第4期, 2000.

王生長, "外國仲裁裁決在中國的承認與執行", 陳安 主編 『國際經濟法論叢』 第2卷, 法律出版社, 1999.

_____, "'有利於有效'政策與仲裁協議效力的認定 – 評最高人民法院的兩份司法解釋征求意見稿", 『涉外仲裁司法審査』, 法律出版社, 2006.

王秀玲, "我國涉外仲裁的司法審査及其修改與完善", 『河北法學』 2005年 第5期, 2005.

王亞明, "試論仲裁裁決不予執行的立法完善" 『北京仲裁』 第64輯, 2008.

王紅松, "≪仲裁法≫存在的問題及修改意見", 『北京仲裁』 第52輯, 2004.

_____, "中國仲裁面臨的機遇與挑戰", 『北京仲裁』 2008年 第1輯, 2008.

于健龍, "中國國際經濟貿易仲裁委員會2009年工作報告暨2010年工作計劃", CIETAC, 2009.

劉武俊, "中國仲裁制度的實證研究", 『南通大學學報』(社會科學版) 第23卷 第1期, 2007.

劉俊 · 朱志權 · 周春華, "聯合國仲裁示範法與中國仲裁法比較研究", 『撫州師專學報』, 2003年 第1期, 2003.

陸效龍, "關於涉外仲裁司法解釋(徵求意見稿)的若干問題", 『涉外仲裁司法審査』, 法律出版社, 2006.

尹忠顯, "從司法與仲裁關係的發展趨勢看我國仲裁法改革", 『政法論叢』 2006年 第1期, 2006.

林一飛, "中國仲裁協會與仲裁機構的改革", 『北京仲裁』 2007年 第2輯, 2007.

張琳, "論國際商事仲裁中的司法監督", 『行政與法』 2005年 第12期, 2005.

張小建, "中國仲裁協會基本問題研究 - 兼論我國≪仲裁法≫有關條款的修改", 『仲裁研究』 第8輯. 2006.

張雪, "論我國國際商事仲裁裁決司法追訴的內部報告制度", 『山東審判』 2005年 第5期, 2005.

周成新·張敬前, "對涉外仲裁司法解釋(征求意見稿)的修改意見", 『涉外仲裁司法審查』, 法律出版社, 2006.

陳榮奮, 『從 "有利於有效" 到 "有利於執行" - 也評最高人民法院的兩份司法解釋征求意見稿』, 廣州市律師協會, http://www.gzlawyer.org/topic.php?action=news&channelID=7 &topicID=21&newsID=10005047(2009년 10월 2일 최종방문).

何其生, "中國國際私法學會二十年回顧", 『武大國際法評論』 2008年 第2期, 2008.

黃瑞, "我國涉外仲裁司法監督制度的缺陷及其完善", 『南昌大學學報(人文社會科學版)』 第38卷 第2輯, 2007.

中國仲裁網, "中國國際經濟貿易仲裁委員會2009年工作報告暨2010年工作計劃", CIETAC,http://cn.cietac.org/AboutUS/AboutUS3Read.asp?, (2010년 5월 23일 최종 방문)

Ⅲ. 기타 외국문헌

1. 단행본

Andereas F. Lowenfeld, *Conflict of Laws: Federal, States and International Perspectives*(2nd ed), 1998.

Andrew Tweeddale & Keren Tweeddale, *Arbitration of Commercial Disputes*, Oxford University Press, 2007.

Fourchard, *Gaillard and Goldman on International Commercial Arbitration*(Emmanuel Gaillard & John Savage eds), 1999.

Wang Sheng Chang, Resolving Disputes Through Arbitration in Mainland China, Law Press, 2003.

2. 연구논문 및 자료

Ge Liu & Alexander Lourie, "International Commercial Arbitration in China: History, New developments, and Current Practice", *The John Marshall Law Review*, Vol.28, 1995.

Jian Zhou, "Review and Perspective – China International Commercial Arbitration at the Advent of New Century", *72 Arbitration and Law 1*, 2001.

Li Hu, "Enforcement of Foreign Arbitral Awards and Court Intervention in the People's Republic of China", *Arbitration International*, Vol.20 – 2, LCIA, 2004.

Russell Thirgood, "Critique of Foreign Arbitration in China", *Journal of International Arbitration*, No.3, 2000.

Song Lianbin & Zhao Jian & Li Hong, "Approaches to the Revision of the 1994 Arbitration Act of the People's Republic of China", *Journal of International Arbitration*, Vol.20, No.2, 2003.

Wang Sheng Chang, "Increasing Favorable Conditions for Recognition and Enforcement of Arbitration Agreemnets – The Example of the People's Republic of China", *Meijo University Institute for Socioeconomic Dispute Studies Project – Final Report,* 2004.

_____, "CIETAC's Perspective on Arbitration and Conciliation Concerning China", in 『New Horizons in International Commercial Arbitration and Beyond—ICCA International Arbitration Congress』, Kluwer Law International, 2005.

Yongping Xiao & Zhengxin Huo, "Ordre Public in China's Private International Law", *17 Ohio St. J. on Disp. Resol*, American Society of Comparative Law Inc., 2005.

Zhan Xiabin & Li Wang, "A Brief Report on China International Economic and Trade Arbitration", *Meijo University Institute for Socioeconomic Dispute Studies Project—Final Report*, 2004.

3

중국 금리정책이 주식시장에 미친 영향

최준환

Ⅰ. 서론

이전의 중국주식시장은 중국 정부의 통제와 법률제도 등의 미비로 외국인 투자자들에게 실물 경제에 비해 그 관심이 낮은 수준이었다. 그러나 중국 정부의 자본시장 육성 방침에 따라 법률제도와 감독·관리 체제를 강화하여 투자자 보호에 노력하고 있으며 한편으로는 중국 A주식시장에 투자할 수 있는 해외적격기관투자가(QFII)의 투자규모 확대 등을 통해 관련규제를 완화하여 주식시장의 개방을 추진하고 있다.[1] 이에 따라 우리나라의 증권 관련 회사들이 중국 주식

---

[1] 중국 정부는 QFII에 대한 제한을 대폭 완화할 계획이고 국가외환관리국은 QFII관리를 위한 신규정의 초안을 이미 완성했으며 이를 곧 발표할 계획이라고 한다. 서울경제신문 (http://www.economy.hankooki.com)/2008년 4월 15일 검색.

시장 진출을 추진 중이며 2008년 4월 11일 푸르덴셜자산운용이 우리나라 금융회사로서는 처음으로 QFII자격을 획득하였다.[2] 또한 중국 기업의 국제화 전략에 따라 중국 기업의 해외상장이 증가하면서 세계 유수의 거래소들 간에는 중국 기업 상장유치가 치열해지고 있다. 우리나라도 북경에 증권선물거래소 북경사무소를 개소하였으며 현재 증권거래소에는 중국 기업으로 코스닥에 3노드디지털과 코웨이홀딩스가 상장되어 있으며, 코스피에는 화풍방직이 상장되어 있으며 현재 코스피와 코스닥에 각각 1개 사가 상장심사 과정에 있다.[3]

이러한 이유 등으로 최근 들어 중국 주식시장에 대한 관심이 높아지고 있으며 중국 주식시장에 대한 연구도 활발해지고 있는 추세이다. 국내에서 중국 주식시장에 대한 실증연구를 살펴보면 다음과 같다. 김경원 · 최준환(2002)은 중국인의 B주 주식시장에 대한 개방이 주식가격 결정에 어떠한 영향을 주었는지를 분석하였다.[4] 구기보(2007)는 중국 상장 국유기업의 비유통주 개혁이 주식시장에 미친 영향의 분석을 통해 주식시장에 나타난 근본적 구조변화에 대하여 분석하였다.[5] 최준환 · 허흥호(2007)는 최근 들어 증가하고 있는 중국 기업들의 복수상장 추세에 따라 홍콩과 미국에 복수 상장된 중국 기업들의 정보전이 효과를 실증 분석하였다.[6] 강영삼(2008)은 상장

---

2) 중국증권감독관리위원회(http://www.csrc.gov.cn)/2008년 4월 15일 검색.

3) 「KRX, 중국 기업 상장유치전 본격 돌입」, 한국증권선물거래소 보도자료, 서울: KRX, 2008. 4.

4) 김경원 · 최준환, 「중국 주식시장에서의 외국인 주식가격 연구」, 『증권학회지』 31권, 서울: 한국증권학회, 2002, 293 – 321쪽.

5) 구기보, 「중국 상장 국유기업의 비유통주 개혁이 주식시장에 미친 영향」, 『중국연구』 41권, 서울: 한국외대 국제지역연구센터, 2007, 15 – 37쪽.

6) 최준환 · 허흥호, 「홍콩과 미국에 복수 상장된 중국 기업 주식의 정보전이 효과」, 『중소연구』 31권 3호, 서울: 한양대 아태지역연구센터, 2007, 15 – 36쪽.

된 중국 대형 기업들의 특징을 비교·분석하고 이들이 어떻게 성장 진화하였는지를 분석하였다.[7] 이은영(2008)은 중국 주식시장에서의 개혁·개방조치가 실시되기까지 국내 외 기관투자가의 성장과 한계에 대해 알아보고 개혁 실시 이후 기관투자자의 소유 지분비율이 상장기업 가치에 어떠한 영향을 미치었는지에 대하여 실증 분석하였다.[8]

본 연구는 지금까지 중국 주식시장에 대한 실증연구들의 연장선상에서 최근 들어 중국 정부의 긴축기조 전환에 따라 지급준비율과 예금 및 대출 기준금리의 인상이 중국 주식시장에 미치는 영향에 대하여 분석하고자 한다. 특히 본 연구는 기존의 연구에서 사용된 상해종합주가지수에 대한 연구뿐 아니라 중국 주식시장의 특징이 반영되어 있는 A주와 B주 주식시장을 분리하여 분석함으로써 그 설명력을 높이고자 한다. 본 연구의 내용은 다음과 같다. Ⅱ장에서는 금리정책이 주식시장에 미치는 영향에 대한 선행연구에 대하여 중국 주식시장뿐만 아니라 다른 주식시장에 미친 영향에 대하여 알아보고, Ⅲ장에서는 최근 들어 경기과열의 주된 원인인 은행의 대출을 억제하기 위한 중국의 지급준비율 인상정책과 예금 및 대출 금리 정책에 대하여 추세를 분석하고 시사점에 대해 알아본다. 다음으로 Ⅳ장에서는 사건일 (금리정책발표) 전후로 발생하는 주식가격의 비정상수익률의 성과측정 실증연구에서 가장 많이 사용되고 있는 사건연구를 이용한 연구방법론과 실증분석 자료에 대하여 설명한다. Ⅴ장에서는 실증분석결과를 보고하고 Ⅵ장에서 본 연구에 대한 결론과 시사점을 도출한다.

---

7) 강영삼, 「중국 대형기업의 특성변화 요인 분석: 상위 200대 상장기업을 중심으로」, 『현대중국연구』, 9권 2호, 서울: 현대중국학회, 2008, 131 - 171쪽.

8) 이은영, 「기관투자가의 소유지분과 중국 기업 가치에 대한 실증분석」, 『현대중국연구』, 9권 2호, 서울: 현대중국학회, 2008, 281 - 311쪽.

Ⅱ. 기존 연구

정부가 주식시장에 개입하는 방법은 매우 다양하다. 그중에서도 금리정책을 통한 개입은 주식시장에 직접적이며 일시적인 조치로 알려져 있다. 이러한 금리정책이 주식시장에 어떠한 영향을 미치는지에 관한 실증연구는 미국을 중심으로 많이 이루어져 왔다. 이러한 분석의 결과 대부분 정책금리 변동은 주식시장에 부정적인 영향을 미치는 것으로 나타났다. Thorbecke and Alami(1994),[9] Thorbecke(1997),[10] Rigobon & Sack(2004)[11] 등은 단기시장금리의 인상은 주가에 부정적인 영향을 미치는 것으로 나타났고, Smirlock & Yawitz(1985),[12] Pearce & Roley(1985),[13] Hardouvelis(1987)[14] 등은 단기 시장금리 이외에 미 연준 재할인율 인상은 주가를 하락시키는 것으로 나타난다고 보고했다. 그러나 Tarhan(1995)[15]는 금리정책은 주가에 아무런 영향을 미치지 않는다는 결과도 있다.

---

9) Thorbecke, W. and T. Alami. 「The effect of changes in the Federal Funds rate target on stock prices in the 1970s」, 『Journal of Economics and Business』, Vol.46, 1994, pp.13 - 20.

10) Thorbecke, W. 「On stock market returns and monetary policy」, 『Journal of Finance』, Vol.52, 1997, pp.635 - 654.

11) Rigobon, R. & B. Sack. 「The impact of monetary policy on asset prices」, 『Journal of Monetary Economics』 Vol.51, 2004, pp.1553 - 1575.

12) Smirlock, M. & J. Yawitz. 「Asset returns, Discount rate changes, and Market efficiency」, 『Journal of Finance』, Vol.40, 1985, pp.1141 - 1158.

13) Pearce, D. K. & V. V. Roley. 「Stock prices and Economic News」, 『Journal of Business』, Vol.58, 1985, pp.49 - 67.

14) Hardouvelis, G. A. 「Macroeconomic Information and stock prices」, 『Journal of Economic and Business』, Vol.39, 1987, pp.131 - 140.

15) Tarhan, V. 「Does the Federal Reserve affect asset prices?」, 『Journal of Economic Dynamics and Control』, Vol.19, 1995, pp.1199 - 1222.

중국에서의 실증분석 결과는 다음과 같다. 먼저 지급준비율 조정이 금융시장에 미치는 영향에 대한 실증분석 결과이다. 劉亦文과 黃靜寅(2008)은 2007년 중국인민은행이 10차례나 지급준비율을 올려 거시경제를 조절하려고 했지만 여러 자료들을 실증 분석한 결과 외부 및 내부의 불균형으로 빈번한 지급준비율 인상은 기대한 만큼의 효과를 나타내지 못했다고 했다.[16] 劉洋(2008)은 2007년도의 지급준비율 인상이 주식시장에 미치는 영향에 대하여 분석하였는데 그 결과 지급준비율인상은 주식시장에 부(-)의 영향을 주는 것으로 나타났으며 업종에 따라 다른 영향을 미치는 것으로 나타났다.[17] 閻章秀(2007)는 지급준비율의 조정이 대출방면에 미치는 영향에 대하여 분석하였다. 그는 지급준비율 정책이 점점 그 효율성이 떨어지고 있으며 지역별로 그 차이가 분명히 나타난다고 하였다. 따라서 지급준비율 조정은 너무 빈번하게 사용하면 좋지 않으며 지역별 경제발전 수준에 따라 차별적으로 시행해야 한다고 하였다.[18] 林娟(2006)은 개입분석모형을 이용하여 지급준비율 상향 조정이 채권시장에 미치는 영향에 대하여 분석하였다. 분석 결과 정책이 공표된 후 부의 영향이 점점 나타나기 시작하였으며 약 2주 후 최고점에 도달한 후 하락하기 시작하였고 이 결과로 보아 중국의 채권시장은 아직 준강형 효율시장(Semi-Strong Efficient Market)에 아직 도달하지 못했다고 하였다.[19]

---

16) 劉亦文, 黃靜寅, 「央行頻繁提高存款准備金率的金融效應分析」, 『海南金融』 2008年 2期(湖南: 湖南省金融學會, 2008), 12-14쪽.

17) 劉洋, 「存款准備金率調整對我國證券市場的應響」, 『統計研究』 2008年3期(北京: 中國統計學會 2008), 42-45쪽.

18) 閻章秀, 「存款准備金率變動對信貸投放政策效應的實證分析」, 『西安金融』 2007年2期(西安: 人民銀行西安分行 2007), 46-47쪽.

다음은 중국 정부의 예금 및 대출 금리 조절이 금융시장에 미치는 영향에 대항 실증분석이다. 高志民와 彭夢春(2007)은 2007년 상반기 주요 거시경제 지표를 분석하여 유동성과잉과 물가상승압력이 존재함을 밝혀냈고, 금리조절 정책이 필요하다는 시각과 불필요하다는 시각을 결합하여 이러한 문제들을 분석하는 방법을 제공하였다.[20] 李楠(2007)은 최근 중국 인민은행의 금리조정이 중국 주식시장에 미치는 영향을 상장회사, 개인투자가 그리고 주식가격에 미치는 영향으로 나누어 분석하였다.[21] 雷滎(2007)는 금리인상이 중국 보험시장에 미치는 긍정적인 영향과 부정적인 영향에 대하여 분석하였고,[22] 羅蘭(2007)은 금리인상이 자본시장과 부동산 시장에 미치는 연향에 대하여 분석하였다.[23]

기존의 연구들을 살펴보면 일반적으로 중국 주식시장에서도 금리조절 정책은 주식시장에 부정적인 작용을 하는 것으로 나타났다. 그러나 대부분의 연구들이 1년 또는 하나의 사건만을 이용한 분석이다. 따라서 본 연구에서는 지금까지 중국의 금리조절 정책에 따른 전 기간을 그 분석대상으로 하여 중국의 금리조절이 주식시장에 미치는 영향에 대하여 분석하고자 한다.

---

19) 林娟, 「提高存款准備金率對國債市場的實證分析」, 『上海金融學院學報』, 2006年 6期(上海: 上海金融學院), 44 - 48쪽.

20) 高志民, 彭梦春, 「当前宏观经济条件下加息政策的效应分析」, 『财经科学』, 2007年 11期(西南: 西南财经大学 2007), 14 - 19쪽.

21) 李楠, 「加息对股票市场的影响分析」, 『科技信息』, 2007年 26期(山东: 上东省技术开发服务中心 2007), 248쪽.

22) 雷滎, 「略谈银行加息对筹险市场的影响」, 『保险职业学院学报』 2007年2期(湖南: 保险职业学院 2007), 56 - 57쪽.

23) 罗兰, 「银行加息对资本市场和房地产市场的影响分析」, 『大视野』 2007年3期(湖南: 湖南人民出版社 2007), 37 - 39쪽.

Ⅲ. 중국의 금리정책

중국 정부는 주식, 부동산 등 자산가격의 꾸준한 상승과 소비자물가의 높은 상승세가 지속됨에 인플레이션의 심화가 우려됨에 따라 긴축기조를 강화하고 있으며 빈번하게 사용하고 있는 긴축 수단은 지급준비율 인상과 예금 및 대출 금리 인상과 같은 통화정책이다. 중국 정부는 가장 강한 긴축 수단인 금리인상은 피하면서 지급준비율 상향 조절을 통한 긴축기조를 강화하고 있는데 그 이유로는 세계 금융시장이 금리인하 추세를 보이고 있는데 중국이 금리인상을 단행할 경우 국제투기자금의 유입으로 인한 혼란을 방지하겠다는 의도로 보인다. 따라서 본 장에서는 중국 정부의 긴축 수단의 핵심인 지급준비율 조정과 금리인상과 하락에 대한 정책적 추이를 살펴보고자 한다.

먼저 지급준비율 추이에 대하여 알아보자(<표 1> 참조). 중국의 지급준비율은 1985년에는 10%로 통일되어 있었다. 그 후 1988년 9월에는 13%까지 상승하였고 그 후 약 10년 동안 13%로 유지되다가 1998년 3월 21일 무려 5%를 인하하면서 지급준비율은 인하되기 시작하였다. 그 후 두 차례 더 지급준비율은 인하되어 2003년 9월 21일에는 7.0%로 최저점을 기록하였으며 이때부터 지급준비율을 발표한 후 약 2주 후부터 변동된 지급준비율을 적용하기 시작하였다. 이후 지급준비율은 계속해서 지속적으로 0.5%씩(2007년 12월은 1.0%) 인상하여 2008년 4월 25일에는 16%가 되었다. 특히 2006년 이후부터 지급준비율은 빠르게 인상되었고 그 횟수도 2006년에는 3차례, 2007년에는 10차례 그리고 2008년 4월까지 3차례 인상하여 중국 정부가 통화정책 중에서도 지급준비율 인상에 치중하는 모습을 나타내고 있다.

다음은 예금 및 대출 금리의 추이에 대하여 알아보자(<표 2> 참
조). 중국의 금리 추세를 보면 세 번의 추세로 나누어 볼 수 있다.
첫 번째는 1995년도까지로 이 구간에서 예금 금리와 대출 금리는
상승하는 추세를 나타내고 있다. 예금금리는 7.56%에서 1995년 7월
10.98%로 상승하였으며, 대출 금리는 8.64%에서 1995년 7월에는
12.06%로 상승하였고, 예대 차는 1.08%이다. 1993년에는 예금금리와
대출 금리가 10.98로 같아서 예대 차가 0%였다. 이후 1995년 7월에

〈표 1〉 중국의 지급준비율 추세

발표일자	적용일자	목표치(%)	변동 폭(%)
1985년	1985년	10% 통일	-
1987년	1987년	12.0	2.0
1988년 9월	1988년 9월	13.0	1.0
1998년 3월 21일	1998년 3월 21일	8.0	-5.0
1999년 11월 21일	1999년 11월 21일	6.0	-2.0
2003년 8월 23일	2003년 9월 21일	7.0	1.0
2004년 4월 11일	2004년 4월 25일	7.5	0.5
2006년 6월 16일	2006년 7월 5일	8.0	0.5
2006년 7월 21일	2006년 8월 16일	8.5	0.5
2006년 11월 3일	2006년 11월 15일	9.0	0.5
2007년 1월 5일	2007년 1월 15일	9.5	0.5
2007년 2월 16일	2007년 2월 25일	10.0	0.5
2007년 4월 5일	2007년 4월 16일	10.5	0.5
2007년 4월 29일	2007년 5월 15일	11.0	0.5
2007년 5월 18일	2007년 6월 5일	11.5	0.5
2007년 7월 30일	2007년 8월 15일	12.0	0.5
2007년 9월 6일	2007년 9월 25일	12.5	0.5
2007년 10월 13일	2007년 10월 25일	13.0	0.5
2007년 11월 10일	2007년 11월 26일	13.5	0.5

발표일자	적용일자	목표치(%)	변동 폭(%)
2007년 12월 8일	2007년 12월 25일	14.5	1.0
2008년 1월 16일	2008년 1월 25일	15.0	0.5
2008년 3월 18일	2008년 3월 25일	15.5	0.5
2008년 4월 16일	2008년 4월 25일	16.0	0.5

자료: 현대증권과 중국증권감독관리위원회(http://www.csrc.gov.cn)

예금금리는 동결된 상태에서 대출 금리만 1.08% 상승하였다. 두 번째 단계는 금리하락 추세이다. 1996년부터 2002년 2월까지 예금금리는 10.98%에서 1.98%로 폭락하였으며, 대출 금리 역시 12.06%에서 5.31%로 인하되었으나 예대 차는 3.33%로 확대되었다. 세 번째 단계는 금리인상 단계로 2004년 10월부터 금리가 인상하기 시작하였고, 2007년 12월 21일 현재 예금금리 4.14%와 대출 금리 7.47%, 예대 차 3.33%를 유지하고 있다. 이 기간의 특징은 금리인상 속도가 빨라졌다는 것이고, 예금금리는 일정하게 0.27% 상승하고 있으며, 대출 금리 역시 0.27%와 0.18%씩 점진적으로 인상되고 있다는 것이다.

지금까지의 지급준비율과 예금 및 대출 금리의 추세를 살펴보면 (<그림 1> 참조) 2006년 중국 정부가 긴축의 강도를 강화하면서 지급준비율 인상은 16차례, 금리인상은 8차례를 연속적으로 인상하고 있다는 것이다. 즉 중국 정부는 긴축의 수단으로 금리정책을 가장 선호하는 것으로 볼 수 있고, 그중에서도 지급준비율에 의한 정책에 더 큰 비중을 두고 있는데, 이 이유는 금리인상은 국제금리 시장과의 괴리를 확대시킴으로써 국제 자본시장의 투기세력에 의한 공격을 당할 수 있으며 이러한 자금의 유입을 위안화의 절상속도를 더욱 빠르게 하여 과잉유동성을 제어하는 데 어려움을 갖기 때문으로 보인다. 따라서 이러한 중국 정부의 금리정책이 중국의 주식시장에 어떠한 영향을 미치는지를 다음 장에서 알아보고자 한다.

〈표 2〉 중국의 예금 및 대출 금리 추세(1년 기준)

일시	예금금리	변동 폭	대출 금리	변동 폭	예대 차
1991년 4월 21일	7.56	-	8.64	-	
1993년 5월 15일	9.18	1.62	9.36	0.72	0.18
1993년 7월 11일	10.98	1.8	10.98	1.62	0
1995년 7월 1일	10.98	0	12.06	1.08	1.08
1996년 5월 1일	9.18	- 1.8	10.98	- 1.08	1.8
1996년 8월 23일	7.47	- 1.71	10.08	- 0.9	2.61
1997년 10월 23일	5.67	- 1.8	8.64	- 1.44	2.97
1998년 3월 25일	5.22	- 0.45	7.92	- 0.72	2.7
1998년 7월 1일	4.77	- 0.45	6.93	- 0.99	2.16
1998년 12월 7일	3.78	- 0.99	6.39	- 0.54	2.61
1999년 6월 10일	2.25	- 1.53	5.89	- 0.5	3.64
2002년 2월 21일	1.98	- 0.27	5.31	- 0.58	3.33
2004년 10월 29일	2.25	0.27	5.58	0.27	3.33
2006년 4월 28일	2.25	0	5.85	0.27	3.6
2006년 8월 19일	2.52	0.27	6.12	0.27	3.6
2007년 3월 18일	2.79	0.27	6.39	0.27	3.6
2007년 5월 19일	3.06	0.27	6.57	0.18	3.51
2007년 7월 21일	3.33	0.27	6.84	0.27	3.51
2007년 8월 22일	3.60	0.27	7.02	0.18	3.42
2007년 9월 15일	3.87	0.27	7.29	0.27	3.42
2007년 12월 21일	4.14	0.27	7.47	0.18	3.33

자료: 중국인민은행(http://www.pbc.gov.cn)

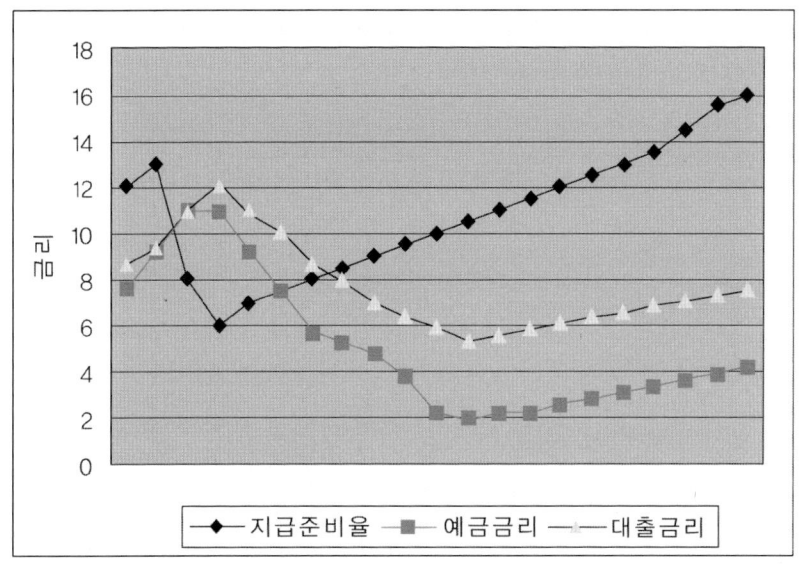

〈그림 1〉 지급준비율과 예금 및 대출 금리 추이

IV. 연구방법론과 분석자료

사건연구(Event Study)는 어떤 사건의 공개적인 발표시점을 중심
으로 주식가격이 어떻게 변화하는가를 관찰하는 검증방법으로 실증
연구에서 가장 많이 사용되는 연구 방법이다. 사건연구의 중요 관심
사는 사건일 전후로 발생하는 주가의 비정상수익률(Abnormal Return:
AR)의 성과측정이다. 본 연구에서는 중국의 금리정책이 주식시장에
미치는 효과를 분석하기 위해 먼저 상해의 상정종합지수(上証綜合
指數)와 심천의 심정성분지수(深証成分指數)를 이용하여 시장 전체
에 미치는 영향에 대하여 분석한 후 추가적으로 상해A, 상해B, 심천
A, 심천B 시장으로 나누어 사건일 전후의 주가 변화를 분석하고자

한다. 이러한 방식으로 시장을 세분하여 분석하는 이유는 중국 주식시장의 특징인 시장분할에 따른 A주와 B주의 특성 때문이다.24) 분석단계는 우선 각각의 단순수익률을 계산하여 그 효과를 분석하고, 그 후 시장조정수익률 모형을 이용하여 금리정책의 실효성을 분석하고자 한다.25)

1. 단순수익률

금리정책이 주식시장에 미치는 영향을 분석하기 위해 먼저 시장전체와 시장별 단순수익률을 구한다. 중국의 지급준비율과 금리인하가 2006년 이후에 빈번하게 이루어졌기 때문에 정보효과의 중복을 피하기 위해26) 사건일 전·후 5일인 −5일에서 +5일까지의 기간동안의 평균단순수익률을 식 (1)을 이용하여 구한다.

---

24) 중국 주식시장의 주요한 특징인 A시장과 B시장의 시장 분리에 대한 연구는 지금까지 많은 연구자에 의하여 연구되었다. 이러한 A시장과 B시장 그리고 상해와 심천 시장의 분리에 대한 작동메커니즘에 대한 특징 및 시장분리에 대해서는 김경원, 최준환(2002), 전게서 293-321쪽, 劉昕, 『中國股票市場分割及其消除』 上海上海財經大學出版社, 2005. Bong-Soo Lee, Oliver, R. & WenFeng, W 「Market segmentation and stock prices Discount in the Chinese Stock market」, 『Asia Pacific of Financial Studies』, Vol 37, 2008, pp.1-40을 참고.

25) 일반적으로 비정상수익률을 측정하는 모형으로는 시장조정수익률모형(Market Adjusted Return Model), 시장과위험조정수익률모형(Market and Risk Adjusted Return Model), 평균조정수익률모형(Mean Adjusted Model), 산업지수수익률모형(Industry Adjusted Return Model) 등의 여러 모형이 사용되고 있는데, 본 연구에서 시장수익률모형을 사용한 이유는 시장조정수익률 모형이 일반적으로 가장 많이 사용되고 있으며 검정력 또한 우수한 것으로 나타나고 있기 때문이다. 김찬웅, 김경원 「사건연구에서의 주식성과 측정」, 『증권학회지』, 제20권, 서울: 한국증권학회, 1997, 301-327쪽 참조.

26) 사건일이 중복되는 경우에는 검정력이 많이 떨어지기 때문에 중복을 피하였다. 김찬웅, 김경원(1997), 전게서, 316쪽.

$$R_t = \frac{1}{N}(\frac{P_t - P_{t-1}}{P_{t-1}}) \qquad --------식 (1)$$

여기서 N은 중국의 금리정책을 나타내는데, 중복을 피한 지급준비율 상승은 18번이고, 금리상승은 8번, 금리하락은 8번이었다.

2. 사건연구방법론

사건연구방법은 새로운 정보의 영향을 측정하기 위해 새로운 정보의 공표일 전·후의 일정기간 동안의 비정상수익률과 누적비정상수익률(Cumulative Abnormal Return: CAR)을 계산하여 그 크기와 통계적 유의성을 측정하게 된다. 따라서 본 연구에서는 시장조정모형을 이용하여 금리정책 발표를 기준(0일)일로 하고 -5일부터 +5일까지의 비정상수익률과 누적비정상수익률을 구하여 비교 분석하도록 한다.

시장조정모형을 이용한 비정상수익률은 다음과 같이 구한다.

$$AR_{it} = R_{it} - R_{mt} \qquad -------------식 (2)$$

여기서 R_{it}는 지수별 i의 t일의 수익률이고, R_{mt}는 t일의 시장수익률로서 상해는 상정종합지수이고, 심천은 심정성분지수이다.

식 (2)에 의해 구한 지수별 비정상수익률을 t일의 N개 표본으로 나누어 평균비정상수익률(AR)을 다음과 같이 구한다.

$$AR_t = \frac{1}{N_t} \sum_{i=1}^{N_t} AR_{it} \qquad ----------- 식 (3)$$

사건기간 동안 비정상수익률의 통계적 유의성을 검정하기 위해 t검
정을 수행하였고, 그 검정통계량은 다음 식(4)에 의하여 계산되었다.

$$t_{AR_t} = \sqrt{N_t} \sum_{i=1}^{N_t} \frac{AR_{it}}{\hat{S}(AR_{it})} \qquad ---------- 식 (4)$$

거래일 t일까지의 누적비정상수익률(CAR)은 사건기간 동안의 AR
을 누적하여 다음과 같은 식 (5)에 의하여 구한다.

$$CAR(t_1, t_2) = \sum_{t=t_1}^{t_2} AR_t \qquad --------- 식 (5)$$

여기서 $CAR(t_1, t_2)$ 는 사건기간 t_1부터 t_2 시점까지의 누적비정상
수익률을 말한다.

사건기간 동안 누적비정상수익률의 통계적 유의성을 검정하기 위
해 t검정을 수행하였고, 그 검정통계량은 다음 식(6)에 의하여 계산
되었다.

$$CAR(t_1, t_2) = \sum_{t=t_1}^{t_2} AR_t / \sqrt{\sum_{t=t_1}^{t_2} \hat{S}(AR_t)} \qquad ------- 식 (6)$$

3. 실증분석자료

본 연구에서 사용된 자료는 먼저 사건 기준일로 사용된 금리자료로 지급준비율 자료는 현대증권과 중국증권감독관리위원회에서 구하였으며 발표일자를 기준으로 하였다. 총 19번 중 금리 인상발표 기간이 짧아 중복된 자료는 검정력을 높이기 위하여 제거하였다. 예금과 대출 금리는 인민은행에서 구하였으며, 예금 또는 대출 한 방면에만 변화가 있는 경우도 분석에서 제외하여 금리인상은 8번, 금리인하 역시 8번의 자료를 이용하였다. 주식시장 자료로는 시장수익률로 상해는 상정종합지수를, 심천은 심정성분지수를 사용하였고, 개별주가지수로는 상해A, 상해B, 심천A, 심천B지수를 사용하였고, 자료는 2006년까지는 청화대학 중국금융연구중심(淸華大學中國金融硏究中心)에서 구하였으며, 2007년부터 2008년 3월까지는 상해증권거래소와 심천증권거래소에서 구하였다.

V. 실증분석결과

1. 단순수익률 분석 결과

중국의 금리정책이 중국 주식시장에 미치는 영향을 분석하기 위하여 금리정책 발표일 전·후의 단순수익률을 분석하였다. <표 3>은 금리정책 발표 전·후 단순수익률을 나타낸다. 지급준비율 인상의 경우 발표 2일 전까지는 정(+)의 효과를 나타내고 있다가 발표 1일 전부터 주가는 하락하기 시작하였고, 발표 이후에는 다시 주가가 상승하는 것으로 나타났다. 따라서 지급준비율의 상승은 주식시장에 부(-)의 작용을 하는 것으로 볼 수 있다.

예금 및 대출 금리를 보면 상승 시에는 모두 정(+)의 효과를 나타내고 있으며, 하락 시에는 발표 1일 전부터 주가가 하락하고 발표 이후에 다시 주가가 상승하는 것으로 나타나 일반적으로 알려진 금리상승은 주가에 부(-)의 작용을 하며, 금리인하는 정(+)의 작용을 하는 것과 반대의 결과가 나타났다.

<표 3> 금리조정 발표 전후 시장수익률

	지급준비율		금리상승		금리하락	
	상해	심천	상해	심천	상해	심천
−5	0.0196	0.1947	0.3393	0.6670	0.8421	1.1743
−4	0.4911	0.7544	−1.6670	−1.5190	−0.3646	−0.3934
−3	0.7010	0.3540	0.1623	0.3998	1.0432	1.3904
−2	0.1161	0.0354	1.5123	1.8193	0.7022	1.3766
−1	−0.0911	−0.2495	0.7442	0.9717	−1.5998	−0.7784
0	−0.1921	−0.2752	1.2161	1.4011	−0.7570	−0.3334
1	0.2642	0.5324	0.5842	0.5692	−0.2102	0.0322
2	0.2640	0.3939	0.6127	0.4796	2.1612	1.6429
3	−0.6327	−0.6326	0.7232	0.5533	−1.2631	−0.9339
4	−0.5040	−0.2278	0.1344	0.1886	0.4956	0.8540
5	0.0515	0.5360	0.7748	1.2046	0.7525	0.4388

<표 4>는 지급준비율 발표 전·후의 지수별 단순수익률이다. 지급준비율 상승 발표 전 1일 전부터 4개 지수 모두 하락하기 시작하였고 발표 1일 후부터 다시 상승하여 지급준비율의 상승은 주식시장에 부(-)의 작용을 하는 것으로 볼 수 있다. 또한 시장별로 보면 발표 당일 상해 A주 시장의 수익률은 −0.1902이지만 B주 시장은 −

0.5600으로 지수의 하락이 더 크게 나타나고 있으며, 심천시장 역시 A주는 - 0.2789인 데 반해 B주 시장은 - 1.1673으로 지수의 하락 폭이 더 크게 나타나고 있다. 이러한 결과로 볼 때 지급준비율 상승 에 대한 주식시장의 반응은 외국인들이 투자할 수 있는 B주 시장이 제한된 투자만 허용되어 있는 A주 시장보다 그 부(-)의 작용이 더 크다고 할 수 있겠다.

<표 5>는 예대금리 인상 발표 전·후의 지수별 단순수익률이다. 4지수 모두 발표일에 정(+)의 수익률이 나타남으로써 예대금리가 주가에 미치는 영향은 긍정적인 것으로 나타나고 있다. 시장별로 보 면 A주의 상승폭이 B주보다 크게 나타나고 있으며 상해 B지수는 발표 1일 후에 심천 B지수는 발표 2일과 3일 후에 부(-)의 수익률 이 나타나므로 B주 시장은 어느 정도 예대금리 인상이 주가지수에 영향을 미치는 것으로 보인다.

〈표 4〉 지급준비율 발표 전후 지수별 수익률

	상해 A	상해 B	심천 A	심천 B
- 5	0.0251	- 0.3454	0.1875	0.0709
- 4	0.4965	- 0.0078	0.7919	0.0003
- 3	0.7017	0.5463	0.3298	0.2850
- 2	0.1148	0.2530	0.0294	0.1181
- 1	- 0.0939	0.1470	- 0.2948	- 0.1446
0	- 0.1902	- 0.5600	- 0.2789	- 1.1673
1	0.2621	0.6666	0.5393	0.5488
2	0.2631	0.3597	0.3790	0.4878
3	- 0.6321	- 0.5395	- 0.6227	- 0.7182
4	- 0.5046	- 0.1424	- 0.2095	- 0.3285
5	0.0437	0.9823	0.4952	0.4256

<표 5> 예대금리상승 발표 전후 지수별 수익률

	상해 A	상해 B	심천 A	심천 B
-5	0.3318	1.2113	0.6356	1.2372
-4	-1.6689	-1.4109	-1.4821	-2.6168
-3	0.1614	0.1792	0.4054	-0.7914
-2	1.5059	2.0754	1.8159	1.4396
-1	0.7400	1.1660	0.9568	0.7971
0	1.2193	0.7890	1.4314	0.7679
1	0.6019	-1.1563	0.6197	0.2569
2	0.6181	0.0509	0.4746	0.3751
3	0.7311	-0.3182	0.5694	-0.0455
4	0.1269	0.8743	0.1951	-0.6398
5	0.7697	1.4025	1.2106	0.7225

<표 6> 예대금리하락 발표 전후 지수별 수익률

	상해 A	상해 B	심천 A	심천 B
-5	0.8675	0.1786	1.1954	0.9546
-4	-0.3855	0.6657	-0.4492	0.6196
-3	1.0724	-0.0569	1.4517	0.1973
-2	0.7084	0.5810	1.4501	-0.0449
-1	-1.6420	-0.4194	-0.8378	0.2028
0	-0.7676	-0.5014	-0.3696	0.1236
1	-0.2181	0.1890	-0.0052	0.5291
2	2.1991	0.8914	1.7199	-0.0166
3	-1.2601	-1.4051	-0.8293	-3.0939
4	0.4981	0.3409	0.7781	1.9875
5	0.7627	0.3067	0.4571	0.1313

<표 6>은 예대금리 인하 발표 전·후의 지수별 단순수익률이다. 결과를 보면 심천 B지수를 제외한 3지수는 모두 부(-)의 수익률을 나타내고 있으며, 심천B지수는 발표 1일 전부터 정(+)의 수익률을

나타내고 있고 발표 1일 후에도 정(＋)의 수익률이 지속되는 것으로 나타나고 있어 금리 인하가 긍정적인 작용을 하는 것으로 볼 수 있다. 또한 상해 B지수도 발표 1일 후부터 정(＋)의 수익률이 나타나고 있어 시차를 두고 금리 인하에 대한 반응이 나타나고 있는 것으로 볼 수 있다.

그러나 이러한 단순수익률을 비교하는 것만으로는 금리정책이 주식시장에 영향을 미치는지를 뚜렷하게 알 수 없기 때문에 사건 발표 전·후에 따른 시장조정모형을 이용한 사건연구 방법을 사용하여 더 자세한 분석을 하고자 한다.

2. 시장조정모형을 이용한 분석 결과

<표 7>은 지급준비율 인상 발표일 전후의 시장 지수별 평균비정상수익률과 누적비정상수익률을 나타내고 있다. 먼저 상해 주식시장을 살펴보면 발표일에 평균비정상수익률이 A주 시장은 정(＋)의 값을 나타내고 B주 시장은 부(－)의 값으로 상반된 결과를 나타내고 있지만 통계적으로는 유의하지 않는 것으로 나타났다. 심천 주식시장에서는 A주 시장이 발표일 1일 전에 통계적으로 유의한 부(－)의 값을 나타내고 있으며 B주 시장은 발표일 당일에 역시 통계적으로 유의한 부(－)의 값을 나타내고 있다. 누적비정상수익률을 살펴보면 발표 당일 상해 주식시장은 모두 통계적으로 유의한 결과를 나타내지 못하고 있으나 발표일 이전에는 A주 시장에서 4일 전 유의한 정(＋)의 효과가, B주 시장에서는 4일과 3일 전에 유의한 부(－)의 효과가 나타나고 있다. 심천시장에서는 A주 시장에서 1일 전과 발표일

에 유의한 부(-)의 효과가 나타나고 있으며 B주 시장에서도 4일 전과 3일 전에 유의한 부(-)의 효과가 있는 것으로 나타났다.

<그림 2>는 지급준비율 인상 발표일 전후의 시장 지수별 누적비정상수익률을 나타낸다. 지수별로 살펴보면 A주는 모두 시장수익률과 큰 차이를 나타내지 않고 있다. 상해B주와 심천B주 모두 누적비정상수익률을 보면 5일 전부터 발표일까지는 지속적으로 하락하고 있는 것을 볼 수 있다. 그러나 발표일 이후를 보면 상해B주는 누적비정상수익률은 여전히 부(-)의 효과를 나타내고 있지만 서서히 정(+)의 효과를 나타내고 있으며 발표일 5일 이후에는 누적비정상수익률이 정(+)의 효과로 변하는 것으로 나타나고 있다. 심천B주 시장을 살펴보면 발표일 이후에도 그 하락 추세가 지속적으로 나타남으로써 지급준비율 상승에 대한 시장의 부(-) 효과가 매우 강하게 나타나는 것으로 볼 수 있다.

이러한 결과들을 종합하여 볼 때 지급준비율 인상에 대한 주식시장의 반응은 상해 주식시장에서는 그 실효성이 나타나고 있지 않으며 심천 주식시장에서는 부(-)의 효과가 나타나고 있다. A주와 B주 주식시장을 비교해 본다면 B주 주식시장이 A주 주식시장에 비해 지급준비율 상승에 민감하게 반응하고 있으며 그 실효성 또한 지속적으로 나타나고 있다.

<표 7> 지급준비율 발표 전후 지수별 AR 및 CAR

	상해 A		상해 B		심천 A		심천 B	
	AR	CAR	AR	CAR	AR	CAR	AR	CAR
-5	0.0056	0.0056	-0.3650	-0.3650	-0.0072	-0.0072	-0.1238	-0.1238
-4	0.0054	0.0110**	-0.4989*	-0.8638*	0.0375	0.0302	-0.7541**	-0.8779**
-3	0.0007	0.0117	-0.1546	-1.0185*	-0.0242	0.0061	-0.0690	-0.9469**
-2	-0.0013	0.0104	0.1369	-0.8816	-0.0060	0.0001	0.0287	-0.8643
-1	-0.0028	0.0076	0.2381	-0.6435	-0.0453**	-0.0453**	0.1049	-0.7593
0	0.0020	0.0096	-0.3679	-1.0114	-0.0038	-0.0490**	-0.8921*	-1.6515
1	-0.0021	0.0075	0.4024	-0.6089	0.0069	-0.0422	0.0163	-1.6351
2	-0.0009	0.0066	0.0957	-0.5132	-0.0149	-0.0571	0.0939	-1.5413
3	0.0007	0.0072	0.0932	-0.4200	0.0099	-0.0472	-0.0856	-1.6269
4	-0.0006	0.0066	0.3615	-0.0584	0.0183	-0.0289	-0.1007	-1.7276
5	-0.0078	-0.0012	0.9308	0.8723	-0.0408	-0.0697	-0.1104	-1.8379

***, **, *는 각각 1%, 5%, 10%의 유의수준에서 유의함을 나타냄

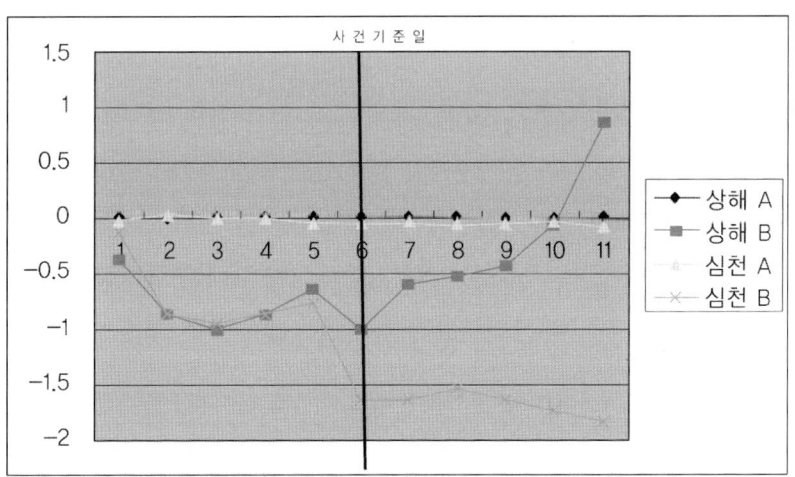

〈그림 2〉 지급준비율 발표 전·후의 누적비정상수익률

　　<표 8>은 금리인상 발표일 전후의 시장 지수별 평균비정상수익률
과 누적비정상수익률을 나타내고 있다. A주 주식시장은 금리인상 발

표일에 모두 정(+)의 효과를 나타내고 있지만 모두 통계적으로 유의하지 않은 것으로 나타나고 있다. 그러나 바로 1일 후에 심천 시장에서는 유의한 정(+)의 효과를 나타내고 있다. B주 주식시장을 보면 A주 시장과는 반대로 금리인상 발표일에 모두 부(-)의 효과를 나타내고 있으며 상해는 유의하지 않지만 심천은 발표일뿐만 아니라 3일과 4일 후에도 유의한 결과를 나타내고 있다. 누적비정상수익률을 살펴보면 발표 1일 후에 A주 시장은 모두 정(+)의 유의한 결과를 나타내고 있으며, B주 시장은 모두 부(-)의 유의한 효과를 나타내고 있으며, 특히 심천B주 시장은 4일과 5일 이후에도 지속적으로 유의한 부(-)의 효과를 나타내고 있다.

    <그림 3>은 금리인상 발표일 전후의 시장 지수별 누적비정상수익률을 나타낸다. 지수별로 살펴보면 A주는 모두 시장수익률과 큰 차이를 나타내지 않고 있다. 상해 B주는 금리인상 발표 전에는 누적비정상수익률이 정(+)의 효과를 나타내고 있으나 발표일부터 하락하기 시작하였으며 발표 1일 후부터는 부(-)의 효과를 나타냈고 발표 4일 후부터 다시 상승하는 것으로 나타나 금리인상에 대한 실효성은 약한 것으로 볼 수 있다. 심천 B주를 보면 발표 4일 전부터 부(-)의 효과를 나타내기 시작하였으며 지속적으로 하락하는 것으로 나타나 금리인상에 대한 효과가 매우 강하게 나타나는 것으로 볼 수 있다.

〈표 8〉 금리인상 발표 전후 지수별 AR 및 CAR

	상해 A		상해 B		심천 A		심천 B	
	AR	CAR	AR	CAR	AR	CAR	AR	CAR
-5	-0.0075	-0.0075	0.8720	0.8720	-0.0313	-0.0313	0.5703	0.5703
-4	-0.0018	-0.0094	0.2561	1.1281	0.0369	0.0056	-1.0977	-0.5275
-3	-0.0009	-0.0103	0.0169	1.1450	0.0056	0.0112	-1.1912	-1.7186*
-2	-0.0064	-0.0167	0.5632	1.7082	-0.0034	0.0077	-0.3797	-2.0984
-1	-0.0042	-0.0209	0.4218	2.1300	-0.0150	-0.0072	-0.1746	-2.2730
0	0.0033	-0.0176	-0.4271	1.7029	0.0303	0.0231	-0.6332*	-2.9062
1	0.0177	0.0001*	-1.7404	-0.0375*	0.0505*	0.0736**	-0.3123	-3.2185*
2	0.0054	0.0054	-0.5618	-0.5993	-0.0050	0.0686	-0.1045	-3.3229
3	0.0079	0.0133	-1.0414	-1.6407	0.0160	0.0847	-0.5989*	-3.9218
4	-0.0075	0.0058	0.7399	-0.9009	0.0064	0.0911	-0.8285*	-4.7502***
5	-0.0050	0.0007	0.6278	-0.2731	0.0060	0.0971	-0.4821	-5.2323*

***, **, *는 각각 1%, 5%, 10%의 유의수준에서 유의함을 나타냄.

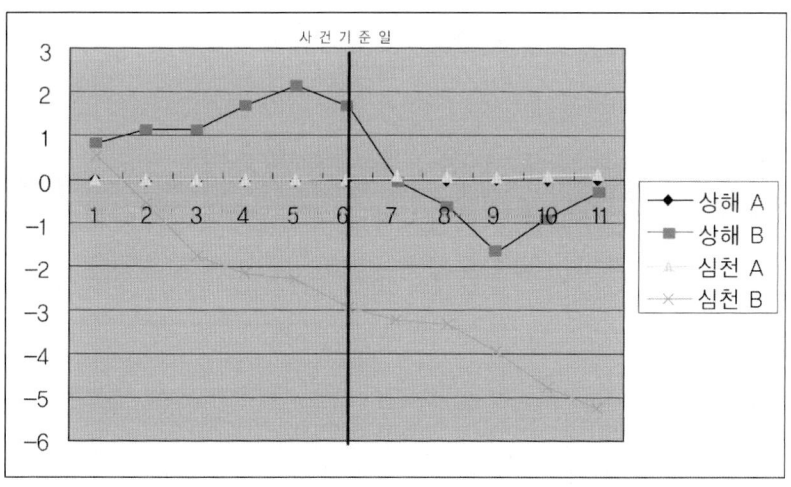

〈그림 3〉 예대금리 인상 발표 전·후의 누적비정상수익률

  이러한 결과들을 종합하여 볼 때 금리인상에 대한 주식시장의 반
응은 A주 시장에서는 정(+)의 효과가 나타나고 있으나 그 영향 정

도는 작은 것으로 나타났다. B주 시장은 금리인상에 대하여 부(-)의 효과가 나타나고 있으며 그 효과는 매우 강하게 나타났다.

<표 9>는 금리인하 발표일 전후의 시장 지수별 평균비정상수익률과 누적비정상수익률을 나타내고 있다. 발표일의 평균비정상수익률을 보면 A주는 부(-)의 효과 B주는 정(+)의 효과가 나타나고 있지만 통계적으로 유의하지 않다. 누적비정상수익률 역시 발표일 그리고 전후로 유의하지 않은 결과를 나타내고 있다. <그림 4>는 금리인하 발표일 전후의 시장 지수별 누적비정상수익률을 나타낸다. 지수별로 살펴보면 A주는 모두 시장수익률과 큰 차이를 나타내지 않고 있다. 상해B주와 심천B주 모두 금리인하 발표 3일 후부터 부(-)의 작용이 강하게 나타나는 것으로 나타났다. 이러한 결과들을 종합하여 볼 때 금리하락이 주식시장에 미치는 영향은 작은 것으로 보인다.

〈표 9〉 금리인하 발표 전후 지수별 AR 및 CAR

	상해 A		상해 B		심천 A		심천 B	
	AR	CAR	AR	CAR	AR	CAR	AR	CAR
-5	0.0254	0.0254	-0.6636	-0.6636	0.0211	0.0211	-0.2198	-0.2198
-4	-0.0209*	0.0045	1.0303**	0.3667	-0.0558	-0.0347	1.0130	0.7932
-3	0.0292	0.0337	-1.1001	-0.7333	0.0613	0.0266	-1.1931	-0.3999
-2	0.0063	0.0400	-0.1212	-0.8545	0.0734*	0.1000	-1.4216*	-1.8215
-1	-0.0421	-0.0022	1.1804	0.3259	-0.0594	0.0406	0.9812	-0.8403
0	-0.0106	-0.0128	0.2556	0.5815	-0.0362	0.0044	0.4570	-0.3834
1	-0.0078	-0.0207	0.3993	0.9808	-0.0374	-0.0331	0.4969	0.1135
2	0.0379*	0.0172	-1.2698	-0.2890	0.0771	0.0440	-1.6594	-1.5460
3	0.0031	0.0203	-0.1420	-0.4310	0.1046	0.1486*	-2.1599	-3.7059**
4	0.0025	0.0228	-0.1547	-0.5857	-0.0759	0.0727	1.1335	-2.5724
5	0.0101	0.0330	-0.4458	-1.0315	0.0183	0.0910	-0.3075	-2.8799

***, **, *는 각각 1%, 5%, 10%의 유의수준에서 유의함을 나타냄.

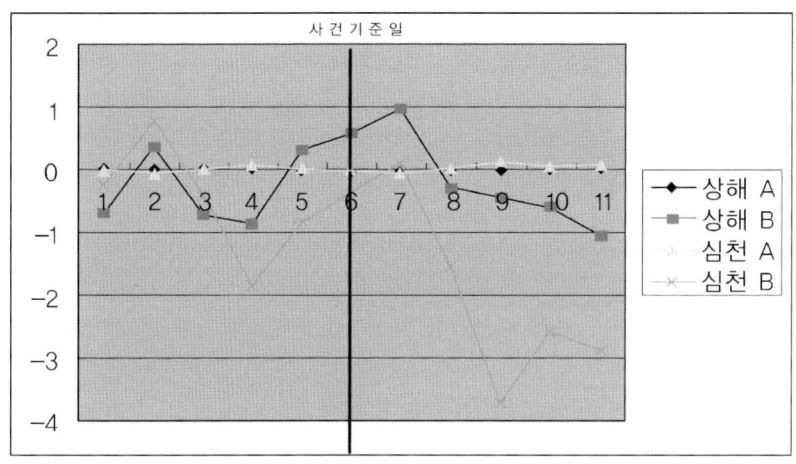

〈그림 4〉 예대금리 인하 발표 전·후의 누적비정상수익률

Ⅵ. 결론과 시사점

　최근 중국 경제는 고도의 성장을 지속하고 있으나 안정세를 유지
했던 소비자물가가 불안한 움직임을 나타내기 시작하였고 중국 정부
는 경제운용 기조를 전면적 긴축으로 전환하였다. 이에 따라 중국
정부는 지급준비율과 예금 및 대출 기준금리를 인상하면서 긴축 정
책의 강도를 높여 가고 있다. 2006년 이후 지급준비율은 16차례, 예
금 및 대출 금리는 8차례를 연속적으로 인상하였다. 지금까지의 연
구에 의하면 금리인상은 주식시장에 부(-)의 작용을 하며 금리인하
는 주식시장에 정(+)의 작용을 하는 것으로 알려져 있다. 따라서 본
연구에서는 중국 정부의 긴축 수단인 지급준비율과 예금 및 대출 기
준금리의 조절이 중국 주식시장에 어떠한 영향을 미치는지를 알아보

기 위해 사건연구방법을 이용하여 분석하였으며 연구의 주요 결과는 다음과 같다.

첫째, 지급준비율 인상에 대한 주식시장의 반응은 상해에서 A주 시장에서는 정(+)의 관계 B주 시장에서는 부(-)의 관계가 나타나지만 통계적으로 유의하지는 않았다. 심천에서는 A주와 B주 모두 부(-)의 관계가 나타났으며 통계적으로도 유의하였다. A주와 B주 주식시장을 비교해 본다면 B주 주식시장이 A주 주식시장에 비해 지급준비율 상승에 민감하게 반응하고 있으며 그 실효성 또한 지속적으로 나타나고 있다.

둘째, 예금 및 대출 금리인상이 주식시장에 미친 영향은 A주 시장과 B주 시장에 다른 영향을 주는 것으로 나타났다. A주 시장에는 정(+)의 효과를 주지만 그 정도는 작고 지속적이지 못하다. 그러나 B주 시장에는 부(-)의 효과가 나타나고 있으며 그 미치는 정도 역시 강하고 지속적으로 나타나고 있다.

셋째, 예금 및 대출 금리인하가 주식시장에 미친 영향을 보면 산발적으로 영향을 주기는 하지만 발표일 기준으로 보면 주식시장에 유의한 영향을 미치지 못하고 있으며 그 지속성 역시 나타나지 않고 있다.

이상과 같은 본 연구의 실증분석 결과로부터 다음과 같은 두 가지 함의를 도출하였다.

첫째, 금리정책이 주식시장에 미치는 영향은 A주 주식시장보다는 B주 주식시장에서 강하게 나타난다는 것이다. 이러한 결과는 중국 주식시장의 분할이 원인이 되어 나타나는 현상으로 볼 수 있다. 즉 B주가 제한적으로 중국인에게도 투자가 허락되었지만 아직까지는 그 비중이 크지 않기 때문에 B주 주식시장은 외국인들이 주로 투자하는 시장이다. 따라서 본 연구의 실증분석 결과는 외국인들이 중국인들보다 금리정책에 더 민감하게 반응한다고 볼 수 있다. 중국의 금리는 정부의 통화정책에 의해 변경되기 때문에 외국인 투자자들은 중국 정부의 거시경제 정책에 민감하게 반응하는 것으로 볼 수 있다.

둘째, 금리정책이 주식시장에 미치는 영향은 심천이 상해보다 더 민감하게 부(-)의 작용을 한다는 것이다. 이것은 매우 흥미로운 결과라고 할 수 있다. A주와 B주의 경우에는 중국 내국인과 외국인의 투자이기 때문에 그 투자 전략이나 성향, 정보의 비대칭성 등으로 결과가 다르게 나타날 수 있으나 거래소 간에 이러한 차이가 나타나는 것은 이례적인 현상이다. 이러한 현상은 정보의 효율성이라는 측면에서 이해할 수 있다. 금리상승은 기업의 자본비용의 변동을 초래하여 기업의 기대수익률을 악화시키고 이것이 주가수익률에 부정적인 영향을 주기 때문에 부의 작용을 하는 것이 일반적이다. 즉 금리상승이라는 정보가 심천에서 더 빠르고 정확하게 전달되는 것으로 볼 수 있다. 이와 같이 중국의 심천거래소가 상해거래소보다 정보가 더 효율적으로 작용한다는 증거는 김경원·최준환(2006)의 연구 결과에서도 나타났다.[27] 그들은 중국과 한국 주식시장 간의 정보 전이에 대하여 연구하였는데 결과는 우리나라 코스피지수와 심천B주 간에만 상호 영향력을 끼치는 것으로 나타났으며, 이러한 이유로 심천이 상해에 비해 좀 더 정보의 효율성이 높은 것으로 평가하였다.

본 연구는 지금까지 중국 주식시장에 대한 실증연구들의 연장선상

---

27) 김경원·최준환, 「한국주식시장과 중국주식시장의 정보이전효과 연구」, 『국제경영연구』 17권 4호(서울: 한국국제경영학회, 2006), 31 - 49쪽.

에서 최근 들어 중국의 금융정책 변화가 중국 주식시장에 미치는 영향을 실증 분석함으로써 향후 우리나라 금융기관이 중국 주식시장에 대한 투자 방향을 제시하였다. 그러나 본 연구가 중국의 금리정책에 대한 장기적인 분석을 하였지만 주로 주식시장에 미치는 영향에 초점을 두고 연구를 하여 원인 분석에 대한 설명이 부족하다는 것이 본 연구의 한계이다. 따라서 앞으로 이러한 원인에 대한 실증적이고 이론적인 설명을 위한 연구가 지속적으로 수행될 필요가 있다.

참고문헌

강영삼, 「중국 대형기업의 특성변화 요인 분석: 상위 200대 상장기업을 중심으로」, 『현대중국연구』, 9권 2호, 서울: 현대중국학회, 2008.

구기보, 「중국 상장 국유기업의 비유통주 개혁이 주식시장에 미친 영향」, 『중국연구』, 41권, 서울: 한국외대 국제지역연구센터, 2007.

김경원·최준환, 「중국 주식시장에서의 외국인 주식가격 연구」, 『증권학회지』 31권, 서울: 한국증권학회, 2002.

김경원·최준환, 「한국주식시장과 중국주식시장의 정보이전효과 연구」, 『국제경영연구』 17권 4호, 서울: 한국국제경영학회, 2006.

김찬웅·김경원, 「사건연구에서의 주식성과 측정」, 『증권학회지』 제20권, 서울: 한국증권학회, 1997.

이은영, 「기관투자가의 소유지분과 중국 기업 가치에 대한 실증분석」, 『현대중국연구』 9권 2호, 서울: 현대중국학회, 2008.

최준환·허홍호, 「홍콩과 미국에 복수 상장된 중국 기업 주식의 정보전이 효과」, 『중소연구』31권 3호, 서울: 한양대 아태지역연구센터, 2007.

한국증권선물거래소, 「KRX, 중국 기업 상장유치전 본격 돌입」, 한국증권선물거래소 보도자료, 서울: KRX, 2008. 4.

高志民, 彭夢春, 「当前宏觀經濟條件下加息政策的效應分析」, 『財經科學』, 2007年 11期, 西南: 西南財經大學 2007.

雷荣, 「略談銀行加息對籌險市場的影響」, 『保險職業學院學報』 2007年 2期, 湖南: 保險職業學院, 2007.

李楠, 「加息對股票市場的影響分析」, 『科技信息』, 2007年 26期, 山東: 上東省技術開發服務中心, 2007.

林娟, 「提高存款准備金率對國債市場的實證分析」, 『上海金融學院學報』, 2006年 6期, 上海: 上海金融學院, 2006.

羅蘭,「銀行加息對資本市場和房地産市場的影響分析」,『大視野』 2007
年 3期, 湖南: 湖南人民出版社, 2007.

閆章秀,「存款准備金率變動對信貸投放政策效應的實證分析」,『西安
金融』 2007年 2期, 西安: 人民銀行西安分行, 2007.

劉洋,「存款准備金率調整對我國證券市場的應響」『統計研究』 2008
年 3期, 北京: 中國統計學會, 2008.

劉亦文, 黃靜寅,「央行頻繁提高存款准備金率的金融效應分析」『海
南金融』 2008年 2期, 湖南: 湖南省金融學會, 2008.

Hardouvelis, G. A.「Macroeconomic Information and stock prices」,『Journal
of Economic and Business』, Vol.39, 1987.

Pearce, D. K. & V. V. Roley,「Stock prices and Economic News」,『Journal
of Business』, Vol.58, 1985.

Rigobon, R. & B. Sack.「The impact of monetary policy on asset
prices」『Journal of Monetary Economics』 Vol.51, 2004.

Smirlock, M. & J. Yawitz.「Asset returns, Discount rate changes, and
Market efficiency」『Journal of Finance』, Vol.40, 1985.

Tarhan, V.「Does the Federal Reserve affect asset prices?」,『Journal
of Economic Dynamics and Control』, Vol.19, 1995.

Thorbecke, W.「On stock market returns and monetary policy」,『Journal
of Finance』, Vol.52, 1997.

Thorbecke, W. & T. Alami.「The effect of changes in the Federal
Funds rate target on stock prices in the 1970s」,『Journal of
Economics and Business』, Vol.46, 1994.

http://biz.cn.yahoo.com/stock.html

http://www.csrc.gov.cn

http://www.economy.hankooki.com

http://www.pbc.gov.cn

http://thfd.sem.tsinghua.edu.cn/mainFrame.html

현대중국
연구총서
02

중국 현대
소비문화와
시장문화

초판인쇄 | 2010년 8월 10일
초판발행 | 2010년 8월 10일

지 은 이 | 김용준 외
펴 낸 이 | 채종준
펴 낸 곳 | 한국학술정보㈜
주   소 | 경기도 파주시 교하읍 문발리 파주출판문화정보산업단지 513-5
전   화 | 031) 908-3181(대표)
팩   스 | 031) 908-3189
홈페이지 | http://ebook.kstudy.com
E-mail | 출판사업부 publish@kstudy.com
등   록 | 제일산-115호(2000. 6. 19)

ISBN   978-89-268-1528-1 94330 (Paper Book)
          978-89-268-1529-8 98330 (e-Book)
          978-89-268-1524-3 94330 (Paper Book Set)
          978-89-268-1525-0 98330 (e-Book Set